新羅国史の研究

―東アジア史の視点から―

濱田耕策著

吉川弘文館

目次

第三部　外交の諸相 ――対日本・渤海関係を中心に――

凡例

一　初出拙稿の誤字、脱字等は修正し、また、論旨の通りを良くするために叙述を改めたところがある。また、初出拙稿についての教示や批判を容れて論旨を訂正したところもあるが、これについては原注には〔補〕を加え、また〔補注〕を設けて、その旨を述べている。

二　各章の論点と構成の文脈を活かすために、各章間に現れる重複した論述は少しの調整に留めている。

三　初出拙稿の節の題目を少し改め、また節を設けて構成を整えたところがある。

四　原注の参考論文が著書等に編集された場合には、〔補〕の表記を特には付けず、原注の内に著書等を示している。

五　韓国語の論文名と掲載誌名には原注及び〔補注〕内に〔　〕を設けてその和訳を掲げている。

序論

わが国における新羅史の研究

わが国における新羅史研究の開拓者は今西龍であろう。今西以前、『大日本史』巻二百三十二・諸蕃には『日本書紀』のほか朝鮮史書の『三国史記』と『東国通鑑』に基づき「新羅伝」を掲げていたとは言え、神道家が主として担った『日本書紀』を典拠とした所謂「神功皇后の新羅征討」伝承に包まれた新羅像を今西は遺跡・遺物、文献の研究によって打破する途を開いたのである。

今西は一九〇六年（明治三十九）の秋、十八日間の古都・慶州の訪問を行ない、この時の遺跡踏査とやがて朝鮮総督府朝鮮史編修会の委員として編年史の編纂と史蹟調査の体験をもとに、新羅史の個別の研究報告と通史を著述した。それらは『三国史記』と『三国遺事』の「韓史」に対する不信から、同時代史料としての金石文と崔致遠等の文書に対する基礎的研究を中心としていた。「新羅骨品考」、「新羅官位号考」に代表される新羅史の基本問題へ接近した論考、また「新羅真興王巡狩管境碑考」、「聖徳大王神鍾銘」等にみる金石文の基礎的解明の論考は、今西の逝去後に『新羅史研究』（昭和八年六月初版、近沢書店。昭和四十五年九月、国書刊行会復刊）に編成された。

今西の新羅史研究を継承し発展させたのは末松保和である。末松は一九二七年五月に朝鮮総督府朝鮮史編修会嘱託となり、また、修史官補となったが、今西の下で『朝鮮史』第一部・二部（新羅統一以前および新羅統一時代）の編纂に従事するが、それは一九三二年三月に『朝鮮史』(第一編第一巻「朝鮮史料」、同第二巻「日本史料」、第二編「新羅文武王九年〜高麗太祖十八年」)、また一九三三年三月には第一編第三巻「支那史料」として公刊された。今西のもとでの編修事業について、末松はこの時代はさながら大学院の如きであったと回顧されたことがある。一九三二年五月二十日の今西の逝去の後、末松は一九三五年六月には京城帝国大学法文学部に奉職し、新羅史研究を継続した。このころ陸続と発見と紹介が続いた金石文等の新史料は新羅史研究を飛躍的に高めたが、その先端にいた末松は「新羅史研究の近況」(『朝鮮文化の研究』一九三七年十月、京城帝国大学文学会編)において、新出史料を新羅史の中に価値づけていた。

しかし、末松は一方で、「城大」法文学部が進めた朝鮮史籍の編刊と解説、目録作成等とともに、高麗、朝鮮王朝史の研究にも力を注いだから、新羅史の研究は断続的とならざるをえなかった。とは言え、末松の新羅史研究の成果は影響を後まで強く保ったから、新羅史の研究は末松の終生にわたる独壇場であったと言っても過言ではなかろう。

ところで、新羅史と銘打った歴史書のはじめは福田芳之助の『新羅史』(大正二年六月、若林春和堂)である。ここで福田は新羅史を「第一期、創業時代」「第二期、三国時代」「第三期、一統時代」に三区分して叙述したが、『三国史記』新羅本紀の法興王以前の記事は傍証が不可能であり信憑性の低いことを認めていた。また、第一期では『三国史記』と『日本書紀』を用いて叙述したが、第二・三期では「初めて王と称し国号を定む」「律令を頒ち年号を制す」の節を立てたように、ここに国家形成の画期を描き、また「皇龍寺九層塔」、「毗曇の乱」、「四天王寺建立の由来」、「強首と薛聡」「渤海国の興起」、「読書出身科」、「清海鎮の日本に及ぼしたる影響」、「新羅の賊船日本を騒がす」、「崔致遠と僧道詵」等の節立てには今日にも十分に通用する新羅史研究の視点が窺える。この視点にも連なって、福田は第三期に「奈勿系の王代」の一章を立てた。これは本書がひとつの対象とする「下代」における王権の確立過程の諸問題にかかわるが、この章立てを末松は後述の『新羅史の諸問題』の「自序にかへて」のなかで「卓見」と評価する。

福田は『新羅史』と同時に『神代之研究』を刊行しており、「神代」の叙述には日朝間の「混沌」とも思われる一体性を想定していることが読みとれるように、福田の『新羅史』は「韓国併合」後の新「国史」の一部をなす叙述である一面は否定されない。しかし、この『新羅史』はその第二期以降では『三国史記』新羅本紀の記事を下敷きとした叙述であり、前述のように記事の取拾選択には福田が新羅を主体に据えていた視点が窺える。

福田は朝鮮語を解し、朝鮮の地に住んだと伝わるが、やがて、東京外語学校朝鮮語学科を卒業し朝鮮に長らく居住する鮎貝房之進が私家版『雑攷』第一輯「新羅王位号並に追封王号に就きて」（昭和六年五月）と同第四輯「花郎」（昭和七年二月）において、複数伝わる新羅の王号に就いて史料を博捜の上にその音義の解釈を提示し、また新羅の青年組織たる花郎については新羅に止まらず、かつ後代の変容についても史料を博捜しこれを描き出した。

一方、三品彰英著『朝鮮古代研究（第一部・新羅花郎の研究）』（昭和十八年十二月、三省堂）は民族学から生まれた当時では異色の新羅社会史の研究である。三品には朝鮮の地での居住経験が見えず、朝鮮社会の停滞史観が潜んでいるとは言え、そこには日本の基層文化と朝鮮の文化を比較研究する大きな意図が込められていた。昭和三年に京都帝国大学を卒業し大学院に進学した三品が花郎を民族学や民俗学の観点から考察し、日本および東南アジア社会の男子集会とこれを比較研究した成果であった。これは『三国史記』『三国遺事』『高麗史』等の文献史料により、かつ民族学の学説を応用し、花郎を通して新羅の社会と文化を世界的規模で考察した研究であり、そこには日本と朝鮮の古代社会における基層文化の共通性への探求が認められる。

さて、末松保和は朝鮮からの帰国後、朝鮮史編修会と京城帝国大学法文学部に勤務された間に発表した八件の論考とその末期に投稿しながら昭和二十四年に刊行された「新羅三代考」とで編成した『新羅史の新研究』により昭和二十六年五月には文学博士の称号を取得された。この学位論文はその後、新羅時代の金石文を研究した六件の論考を付して『新羅史の諸問題』（東洋文庫、一九五四年十一月）として公刊された。

末松の新羅史研究の対象は主として後述する上代（上古・中古）に置かれたが、『三国史記』の上代部分に向けられた史料批判は透徹し、この間の諸王および王父・王母・王妃の名は太陽の属性に由来するもの多く、そこに新羅社会の太陽崇拝の投影を読みとっていた。また、王号の「麻立干」は高句麗の称号に起源を持つことを例に、新羅王権の確立過程における高句麗の政治・軍事的影響の大なること、さらには、中古の全六代の王は女系的継承であったことを指摘された。

末松は後述の時期区分の前提として、王統の転換の原理を解明すべく王家の親族構造を分析されてもいた。この王権の属性と継承の解明につづいて、新羅の領域発展にともなう六部の発展とその性格の変化を三期に分かち、軍事組織の形成とをあわせて王権の基盤を発展的に理解されたが、末松の在朝鮮時代における新羅史の研究では唯一「新羅下古諸王薨年存疑」が中代・下代を研究対象としたが、これを除いては上代、即ち、「統一」新羅以前の、しかも新羅の国家形成期に研究を集中していた。

末松は帰国後、学習院に奉職するや『李朝実録』を初めとした朝鮮史籍の復刻（学東叢書）事業に精力を注ぎ、これに関連して研究対象も高麗史と朝鮮王朝史に置いた。これは、末松にあっては「城大」における朝鮮学振興の継続であったとも言えるが、新羅史の研究は学東叢書の刊行が完結した（一九七二年）後の一九七五年三月公表の「新羅の郡県制、特にその完成期の二、三の問題」の他には発表されなかった。末松の新羅史研究の論文はほぼ朝鮮在住時代に、また対象は上代に絞られたと言えようが、学東叢書の第一・二として『三国史記』（一九六四年四月）と『三国遺事』（一九六四年一月）が刊行されたことは、わが国における新羅史の研究が進展する条件となった。

ところで、一九五八年七月に始まった三品の主催する朝鮮研究会と三国遺事研究会からは井上秀雄氏が『日本書紀』『三国史記』『三国遺事』等に対する史料批判を基軸とした新羅史研究に進んだ。井上の新羅史研究は文献批判を主眼とするとは言え、三品の研究法を承けて、記録の根底にある朝鮮の古語や親族構造等の基層文化を考察に取り込む姿勢がある。井上の代表的論文の「新羅政治体制の変遷過程—門閥貴族の集団支配と専制王権—」（『古代史講座』四〈一九六二年七月、学生社〉後に、同『新羅史基礎研究』〈東出版、一九七四年二月〉に所収）では、新羅政治史を門閥貴族と王権、さらには地方勢力の台頭という三極の交替的対立に視点を置いて展望された。

『新羅史基礎研究』に編成された井上の研究で注目される点は、骨品制とこれに密接に関連する官位制の研究である。「新羅の骨品制度」（『歴史学研究』第三〇四号、一九六五年九月）に示された井上の骨品制論では骨制は血縁的要素が強く、頭品制は地縁的要素が強いとする二分した身分制の理解を示された。また、新羅の領域的発展に従って官位は十七等へと段階的に成立したと説く点にも際だった特徴があるが、この点は、次ぎに述べる武田幸男氏の研究と並んで今西が手掛けた骨品と官位の研究を進展させることになる。

井上と同時代に、かつ課題を同じくして、武田幸男、三池賢一両氏が新羅史研究に進んだ。末松の指導を受けた武田氏の新羅史研究は「新羅の骨品体制社会」（『歴史学研究』第二九九号、一九六五年四月）を初めとするが、その後の、「新羅骨品制の再検討」（『東洋文化研究所紀要』第六十七輯、一九七五年三月）、「金石文資料からみた新羅官位制」（『江上波夫教授古稀記念論集・歴史篇』平凡社、一九七七年五月）、「新羅官位制の成立」（『朝鮮歴史論集』上巻、一九七九年三月）、「新羅六部とその展開」（『朝鮮史研究会論文集』第二十八集、一九九一年三月）、「新羅官位制の成立にかんする覚書」（『朝鮮社会の史的展開と東アジア』山川出版社、一九九七年四月）と精力的に研究を進め骨品制と官位制の成立過程、および成立後の動態を新出史料を吸収しつつ、国家史の展開に即して描き出している。

三池氏は骨品の転換と時期区分の接点となる金春秋（武烈王）に関心を置いた。末松がその系譜と婚姻に注意していたが、これに触発される形で、また古代日本との外交史の関心から「金春秋の王位継承」（『法政史学』第二十号、一九六八年三月）、「金春秋小伝」（『駒沢史学』第十五・十六号、一九六八年四月・六九年四月）を発表し、また、官位制の解明に努め「新羅内廷官制考」上・下（『朝鮮学報』第六十一・六十二輯、一九七一年十月、一九七二年一月）において『三国史記』の官制記事を基礎的に整理する考察を提示された。

また、朝鮮研究会と三国遺事研究会に井上とともに参加した村上四男は『朝鮮古代史研究』（一九七八年三月、開明書院）の中に上代末期と中代初期の政治動向を叙述した五件の論考を編成した。村上は三品の逝去後は『三国遺事』の訳注の事業を運営し、三品彰英遺撰『三国遺事考証』を一九七五年五月の「上」（塙書房）の刊行以後、一九九五年五月の「下之三」（「下」の三部は村上撰）をもって完結するまでその訳注に精力を注がれた。

こうした日本における緩やかな新羅史研究とは対照的に韓国では李基白氏に代表されるように新羅史の研究は活発に進められていた。李氏の研究は十三件の論文を編成した『新羅政治社会史研究』（一九七四年二月、一潮閣）に結実したが、その邦訳が武田氏を中心とした新羅史研究会に集う若手の研究者の手で一九八二年十月に出版された。この十三件の論考はまさに基礎的な文献と金石史料の分析の上に、貴族勢力と専制政治を対抗軸として新羅の政治社会を読み解く手法を提供し、「貴族連合→専制王権→貴族連立」という政治社会史像を提示した。

李基白氏の論著が紹介されたことによってわが国における新羅史研究は新たな時代が始まったと言ってよい。それは韓国の研究成果の吸収とその批判的検討を欠いては研究が成立しないこと、また、それまでの日本における新羅史への関心が日本古代史研究のいわば延長とした外交史の研究対象としてであって、他方、中国史研究からは冊封論の対象として新羅史が論じられる傾向の強い段階を越えて、新羅史に内在する問題を照射する視角の確立が求められたこと、この二点に立脚した研究が希求される研究動向の成長である。その中にあって、李成市『古代東アジアの民族と国家』（岩波書店、一九九八年三月）は新羅史を含んで古代の朝鮮史を東アジアの諸関係のなかで主体的に考察する方向を内抱した意欲的な論文集として注目される。実証主義を継承し、また前述の新視点に立脚した新羅史像の新構成を希求する今日の新羅史研究の動向は増々進められるべきであろう。

新羅史の時期区分

新羅国史を構成するには『三国史記』（一一四五年、金富軾の奉教撰）の「新羅本紀」が主たる編年史であることは言うまでもないが、これが完全ではないから、中国、日本の諸史料と韓国内外の金石史料が不可欠の史料として活用されることになる。

さて、『三国史記』では新羅の建国を朴赫居世が即位したとされる前漢の孝宣帝の五鳳元年（紀元前五七）とするが、これは神話世界に属する。ひとまずは、この時から九三五年までの凡そ一千年の新羅史を理解するには時期区分が求められる。

新羅史の時代区分では『三国史記』が新羅末の時代観を記録して、新羅史を上代・中代・下代の三代に区分する法を提示し、また『三国遺事』（一二八五年頃、僧一然の撰述）がやはり上古・中古・下古の三古の区分を提示した法とが尊重されてきた。

即ち、『三国史記』新羅本紀の末尾、敬順王の薨去記事に続いて「国人自始祖至此分為三代、自初至真徳二十八王、謂之上代、自武烈至恵恭八王、謂之中代、自宣徳至敬順二十王、謂之下代云」と王代で新羅史を区分する法である。

また、「新羅本紀」の真徳王本紀には「国人謂始祖赫居世至真徳二十八王謂之聖骨、自武烈至末王謂之真骨」と区分する「国人」の王代論を掲げる。武烈王以降は骨品が一等降ろされた真骨であるとの認識であるが、その下降の原因は何かを『三国史記』は記録しない。『三国遺事』も真徳王と武烈王の交替を「已上中古、聖骨。已下下古、真骨」と区分して『三国史記』の区分とその指標を同じくする。

ところで、『三国史記』では恵恭王が殺害され、別系の金氏の宣徳王が即位したことを中代と下代の区分とするが、下代では宣徳王の後にもまた別系の金氏の元聖王の王統が続き、また九一二年から九二七年までの三代の王は金氏にあらず朴氏の王位である。ここにも骨品に則した王統上の一区分がありそうだが、そうでないのは三区分が聖骨・真骨からの区分ばかりでなく、時代相にも則した三区分法であることを暗示しており、この三区分法は新羅末の国人が新羅史を大局的に把握した史観であり、それは半ば肯定的に受容されてよい。

さて、恵恭王の被殺をもって区分される中代の王系は武烈王の即位に始まる。この武烈王の前代が真徳王であり上代の終末である。この中代の開始は聖骨から真骨への王の骨品の下降が区分の指標とされたが、末松はその由来は武烈王（金春秋）が慶州の金氏に属さない金海・金氏の金庾信の妹を娶ったこと、いわば金春秋の「社会的破戒」にあるとの推測を提示されている。

ところで、『三国遺事』では智訂麻立干（智證王）を継ぐ法興王代から「已上為上古、已下為中古」と区分する。即ち、『三国史記』の上代を上古と中古に二分している。末松はこの中古の開始は法興王七年（五二〇）の律令の頒示、同十五年（五二八）の仏教の公認、また同十九年（五三二）の金官加羅の併合、また同二十三年（五三六）の独自的な建元の開始の四件を法興王代の顕著な事績として注目し、この中古を通して新羅の勃興期と把握された。また、中古は新羅王族と加羅王族の通婚が進行し、名実ともに新羅による加羅の併合が進行した時代であったとも把握されていた。

この見解に付言するならば、律令は真徳王三年（六四九）に唐の衣冠制を導入したこと、また、建元の制も真徳王四年（六五〇）に唐の永徽の年号を採用した事例に見るように、中古の象徴となる新羅独自の制度は真徳王代をもって唐制へと大いに変容したから、やはりこの中古期は新羅の自立性の濃厚な国家の勃興期とみなすことができる。さらに、『三国遺事』編者の僧・一然は上古と中古の時代転換には前述の四件のなかでも法興王代の仏法肇行を重視したものと思慮される。

さて、この三代と三古の時期区分は、後述の末松の理解のように、政治史と社会史に視点を置いて総合的に新羅史を把握する時に妥当性は高く、また、それ故に尊重され、新羅史の時期区分として後述のように早くから活用されてきた。ただ、福田芳之助はこれにとらわれず、「創業の時代」「三国時代」「一統時代」と三期に区分し、「三国時代」の開始は広開土王碑に見られる新羅史像を手掛かりに奈勿王と実聖王代に置いたが、本格的な時代区分の考察はやはり末松に始まる。

末松は『東洋歴史大辞典』（一九三七年十一月初版、平凡社）の「新羅」の項目解説で、辰韓の「斯盧国時代」に続き、奈勿王～智證王、法興王～真徳王、武烈王～恵恭王、宣徳王～敬順王の五区分を提示した。これは三代・三古の区分をともに吸収し、かつ「新羅」の国号が確認される広開土王碑と『日本書紀』等の記録から、奈勿王代以後の新羅王の系譜は信頼でき得るとの判断に立ち、『三国遺事』の上古を奈勿王で二分し、これに中古が続く。この区分は『三国史記』の上代を三分したことにもなる。これに中代と下代が続く五区分法は末松の時期区分の基本型であり、前述したように王族の骨品と血統を精査した上での、三代と三古の時期区分の整合的な理解である（「新羅三代考―新羅王朝史の時代区分―」〔『史学雑誌』第五十七巻第五・六合併号、一九四九年五月。後に同『新羅史の諸問題』〔東洋文庫、一九五四年十一月」及び末松保和朝鮮史著作集1『新羅の政治と社会』上〔吉川弘文館、一九九五年十月〕に所収)。

ところで、中国史料と金石史料に拠れば、『三国志』では三世紀後半の「辰韓十二国」中に「斯盧国」が現れ、また四一四年建立の広開土王碑文には「新羅」が現れるから、末松の時代区分に提示された四世紀後半、即ち、奈勿王代には古代国家としての「新羅」の王権が誕生していたことが肯定される。新羅史はここから発してもほぼ六百年の歴史である。

さて、三品彰英は末松の五期区分法と基軸を同じくしながらも、奈勿王までに二期を設けて全六期の区分を示し、「国家発展の段階」の視点から各期の特質を定義づけた。その著の『朝鮮史概説』(一九四〇年三月、弘文堂書房)に提示された区分は解説を十分には述べないが、「原始部族期」「氏族国家発生期」「氏族国家成長期」「古代王権確立期」「古代王権発達期」「古代王権衰退期」の六期を提示している。朝鮮史全体の三区分では「三国新羅時代」を古代とするが、新羅の下代を古代から「中世(高麗)」への過渡期とみなしたことは注目される。

井上氏も末松の五期区分法と三品の六期区分の特質の理解を承け、『アジア歴史事典』第五巻(一九六〇年八月、平凡社)の「新羅」の項目解説では、「原始部族期」(斯盧国)、「氏族国家成長期」(三国時代)、「王権確立期」(三国時代)、「王権最盛期」(統一時代)、「王権衰退期」(統一時代)の五期区分とその特質を提示した。

しかし、井上の時期区分は後に微妙に変化する。まず、前掲の「新羅政治体制の変遷過程—門閥貴族の集団支配と専制王権—」では第五期を「宣徳王～定康王」と「真聖王～敬順王」の二期に区分し、この全六期を「原始村落国家」「原始統一国家」「貴族集団支配」「専制王権支配」「王権簒奪期」「地方勢力の自立」とその時代を性格づけた。即ち、下代を二分し、その後部の三分の一を新しく「地方勢力の自立」の時期と特質づけたことに伝統的な三代法に拘わらない視点が現れている。この六区分は「新羅政治小史」(『大阪工業大学紀要(人文編)』第九巻第二号、一九六五年八月)

にも引き継がれている。

井上の六区分法は『国史大辞典』(一九八六年十一月、吉川弘文館)に至って、各期の終始がかの三代・三古の区分点とも、また、特質もやや異なってくる。即ち、「前史」は始祖―訖解王の「原始村落国家・斯盧国時代」は不変であるが、続いて、奈勿王―炤知王=「初期貴族連合体制・三国時代」、智証王―文武王=「後期貴族連合体制・三国時代」、文武王―景徳王=「律令体制・王権確立・統一時代」、恵恭王―憲徳王=「律令体制・王位争奪・統一時代」、興徳王―敬順王=「地方自立・王権衰微・含後三国時代」とする区分法とその特質把握である。

これは不変の「前史」に続いて、智證王代ではその四年(五〇三)に国号の「新羅」と「王」号が確定したことを重視し、また文武王の在位中を六七六年と六七七年で二期に区分するが、これは百済と高句麗滅亡後の唐軍との戦後紛争の終結を注視したからであろう。

また、恵恭王の被殺を「王位争奪」期の開始と置き、興徳王代を「地方自立」の始まりと理解したのは張保皐が制海権を掌握し唐と日本との間の交易活動を基盤に海上勢力として台頭したことを評価するからである。井上は先には「地方勢力の自立」を地方で内乱が頻発し、梁吉らが北部に地方政権樹立の運動を進めた真聖王代に置いていたが、張保皐の活動を評価して興徳王代に新時代を読んだのである。

さて、こうした新羅史の展開に即した時期区分とは視点を離れて、新羅史を朝鮮史のなかで巨視的に、また世界史の規模でこれを区分する視点もなくはなかった。白南雲は『朝鮮社会経済史』(一九三三年九月、改造社)において、「半島統一」以後は「アジア的封建社会」であり、これに先行する「五世紀の前期から、七世紀の後期迄」を奴隷制の全盛期と理解していた。新羅による「半島統一」をこうした社会構成の理解から評価する視角のほかにも、稲葉岩吉は『朝鮮文化史研究』(一九二五年九月、雄山閣)において、政治形態に視角を置いてこの時代を「部族政治時代」

から「貴族政治時代」への分岐とする時代観を提示していた。

新羅の三国「統一」は後世の歴史家による朝鮮史体系の理解に大きな意義を与えるが、それが新羅の社会構成に惹起したであろう変化にも注目しなければならない。朝鮮史のなかで新羅史の時代相をどのように把握するかの問題提起である。近年では、金基興氏が『삼국 및 통일신라 세제의 연구―사회변동과 관련하여―（三国及び統一新羅税制の研究―社会変動と関連して―）』（一九九一年五月、역사비평사〈歴史批評社〉）において、税制は生産関係を反映し、また社会を規定するとの判断から、統一新羅への移行期は人頭税的収取から土地所有に基づく収取体制へ変化する時代であり、ここを古代から中世への移行期と見る視点の提示がその新しい好例である。

本書の構成

さて、本書は十三件の論考で構成されるが、研究対象は始祖神話にも及ぶとは言え、主として奈勿王以後の就中、智証王代以後であり、それは智証王代と中古を含みながら中代と下代を主対象とする。

本書の問題関心は、中代以後の新羅が西に唐、北に渤海、東には日本に接する地理的な位置とそこから発達した通交を蓄積してきたが、それ故に新羅史は自己のみで完結した歴史としてはこれを捉えることはできない側面を注視したことにある。「統一」を前後する頃以来、新羅では周辺の諸国、諸勢力と政治的かつ文化的に通交しつつ、これらと自己の独自性が対面し新羅史を形成していったが、このことの有り様に潜む問題への照射とその一つの解答が本書の各論考である。そこで次ぎに、本書を構成する各論考の課題を提示しておきたい。

「第一部　国制の研究―礼制の内と外―」は国家祭祀の内的自立と外的導入とその運営、及び外交機関のやはり内的外的整備の過程とその問題に焦点を当て、そこから生ずる新羅の国家的性格を考察した五件の論考で構成した。「礼制の内と外」の副題は、新羅王権の可視的表現である国家祭祀と国家制度を形成しかつ運営する根底にある自生の「礼」と、また、この礼が周辺国家との対応関係に拮抗して形成される二次的な「礼」と、これらの礼が対外的に表現される礼の外向的な側面を意味する。

第一章「神宮と百座講会と宗廟」では、新羅固有の国家的な祭天儀礼の場としての神宮の成立とその祭祀の運営と、これにやや遅れて開始された仏教儀礼の百座講会、さらには儒教的な祖先祭祀の宗廟制の確立とその運営の実態と、さらには、この三種の祭祀と儀礼の運営における相互関連の諸問題を考察した。ここに現れた固有の祭祀と外来の祭祀との葛藤の問題を解明する視角は、第二章「祀典と名山大川の祭祀」にも連なる。

そこで、第二章では、国家と王室が各地の「名山大川」の祭祀をどのように国家の祭祀対象として再編成し、これを運営したかその実態を考察した。このことを通して、新羅の国家祭祀の性格および礼制を通して見られる新羅の国家的性格を考察するとともに、新羅の「名山大川」は続く高麗と朝鮮の両王朝にも継続され、各王朝の「名山大川」の祭祀の対象として継承されたことに注目した。

この二つの章の課題と考察にも「礼制の内と外」とした第一部の副題に含意されるように、祭祀制を代表的かつ顕著な事例として、新羅の礼制の内向的な側面と外向的な側面、即ち、伝来の礼制と外来の礼制との拮抗関係において、新羅の内外の諸条件がこれに作用しあい、新羅の礼制が確立しかつ運営されるとする基本的な視点を置いている。

この二件の論考は、礼制の内向性と外向性との葛藤とその相互の変容を読みとる作業とそこに潜む諸問題の提示であるが、ひとたび礼制が整備されると、それは外交の運営においても作用することになる。後の三件の論考は新羅の礼制が「外」へ向かう際の諸問題を考察するが、これは礼制の「外」とした副題が含むまた一つの「外」の意である。

まず、第三章「国学と遣唐留学生」は新羅が官吏養成機関の国学を設立するにいたる背景とその運営、および、これと並行する遣唐留学による教育と帰国学生の官吏への登用の実態を取り上げ、この二つの教育と官吏登用の法を相互の拮抗として考察した。ここにも儒学の学制と官吏登用制の内に含まれた礼がもつ内向と外向の対抗関係が窺える。この遣唐留学を含む教育と官吏登用制に続いて、外交機構のなかに礼制の「内と外」との拮抗を窺った二件の論考を掲げた。

第四章「聖徳王代の政治と外交—通文博士と倭典をめぐって—」では、三国鼎立時代の新羅から朝鮮半島に唯一の王権となった所謂、統一新羅への移行の後では、西の百済と北の高句麗が外交の対象から消え、東の日本と西の唐、これにやがて北の渤海が加わった三国を対象に外交が進められることになる。この三面の、なかでも唐との外交と来歴のより長い日本との外交を進める通文博士と倭典の二つの機関を中心として、この二国との外交形式を整備する過程において礼が深く関わっていることを考察の根底に置いている。

つづく、第五章「迎賓機構—関門と領客府—」では、前章で検討した通文博士と倭典と領客府に客館、迎門、関門等を加えた迎賓機構を取り上げ、新羅が外国使の迎接と遣外使の派遣を盛んに進めた外交の空間構成を考察している。

これら五件の論考を貫く視角は次ぎのことである。即ち、新羅は中国、ここでは主として唐王朝を中心とした東アジアの国際関係と政治社会のなかで、自己の位置、それは礼制に焦点を当てれば、新羅国王は唐王朝の皇帝に対するにその外臣であるとする位置であるが、この冊封関係に対面して新羅の内的条件が礼制を基軸として対抗関係を含みつつ、中代と下代の政治社会の諸側面を規定することの解明である。

ただ、この視角は新羅社会の伝統と固有性の存在に対する考察を弱めるとの批判が生まれるが、この批判の方向に比重を置くあまり、そこからは実証性を欠き、新羅の独自性を観念的に強調する傾向が強まる危険性がなくはない。

第二部「王権の動向―中代と下代―」は東アジアの政治社会における新羅の礼制の確立とその性格を通して新羅王権の位置を考察した第一部を承けて、中代と下代における王権を装飾する装置の創造とその運営を通して王権内部の動向を中心とした政治社会について考察した四件の論考で構成している。

まず、第一章「聖徳大王神鍾と中代の王室」は、今日、国立慶州博物館の前庭に懸けられる聖徳大王神鍾の銘文を取り上げ、他の金石文と『三国史記』等を整合的に活用することによって、神鍾の鋳造経緯を明らかにし、また聖徳王とその子の孝成王と景徳王の兄弟王、および景徳王の子の恵恭王に至る四代の王権の動向を外戚勢力との対抗関係から掘り起こしている。

第二章「寺院成典と皇龍寺の歴史」も金石史料と『三国史記』の活用によって、中代の、殊に聖徳王から恵恭王に至る四代の王権を支える装置として、この中代に特有の寺院成典の構造とこれらの寺院の性格を考察した。先の第一章ではこの四代の王室には金順元と金順貞・金義忠・金邕の代を重ねた外戚族がこの間の王権の動向を左右していたことを考察したが、第二章ではこれを承けて、この四代の時代に先王を追善し併せて護国を祈願する寺院が建立され、また修営され、さらにこれらが国家の運営により維持されたことを考察し、続いてその好例として皇龍寺の創建から高麗時代に至るその寺史を取り上げている。

続く二つの章では下代の初期と後期の王権の動向を考察の対象としている。まず、第三章「下代初期における王権の確立過程とその性格」では、前二章の論考で考察した中代の王権の性格とその動向、及び第一部第一章での国家と王室の儀礼に対する考察を承けて、下代の王権が中代の王統とは同じく金氏族とは言え、異なる系譜の金氏の王族であることから、王権の正当性を表現するに様々な装置が強調的に働いた点を考察した。これは主に王権の所在する王京においての作業であったが、つづく第四章「王権と海上勢力―特に張保皐の清海鎮と海賊に関連して―」では、下代後期の時代的特質として地方勢力の成長が指摘されるが、それはまた、王権の動揺と衰弱を意味する。その大きな契機の一つとして張保皐が統率する清海鎮の活動に注目した。張保皐は交易活動と対唐通交を掌握していたが、この活動を東アジアの国際関係における「寧海軍使」たる新羅国王の王権との対抗関係として捉え、下代の王権の動向を考察した。

この前二件の論考は中代の王権の構成とその動向を王族や王廷内の氏族的要因や信仰の面から考察した点に特徴がある。一方、後の二件の論考は対象がそれぞれ下代王権の初期と後期であるとは言え、各期の王権が冊封を媒介とした唐王朝の権威と関わって、そのことを国内的にどのように自己の権力の強化に転化しようとしたのか、また、下代の王統は中代の王権の権威を装飾する装置をいかに継承したか等を検討した。いわば、「内と外」からの視点で下代の王権の確立とその動向を考察している。

さて、第三部「外交の諸相―対日本・渤海関係を中心に―」は中代と下代の対日本外交を対象とした三件の論考に対渤海関係の論考を加えた計四件の論考で構成した。これらの論考は第一部の第四章・第五章の論考に密接に関係し、迎賓機構を通して展開された中代と下代の新羅外交の具体相とそこに生ずる諸問題がこの第三部に提示される。

ただ、ここには対唐関係が専論として挙げられていないが、この四件の論考は何れも新羅の対日本・対渤海外交の底流に対唐関係が布かれていることの具体的な事例が諸処に言及され、また個別にも各論考に指摘が加えられていることから新羅の対唐外交は補足されていると言える。

さて、第一章「新羅人の渡日動向―七世紀の事例―」は新羅の遣日本使を七世紀を通してその構成と大使等の官位、及び献物の種類、滞日期間の長短等によって通覧した。これはつづく第二章・第三章で論究する八世紀の対日本外交の前史となっており、七世紀と八世紀の対日本外交の特質を相互に対照させることになる。

そこで、続く第二章「中代・下代の内政と対日本外交―外交形式と交易をめぐって―」では、新羅の対日本外交が朝貢形式から亢礼の対等な外交形式に転換する八世紀の三〇年代の外交に焦点を当てている。七三二年の遣日本使に転換の兆候は現れるが、つづく七三五年以来の遣日本使は使命を達せずに帰国することが顕著となる。その要因には新羅では礼制の整備が進むと自国を唐を中心とした国際関係のなかで上位の藩国とする意識が高まり、その反面では日本を「亢礼の隣国」とする意識が育まれるのであり、そこに日本との間で外交摩擦が頻発することになったが、その具体例として新羅使が自国を「王城国」と称した問題と「仮王子」を日本へ派遣する外交策を考察している。

これらの考察を承けて、第三章「対日本外交の終幕―日唐間の情報と人物の中継をめぐって―」では、八世紀後半の対日本外交を検証する。八世紀後半では対日本外交は摩擦を継続的に生みながらも間歇的に継続されたが、この終末期の対日本外交の四例に就いて、これを新羅が唐の存在を背景として対日本外交を継続した事例と捉え、その具体相を考察している。

この三件の論考は七世紀〜八世紀の二百年にわたる対日本外交を通史的に、またそこに内在する諸問題について礼を根幹とした外交形式に視角を置いて検討したが、これに続く第四章「唐朝における渤海と新羅の争長事件」では、一転して北の渤海国に向かう新羅の姿勢を考察する。新羅の対渤海外交は第一部第五章と第二部第三章にも言及されているが、ここでは八九七年七月に唐朝の朝賀の儀式の場において発生した渤海国使が新羅国使との席次の変更を要求した事件とこれに対する唐の処理策、及び、この処理に対する新羅の対唐外交を考察し、併せて新羅の対渤海観を叙述した。この九世紀末の渤海国に対しながら進めた新羅の対唐外交の主張には、ここまで凡そ三百年近く進められた新羅の対唐外交の結実が見られるが、そこには、また第一部で検討した新羅の国制が礼を基本に整備され、そのことを根底においた新羅の対渤海観の主張と唐に対する自国意識とを読みとっている。

かくて、本書は『新羅国史の研究―東アジア史の視点から―』と題して、従来、新羅史像が日本古代史研究の分野から、主として、新羅が派遣してきた遣日本使の諸々の属性を媒介項として論ぜられ、それ故に、新羅史像を分体化する視角から離れ、また、この視点とは対局にありながらも同工異曲と言えるが、新羅国王に対する唐朝の冊封を媒介に新羅史を見る中国古代史研究の視点からも距離を置いている。この基本姿勢に立脚して、礼を根底においた祭祀と外交制度、さらにはこれに支えられる新羅の王権構造とその動向の特質の解明に焦点を当て、日本、唐、渤海の周辺諸国との間に展開した新羅外交の諸相に潜む問題を考察した論考で本書を構成している。

第一部　国制の研究

――礼制の内と外――

第一章　神宮と百座講会と宗廟

はじめに

古代の東アジア世界では、中国周辺の諸国家がその内的条件に即して、中国の制度・文物を受容してゆくが、祭祀を含む礼制もその重要なひとつである。このことは、新羅においても妥当するが、そこに新羅固有の祭祀との調整の必要も生まれてくる。

新羅では五世紀末から六世紀の前半期にかけて、部族制国家の段階を克服し、広域の版土とその有機的な支配機構を具備した古代国家へと大きく発展して行く。(1) この古代国家の形成に即応して、新羅国王が親しく執行する神宮の祭祀が国家祭祀として成長する。やがて、新羅が七世紀の後半に百済・高句麗を討って、所謂「三韓一統」の業を達成して以来、唐との政治的連関を強めると、新羅の国制を中国の礼制に基づいて整備することになるが、その一環として宗廟の祭祀が王室祭祀として重視されてくる。

さて、新羅の神宮の祭祀は、古代日本の神宮号の成立との連関が注目されているが、(2) これは新羅時代に限定された祭祀であり、九世紀末期に至るとこの神宮祭祀は廃される。これに代わって皇龍寺における百座講会の仏教儀礼が重視され、高麗朝に至っては八関会と並んで国家的仏教儀礼として盛行することになる。

一方、宗廟は新羅の神文王代に礼制に適った五廟制を定立して以来、王統の交替による調整を重ねつつ、高麗・朝鮮（李朝）王朝でも五廟の礼を越えることなく、王室祭祀としていっそう厚く祭られてゆく。(3)

本論ではこうした朝鮮の国家祭祀の展開をふまえ、新羅の主要な二つの祭祀に一つの仏教儀礼を加えて、それらがどのように運営されたかを新羅史の展開に即して考察するものである。

第一節　神宮の祭祀

神宮が「始祖誕降之地」たる「奈乙」の地に創立された年次については、『三国史記』巻三十二・雑志一の祭祀条（以下「祭祀志」と記す）では第二十二代智證王代（在位五〇〇〜五一四年）のこととし、同書の巻三の新羅本紀（以下「新羅本紀」と記す）では、炤知麻立干の九年（四八七）二月として、両者に相違を見せている。しかし、炤知麻立干九年二月にせよ、あるいは、智證王代（「新羅本紀」と『三国遺事』王暦は、智證王を智証麻立干、あるいは、智訂麻立干とするが、「新羅本紀」には、智證麻立干の四年（五〇三）に、麻立干の称号を廃して、王号を称し始めたとある）にせよ、新羅の王号が固有の麻立干の号から王の号にかわる、所謂麻立干時代の終末期に神宮が創立されたとしている。これは『三国遺事』王暦では、上古・中古と時期区分されたその上古の終末期である。(4)

こうした時点で、「始祖誕降之地」（「新羅本紀」では、「始祖初生之処」とする）とされる奈乙に神宮が創立されたことにまず注目しておきたい。

ところで、神宮の存在とその祭祀については、中国側史料の一連の正史・新羅伝にはその記述をみない。また『三国史記』にも祭祀の性格を知る上に必要な祭儀の次第を記述した部分をみないのである。ただ、「文武大王陵碑文」(5)

の次の一節から、神宮の祭祀がいかなる性格のものであるかを推察することができるのみである。

○文武大王陵碑文

国新羅文武王陵之碑　　及飡国学少卿臣金　　奉教撰

4　　　　（以上略）我新

5君盤源自瓊継昌基於火官之后峻構方隆由是克　枝載生英異秺侯祭天之胤傳七葉以

6焉△△十五代祖星漢王降質圓穹誕霊仙岳肇臨　以對玉欄始蔭祥林如観石紐坐金輿而

7大王恩術深長風姿英抜量同江海威若雷霆△地　（以下略）

「文武大王陵碑」は、文武王を継承した神文王代に新羅の国学少卿の金某が王教を奉じて撰んだ文である。それ故に、この石碑は国学が開設された神文王二年（六八二）以後の早い時期に建立されたものと思われる。(6) 石碑の両面に陰刻された文のなかで、前面の五行から七行にかけて前掲の一節が読まれるが、この一節は文武大王に至る王統の由緒を述べ、かつ文武王の威徳を称える部分である。このなかの「祭天之胤傳七葉」の句は貴重であって、その意味するところは、新羅に祭天の儀礼が行なわれていたこと、しかも、その祭儀が特定の血族、即ち文武王に至る金氏の王族に限定されて執行されるものであり、それが文武王に至って既に七代になると理解される。(7) そこで、王統譜を文武王から七代まで遡って、「祭天之胤」の初代を求めれば智證麻立干の代を得ることになる。

そこで祭天の儀礼に該当する祭祀を「新羅本紀」の中で、智證麻立干代から文武王代までの七代の間に求めると、祭天の儀とは神宮の祭祀に他ならないことがわかってくる。しかも、この神宮の祭祀が智證麻立干を始めとして金氏の王が親しく祀る祭祀であった点は「祭天之胤」の語義とも符合するのである。

「文武大王陵碑」によって、神宮の創立は智證王代であるとする先の「祭祀志」の説が妥当なようではある。しかし、『三国史記』と『三国遺事』王暦の王統譜によれば、炤知麻立干と智證麻立干の二人は従弟の関係にあり、同時代のひとである。

また、智證麻立干は炤知麻立干に王子が無かった為にその後を継承したという。「文武大王陵碑」は神宮が創立された六世紀前後の頃より二世紀近く後の史料であり、また祭天の儀を十全に述べる史料ではないだけに、文武王から七代を溯って祭天の儀の始まりを求めた先の操作では智證麻立干代を得たが、その一代前の炤知麻立干代に及んでもあながち不当でもなかろう。「新羅本紀」が神宮の創立を炤知麻立干在位九年とした説を誤りとしてしまうわけにも行かないのである。しかし、「文武大王陵碑」によっても、神宮が麻立干時代の終末期、即ち五世紀末から六世紀初に創立され、金氏の王が親しく祀る祭天の儀礼であることは知られたとおもう。

ところで、この神宮における祭天の儀は五世紀末、あるいは、六世紀初に突如として始まったのではなかろう。その起源は『魏志』韓伝に、「国邑各立一人、主祭天神、名之天君」とある天君が主祭する天神の祭儀に求めることもできよう(8)。ただ、神宮の祭祀以前に新羅において祭天の儀が行なわれていたことを言う明証はみあたらない。しかし、四〜五世紀の新羅王は祭政的君長の性格を帯びた麻立干の号を称していたが、この麻立干が主宰する祭祀こそが神宮の祭祀に成長したものとおもわれる。すなわち、新羅の国家形成の過程で、麻立干が主宰する祭祀が新羅における唯一の祭天の儀礼に成長し、神宮がその祭殿として創立されたと理解されよう〔補1〕。

ここに於いて、麻立干の血族、即ち金氏族がその出自を「天」に結びつけ、祭天の儀を唯一主宰することのできる天降族として、その神聖性を高める作業が付随するが、そもそも、神宮を金氏族の「始祖誕降」の地という奈乙に置いことがその作業の第一であり、また、次に述べるように、神宮の創立後に新羅最初の「国史」を修撰する作業と「天賜玉帯」の登場とが、金氏族の神聖性の一層の確固を図った作業であったと言えよう。

王統譜Ⅰ（奈勿尼師今～文武王）　※数字は「新羅本紀」による王代数。
※阿老と只召は『三国遺事』王暦による。

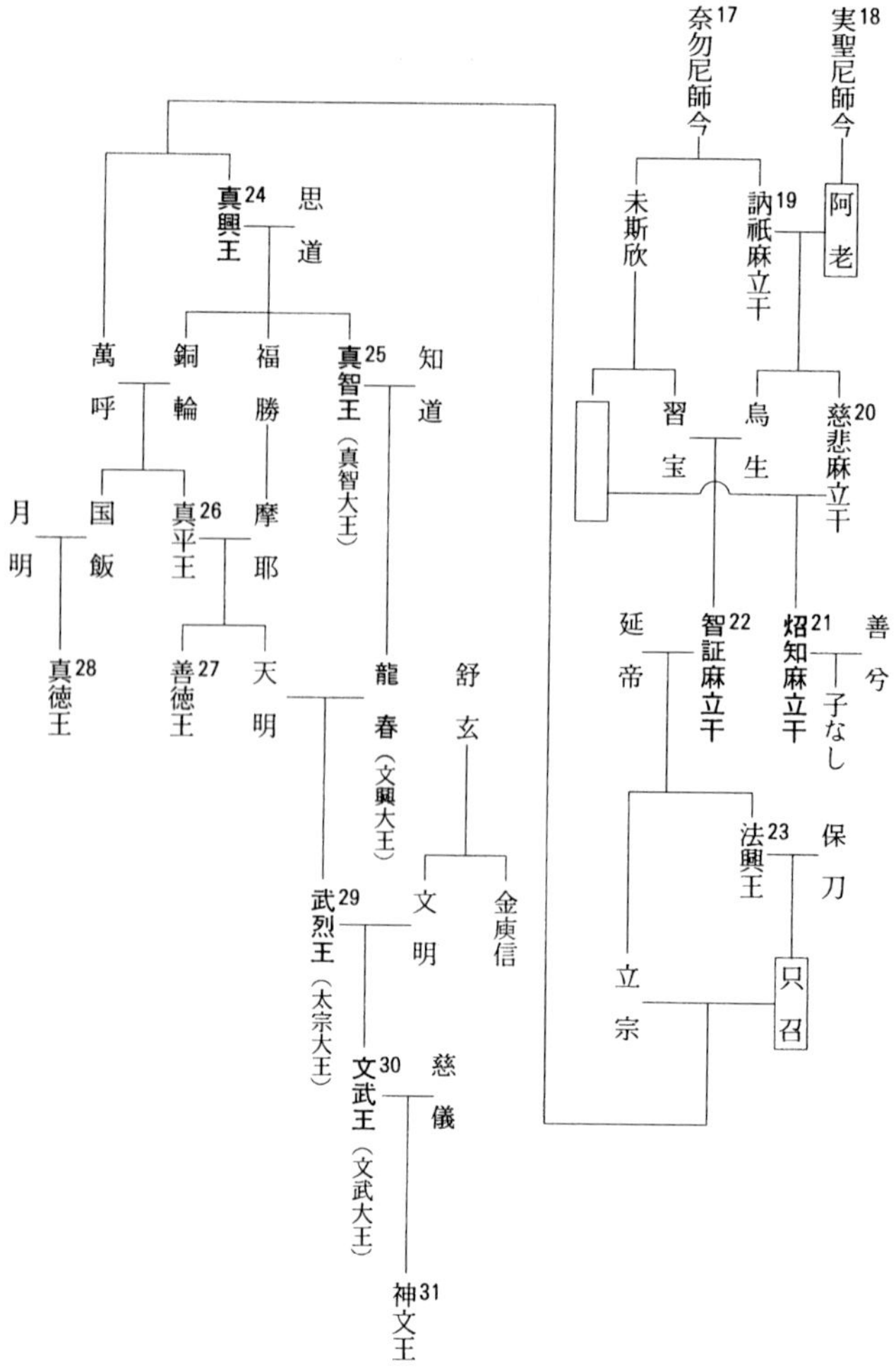

真興王六年（五四五）に、新羅の最初の「国史」が修撰されたが、「新羅本紀」には重臣・異斯夫の「国史記君臣之善悪、示褒貶於萬代、不有修撰後代何観」と言う奏言を掲げて修撰の動機としている。しかし、最初の「国史」に必備すべきことは君臣の善悪を記すことのほかに、まず王都（慶州）の支配者共同体の中核をなす金氏族の王統譜を明確にすることである。この点が「国史」修撰の第一の動機であったにちがいない。

「国史」の修撰から二十三年を経るが、真興王二十九年（五六八）に王が巡狩したことを記念した「黄草嶺碑」（咸鏡南道咸興郡黄草嶺）と「磨雲嶺碑」（咸鏡南道利原郡磨雲嶺）には、「朕歴数當躬仰紹太祖之基纂承王位」の句が見える。ここに「太祖」が認知されているが、この太祖は先の「国史」に銘記されたにちがいない王統譜に依拠していようが、「国史」の修撰にあっては、ただ太祖の確定だけでなく、太祖に先立つ金氏族の始祖の由来も明確に表現されていたとおもわれる。ここに至るには、金氏族が祭天の儀を唯一主宰する立場から、その始祖を「天」に由来せしめる観念が貫徹していよう。

しかし、「国史」に表現されたにちがいない金氏族の始祖神話は、「国史」が今日に伝わらないだけに明らかではないが、その骨子は、「新羅本紀」脱解尼師今の九年条や『三国遺事』紀異巻第一の「金閼智・脱解王代」条にみえる金氏族の始祖天降の神話に通ずるものであろう。(9)

次に「天賜玉帯」とは、『三国遺事』紀異巻第一の「天賜玉帯」条によれば、真平王の即位元年（五七九）に、上皇の命を受けた天使が殿庭に降りたって真平王に伝授したという玉帯のことであるが、この玉帯は金と玉で装飾した長い帯であり、常人は使用することができず、王に神聖性を付与するシンボルとなっていた（「其帯粧以金玉甚長、非常人所可束也」）(10)という。それ故に、この「天賜玉帯」は真興王三十五年（五七四）に鋳成した皇龍寺の丈六尊像と、善徳王五十四年（六四五）に建立された同寺の九層塔と並んで、新羅の三宝として尊重され、世々、新羅王室に伝授され

表Ⅰ　神宮の祭祀関係年表

姓氏	王名	年・月	西暦	祭祀記事	備考
金	炤知麻立干	9・2	四八七	置神宮於奈乙	
		17・正	四九五	王親祀神宮	
金	智證麻立干	3・2	五〇二	親祀神宮	第二十二代智證王、於始祖誕降之地奈乙、創立神宮（祭祀志）
金	法興王	3・正	五一六	〃	
金	真興王				
金	真智王	2・2	五七七	王親祀神宮大赦	
金	真平王	2・2	五八〇	親祀神宮	
金	善徳王	2・正	六三三	〃　大赦	
金	真徳王	元・11	六四七	王親祀神宮	
金	太宗武烈王	元・4	六五四		大赦
金	文武王	8・11	六六八		謁先祖廟
金	神文王	2・正	六八二	親祀神宮大赦	
		7・4	六八七		遣大臣於祖廟致祭
金	孝昭王	3・正	六九四	親祀神宮大赦	
金	聖徳王	2・正	七〇三	親祀神宮	
		12・2	七一三		置典祀署
金	孝成王	3・正	七三九		拝祖考廟
金	景徳王	3・4	七四四	親祀神宮	
金	恵恭王	2・2	七六六	王親祀神宮	始定五廟（祭祀志）
金	宣徳王	2・2	七八一	親祀神宮	
金	元聖王	元・2	七八五		五廟を祭る
		3・2	七八七	親祀神宮大赦	
金	昭聖王				
金	哀荘王	2・2	八〇一		謁始祖廟、五廟を祭り、別に二廟を立つ
		3・正	八〇二	王親祀神宮	
金	憲徳王	2・2	八一〇	王親祀神宮	
		5・2	八一三		謁始祖廟
金	興徳王	2・正	八二七	親祀神宮	
		8・4	八三三		王謁始祖廟
金	僖康王				
金	閔哀王				
金	神武王				
金	文聖王	5・7	八四三		五虎入神宮園
金	憲安王	2・正	八五八	親祀神宮	
金	景文王	2・2	八六二	王親祀神宮	
		12・2	八七二	親祀神宮	
金	憲康王	2・2	八七六		皇龍寺百高座
		12・6	八八六		〃
金	定康王	2・正	八八七		皇龍寺百座
金	真聖王				即位・皇龍寺百座
金	孝恭王				
朴	神徳王				
朴	景明王				
朴	景哀王	元・10	九二四	親祀神宮大赦	即位（同光2年）2月・皇龍寺百座（遺事）
金	敬順王				

注・祭祀志…『三国史記』巻第三十二雑志・祭祀条
遺事……『三国遺事』巻二・紀異

たという。

さて、「国史」の修撰と「天賜玉帯」の登場に代表されるように、金氏の王権を「天」に由来せしめ、その神聖性を高める作業は六世紀の後半期までに整っている。この期間は、また、神宮における祭天の儀が定式化する期間でもあって、神宮の祭祀を重ねる過程で、金氏の王権を神聖化するこうした作業が進展したといえる。

そこで、神宮が創立後どのように祭られたかを一覧して、この祭祀の性格を考えたいが、「新羅本紀」から神宮の祭祀記事を引き出して年表にすれば表Iの通りである。

表II　神宮祭祀の時節別回数表

年・月	回数
即位元年10月	1
元年11月	1
2年正月	5
2年2月	6
3年正月	3
3年2月	2
3年4月	1
12年2月	1
17年正月	1

この年表から、まず、前述したように神宮の祭祀は王が親しく祭る（親祀）祭祀であったことが知られる。次に、その祭祀の時節を求めると、春季に、それも王の即位の二年正月、あるいは二月である。これは、『三国史記』が薨年称元法を採用して編年するから、[11]新王が即位して初めて迎える春季に神宮を親祀した例が神宮祭祀の記録の全体の半数であることが知られる。

また、景文王はその二年二月と十二年二月の二度、神宮を親祀しているが、これは、次節の「皇龍寺の百座講会」で述べるように意味のある特例であである。神宮の祭祀が一王代に一度だけの祭祀として「新羅本紀」に記録されているのは、後述するように、即位儀礼としての性格を帯びた神宮の祭祀を記録したのであり、これらのほかにも神宮は奉祀されていたことも予測しなければならないが、また、ここに掲げた神宮の祭祀にはその後に大赦を伴う例がある。このことは、同時期の宗廟の祭祀にはみることができない儀礼であって、二つの祭祀の性格の相異を示している。

また、一王代に神宮と宗廟とを二つながら祭祀した例が六例あり、そのなかで、神文王・憲徳王・興徳王の三例は神宮を先に親祀し、その数年後に宗廟を祭っている。恵恭王の宗廟では祭祀の年月の明記を見ないが、元聖王と哀荘王の二例は逆に、宗廟を先に祭り、その翌年の二月・正月に神宮を親祀している。

しかし、この二例は後述するように宗廟の祭祀を一層重視しなければならない即位時の事情があったのであり、こうした祭祀のあり方からみて、神宮の祭祀は祭天の儀であると同時に、即位儀礼とも密接な結びつきをもった祭祀でもある、という二面の性格を帯びていたことが知られる。

また、祭天の儀の祭殿たる神宮を金氏族の始祖降誕の地に創立した時点から、この祭儀には金氏族の祖先祭祀の性格も加わっているが(12)、新王が即位して最初に迎える春にこの神宮を親祀したことをみると、天降の始祖を通して新王を「天」と直結させる祭儀がこの祭祀の核心ではなかったであろうか。その祭儀を経て、かの「天賜玉帯」を新王に伝授する儀がこれにつづく一次第ではなかったかとおもわれる(13)。「天賜玉帯」を服することで、新王の位は「天」の承認を得たものと新羅王廷に認知されたであろう。このような神宮祭祀の即位儀礼的性格の故に、この祭儀を終えるや大赦が下されることもありえたのである。

神宮の祭祀が即位儀礼の一面をもったから、善徳王（六三二年即位）と真徳王（六四七年即位）の二人の女王もこれを親祀した。しかし、これに反して、神宮を明らかに親祀しなかった王もいる。炤知麻立干から最後の敬順王に至る三十六代の王のなかで、十六代の諸王に神宮親祀の記事をみないが、このことは次に述べるように神宮の祭祀が即位儀礼の一面をもつことを決して否定するものではない。

この十六代の諸王のうち、神宮を親祀したのだが、そのことが「新羅本紀」の編纂に遺漏したかと思われるものに太宗武烈王と文武王の場合がある。この二王代の「新羅本紀」は三韓一統の抗争を主体に編纂されているから、神宮の親祀のことは編纂過程で漏れ落ちたともおもわれる(14)。

また、僖康王、閔哀王、神武王の三代は、即位に絡む金氏族の内紛が続き、即位しても二年と在位せぬ間に王は殺害されたり病死したという。このような即位の事情では、神宮を親祀して即位の承認を「天」に求める祭儀は執行できなかったであろうし、また、それをすべき時節を迎える前に殺害されては、この三代に神宮の記事をみないのも当然であろう。

さらに、真興王（五四〇年即位）代にも、神宮の親祀記事をみない。王は七歳（『三国遺事』紀異・巻一の「真興王」条では十五歳とある）で即位したが、年少であった為に太后の摂政をうけていた。その為に、神宮を親祀して即位の儀を挙行することはなかったのではないかともおもわれるが、後に恵恭王は八歳で、哀荘王は十三歳で即位して共に摂政をうけながらも神宮を親祀した例がある。真興王代は仏教が盛行した時代であり、それは次節で述べるように、高句麗の僧・恵亮法師を迎えて皇龍寺の一大伽藍の建立も始まるほどであるから、真興王が仏教へ大きく傾倒したことからみて、創始されて王代を多く重ねないこの祭天の儀たる神宮の祭祀を親しく執行しなかったのではないかと推測される。

さて、神宮の祭祀は金氏族の祖先祭祀の性格をも帯びていたから、朴氏族の神徳王（九一二年即位）と景明王（九一七年即位）代に神宮の祭祀記事をみないのも肯けるが、同じく朴氏族の景哀王（九二四年即位）はその即位元年の十月に神宮を親祀しているのである。前王の景明王がその即位の八年八月に薨じたというから、景哀王は即位して春季を迎えぬ間にすぐにもこの神宮を親祀しており、そこには特別な事情が予想される。その事情とは前王の景明王の五年（九二一）に、かの新羅三宝のひとつであり永らくその意義を忘れられていた「天賜玉帯」が再び世に現われ、その意義が再認識されたことであろう。

「天賜玉帯」は、即位儀礼として王が親祀する神宮の祭祀に不可欠であったと考えられたが、神宮が景文王十二年（八七二）以後、憲康王代・定康王代・真聖王代には親祀されておらず、つづく孝恭王代にも恐らく親祀されなかったであろうし、また、次の神徳王と景明王の二代も、王が朴氏であるからこれまた親祀されなかった。このように、神宮が六代にわたって親祀されず、これにかわって次節で説くように、王は皇龍寺で開催される百座講会に親幸しているから、「天賜玉帯」が再び世に知られる景明王五年まで、その約半世紀間かの「天賜玉帯」は新王から新王へと伝授される儀もなく、宝庫に蔵されつづけたのである。このことは「天賜玉帯」の存在と並んで神宮の祭祀の即位儀礼としての意義をも王室内で忘れられつつあったことを意味する。

ところが、この「天賜玉帯」は、新羅王室の外の力によって再び出現することとなる。即ち、景明王は後百済の甄萱に圧迫されると、高麗の王建と修好したが、この時、王建が新羅の使者の金律に新羅三宝の一つの「天賜玉帯」の所在を問うたのである。金律はじめ新羅王廷にはその所在を知る者はいなかったが、皇龍寺の九十歳を越えた老僧がその所在を知っていたと言う。「天賜玉帯」は南庫に所蔵され続けていたのであるが、景明王は日を選んで斎祭してこれを取り出したという。この時、王廷内においてはこの「天賜玉帯」と神宮の祭祀との密接不可分の意義が思いおこされたにちがいなかろう。

景明王を継いで即位した景哀王が朴氏族の王であるにもかかわらず、また、即位して最初の春季を迎えぬ間に、すぐさま神宮を親祀した背景には、このように即位の三年前に発見された「天賜玉帯」の神聖性を挺子として神宮祭祀がもつ即位儀礼の性格が王廷内で再認識され、この祭祀を挙行することによって、朴氏が金氏に変わって王位を継承することの正当化を図ったのであろう。

ところが、再開した神宮の祭祀は、次の敬順王が後百済王の甄萱の力で即位しただけに、この王代では新羅固有の神宮の祭祀を挙行するだけの主体性は発揮できなかったものとおもわれる。

こう見てくると、神宮の祭祀は先の景文王代をもってその実質的かつ正統的な意義は失われたのである。

さて、神宮親祀の記事をみない王代は以上の外にも孝成王・昭聖王・文聖王と、憲康王・定康王・真聖王の六代がある。このなかで前三者は、神宮の親祀記事をみない十分な事情を見出せない。実際は神宮を親祀したのだが、そのことが「新羅本紀」編纂のある過程で漏れ落ちてしまったかと思われる。しかし、後の三代の王は明らかに神宮を親祀しなかったとおもわれる。この三代の王は神宮を親祀すべき時節に神宮の親祀にかわって他の祭儀を挙行しているからである。

それが、次節に説く皇龍寺における百座講会の法会である。

第二節　皇龍寺の百座講会(15)

新王が神宮を親祀することが即位儀礼の性格をもつにもかかわらず、これを挙行しなかった王のなかで、九世紀末から十世紀初の憲康王・定康王と真聖王の三王とこれに景哀王を加えた四王は特に注目される。それは前二代の王は神宮を親祀しなかったが、これを親祀すべき即位後の最初の春二月と正月に、そして真聖王は即位直後に皇龍寺に親幸し百座講会を聴講しており、景哀王は神宮を即位年の十月に親祀したのだが、それ以前の二月にやはり皇龍寺に親幸して百座議会を聴講し親しく香を供えているからである。(16)このことは九世紀末において、即位して間もない王が皇龍寺の百座講会を聴講する儀礼が神宮の親祀にかわって即位儀礼的な性格をもつに至ったことを暗示する。

そこで、次に皇龍寺とそこで開催される百座講会の性格を明らかにし、新王が皇龍寺に親幸して百座講会を聴講することが即位儀礼的な性格をもつに至る過程を考えたい。

皇龍寺の建立の由来は、「新羅本紀」では真興王十四年（五五三）に、月城の東に新宮（『三国遺事』巻三・「皇龍寺丈六」条では、龍宮の南に紫宮）の造営工事を起こしたところ、そこから黄龍が出現した為に新宮の造営を寺院の建立に切り換え、ここに皇龍寺（『三国遺事』では黄龍寺）と賜号し、真興王二十七年（五六六）に（『三国遺事』では工事を起こして十七年目に）建立は竣工したという。(17)ただ、この皇龍寺建立を進めた背景には、新羅の龍神信仰と護国仏教の融合が密接に関係している。

皇龍寺の地所は『三国遺事』には龍宮の南とあって、この地はもともと龍神の祭場であったとされるが、(18)そこでの新宮（紫宮）の造営を寺院の建立に切り換えるだけの事情は造営の二年前に始まる。

真興王十二年に、王は居柒夫らに命じて高句麗の十郡を奪ったが、その折り居柒夫が高句麗の高僧・恵亮法師を随えて凱旋するや、真興王は法師を僧統に任じたと言う。この恵亮法師の教えを容れて、新羅では国家の安寧を祈願する百座講会と八関の法会が始まったが、(19)当時、この法会を開催するに相応しい一大寺院は未だ存在せず、恵亮法師の側からその建立が要請されたにちがいない。(20)この経緯を背景として、護国仏教が在来の龍神信仰と融合して、護国の一大寺院たる皇龍寺の建立が始まったものとおもわれる。(21)

それ故に、建立後の皇龍寺はその性格に相応しい規模を備えるに至る。真興王三十五年（五七四）には丈六尊像を鋳成し、次代の真平王五年（五八三）には金堂が造成された。つづいて、善徳王十四年（六四五）には木塔が創造されたが、(22)九層のこの塔は在唐中の慈蔵法師が九層塔を皇龍寺に創造すれば隣国は降伏して国家は安寧であろう、と言う圓香法師の薦めをうけて創造を善徳王に上言したという。(23)『三国遺事』所引の『東都成立記』(24)には九層の第一層は日本、第二層は中華、第六層は靺鞨などと具体的に新羅の周辺国の名を各層に振り充て当てている。このことは、高麗初期ではこの九層塔に外敵を鎮める威力を期待する説まで生じていたことと合わせて、九層塔が護国の仏塔たる性格を保持してきたことを示している。(補2)

さて、護国仏教の中心的伽藍である皇龍寺の性格を一層具体化させるのが、ここで開催される百座講会の法会、就中、新王の親幸を迎えてのこの法会である。新羅時代に皇龍寺で開催された仏教儀礼は、百座講会と看燈会と八関会の三種が史書にみえるが、これを年表に掲げれば表Ⅲの通りである。

これによれば、看燈会は景文王六年（八六六）と真聖王四年（八九〇）の僅かに二例をみるだけであるが、ともに正

表Ⅲ　仏教儀礼の関係年表

王　代	年・月	西　暦	
真興王	12	五五一	高句麗の恵亮法師来りて、百座講会と八関の法が始まるという。（『三国史記』巻第四十四・居柒夫伝）
	33・10	五七二	設八関筵会於外寺、七日罷。（以下『三国史記』新羅本紀に依る〔但し二項は『三国遺事』〕）
真平王	35・7	六一三	隋使王世儀至皇龍寺、設百高座。
善徳王	5・3	六三六	王疾、医禱無効、於皇龍寺設百高座、集僧講仁王経、許度僧一百人。
聖徳王	5 6	七〇六 七〇七	神龍二年（七〇六）丙午歳禾不登、人民飢甚、丁未（七〇七）救民給租、王為太宗大王刱奉徳寺、設仁王道場七日、大赦。（『三国遺事』）
恵恭王	15・3	七七九	京都地震、壊民屋、死者百余人、太白入月、設百座法会。
景文王	6・正	八六六	十五日、幸皇龍寺看燈、仍賜燕百寮。
憲康王	2・2	八七六	皇龍寺斉僧、設百高座講経、王親幸聴之。
	12・6	八八六	王不予、赦国内獄囚、又於皇龍寺設百高座講経。
定康王	2・正	八八七	設百座於皇龍寺、親幸聴講。
真聖王	元	八八七	設百座皇龍寺親幸聴法。
	4・正	八九〇	十五日、幸皇龍寺看燈。
景哀王	元・2（同光2年）	九二四	皇龍寺説百座説経、兼飯禅僧三百大王親行香致供。（『三国遺事』）

月十五日に王の親幸を迎えて開催されたように、この法会は高麗時代に盛行される上元燃燈会の前身である。[25]

しかし、新羅時代にあっては、この看燈会よりも一層国家が重視した仏教儀礼は表Ⅲの年表に多くみられた百座講会である。

この法会は善徳王五年（六三六）の百高座において仁王経を講じたとあるように、百人もの僧が一斉に「仁王護国般若波羅蜜多経」[26]を読誦して、外敵の侵寇と内乱を防除し、国家の安寧を祈願する仏教儀礼である。[27]

新羅の百座講会は高句麗・百済と激対した真興王代に恵亮法師を迎えたことから始まったが、表Ⅲの年表に掲げたこの法会の開催は国家が発動した例に限られようが、新羅の滅亡までの四百年間にわずかに九例をみるだけである。

その九回の百座講会の開催にも、九世紀末の憲康王を境に、この法会に対する国家の関与のあり方に変化が生じたことが知られる。それは、憲康王二年（八七六）二月、定康王二年（八八七）正月、それに真聖王（八八七）と景哀王（九二四）の即位年に開催された百座講会には、それを開催するだけの王の罹病や天候不順などの動機が明記されてはいないが、これらの百座講会が即位後間もない開催であって、しかも、王が親幸してこれを聴講している。このことから、この四例の百座講会の開催は、とりわけ定康王の即位と薨去に続いて同年に即位した真聖王の事例からも、新王の即位儀礼と関連があろうということである。

一方、恵恭王十五年までの四例の百座講会の開催はその動機が明記されている。即ち、真平王三十五年七月の百座講会は隋の使者の王世儀を迎えて開催されたが、この王世儀は新羅が高句麗を撃つに先だって隋に援軍を求めたが、これに応えて新羅に入国したのであるから、この折の百座講会は対高句麗戦に新羅と隋の軍隊が勝利することを祈願して、またその年の春夏には天候不順がつづいていたから、これを祓う儀礼としても開催されたのである。

また、善徳王五年三月の法会は王の病の治癒を祈願して、さらに、聖徳王六年[28]（七〇七）と恵恭王十五年三月の百座講会は不作と天変地異を祓い、民生の安定を祈願して開催されたのである。この四例は国家に対外的・対内的な危機が生じた際にその消滅を祈願して、臨機に百座講会が開催されたことを意味している。

しかし、憲康王代からはこの百座講会は国家が危機に直面した際に開催されるのではなく、新王の即位に際して開催されているのである。このことは即位後の新王が皇龍寺に親幸してこの法会を聴講する儀礼によって、新王の治世の全期間にわたって国家の安寧を祈願する儀礼を即位儀礼の一環に組み入れていたことを意味していよう。

このように、百座講会に対する国家の関与が変化するにはそれだけの実際的な要因があった。その要因は憲康王が即位する以前、即ち景文王代に顕著に現われている。

景文王はそれまでの即位儀礼の伝統に従って、即位の翌春、即ち二年二月に神宮を親祀したが、この王代は王族の謀反と天変地異が連続して発生している。また、この景文王代は護国の象徴たる皇龍寺の九層塔に対する関心が高まった時代でもある。即ち、この塔は文聖王代に東北側に傾いたが、これを修理せぬまま景文王八年（八六八）六月には塔が雷に打たれてしまった。そこで、王の十一年には塔の再建が始まり、同十三年に新たな九層塔が完成した。(29)この景文王代に国家と仏教界の力で皇龍寺九層塔を再建したことは、護国の象徴としてのこの塔の意義を強く意識せしめたにちがいない。

新装なった九層塔の威容は外敵の侵入を防除せんとする護国の威力を高からしめるとともに、頻繁に発生する謀反と天変地異を鎮めて国家を安寧ならしめることが強く求められる。そこで注目されたのがこの九層塔をもつ皇龍寺で開催されてきた百座講会であろう。

景文王代の絶え間ない国家の危機を顧みて、次の憲康王が即位するや、これまでのように国家の危機に直面した際に百座講会を開催するのではなく、新王がこの法会を親しく聴講する儀礼として、かつこの儀礼を王の即位儀礼の一環に組み入れることによって、王の治世年間における国家の安寧を祈願したのではなかろうか[30]。「新羅本紀」によれば、前代の景文王代に続発した謀反と天変地異による民生の混乱はこの憲康王代には全く記載されていない。かえって、王が月上楼に登って民生を展望した折に、民生の安定と辺境の平安は王の聖徳によるとする重臣の言を載せているほどである。そこには、民生の安定は王が親しく百座講会を聴講する儀礼を即位儀礼の一環に組み入れたことの功徳だと三代後のする意が隠されているようである。

つづく定康王・真聖王と三代後の景哀王も即位儀礼の一環として、皇龍寺に親幸し百座講会を聴講している。その間の孝恭王・神徳王・景明王の三代は何ら即位礼にあたる儀礼を伝えていないが、その前後の例からやはり皇龍寺の百座講会を親しく聴講し国家の安寧を祈願したのではなかろうか。

だが、百座講会によって国家の安寧を祈願しても、新羅の政治と社会の矛盾は深刻である。定康王の病死、真聖王の紊乱と元宗・哀奴の乱（八八九年）を契機に地方勢力の台頭は急速であり、ついには、弓裔と甄萱が自立して後三国の時代となる。新羅の現実は皇龍寺の百座講会では救済しえない程に混乱期に近づいていた。新羅最後の敬順王は甄萱の勢力を背景に王位に即いただけに、神宮の祭祀も皇龍寺の百座講会も開催できるだけの王位の正統性を主張する主体性はなかったであろう。

新羅の百座講会は真興王代に対高句麗・百済との緊張関係のなかで導入され、護国祈願の法会として国家の危機に際して開催されてきた。やがて、九世紀の末期に至って新羅の根底的な矛盾は激化し国家の危機が顕在化すると、この法会に対する国家の関与は一層現実化してきた。新王が皇龍寺に親幸し百座講会を聴講する儀礼が即位儀礼の一環に組み入れられて在位の全期間にわたる国家の安寧を祈願する法会へと発展したとみられるのである。

高麗時代ではこの法会は一層盛んに開催されたが、そこでは、即位儀礼の一環としての性格は薄い。高麗時代に盛行する各種の仏教儀礼に対して、高麗国家はどのように関与してきたか、そこに新羅時代におけるように、殊に即位時における仏教儀礼へ国家が関与する性格がどこまで継承されているのか、この問題は今後に検討すべき課題である。〔補3〕

第三節　宗廟の祭祀

宗廟の祭祀は神宮の祭祀とも皇龍寺の百座講会とも性格を異にする。新羅の宗廟制は、『三国史記』巻三十二・雑志・祭祀条では、

按新羅宗廟之制、第二代南解王三年春始立始祖赫居世廟、四時祭之、以親妹阿老主祭。第二十二代智證王於始祖誕降地奈乙創立神宮、以享之。至第三十六代恵恭王、始定五廟、以味鄒王為金姓始祖、以太宗大王文武大王平百済高句麗有大功徳、並為世世不毀之宗、兼親廟二為五廟。

と宗廟祭祀の沿革が整理されており、始祖赫居世廟から神宮にかわり、その後、五つの神主をそなえた五廟の宗廟へと変遷したかのようにある。

一方、「新羅本紀」でも、第二代の南解次雄の三年（西暦六年）春正月条に「立始祖廟」とあって以後、神宮が置かれる炤知麻立干代まで、表Ⅳ「始祖廟祭祀の関係年表」に示されるごとく、多くは神宮の祭祀の年月のそれにも類似して各王の即位の二年正月あるいは二月に、王が親しく始祖廟を祀ったとも、これを謁したともある。

しかし、これら新羅の上代に相当する始祖廟の祭祀記事は、史書の編纂過程で各王代に振り当てた仮構的追記であると見なさなければならない。(31)このことは、次の件からも明らかであろう。

即ち、後述するが、天子七廟・諸侯五廟の礼の規定に基づいた五廟の宗廟制が新羅に定立するのは「祭祀志」では

表Ⅳ　始祖廟祭祀の関係年表

姓氏	王名	年・月	西暦	
朴	始祖赫居世居西干			
朴	南解次次雄	3・正	六	立始祖廟
朴	儒理尼師今	2・2	二五	親祀始祖廟、大赦
昔	脱解〃	2・2	五八	親祀始祖廟
朴	婆娑〃	2・2	八一	〃
朴	祇摩〃	2・2	一一三	〃
朴	逸聖〃	2・正	一三五	〃
朴	阿達羅〃	2・正	一五五	親祀始祖廟、大赦
		17・2	一七〇	重修始祖廟
		19・2	一七二	有事始祖廟
昔	伐休〃	2・正	一八五	親祀始祖廟、大赦
昔	奈解〃	2・正	一九七	謁始祖廟
昔	助賁〃	元・7	二三〇	〃
昔	沾解〃	元・7	二四七	〃
		7	二五三	自五月至七月、不雨、禱祀祖廟及名山、乃雨
金	味鄒〃	2・2	二六三	親祀国祖廟、大赦
		20・2	二八一	謁廟
昔	儒礼〃	2・正	二八五	謁始祖廟
昔	基臨〃	2・2	二九九	祀始祖廟
昔	訖解〃	2・2	三一一	親祀始祖廟
金	奈勿〃	3・2	三五八	親祀始祖廟、紫雲盤旋廟上、神雀集於廟庭
		7・4	三六二	始祖廟庭樹連理
金	實聖〃	3・2	四〇四	親謁始祖廟
金	訥祇麻立干	2・正	四一八	〃
		19・4	四三五	祀始祖廟
金	慈悲麻立干	2・2	四五九	謁始祖廟
金	炤知麻立干	2・2	四八〇	祀始祖廟
		7・4	四八五	親祀始祖廟、増置守廟二十家
		9・2	四八七	置神宮於奈乙、奈乙始祖初生之処也
		17・正	四九五	王親祀神宮
金	智証麻立干	3・2	五〇二	親祀神宮
金	法興王	3・正	五一六	〃

恵恭王代としているが、それは後述するように新羅の第二次の宗廟制のことであって、第一次の宗廟制の定立は神文王七年（六八七）のことである。

　この神文王代以後、宗廟の祭祀記事は六例（表Ⅰ「神宮の祭祀関係年表」の備考欄参照）をみるが、これらは王が（拝）謁する祭祀であると記されている。[補4]

　一方、その時代にも神宮は盛んに祭られているが、これは王が親しく祀る祭祀であるとされる。このように王が神宮には親祀し、宗廟には（拝）謁するとあることが、かの南解次次雄以来の始祖廟では親祀とも謁するとも二つながら書かれる（表Ⅳ「始祖廟祭祀の関係年表」を参照）。

この点でも、第二代の南解次次雄三年に始まる各王代の始祖廟の祭祀記事は仮構的追記であって、これをここで論ずる神文王代以後の中国的な礼制に基づいた宗廟の祭祀の直接的な前身とみなすことはできない(32)。

また、第一節「神宮の祭祀」で検討したように、祭祀の性格からも「祭祀志」が説くようには、神宮は始祖廟を継承した祭祀ではなく、神文王、元聖王、哀荘王、憲徳王、興徳王と先立つ恵恭王の六代では、神宮を親祀し、また宗廟にも謁し、またこれを「定」めていることから見て、宗廟の祭祀は神宮のそれとも性格を異にしよう。

ところで、新羅では唐と連合して三韓一統の業を成す過程で、中国的な礼制に基づいて国制を整備する傾向が高まる。真徳王代では金春秋（後の太宗武烈王）が唐に使して国学に詣で、釈奠の祭祀と経典の講義を参観し、また、唐朝に請うて中華の衣服を得るや衣冠制を整え（六四八年）、続いて金春秋の子の法敏（文武王）も真徳王四年（六五〇）に入唐して中華の礼に浴したことがあり、また、独自の年号たる太和を廃して唐の年号の永徽を採用した。金法敏（文武王）の即位後にも中華の礼制を採用する傾向はますます高まっている。文武王四年（六六四）三月には、王は熊川に駐留する唐軍のもとに使いを遣わし唐楽を学ばしめた程である(33)。

こうした礼制への指向性が宗廟制に及ぶのは、文武王代にその契機がある。文武王はその五年（六六五）に、唐の勅使の劉仁願の主宰の下で、熊津都督の扶餘隆と盟誓し、その書契を「新羅之廟」に収蔵することとした(34)。ついで、王は八年（六六八）十一月六日に文武の臣僚をともなって「先祖廟」を朝謁して、先祖に三韓一統を告げている。

この二点から、新羅には五廟の宗廟が定立する神文王七年以前にも、宗廟に相当する祖先祭祀の廟があったと考えられる。しかし、かの仮構的追記の「始祖廟」はこの廟とは直接的には連ならないと考える〔補5〕。

ところで、先の書契を廟に納めることが契機となって、新羅では宗廟の制度に関心が高まったにちがいない。また、神文王二年（六八二）六月には国学を設立して経典を講ずることになったから、礼制への関心は尚更に高まるが、(35)その頂点にあるのが神文王六年（六八六）二月に唐に遣使して礼と文章を求めたことである。(36)唐朝では則天武后の命をうけ、「吉凶要礼」を写し、これに『文館詞林』のなかから規誡に渉る文章を抜粋し五十巻の書にまとめ新羅使にこれを下賜した。

また、翌年の神文王七年（六八七）夏四月に大臣を祖廟に遣わし致祭しているが、その祭文には「王某稽首再拝、謹言太祖大王、真智大王、文興大王、太宗大王、文武大王之霊」の一文がある。これによれば、神文王代の祖廟は太祖のほかに神文王の直系の四尊属とで構成される五神主の宗廟であったことが知られる。

新羅の宗廟がこのような五廟制を採用しているのは、実にその前年に唐朝から下賜された「吉凶要礼」に起因している。この「吉凶要礼」とは五礼のなかの吉礼・凶礼のなかから国家に必須な礼を抄録したものと思われるが、新羅はこの「吉凶要礼」を得たことで礼の根本たる『礼記』王制篇にみえる宗廟の規定を学んだにちがいない。(37)即ち、新羅では「吉凶要礼」を得るや、『礼記』王制篇に「天子七廟、三昭三穆与大祖之廟而七。諸侯五廟、二昭二穆与大祖之廟而五」と規定される宗廟の構成に準拠して伝来の祖廟制を改めたにちがいない。先の神文王七年の祭文にみえた廟が神文王の四親廟と太祖の合わせて五神主で構成され、これが『礼記』王制篇の規定に一致している背景には前述のように中華の礼制を受容したことがあったにちがいない。

新羅ではこの神文王七年に至って礼制に適った宗廟制を定立して以後、これを運営してゆくことになるが、そこに諸侯五廟の制を採用したこと、そして致祭の祭文が「王某稽首再拝」で始まるように、新羅王室を唐朝の天子に対して諸侯の位置においたことはその後の宗廟の神主の構成を規制し、やがて廟議を生み改正を呼ぶことになる。

その廟議とは新羅の宗廟が太祖と四親廟の五廟で構成されるから、やがて王代が下り、諸侯の宗廟の礼制に従わんとすれば、かの三韓一統に多大な功績をあげた太宗武烈王と文武王を四親廟から除いて四親廟を構成しなければならない事態を迎えるからである。この問題は、恵恭王代と哀荘王代に至ると顕在化するが、その時こそ太宗武烈王と文武王の二王を厚く祭祀する姿勢から、新羅の歴史に鑑みて礼制の調整が案出されることになろう。この点に留意しつつ、次に神文王代以降の宗廟の運営を検討しよう。

宗廟の祭祀記事はこの神文王以降、「新羅本紀」では孝成王、元聖王、哀荘王、憲徳王、興徳王代に、一方「祭祀志」では恵恭王代にみえるが、この外の王代でも宗廟の祭祀は維持されていたであろうが、明らかな祭祀記事をもつこの六王代を中心に検討を進めよう。〔補6〕

まず、神文王の子の孝昭王と聖徳王の二代には宗廟の祭祀記事は「新羅本紀」に見えないが、孫の孝成王に至ってその即位三年(七三九)正月に「祖考廟を拝」したとある。この祖考廟とは、これをもって五廟の宗廟を代表するとも理解されるが、直截的には孝成王の祖と考の二神主を指すから、それは祖の神文王と考の聖徳王の神主である。すると、孝成王代の五廟は太祖大王のほか孝成王の四親廟、即ち、高祖の太宗大王、曾祖の文武大王、それに祖の神文王と考の聖徳王の五神主で構成されることになるが、太祖大王と太宗大王、文武大王の三神主は、先の神文王代の宗廟にすでに祀られていた。孝成王が即位して祖考廟を拝したというのは、神文王代の宗廟に奉祀されていた真智大王と文興大王の神主に代わって孝成王の祖と考の神文王と聖徳王の二神主が宗廟に加わって五廟を構成し、これを祀ったことを意味していよう。(38)

では、孝成王の祖の神文王はこの時に始めて宗廟に配位されたのであろうか。孝成王の前代の父王の聖徳王代と、さらにその前代であり伯父王の孝昭王代の五廟の構成については「新羅本紀」にその記録を見ない。五廟制が創始された神文王七年から五年を経て子の孝昭王が即位したが、この時に孝昭王の考の神文王が五廟に奉祀され、代わって真智大王の神主が廃されたと、素直に考えられる。即ち、太祖大王、文興大王、太宗武烈大王、文武大王、神文大王の五廟となる。

ついで、孝昭王の在位十一年にして弟の聖徳王が即位すると、兄王の故孝昭王は新王の考には当たらぬから宗廟に配位されず、五廟の構成は前代の孝昭王代のそれを継承したとやはり素直に考えられる。〔補7〕しかし、この二代の五廟の構成は記録を見ないから推測の域をでないが、続く聖徳王の子の孝成王が即位して前述のように「祖考廟」を拝したというその奉祀が特記されたことに注目したい。即ち、この孝成王代に祖の神文王と考の聖徳王の神主が宗廟に配位されたことを強調する記録の背後には、孝成王の直系の祖考の奉祀が整ったことから前代の聖徳王代では兄王の孝昭王を五廟に配位していたことを暗示させる。即ち、聖徳王代の五廟の構成は太祖大王、太宗大王、文武大王、神文大王、孝昭大王の五廟であろう。〔補8〕兄王の孝昭王が奉祀されていたと推量される。

新羅の五廟制が創始されて十五年後の聖徳王の即位であることから、その兄王を宗廟に奉祀するとどうか、前例がないだけに、この聖徳王代の五廟の構成法の背景には直系の四祖の親廟と太祖大王とで五廟を構成する宗廟制が未定立であったとも理解されよう。聖徳王十二年（七一三）春二月に典祀署が置かれた背景には、先王たる兄王を奉祀したこの王代の宗廟の祭祀をはじめとする儀礼の整備と確立を求める要請があったのであろう。

ついで、孝成王が即位するや、考の聖徳王を五廟に配位するが、前代の聖徳王代の五廟からは武烈王の神主は廃することはできず、伯父王に当たる孝昭王の神主をこの時に廃したのではなかろうか。かくて、兄王を配位した聖徳王代の変則的な五廟の構成法は改まり、新王の直系の高祖、曾祖、祖、考の四神主と太祖の神主で五廟を構成したかの神文王代の創始時の宗廟制が定着することになったものかと推測される。

次に、孝成王の甥の恵恭王が即位すると、五廟の構成をめぐって廟議が起こったようである。この王代に太祖大王と四親廟とで五廟を構成せんとすれば、それは太祖大王と四親廟の文武大王、神文王、聖徳王と景徳王の五神主で構成されることになろう。すると、ここで三韓一統の大功のある太宗武烈王の神主が宗廟から除かれることになる。神文王十二年（六九二）は五廟制が成立した五年後であるが、この年に、唐は新羅に使いを送り、武烈王の廟号が唐の二代皇帝と同じく太宗であることは僭越であると糾し、これを改称するように命じたことがあったが、新羅王室では太宗たる武烈王の功業の大きさと追慕の念の厚さを述べて唐の命を受け容れなかったことがあった(39)。

この例をもってしても、新羅では太宗武烈王の神主を宗廟から除くことは到底できることではなかろう。そこに廟議が起こったと思われ、新羅の歴史に適った五廟制がこの恵恭王代に新しく始まることになる。その改正が「祭祀志」にみた前掲の恵恭王代の「始定五廟」という宗廟の新構成、即ち、百済・高句麗を平定した「大功徳」のある武烈王と文武王の神主を「世世不毀之宗」として宗廟に固定し、太祖大王と祖考の二親廟とで五廟を構成する法である。

では、ここに至る前代、即ち、恵恭王の父王の景徳王代の五廟を考察しておかなければならない。景徳王は前述の孝成王の弟でもあるが、この王代にも宗廟の記録を見ない。しかし、王の嫡子の恵恭王代に「大功徳」の有る武烈王と文武王を「世世不毀之宗」とする措置が考案されるには、前代の景徳王代には武烈王と文武王とは四親廟に配位されていたことを意味する。すると、景徳王代の五廟は太祖大王と武烈王、文武王、祖の神文王、考の聖徳王の四親廟で構成されていたことになろう。即ち、前述した兄王たる孝成王の宗廟の構成を継承していたことになる。先に、聖徳王は兄王の孝昭王を五廟に配位したと推測したが、ここでは景徳王は兄王の孝成王を宗廟に配位したとは推測されないのである。

さて、恵恭王の即位に至って、三韓一統の功が大きい太宗大王と文武大王の二神主を「世世不毀之宗」として、世々これを宗廟に祀ることとし、この二神主に始祖大王と、四親廟のなかから太宗武烈王と文武王の二神主を除いた二神主（二親廟）、即ち、祖考の廟を王代毎に定め、五神主の宗廟を構成する法が始まったのである。即ち、『三国史記』巻三十二・雑志、祭祀に言う「恵恭王始定五廟」の制である。(補9)

また、この恵恭王が伊飡志貞の乱で薨去すると、宣徳王、次いで元聖王が即位したが、宣徳王は奈勿王の十世孫、元聖王は奈勿王十二世孫と伝わるように、奈勿麻立干から太宗武烈王に連なる血統をひく恵恭王代までの王統とは別系の金氏族から王位に即いたが、ここに王統の転換が起こったのである（「王統譜Ⅱ」参照）。その為に、下代初期の宣徳王と元聖王の二代の宗廟の神主構成にはこの王統の転換が反映することになる。

まず、宣徳王は即位すると、考を追封して開聖大王とした。宣徳王代の五廟の神主は「新羅本紀」には明記されてはいないが、次代の元聖王代の五廟が聖徳大王とこの開聖大王の二神主を毀して（廃位して）、元聖王の二親廟たる祖の興平大王と考の明徳大王を加えているから、この聖徳大王と開聖大王の二神主は前王代の、即ち宣徳王代の五廟に含まれていたことになる。宣徳王は即位して考を開聖大王と追封したとき、恵恭王代の宗廟からその考である景徳大王の神主を廃位して、これに替えて自身の考たる開聖大王を五廟に奉祀し、始祖（味鄒王）大王、太宗武烈大王、文武大王、聖徳大王と開聖大王の五神主の宗廟を構成したのであろう。

この構成を見ると、宣徳王の二親廟は考の開聖大王は異論ないが、祖の元訓(40)は宗廟に奉祀されず、これに代わって前代の恵恭王代に祖として宗廟に祀られていた宣徳王の王母の四炤夫人の父の、即ち、宣徳王の外祖である聖徳大王の神主を宗廟に引き続いて奉祀していたことになる。

この宣徳王代の五廟の構成法は、あの前代の恵恭王代の構成法に従っていない。それは宣徳王が恵恭王までの正統的な武烈王の系譜には属さぬ別系の金氏出身の王、即ち『三国史記』が下代と時期区分した最初の王であって、母の貞懿太后（四炤夫人）が聖徳王の娘であったことから、五廟のなかの二親廟のひとつに外祖たる聖徳大王を残し、これを考の開聖大王とともに宗廟に祭ることにしたのである。こうした五廟を構成することで、別系から即位した宣徳王ではあったが、系譜が外祖を介して正統的な金氏の王統に連なることを顕示したのではなかろうか。

宣徳王は金氏族のなかで正統的な王統に属さぬまでも、母の貞懿太后を介してこの王統に繋がっていた。ところが、次の元聖王は奈勿王の十二世孫と言われるが、母は朴氏であり、少なくとも元聖王の高祖の代までも正統的な金氏の王統には属さず、宣徳王の例よりも一段と別系の金氏の王である（「王統譜Ⅱ」参照）。

だが、元聖王は前代の宣徳王の即位に功があり、宣徳王代には上大等となって王を補佐したほど実権があった。宣徳王が薨去して、王に子がなかったから元聖王が王位を継承したのである。しかし、その際、太宗武烈王の六世孫と言われる金周元との王位継承をめぐる紛糾があったとおもわれる。(41) 宣徳王が薨去するや群臣の議は金周元の即位に決したが、閼川の水が溢れ、周元が入京できないでいるところを金敬信、即ち元聖王が即位したという。「新羅本紀」はその間の事情を「即人君大位、固非人謀、今日暴雨、天其或者不欲立周元乎、今上大等敬信、前王之弟、(42) 徳望素高、有人君之体、於是衆議翕然、立之継位、既而雨止、国人皆呼萬歳」と、「天」の意をひき出して元聖王の即位を正当化しており、また、『三国遺事』巻二・「元聖王条」では、王は即位して父の孝譲からかの祖宗の「萬波息笛」を承けるや「天恩」に根差した王の「徳」は遠く輝いたと、王の即位を正統視している。(補10)

朴氏を母にもち、奈勿王十二世孫とは言え太宗武烈王の血統を承けないこの元聖王よりも、太宗武烈王の六世孫である金周元がむしろ正統的な金氏族の王統に属する。しかし、元聖王は恵恭王代末期の内紛を鎮め、まず宣徳王代にはその上大等に就任して実権を握り、宣徳王の後に王位を継承したのである。元聖王は金氏族のなかの正統的な王位継承者を押えて即位しただけに、宗廟をいっそう厚く祭ることになろう。

王統譜Ⅱ（奈勿～武烈王系）　※数字は王代数

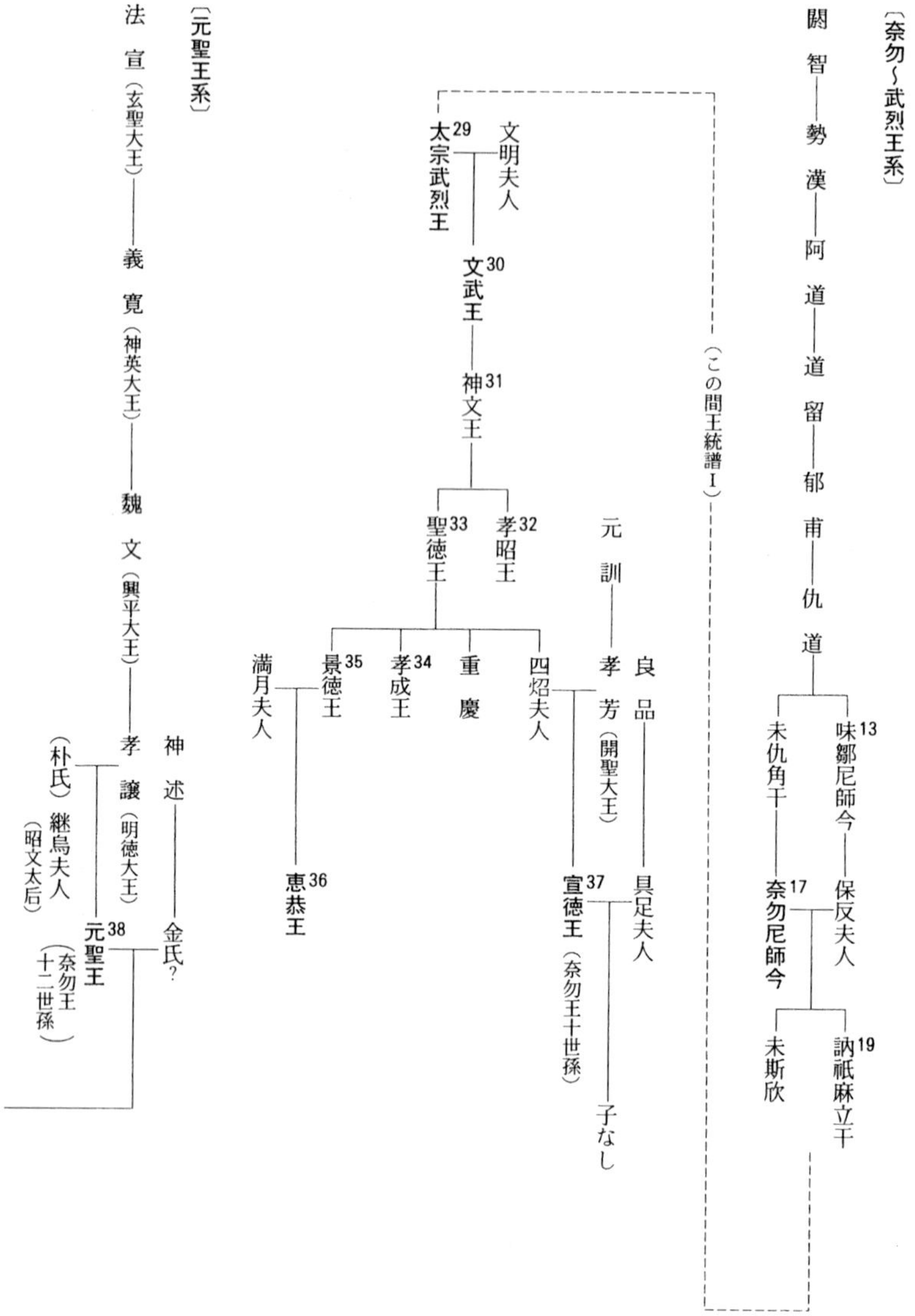

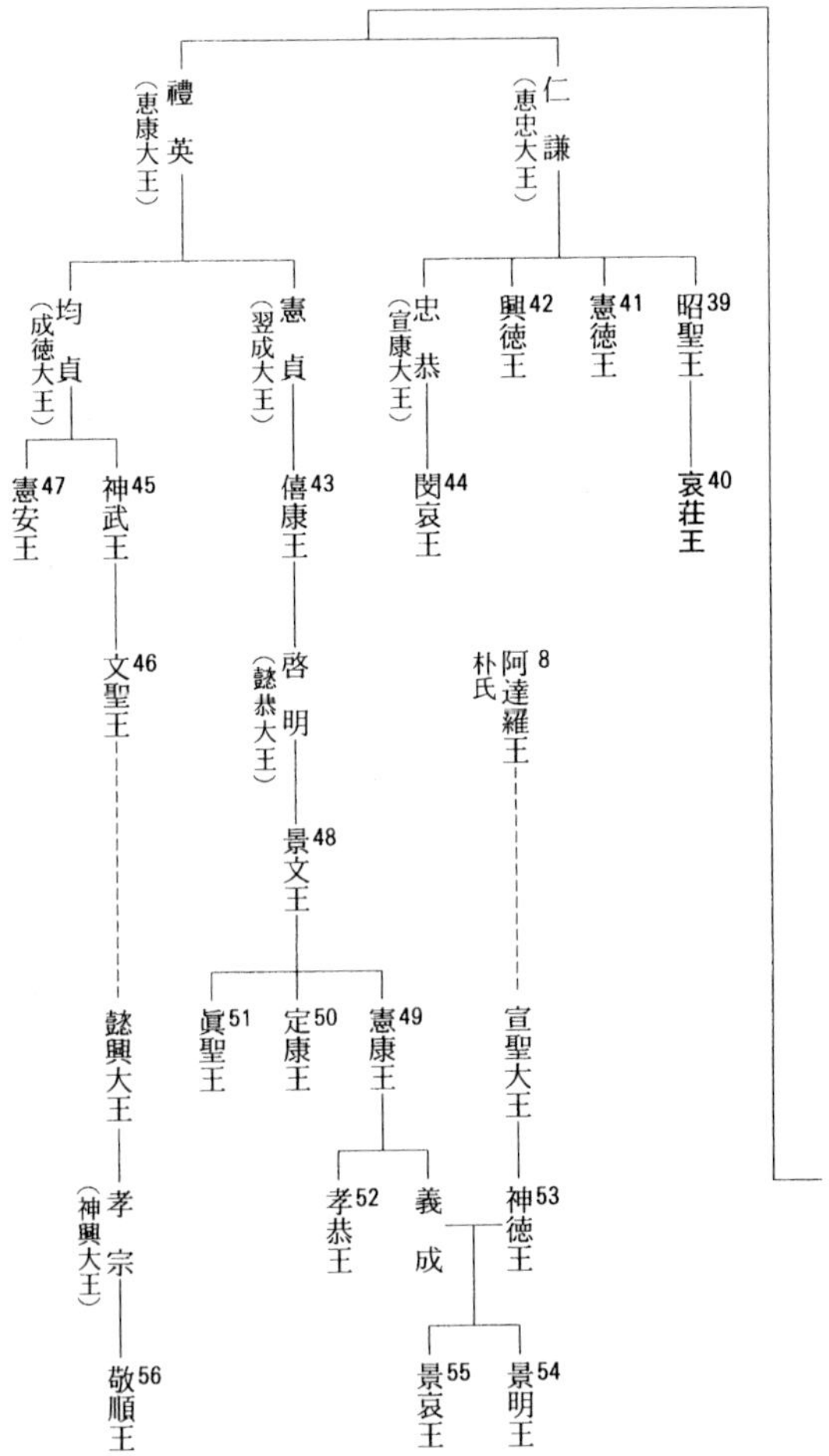

元聖王は即位するや、高祖・曾祖・祖・考をそれぞれ玄聖大王・神英大王・興平大王・明徳大王と追封した。そして前述のように前代の宣徳王代の五廟から聖徳大王と開聖大王の二神主を廃し、これに替えて元聖王の二親廟たる祖の興平大王と考の明徳大王の二神主を宗廟に置き、始祖大王と太宗大王と文武大王の三神主とともに五廟を構成したのである。

ただ、ここでは元聖王の祖と考は宗廟に配位したが、高祖と曾祖を宗廟に奉祀しなかったものの、これには大王号

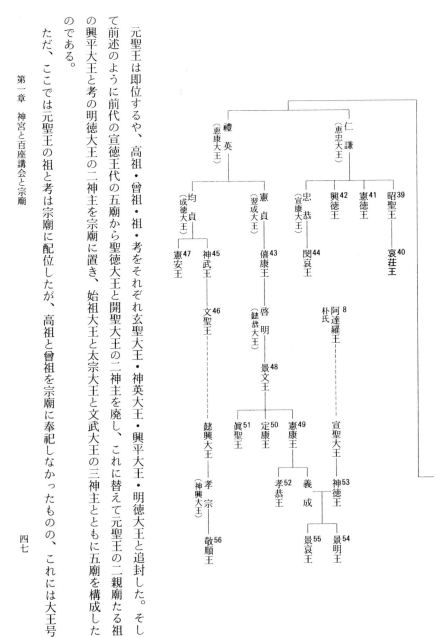

を贈ることで、四親廟の礼の一端は示していることに注目しておきたい。

と言うのも、元聖王の前述した五廟の構成は、かの恵恭王代の構成法に適って、「世世不毀之宗」たる太宗武烈王と文武王の二神主を宗廟に配位している。太宗武烈王を直系尊属としない元聖王にあっても、自己の直系尊属の四親廟で五廟を構成しようにも、三韓一統に功の大きい太宗武烈王と文武王の二神主を宗廟から除くことは出来ないであろう。元聖王が武烈王の血統をひく金周元を押さえて即位した金氏の傍系であるだけに尚更にそうである。高祖と曾祖にも大王号を贈ったのは、元聖王が四祖を顕示することによって中代の王統にかわる新王統であることを強調し、王権の強化を図ったのであろう。〔補11〕

だが、この元聖王の血をひく王統が代を重ねて行き、恵恭王代の五廟の構成法（始祖〔味鄒王〕大王、太宗武烈王、文武王と祖考の計五神主）を遵守せんとすれば、やがて新たな王統の祖たるこの元聖王の神主までも五廟から除かなければならない事態が生ずる。そこに再び廟議が起こり、五廟の構成法に改正が求められることになるが、それは元聖王の曾孫の哀荘王代に至ってである。

「新羅本紀」には、哀荘王の二年（八〇一）春二月条に「謁始祖廟」とあって、次に五廟の構成を記している。即ち、「別立太宗大王、文武大王二廟、以始祖大王、及王高祖明徳大王、曾祖元聖大王、皇祖恵忠大王、皇考昭聖大王為五廟」の構成である。

これを見ると、「謁始祖廟」とは始祖廟をもって五廟を代表させていることがわかるが、その五廟の構成法は恵恭王以来、「世世不毀之宗」として代々に宗廟に祭られた太宗武烈大王と文武大王の二神主を宗廟から外し、別廟を立ててここにこの二神主を配位し、哀荘王の直系尊属の四親廟と始祖大王とで新たな五廟の宗廟を構成したのである。これは、恵恭王代以来の宗廟の構成法に一大改正を加えたことであり、哀荘王の祖の仁謙は王位に即かなかったが、恵忠大王として奉祀されたことにも注目される。

この改正は元聖王を祖とする新たな王統の宗廟を定立せんとする方向から産み出されたが、「世世不毀之宗」たる太宗大王と文武大王の二神主を別廟に奉祀することで、「天子七廟」の規定に触れぬよう、「諸侯五廟」の規定を越えぬよう、元聖王系の五廟を定立する道をひらいたのである。

ところで、哀荘王の前代の五廟の構成は、元聖王の薨去後にはその太子の仁謙が王の在位七年に卒去し恵忠と諡を贈られていたが、この太子の遺児の俊邕が即位（昭聖王）し、その即位元年に考の恵忠を恵忠大王と追封していたから、この昭聖王代の宗廟は始祖大王、太宗武烈大王、文武大王、それに王の祖の元聖大王と考の恵忠大王で構成されていたことになろう。ここに王位に即かなかった考の仁謙も恵忠大王として宗廟に奉祀されたが、前述のように宣徳王代でも王位に即かなかった考の孝芳が開聖大王として奉祀された前例がある。

さて、哀荘王は即位すると、恵恭王代の宗廟制に従って「世世不毀之宗」の二神主を含んで五廟を構成すれば、いよいよ新王統の初代たる元聖王の神主が宗廟から除かれることになる。それ故に、「世世不毀之宗」の二神主を宗廟に保持し、かつ元聖王系の祖たる元聖王をも宗廟に配位するには、この王系に連ならない「大功徳」のある太宗武烈大王と文武大王の二神主を宗廟から除かぬ方法として五廟の宗廟のほかに別廟を立て、ここにこの二神主を奉祀する宗廟の儀礼を創始したのであったが、この別廟は「諸侯五廟」の礼の範囲の外に置かれたらしく、王室の五廟の宗廟とは性格を異にしながらも、いわば国家的次元での宗廟の新段階であろう。

この哀荘王が別廟を創始し、元聖王の四親廟と始祖大王とで五廟を構成したから、この時、前述した前代の昭聖王代では宗廟の二親廟から外されていた元聖王の考の明徳大王が哀荘王の高祖として宗廟に復活したことになるが、廃位の神主が復位する事例は後にも現れることになる。

かくて、哀荘王代に新羅の宗廟は、始祖大王と四親廟とで構成される元聖王系の五廟と「世世不毀之宗」を奉祀する別廟の体制が定立したのである。(43)

哀荘王をついで、王の叔父にあたる憲徳王と興徳王の兄弟がつづいて即位した。この二王代にも「謁始祖廟」の記事がみえる。その儀礼は憲徳王では即位五年、興徳王では即位八年と遅いことに宗廟を廻る廟議のことが予測されるが、憲徳王代の宗廟の神主の構成は憲徳王が哀荘王の叔父ではあるが、甥たる哀荘王を宗廟の四親廟の神主として奉祀しても元聖王の神主は廃毀されないが、甥を宗廟に奉祀したかどうか前例はなく、哀荘王は配位されなかったものと推測される。

そこで、恵恭王代に定立した五廟の構成法のなかの「祖考」の二親廟に従えば、憲徳王代の宗廟は甥の哀荘王を宗廟に配位せず、また、兄王である昭聖王もまた奉祀されないから、考の恵忠大王、祖の元聖大王、曾祖の明徳大王、高祖の興平大王と始祖大王の五廟となるが、兄王たる昭聖王を奉祀するかどうかを廻っては、前述したように中代の聖徳王代に兄王の孝昭王を奉祀したと推測された前例もあり、廟議を生んだところであろう。〔補12〕

続いて、憲徳王の弟の興徳王が即位して宗廟を構成するにも、憲徳王が兄の昭聖王を奉祀しなかった例から、興徳王も兄王たる前王の憲徳王と昭聖王を奉祀しなかったであろうから、その宗廟の構成は憲徳王代の宗廟と同じとなる。この二代の宗廟の祭祀が王の即位後の五年と八年と遅くに挙行された背景にはこうした神主の構成をめぐる問題があり、廟議が起こっていたからであろうと推測されるのである。

この憲徳王・興徳王の二代の宗廟の祭祀記事を最後に、「新羅本紀」には直接的な宗廟の祭祀記事をみない。僖康王以下の数代の王が考、あるいは祖と考を追封した例はみえている。僖康王は元聖王の曾孫であるが、即位の二年（八三七）に王位には即かなかった考の憲貞を翌成大王と追封した。また、閔哀王も元聖王の曾孫であるが、即位する

（八三八年）と考の忠恭を宣康大王と追諡し、続いて閔哀王とは別系ながら同じく元聖王の曾孫である神武王も即位して（八三九年）考の均貞と祖の礼英をそれぞれ成徳大王と恵康大王と追尊している。この元聖王の曾孫の三代の王が即位時に挙行した「追封」「追諡」「追尊」の礼が宗廟の祭祀に直結すると考えれば、僖康王代の四親廟は考から高祖まで順に翌成大王、恵康大王、元聖大王、明徳大王となるはずであるが、祖の礼英が恵康大王と追封されたのは、前述のようにこれにより二代後の神武王の即位時であったから、礼英の追封が遅れた事情が不明であり、僖康王代の礼英の神主はいかなる廟号であったか問題として残る。

さらに、次代の閔哀王代の四親廟は宣康大王、恵忠大王、元聖大王、明徳大王となり、神武王代では成徳大王、恵康大王、元聖大王、明徳大王となろう。

こう考察してくると、元聖王の薨去後、王系は元聖王の王子の仁謙と礼英の二派に分かれたから、どちらの王系の新王が即位するかによって、元聖王の神主は宗廟に奉祀されても考と祖と曾祖の神主はしばしば交替することになったのである。

神武王の後を継ぐ諸王代には宗廟の祭祀記事を『三国史記』に見いだし難たく、『三国遺事』・王暦には考に対する追封の記事をいくらか見いだすとは言え、下代末期の諸王は即位後の間もなく薨去するか、また、新羅王室の内紛も絶えず、国家の衰退はますます深刻化している。このような事態では、前述のように嫡子相続の王位継承はながくは続かず、異なる王系から新王が即位すると、宗廟の神主構成では考から高祖に至る直系の四親廟を立てる典例の運用が混乱し、宗廟に考祖の王を逓送して厚く祀ることを困難にさせていたにちがいない。

ただ、四十八代王の景文王は即位の初年に元聖王を追福して崇福寺を修建したが、これは時あたかもこの王代に四親廟を構成すれば考の懿恭大王、祖の僖康王、曾祖の翌成大王、高祖の恵康大王となって、遂に下代の王統の祖たる

宗廟の五神主構成表

王代	王名	始祖(太祖)	高祖	曾祖	祖	考	備考
(30)	文武王	(謁先祖廟)					
(31)	神文王	大祖大王	真智大王	文興大王	太宗大王	文武大王	
(32)	孝昭王	大祖大王	文興大王	太宗大王	文武大王	神文大王	
(33)	聖徳王	大祖大王	太宗大王	文武大王	神文大王	孝昭大王	
(34)	孝成王	大祖大王	太宗大王	文武大王	神文大王	聖徳大王	
(35)	景徳王	大祖大王	太宗大王	文武大王	神文大王	聖徳大王	
(36)	恵恭王	始祖大王	太宗大王	文武大王	聖徳大王	景徳大王	始祖大王＝味鄒王
(37)	宣徳王	始祖大王	太宗大王	文武大王	聖徳大王	開聖大王	
(38)	元聖王	始祖大王	太宗大王	文武大王	興平大王	明徳大王	
(39)	昭聖王	始祖大王	太宗大王	文武大王	元聖大王	恵忠大王	
(40)	哀荘王	始祖大王	明徳大王	元聖大王	恵忠大王	昭聖大王	別廟の設立（武烈・文武大王）
(41)	憲徳王	始祖大王	興平大王	明徳大王	元聖大王	恵忠大王	
(42)	興徳王	始祖大王	興平大王	明徳大王	元聖大王	恵忠大王	
(43)	僖康王	始祖大王	明徳大王	元聖大王	恵康大王	翌成大王	
(44)	閔哀王	始祖大王	明徳大王	元聖大王	恵忠大王	宣康大王	
(45)	神武王	始祖大王	明徳大王	元聖大王	恵康大王	成徳大王	
(46)	文聖王	始祖大王	元聖大王	恵康大王	成徳大王	神武大王	
(47)	憲安王	始祖大王	明徳大王	元聖大王	恵康大王	成徳大王	
(48)	景文王	始祖大王	恵康大王？	翌成大王	僖　康　王	懿恭大王	元聖大王の神主を廃位か
(49)	憲康王	(以下の諸王代の五廟構成は不詳)					

元聖王の神主が宗廟から廃されることになる。景文王は宗廟から廃されることになる元聖王の霊を奉祀する願堂として崇福寺を修建したものと考えられる。〔補13〕すると、景文王の前代たる憲安王代の四親廟は王が神武王の弟であったから神武王代のそれと同じ構成であり、また前代であり神武王の太子であった文聖王の四親廟は考の神武王、祖の成徳大

王、曾祖の恵康大王、高祖の元聖王であった構成が推定される。

かくて、新羅の宗廟は神文王七年（六八七）に中国的な礼に適った五廟制を定立したが、恵恭王代と哀荘王代には大きな改正をうけた。前者では、三韓一統の功の偉大な太宗武烈王と文武王の二神主を「世世不毀之廟」として宗廟に配して祀るとした改正であり、後者では、この二神主をさらに別廟に配して、元聖王系の五廟を新たに定立したことである。この二度の改正は、唐の「天子」に対して新羅国王を諸侯の位置に置いた「天子七廟、諸侯五廟」の礼を遵守しながらも、このなかで新羅の国家と王室の歴史的条件を保守する宗廟の改正であった。

また、このなかで新羅では神宮の祭祀が、金氏族の祖先祭祀の性格をもって宗廟の祭祀と並行して親祀されたが、王統が武烈王系から元聖王系に移行した下代の初期では、宗廟を一段と厚く祀っている。元聖王と哀荘王代では即位後にまず先に宗廟を祭り、そして神宮も二つながら祭ったほどである。つづく憲徳王・興徳王の二代も神宮と宗廟を二つながら祭ったが、このような元聖王系の諸王の厚い祭祀は、新しい王統の誕生に当たって、その由緒を金氏族の系譜に位置づけ、祭祀を厚くすることで王統の正統性と権威を高からしめる働きを求めたものと言える。(44)

おわりに

本論では、新羅の神宮と宗廟の祭祀と、皇龍寺における百座講会の法会に対する国家のかかわり方を考察してきた。この三種の儀礼の外にも、「祭祀志」には五岳・三山の祭祀等が僅かながらも記録されている。これらの祭祀についても新羅の固有な民俗と唐制の導入とを軸にして、今後検討されなければならない。(補14)

さらに、本論で検討したなかにも問題は残っている。その一つは太祖大王、あるいは始祖大王を金氏の王統譜のなかで誰に当てるかの検討である。新羅の古代国家成立以前の、即ち、六世紀以前に相当する「新羅本紀」の王統譜が絶対的には信じえないだけに、始祖大王を金氏族として最初に王位の「尼師今」の位に即いた味鄒尼師今とすべきか、また、その始祖たる「閼智」か、あるいは奈勿尼師今とすべきか、はたまた、「文武大王陵碑」等の石碑にみえる星漢とすべきか、今ひとつ明確にしえないところである[45]。

また、皇龍寺の百座講会についても問題は残る。即ち、この百座講会は古代日本では仁王会に相当するが、日本あるいは唐における鎮護国家の仏教とその儀礼に対する古代国家の関与のあり方との比較検討の問題である。

新羅が滅亡した後、高麗朝の時代となると、この百座講会の外にも八関会や燃燈会の仏教儀礼が新羅時代にもまして盛大に催される。高麗国家の仏教儀礼に対する関与のあり方も新羅時代のそれと比較検討する必要があろう。

そして、新羅から高麗への王朝交替において、新羅では王の出自を権威づけた神宮祭祀の機能がはたして高麗王室にそのまま継承されたのか、あるいは屈折して他の祭祀と儀礼がその機能を果たすようになったのか、朝鮮における王朝交替にともなう国家祭祀の変容もまた検討すべき課題である。

注

（1）　武田幸男「朝鮮三国の国家形成」（『朝鮮史研究会論文集』第十七集、龍渓書舎、一九八〇年三月）

（2）　前川明久「伊勢神宮と朝鮮古代諸国家の祭祀制—神宮の称号をめぐって—」（『日本史研究』第八十四号、一九六六年五月）。同「伊勢神宮と新羅の祭祀制」（『日本のなかの朝鮮文化』第二十二号、一九七四年六月）。上田正昭「古代の祭祀と儀礼」（『岩波講座　日本歴史』一、一九七五年五月）。尚、『新唐書』巻四、則天武后・垂拱四年（六八八）十二月辛亥に「改明堂為萬象神宮、大赦」の記事があり、『唐会要』巻十一の明堂制度条には、萬象神宮の規模を記している。唐では明堂が神宮の称号をもった例である。〔補〕金宅圭「新羅의神宮」（『新羅社会의新研究』新羅文化祭学術発表会論文集第八集、一九八

七年二月）では、神宮創設を『三国志』魏書・韓伝に見える蘇塗や大木崇拝等の民俗信仰と外来思想との接触に求める考察を示し、家型土器からその建築を日本の古代神社に類するとの推測を示している。

（3）　小田省吾「半島廟制概要」（『朝鮮』第二六九号、朝鮮総督府、一九三七年十月）

（4）　三品彰英『新羅花郎の研究』（『三品彰英論文集』第六巻、平凡社、一九七四年八月、二〇五頁〔麻立干号から王号へ〕。初版は『朝鮮古代研究〔第一部・新羅花郎の研究〕』〔三省堂、一九四三年十二月、二二二頁〕）

（5）　この碑の来歴については、今西龍「新羅文武王陵碑に就きて」（『新羅史研究』〔初版は一九三三年六月、近沢書店。国書刊行会復刻、一九七〇年九月〕）を参照。碑文は『海東金石苑』巻一に所載の釈文が『朝鮮金石総覧』上（朝鮮総督府、一九一九年三月。国書刊行会復刻、一九七一年十一月）に転載されており、碑石の一部は一九六〇年五月に慶州市東部里で発見された。本論に掲げた碑文の四、五、六行の二十五字以下はその部分に含まれる。洪思俊「新羅文武王陵断碑의発見」（『美術資料』第三号、韓国・国立博物館、一九六一年六月）と、黄寿永編著『韓国金石遺文』（ソウル、一志社、一九七六年四月）参照。〔補〕長田夏樹「新羅文武王陵碑文初探」（『神戸外大論叢』第十七巻第一〜三巻、一九六六年六月）

（6）　今西龍、前掲書、五〇三頁。

（7）　前間恭作「新羅王の世次と其の名につきて」（『東洋学報』第十五巻第二号、一九二五年十一月、一九四頁。後に『前間恭作著作集』下巻〔京大国文学会、一九七四年六月〕に所収）参照。

（8）　三品彰英『古代祭政と穀霊信仰』（『三品彰英論文集』第五巻、平凡社、一九七三年十二月、二一七頁）。尚、川副武胤「三世紀極東諸民の宗教と祭式―倭人伝宗教習俗の位相―」（『日本歴史』第三七八号、一九七九年十一月、一六頁）では、神宮を天君の祭祀に結びつける見解には両者の三百年の時間的隔たりの点から否定的である。

（9）　「新羅本紀」脱解尼師今九年春三月条「王夜聞金城西始林樹間、有鶏鳴聲、遅明遣瓠公視之、有金色小櫃掛樹枝、白鶏鳴於其下、瓠公還告、王使人取櫃開之、有小男児在其中、姿容奇偉、上喜謂左右曰、此豈非天遺我以令胤乎、乃収養之、及長聡明多智略、乃名閼智、以其出於金櫃、姓金氏、改始林名鶏林、因以為国号」

『三国遺事』巻一・「金閼智・脱解王代」条「永平三年（西暦六〇）庚申（一云、中元六年誤矣、中元尽二年而已）八月四日、瓠公夜行月城西里、見大光明於始林中（一作鳩林）。有紫雲従天垂地、雲中有黄金櫃掛於樹枝、光自櫃出、亦有白鶏鳴於樹下、以状聞於王、駕幸其林、開櫃有童男、臥而即起、如赫居世之故事、故因其言以閼智名之、閼智即郷言小児之称也、抱載還闕、鳥獣相随、善躍蹌蹌、王擇吉日、冊位太子、後讓故婆娑、不即王位、因金櫃而出、乃姓金氏、閼智生熱漢、漢生阿都、都生首留、留生郁部、部生俱道一作仇刀、道生未鄒、鄒即王位、新羅金氏自閼智始」

(10)『三国史記』巻第十二・景明王五年春正月条。『高麗史』巻一・世家一・太祖二十年五月癸丑条。

(11)小田省吾「三国史記の称元法並に高麗以前称元法の研究(上・下)」(『東洋学報』第十巻第一・二号、一九二〇年一・五月)。

(12)末松保和「新羅上古世系考」(「第五章・余説〔金氏始祖考〕」、『京城帝国大学文学会論纂〔史学論叢〕』第七輯、一九三八年三月。後に、東洋文庫論叢第三十六『新羅史の諸問題』〔東洋文庫、一九五四年十一月、一〇八頁〕に所収。また、私家版『青丘史草』第三〔一九七二年六月〕に所収。さらに、末松保和朝鮮史著作集1『新羅の政治と社会』上〔吉川弘文館、一九九五年十月〕一一一頁〕に所収。〔補〕蔡尚植「新羅統一期의 成典寺院」(『釜山史学』第八輯、一九八四年一月)では「永昌宮」を神宮に比定するが根拠が十分に提示されていない。

(13)『三国遺事』巻二・「萬波息笛」条、及び、「元聖大王」条には、新羅王室には護国の霊力をもつとされる「萬波息笛」の魔笛が伝来しており、元聖王は即位するや、これを父より譲り受けたとある。〔補〕萬波息笛の護国的能力と仏教思想との関係については、金煐泰「萬波息笛説話攷」(『東国大学校論文集』第十一輯、一九七三年十二月。後に、同『新羅仏教研究』〔民族文化社、一九八七年一月〕に所収)参照。〔補〕また、息笛が王権を強化する側面については、金相鉉『신라의 사상과 문화(新羅の思想と文化)』(一志社、一九九九年六月)の「Ⅳ・萬波息笛説話의 유교적 정치사상(の儒教的政治思想)」参照。

(14)井上秀雄「新羅の祭祀儀礼」(『白初洪淳昶博士還暦紀念史学論叢(2)』一九七七年十二月、韓国発行、日本語版)と、同『古代朝鮮史序説—王者と宗教—』(東出版寧楽社、一九七八年六月)の第二章「新羅の始祖廟」を参照。

(15)百座講会は、『三国史記』では他に百高座、百座法会の名で記るされるが、本論では初出の百座講会の名称を使用する。また、古代の日本では宮中及び東大寺における仁王会あるいは百高座の法会である。

(16)景哀王代の百座講会は『三国遺事』巻二・「景哀王」条に「第五十五景哀王即位、同光二年甲辰二月十九日、皇龍寺説百座説経、兼飯禅僧三百、大王親行香致供。此百座通説禅教之始」とあるのに依った。ただ、『三国史記』新羅本紀に依れば、同光二年(九二四)二月十九日は景明王の在位時に当たり、同年八月に薨去して景哀王が即位するから、同年二月のこの法会は景明王代のこととなる。景哀王の即位が同光二年二月か八月か、『三国遺事』と「新羅本紀」とで違っているが、ここでは景哀王の即位と百座講会の連関性に注目した。

(17)『三国遺事』巻三・「皇龍寺丈六」条「新羅第二十四真興王即位十四年癸酉二月。将築紫宮於龍宮南、有黄龍現其地、乃改置為佛寺、号黄龍寺。至己丑年周囲墻字、至十七年方畢」

(18)松前健「古代韓族の竜蛇崇拝と王権」(『朝鮮学報』第五十七輯、一九七〇年十月。後に、同『古代伝承と宮廷祭祀—日本神話の周辺—』〔塙書房、一九七四年四月〕に収録。また、同著作集第七巻『日本神話と海外』〔おうふう、一九九八年四月〕に改収)。

(19)『三国史記』巻四十四・居柒夫伝

(20)李基白『新羅時代의国家佛教와儒教』(韓国研究院、一九七八年八月)所収の「皇龍寺와 그創建」(同書七十一頁)、後に、同『新羅思想史研究』(一潮閣、一九八六年十一月)に再録、六六頁)

(21)井上秀雄「朝鮮における仏教受容と神観念」(『日本文化研究所研究報告』第十三集、東北大学、一九七七年三月)

(22)『三国遺事』巻三・「皇龍寺丈六」条、同「皇龍寺九層塔」条、及び、李基白前掲論文参照。

(23)『三国遺事』巻三・「皇龍寺九層塔」条の本文では、在唐中の慈蔵法師が「神人」の教えを受けたことになっているが、割注の『寺中記』では慈蔵が圓香禅師から「建塔因由」を受けたことになっている。この点は「皇龍寺九層木塔刹柱本記」と一致する。同本記は『月刊文化財』(一九七二年十一月号)と黄壽永編著『韓国金石遺文』(韓国、一志社、一九七六年四月)を参照。尚、東伏見邦英「可無流知」十四〜十六(『宝雲』第二十九・三十・三十二冊、一九四二年六月・四三年四月・四四年七月)、及び、同「新羅の皇龍寺九層塔に関する一考察」(『宝雲』第三十一冊、一九四三年十月)では、北魏の洛陽の永寧寺九層塔の事績が在唐中の慈蔵法師の見聞を通して、皇龍寺九層塔の建立の動機に影響を与えているとする見解が述べられている。〔補〕李成市「新羅僧・慈蔵の政治外交上の役割」(『朝鮮文化研究』第二号、〔一九九五年三月〕。後に、同『古代東アジアの民族と国家』〔岩波書店、一九九八年三月〕に所収)は九層木塔建立の背景には新羅を中心とした国際的秩序を定立せんとする要請があり、塔はその象徴であったと、説く。

(24)前間恭作前掲論文(同著作集下巻、三五六頁)では、『三国遺事』巻三・「皇龍寺九層塔」条に引かれた安弘撰『東都成立記』は高麗初期の作品を安弘の著作として仮託されたものとする。

（25）岸謙「高麗朝の燃燈会―開城に於ける年中行事の一、燃燈会の起源」（『朝鮮』第三二一号、一九四二年二月）、二宮啓任「高麗朝の上元燃燈会について」（『朝鮮学報』第十二輯、一九五八年三月）、安啓賢「燃燈会攷」（『白性郁博士頌寿記念佛教学論文集』一九五九年七月。後に、同『韓国仏教思想史研究』〔韓国、東国大学校出版部、一九八三年六月〕に所収）。洪淳昶「韓国における仏教儀礼の受容について―燃燈行事を中心として―」（『日本文化研究所研究報告』第十五集、東北大学、一九七九年三月）。

（26）後秦の鳩摩羅什の訳が「佛説仁王般若波羅蜜経」、唐の不空の訳が「仁王護国般若波羅蜜多経」であり、ともに『大正新脩大蔵経』第八巻・般若部四（一九二四年八月発行、一九六三年二月再刊）に収録されており、その巻下に「護国品」を収める。

（27）大谷光照「唐代仏教の儀礼―特に法会について（一・二）」（『史学雑誌』第四十六編第十号、一九三五年十・十一月）、二宮啓任「朝鮮における仁王会の開設」（『朝鮮学報』第十四輯、一九五九年十月）、李箕永「仁王般若経과護国仏教―그本質과歴史的展開―」（『東洋学』第五輯〔韓国・檀国大学校附設東洋学研究所、一九七五年六月〕後に、同『韓国佛教研究』〔韓国仏教研究院、一九八二年四月〕に所収）

（28）『三国遺事』巻二・「聖徳王」条「第三十三聖徳王。神龍二年丙午歳禾不登、人民飢甚、丁未正月初一日至七月三十日、救民給租、一口一日三升為式、終事而計、三十萬五百碩也。王為太宗大王刱奉徳寺、設仁王道場七日、大赦。始有侍中職、一本系孝成王」は、『三国史記』巻八の聖徳王五年条の「春正月国内饑、発倉廩賑之」「秋八月穀不登」と翌六年の「春正月民多餓死、給粟人一日三升、至七月。二月大赦、賜百姓五穀種子有差」の記事と対応するから、仁王道場は「大赦」の前提として二月に催されたことになろう。尚、この仁王道場は奉徳寺で催されたのではなく、やはり皇龍寺においてである。奉徳寺はこの年が造営の起工であって、未だ竣工していないからである。「設仁王道場七日、大赦」とは、「歳禾不登、人民飢甚」の記事を承けるのであって、「王為太宗大王刱奉徳寺」は聖徳王に関連する件としてここに載せたまでである。奉徳寺については、本書第二部第一章「聖徳大王神鍾と中代の王室」参照。

（29）『三国史記』巻十一・景文王八年（八六八）「夏六月、震皇龍寺塔」、同十一年「春正月、王命有司改造皇龍寺塔」、同十三年「秋九月、皇龍寺塔成、九層高二十二丈」、及び、前掲「皇龍寺九層木塔刹柱本記」の第二板内面に「文聖大王之代△△、既久向東北傾、国家恐墜、擬将改△△、致衆材三十余年、其未改構、今上即位十一年咸通辛卯歳（八七一年）恨其△傾、乃

命親弟上宰相伊干魏弘…中略…等道俗、以其年八月十二日始廃旧造新」、第三板内面に「明年七月九層畢功」とある。ただ「新羅本紀」と「刹柱本記」では再建竣工の年が一年違っている。皇龍寺の歴史については、本書第二部第二章「寺院成典と皇龍寺の歴史」参照。〔補〕「皇龍寺刹柱本記」は一九八四年一月に黄寿永氏の解説を添えて私家版として複製された。

(30) 日本ではこの頃、天皇の一代に一講とされた大仁王会が開催されていた。『延喜式』巻三十・図書寮・仁王会条、同巻二十一・玄蕃寮・仁王会条、及び、辻善之助『日本仏教史』上世篇（岩波書店、一九四四年十一月、二〇〇頁）参照。〔補〕垣内和孝「一代一度仁王会の再検討」（『仏教史学研究』第四十巻第一号、一九九七年九月）、中林隆之「日本古代の仁王会」（『正倉院文書研究』六、一九九九年十一月）等参照。

(31) 「仮構的追記」の語は、三品彰英「新羅の姓氏に就いて」（『史林』第十五巻第四号、一九三〇年十月）で使用されている。氏は「新羅本紀」の即位条にある姓氏の記載のうち、所謂「三韓一統」以前の記事について、これを後代から割り振られた「仮構的追記」であると述べている。本論ではこの用語を採用した。

(32) 本論では考察の対象から外したこの仮構的追記に相当する部分の始祖廟記事を考察した論文に、井上秀雄氏の前掲注(14)の論文と氏の著書、〔補〕及び、崔在錫「新羅의始祖廟와神宮의祭祀─그政治的・宗教的意義와変化를 중심으로（を中心に）─」（『東方学志』第五十輯、一九八六年三月）、崔光植「三国의始祖廟와 그 祭祀」（『大丘史学』第三十八輯、一九八九年十二月。後に、同『고대한국의 국가와 제사（古代韓国の国家と祭祀）』한길사（ハンギル社）、一九九四年十二月に所収）、朴承範「新羅의 始祖廟祭儀」（『史学志』第三十輯、一九九七年九月）等がある。尚、新羅の始祖とは誰であるかについては、『三国遺事』巻一・「未鄒竹葉軍」条の割注には「今俗称王之陵為始祖堂、蓋以金氏始登王位故、後代金氏諸王皆以未鄒為始祖宜矣」とあるほかにも金石史料があり、これらに連なって始祖を閼智・星漢・味鄒尼師今・奈勿麻立干とする説がある。後掲の注(45)参照。

(33) 『三国史記』巻六・文武王四年「三月、百済残衆拠泗沘山城叛、熊州都督発兵攻破之。地震、遣星川丘日等二十八人於府城、学唐楽」

(34) 『旧唐書』巻一百九十九上・東夷伝・百済条

(35) 本書第一部第三章「国学と遣唐留学生」参照。

(36) この時、新羅が求請した礼書を『礼記』とするものは、『唐会要』（巻三十六・蕃夷請経史）と『冊府元亀』（巻九九九・

外臣部・請求）、それに『三国史記』（巻八・神文王六年）である。一方、『旧唐書』（巻一百九十九上・東夷伝・新羅国）と『新唐書』（巻二百二十・東夷伝・新羅）では「唐礼」とする。七世紀末の「唐礼」は「貞観礼」と「（永徽）顕慶礼」であるが、新羅が請求した礼書が『礼記』か「唐礼」か十分には明らかではない。しかし、唐から得たのは「吉凶要礼」である。ところが、これが、又『礼記』の抄録か、「唐礼」の抄録か明らかではない。ただ、神文王二年には国学を設立して経学を講じ始めたこと、そして「吉凶要礼」を得た翌年には、礼制に基づいて「諸侯五廟」の宗廟制が整備されたことから考えて、この時、新羅が求請したのは礼典の基本たる『礼記』であり、下賜された「吉凶要礼」とは『礼記』のほか礼書の抄録ではなかったかと思われる。〔補〕尚、新川登亀男「新羅における立太子―新羅における調と別献物（二）―」（黛弘道編『古代国家の歴史と伝承』吉川弘文館、一九九二年三月）では、『礼記』はすでに新羅に流布しており、新羅がこの時に唐に求請したのは「唐礼」であり、「貞観礼」「顕慶礼その外の礼の中から」吉・凶礼に「限って抄出かつ再編集して」新羅の期待に答えた、と理解されている。また、羅喜羅「신라의 종묘제 수용과 그 내용（新羅の宗廟制受容とその内容）」（『韓国史研究』九十八号、一九九七年九月）も同様な検討を行い、「吉凶要礼」とは「吉礼と凶礼の重要な礼」と理解する。さらに、石井正敏「日本通交初期における渤海の情勢について」（『法政史学』第二十五号、一九七三年二月、五十九頁）とこれに修正・加筆した同「第二次渤海遣日本使に関する諸問題」（『日本渤海関係史の研究』吉川弘文館、二〇〇一年四月、三五六～三六三頁）では、新羅の礼書の請求は実用を踏まえた文化的意義のみならず、唐との対立を経て両国の「和平・秩序の象徴」としての意義を有するものと示唆する。坂上康俊氏もこの示唆を評価し、蕃夷が唐との「秩序回復・和平希求」の外交から出された礼書の請求である側面を強調する（同「書禁・禁書と法典の将来」『九州史学』第一二九号、二〇〇一年九月）。尚、崔致遠『孤雲先生文集』巻一（『崔文昌侯全集』成均館大学校大東文化研究院、一九七二年七月）の「謝恩表」には「故昔遠祖政明、仰求礼記、玄宗聖帝別賜孝経、灼見化成、著於実録」とあって、約二百年後の崔致遠はこの件は『礼記』を求めまた『孝経』を別に下賜されたと回顧している。

(37) 唐代に『礼記』を抄録した例として、緱氏撰『礼記要鈔』六巻（『旧唐書』巻四十六・経籍上、『新唐書』巻五十七・芸文では『緱氏要鈔』六巻）がある。

(38) 小田省吾前掲論文、七三頁。

(39) 『三国史記』巻八・神文王十二年条「（神文王）十二年春、唐中宗遣使口勅曰、我太宗文皇帝、神功聖徳、超出千古、故上僊之日、廟号太宗、汝国先王金春秋、与之同号、尤為僭越、須急改称、王与群臣同議、対曰、小国先王春秋諡号、偶与聖祖廟号相犯、勅令改之、臣敢不惟命是従、然念先王春秋、頗有賢徳、況生前得良臣金庾信、同心為政、一統三韓、其為功業、不為不多、捐館之際、一国臣民不勝哀慕、追尊之号、不覚与聖祖相犯、今聞教勅、不勝恐懼、伏望使臣復命闕廷、以此上聞、後更無別勅」

(40)『三国遺事』王暦・宣徳王条に拠れば、宣徳王の考（父王）は孝方海干（『三国史記』巻九の宣徳王条では同音の孝芳）、祖は元訓角干である。

(41) 末松保和前掲注（12）論文（「第三章・中代と下代」〔『新羅史の諸問題』「東洋文庫論叢」第三十六、一九五四年十一月、二十九頁〕に所収。また、私家版『青丘史草』第三（一九七二年六月）に所収。さらに、末松保和朝鮮史著作集1『新羅の政治と社会』上〔吉川弘文館、一九九五年十月、四十四頁〕に所収）

(42) 上大等敬信（元聖王）が前王（宣徳王）の弟であると記録するのは『三国史記』新羅本紀巻十の即位紀と『三国遺事』巻一・王暦に照らしても合致しない。

(43) 小田省吾前掲論文、七四頁。李基東「新羅下代의王位継承과政治過程」（『歴史学報』第八十五号、一九八〇年三月、十一頁。後に、同『新羅骨品制社会와 花郎徒』〔韓国研究院、一九八〇年十一月〕に所収。また、同書新版〔一潮閣、一九八四年四月〕にも所収）参照。

(44) 辺太燮「廟制의変遷을通하여 본新羅社会의発展過程」（『歴史教育』第八輯、一九六四年八月）では、新羅の廟制を始祖廟から神宮へ変遷したと捉え、また五廟制の定立を含めて、その背景には新羅社会における骨から族へ、そして族から家への分解過程があるとする見解が提示されている。しかし、氏の「新羅本紀」の始祖廟記事の捉え方は問題であるが、検討に値する廟制研究である。〔補〕金承璨「新羅의 諸祀試論」（『又軒丁仲煥博士還暦紀年論文集』釜山大学校、一九七四年十二月）は「始祖廟から神宮への転移は部族連盟国家から古代貴族国家へ確立」した背景があると説く。尚、韓国における新羅の祭祀研究では、祭祀制の展開と性格について、これを文献考証よりも基層文化の形態のなかに接合しようとする研究方法を特徴としており、この視角は検討に値するが、鮮明さに欠ける傾向がある。

(45) 木下礼仁「新羅における始祖系譜の形成過程―閼智・星漢・味鄒・奈勿をめぐって―」（『甲南大学文学会論集』三十一・社会科学編第六集の二、一九六六年三月）と同「新羅始祖系譜の構成―金氏始祖を中心として―」（『朝鮮史研究会論文集』

第二集、一九六六年十一月)。李基東「新羅太祖星漢의問題와興徳王陵碑의 発見」(『大丘史学』第十五・六合輯、一九七八年十二月)。後に同氏の前掲書に所収)。〔補〕さらに、崔在錫「新羅社会의 始祖의 概念」(『韓国史研究』五十三、一九八六年六月)と金昌鎬「新羅太祖星漢의 재검토(再検討)」(『歴史教育論集』第五輯、一九八三年十一月)と同「文武王陵碑에 보이는(見える)新羅人 의 祖上認識—太祖星漢 의 添補—」(『韓国史研究』五十三、一九八六年六月)、李鍾泰「新羅智證王代의神宮設置와金氏始祖認識의変化」(『擇窩許善道先生停年紀念韓国史学論叢』一九九二年十二月)等参照。

補注

〔補1〕姜鍾薫「神宮의 設置를 통해 본(通して見た)麻立干時期의 新羅」(『韓国古代史論叢』第六輯、〔財〕駕洛国史蹟開発研究院、一九九四年五月)は、高句麗の侵入にたいする危機感が神宮設立の外的背景となったと推定するが、外的危機がどのように祭祀制に作用したのか説明に不足する。また、鄭再教「新羅의国家的成長과神宮」(『釜山史学』第十一輯、一九八七年六月)は、新羅が部族国家から古代国家へ成長する過程において、小国統合の思想的根拠として神宮が誕生したと考察する。さらに、崔光植「新羅의 神宮設置에 대한 新研究」(『韓国史研究』第四十三号、一九八三年十二月、後に、前掲注(32)の同『고대한국의 국가와 제사』한길사、一九九四年十二月に所収)は神宮の祭祀は国家的成長とともに天地神の祭祀に変化したと説く。また、金杜珍「新羅金閼智神話의 形成과 神宮」(『李基白先生古稀紀念韓国史学論叢』〔上〕、一潮閣、一九九四年十月。後に、同『韓国古代의建国神話와 祭儀』〔一潮閣、一九九九年六月〕に所収)では、『三国史記』巻三十二・雑志・祭祀条の文脈を始祖廟と神宮を連続する祭祀と理解するから、神宮の主神は「新羅本紀」で新羅の初代王とされる朴氏の朴赫居世であると説くが、これには従えない。

〔補2〕『高麗史』巻九十二・崔凝伝「…前略…他日太祖謂凝曰昔新羅造九層塔、遂成一統之業、今欲開京建七層塔、西京建九層塔、冀借玄功除群醜、合三韓為一家、卿為我作発願疏、凝遂製進」との太祖の言には皇龍寺九層塔に期待された「三韓一統」の威力を介して、仏塔の護国的威力に寄せた高麗初期の期待が読みとれる。

〔補3〕奥村周司「高麗における八関会的秩序と国際環境」(『朝鮮史研究会論文集』十六集、一九七九年三月)では、八関会の仏教儀礼に参席し献物する外国人に注目して、ここに高麗の国際秩序意識を読んでいる。

〔補4〕『三国史記』巻三十二・祭祀には「一年六祭五廟、謂正月二日、五日、五月五日、七月上旬、八月一日、十五日」とあ

るが、「新羅本紀」によれば、五廟の宗廟の祭祀の六例のなかでは孝成王の「拝考祖廟」のみが即位の「三年春正月」とあって、この六祭の一つに月が妥当する。このことは、この一例も含めてこの六例の宗廟祭祀が特例の儀礼であったことが予測される。徐永大「《三国史記》와原始宗教」（『歴史学報』第一〇五輯、一九八五年三月、三〇頁）では、『礼記』祭法篇の規定にも合わないこの「一年六祭」の儀礼は、「新羅の五廟制が伝統的原始宗教の基盤の上に成立した」ことを暗示すると説く。

〔補5〕金承璨前掲注（44）論文は神文王八年の『礼記』の受容によって「儒式の宗廟制が確立したようだ」と推測しており、これ以前の廟の存在を意図している。尚、五六八年（真興王二十九年）建立の「真興王黄草嶺巡狩碑」（感鏡南道咸川郡岐川面）と「真興王磨雲嶺巡狩碑」（咸鏡南道利原郡東面）の両碑には王の即位を称えて「朕歴數當、躬仰紹太祖之基、纂承王位、競身自慎、恐違乾道」とあって、文辞とは言えここに現れた「太祖」の観念が固有の宗廟を背景とするものかは直ぐには断定されず、「太祖」の観念は五四五年に編纂されることとなった「国史」に関連して検討を要しよう。また、李文基「新羅五廟制의 成立과 그背景」（『韓国古代史와 考古学』学研文化社、二〇〇〇年十二月）では、武烈王が即位して「考」を「文興大王」と「追封」したことに礼制に基づく五廟制の開始を読みとって注目されるが、この追尊と思われる「大王」号の一件のみで五廟の始行を推測するには未だ根拠不足であろう。

〔補6〕米田雄介「三国史記に見える新羅の五廟制」（『日本書紀研究』第十五〔政治・制度篇〕、塙書房、一九八七年八月）〔補〕及び、羅喜羅「신라의 종묘제 수용과 그 내용（新羅の宗廟制受容とその内容）」（『韓国史研究』九十八号、一九九七年九月）と同『新羅의 国家및 王室祖上祭祀研究』（서울（ソウル）大学校博士学位論文、一九九九年二月）はそれぞれ十四代と二十六代に渉る五廟の構成について考察と推定を加えて、これを表示する。本論の元となる初出拙稿では、主としてこの六代に関してその宗廟構成を考察したが、その限定の為に不備のあることを米田氏から指摘されていた。本論はこれを受けて「新羅本紀」に宗廟祭祀記事を見ない王代の宗廟の構成にも大きく考察を加え、初出拙稿の見解を修正・加筆・補強した五廟の構成論を提示した部分もある。

〔補7〕米田・羅前掲〔補6〕論文、及び、蔡美夏「新羅恵恭王代五廟와改定」（『韓国史研究』一〇八号、二〇〇〇年三月）は、孝昭王と聖徳王の兄弟の二王代では五廟の構成は同一と考察しており、本論とは異なる見解である。尚、前掲の羅、蔡論文では「新羅皇福寺石塔金銅舎利函銘」に「天授三年壬辰七月二日乗天所以　神睦大后　孝　照大王奉為　宗廟聖霊禅院伽藍

建立三層石塔」とある記録から、「天授三年（六九二）七月二日に神文王が薨去すると、神睦大后と子の孝昭王が神文王を宗庿（廟）に奉祀した」と、この銘を読むが、「宗庿聖霊禅院伽藍」とは舎利函を収めた三層石塔を持つ皇福寺を指し、「宗庿」は「聖霊禅院」に係り、儒教的祭祀施設の宗廟のことではない。

〔補8〕　前掲〔補7〕の「舎利函銘」には、続いて「大足二年壬寅七月廿七日　孝照大王登霞神龍二年丙午五月卅日今主大王佛舎利四全金彌陁像六寸一躯無垢浄光大陁羅尼経一巻安置石塔第二層以卜以此福田上資　神文大王　神睦大后　孝照大王代代聖庿枕涅盤之山坐菩提之樹」とあり、聖徳王が神龍二年（七〇六）に石塔に佛舎利と仏像、陀羅尼経を安置して父王の神文王と母の神睦大后、それに兄王の孝昭王の霊を追福した姿勢は宗廟への奉祀にも及んでいたものと推測される。

〔補9〕　蔡前掲〔補7〕論文、及び、李文基「新羅恵恭王代五廟制改革의 政治的意味」（『白山学報』第五二号、一九九九年三月）参照。

〔補10〕　『三国遺事』巻二・「元聖大王」条には「王之考大角干孝讓、伝祖宗萬波息笛、乃伝於王、王得之、故厚荷天恩、其徳遠輝」とあって、祖宗の萬波息笛を伝授することによる王権強化の意図を読み取ることができる。

〔補11〕　本書第二部第三章「下代初期における王権の確立過程とその性格」参照。

〔補12〕　米田雄介前掲〔補6〕論文では憲徳王と興徳王の兄弟王の宗廟構成について、初出の拙稿が「哀荘王代そのままに「神主を改廃することなく祭ったようである」とした不備を指摘し、また、米田論文は配位された神主は復位されないとする観点から、この二代では五廟の構成は困難であり、始祖の廟のみ奉祀したのではと推定されている。ただ、本論では昭聖王代に不即位の考たる恵忠大王が奉祀され、替わって曾祖の明徳大王が廃されたが、次代の哀荘王代に高祖として復位したと推測するから、憲徳王と興徳王代に昭聖王代に廃位された興平大王が高祖として復位したことは推定される。王統の交替という事情はあるが、宣徳王と元聖王代では勿論即位していない考を配位した例があり、哀荘王代では不即位の恵忠大王が奉祀されたのは恵忠大王が前代の昭聖王代にその考として配位されていたからでもあろう。尚、米田氏の憲徳王と興徳王代の宗廟構成は論説と表とでは合致していない。

〔補13〕　崔致遠撰『新羅初月山大崇福寺碑銘』の「有伽藍号崇福物乃先朝景文王也嗣位之初歳奉為列祖九代祖也元聖大王園陵追福之所修建也」の句を参照。また、丁元卿「新羅景文王代의願塔建立」（『釜山直轄市立博物館年報』第五輯、一九八三年四月）は崇福寺の修建を景文王代の王権強化策のひとつとして強調する。尚、元聖王の廟号に「烈祖」の号が贈られたのは恐らくは哀荘

王二年の宗廟の改正時かと推測される。

〔補14〕 辛鍾遠「三国史記祭祀志研究―新羅祀典의沿革・内容・意義를 중심으로（を中心に）―」（『史学研究』第三十八号、一九八四年十二月。後に、同『新羅初期仏教史研究』〔民族社、一九九二年十二月〕に所収）は「祭祀志」の個々の祭祀を新羅王権の変化に即して分析し、新羅の国家祭祀を展望する。

第二章　祀典と名山大川の祭祀

はじめに

新羅は六八六年に高句麗の故地の南半分と百済の故地を領域におさめた、所謂「三韓一統」を達成して、その後、唐との間で政治的・文化的交渉を盛んに進めてゆくと、新羅の諸制度を中国の礼制や隋・唐の制度に倣って整備して行く。そこでは新羅の固有な制度と唐制との調整がはかられるが、このような政治・文化的交渉は高麗と宋あるいは朝鮮王朝（李朝）と明・清との間にもみられる。

この視点にたって、前章では新羅の神宮と宗廟の祭祀、それに百座講会の仏教儀礼の変遷をとりあげこれを考察したが、ここでは、新羅の祭祀制度を規定する祀典をとりあげ、その編成と性格に新羅の固有の歴史がどれほど反映しているかという問題について考察を加えてみたい。

第一節　礼制に関する唐の規制

新羅の祀典の編成とその性格を考察する前に、祀典と不可分の関係にある新羅の祭祀制度と礼制について、まず、その歴史的展開をみておきたい。

新羅の祭祀制は五世紀末ないし六世紀初めに、王室の始祖が誕降した地という「奈乙」に神宮を創立したことに国家祭祀の一大画期をみることができる。この「奈乙」は「太陽」や「天」を意味する「날（nal）」の借音表記であり、神宮の祭祀が始祖祭祀であるとともに祭天の性格をも帯びていることを表現する。(1)

しかし、神宮以前の国家祭祀については、『三国史記』では「始祖廟」の祭祀を各王代に一度ずつ繋けているが、これらをすぐさま史実とみなすことは控えなければならない。また、中国の史書では韓族社会において「天神」を祭っていたことを「国邑に各々一人を立て天神を主祭せしめ、これを天君と名づく」と記述するに過ぎない。(2)この天君の祭祀に神宮の祭祀の原型をみることができようが、やはり、神宮以前の国家祭祀については十分には明らかになし難い現況である。

この神宮の創置に続く祭祀の発展は礼制と無関連ではないが、七世紀に至って唐と政治・文化的交渉が進むと、新羅が唐の文物・制度を受容する過程でまた一度の画期を迎える。金春秋（後の太宗武烈王）が真徳王二年（六四八）に遣唐使節として入唐し、国学における釈奠や講論のほかにも諸々の礼制を目の当たりに学び、中華の衣服を得て帰国するや、翌三年には服制を唐制のそれに準拠して改め、ついで、これより先、新羅が独自の年号を用いることを唐から糾されたことがあったが、その翌年、即ち、真徳王四年に始めて唐の年号の永徽を採用し、法興王二十三年（五三六）以来つづいた独自の年号の使用を停めたのである。また翌五年には、百官の賀正の礼を始めたが、(3)ここに至る礼制の整備には遣唐使や留学生・留学僧の齎した礼制に関する知識が働いたことを無視することは出来ないであろう。

唐の礼制に寄せる新羅のこうした関心は、『三国遺事』巻四・「慈蔵定律」条に「自後、朝勤のあるごとに、列は上蕃にあり」(4)とあって、唐の朝賀の席では新羅使が蕃国使のなかの上席を得ていたことが象徴するように、唐との安定した関係を構築しようとすることにも由来する。

この唐に礼制を求める傾向はひき続いて神文王六年（六八六年。唐の則天武后の垂拱二年）に礼典と文章を求め、「吉凶要礼」と『文館詞林』の写しを得たことに至る。ここに、新羅は礼制の展開に大きな契機を迎えている。

この交渉は史書には次のようにある。

○『旧唐書』巻一百九十九上・新羅国伝

垂拱二年、政明遣使来朝、因上表請唐礼一部并雑文章、則天令所司写吉凶要礼、并於文館詞林採其詞渉規誡者、勒成五十巻以賜之

○『冊府元亀』巻九九九・外臣部・請求

則天垂拱二年二月、新羅王金政明遣使請礼記一部、并新文章、令所司写吉凶要礼、并於文館詞林採其詞渉規誡者、勒成五十巻賜之

この二種の史料には相違する点がある。即ち、新羅が唐に求めた礼が「唐礼」であるのか、『礼記』であるのか、という点である。「唐礼」とするものは『旧唐書』新羅国伝のほか『新唐書』新羅伝である。『礼記』とするものは『冊府元亀』のほか『唐会要』と『三国史記』である。(5) しかし、新羅が唐に礼典を求めたことは両者ともに共通する点であって、『東国通鑑』がこの件を「使を唐に如かしめ礼典并びに詞章を請う(6)」としたのもこの共通点を生かした記述である。

ところで、新羅が得た礼典が「吉凶要礼」であることは、諸史料の一致するところであるが、新羅の礼制の展開を考えるとき、この時に得た「吉凶要礼」の性格を明らかにしておくことは必要であろう。

石井正敏氏はこの「吉凶要礼」の性格にふれて、『新唐書』芸文志の儀注類に掲げられた「竇維鍌　吉凶礼要二十

巻」をあげ、この書との「関係は不明で、あるいは〈吉凶要礼〉とは書名ではなく、単に〈吉凶の要礼〉を諸書より輯めて新羅へ下賜されたものかも知れない」[(7)]と説かれたが、これはひとまず妥当な見解であろう。

しかし、「諸書」を少しく絞るとすれば、則天武后が新羅の「雑（或は新）文章」の求請に対して、編纂なって間もない『文館詞林』を、しかも、そのなかの規誡に関する部分を抄って下賜した点が参考となる。即ち、新羅の礼典の求請に対しても、則天武后時代に併せ用いられた『貞観礼』と『顕慶礼』をはじめとして、礼典の根本たる『礼記』等のなかから肝要な部分を抄って下賜した書が、この「吉凶要礼」ではなかろうか。ただ、「吉凶要礼」が吉礼と凶礼の二礼に限られたものか、或いは吉・賓・軍・嘉・凶の五礼に渉るのかは不明であるが、おそらくは、五礼のなかでも唐の蕃国たる新羅にとって肝要な礼が重視されたのであって、そこに唐が新羅の礼制を規制する基本的な姿勢を窺うことができよう。[補1]

さて、新羅では「吉凶要礼」を得た翌年の神文王七年（六八七）には、大臣を祖廟に遣わして致祭しているが、その祝文に「王某稽首再拝、謹言太祖大王、真智大王、文興大王、太宗大王、文武大王之霊」[(8)]とあって、ここに五つの神主がみえることは新羅の宗廟が五廟制であって、諸侯の宗廟に相当することが知られた。これは前年に唐より下賜された「吉凶要礼」が蕃国たるに相応しく諸侯の礼をその根幹にしていたことを十分に推測させる点である。

唐は新羅に「吉凶要礼」を下賜するに際し、一定の方針のもとに肝要な礼を抄ったが、唐が新羅の礼制を規制する姿勢は、その後も新羅の礼の僭越を問い糾すことになる。

まず、神文王十二年（六九二）のことであるが、定立して五年ばかりになる新羅の宗廟制では神文王の祖たる武烈王の廟号が唐の二代皇帝と同じく太宗であることを、「尤も僭越たり」として、唐は新羅にその改称を求めたのである。新羅では武烈王の賢徳と三韓一統の功業の偉大さとを唐の糾問使に説いたから、その後、唐から改称の督促はな

かったという。(9)

また、神文王の第二子の聖徳王が即位すると、王の諱の隆基が唐の玄宗皇帝の諱と同じくすることを唐が指弾するや、新羅ではこれを興光と改めたことがあった。(10)

この二例からでも、新羅の礼制が唐の礼制とは無関係でないことが知られる。こうした礼制に関する唐の規制のなかにあって、新羅は礼制を整備して行くが、孝成王二年（七三八年。唐・玄宗の開元二十六年）にも、また次に検討するように規制をうけている。

『旧唐書』巻一百九十九上・新羅国伝

（開元）二十五年、興光卒、詔贈太子太保、仍遣左賛善大夫邢璹摂鴻臚少卿、往新羅弔祭、并冊立其子承慶襲父開府儀同三司新羅王。璹将進発、上製詩序、太子以下及百僚咸賦詩以送之。上謂璹曰、新羅号為君子之国、頗知書記、有類中華。以卿学術、善与講論、故選使充此。到彼宣闡揚経典、使知大国儒教之盛。又聞其人多善奕碁、因令善碁人率府兵曹楊季鷹為璹之副。璹等至彼、大為蕃人所敬。其国碁者皆在季鷹之下、於是厚賂璹等金寶及薬物等。

この記録に拠れば、玄宗は新羅の聖徳王の薨去後、新王を冊立する使節を送るに際し、新羅は自らを「君子之国」と称し、書記のことをよく知っており、総じて中華に類するところがある、と述べている。ここに、新羅が「君子之国」と自負していることが玄宗までに聞こえていたことが知られるが、これより二年前の天平七年（七三五年。唐、開元二十三年。新羅、聖徳王三十四年）には、新羅の遣日本使が自国を「王城国」と称して、日本側の不興を買って、帰国させられたことがあった。(11)

この二件の外交とその摩擦の背後には、新羅が金春秋時代以来、唐との交渉を進めて礼制を整えたことがあり、それが自負となって現われたのだが、[12]その自負は「中華に類するところ有り」とあるように、宗主国の唐にとって無関心ではおれないところである。それ故に、玄宗が「学術、善く講論に与る」という邢璹を使節に選んだのであって、邢璹には新羅に到着したならば「宣しく経典を闡揚し、大国の儒教の盛なるを知らしめよ」と、命じた所以である。[補2]

以上の記録にみるだけでも、新羅は礼制に関する唐の規制を四度受けたのであるが、こうした過程で、新羅の祭祀制を規定する祀典がどのように編成され、どのような性格を帯びていたのか、この点を次に考察したい。

第二節　祀典の編成とその性格

新羅の祀典は次に述べるように、大きく二期にわけてその編成と性格とを考えることができる。まず、前述したように神文王七年（六八七）に「吉凶要礼」を得たが、第一期の祀典はこれ以前の祀典であって、その性格は祭祀制の中心に神宮の祭祀と、また五廟制以前の固有な廟の祭祀とを編成するものである。

この第一期の祀典は、中国の礼制の影響からは比較的に自由な性格である。これに続く第二期の祀典は言うまでもなく「吉凶要礼」の受容を出発点とする。それ故に、中国の礼制と関係の深い性格の祀典である。ところで、聖徳十二年（七一三）に祭祀を管掌する典祀署が礼部の下に新設された。[13]この新設は、この時まで祭祀は礼部が管掌していたが、神文王七年に五廟制の宗廟が開始された例をはじめとして、祭祀が豊かで複雑化すると、これを担当する礼部の部局が強化され、礼部の管下にこの典祀署が設置されたのである。

第二期の祀典はこの典祀署のもとで確かに運用されていたとみなければならないが、それは「吉凶要礼」を下賜した唐の姿勢と、その後の礼制に対する唐の規制からみて、後述するように、諸侯の礼を根幹とした性格の祀典である。

さて、この第二期の祀典で問題となるのは、後述するが、第一期の祀典で重要な位置を占めた神宮の祭祀がどのような位置におかれたのかという点である。また、第二期の祀典では、宗廟は五廟の制を備えているが、王代を重ねるに従って五廟の制を保守しようとすれば、新羅の三韓一統に功業の偉大な太宗大王と文武大王の二神主が五廟の範囲内からはずされる危機がやってくる。そのことは、神文王の曾孫の恵恭王代に至って現実のものとなる。そこで恵恭王は『三国史記』巻三十二・雑志・「祭祀」条（以下、「祭祀志」という）によれば、太宗大王と文武大王の神主を「世々毀たざる」神主と定めてこれを宗廟に残し、始祖大王に祖と考の二親廟を併せて五廟を構成する改制を行なったのである。この改制は祀典に部分的な修正をもたらすが、次の宣徳王代にも再び修正が加えられることになる。それは、同じく「祭祀志」に掲げられた社稷壇の設立である。

『東国通鑑』はこの件を宣徳王四年（七八三）に繫けているが、[14] 第一次史料の「祭祀志」は「第三十七代の宣徳王に至って社稷壇を立つ」とあるのみである。[15]『東国通鑑』がこれを宣徳王四年に繫けたことについて、故・李丙燾氏は「拠る所があるらしい」と述べたが、[16] その根拠は今のところどこにも見い出せない。強いて推せば、「新羅本紀」では宣徳王の二年と三年には神宮の祭祀と始林の原における閲兵という礼制に関する実施記事があり、五年には宣徳王が譲位を欲するから、[17]『東国通鑑』はこの社稷壇の設立を礼制の実施記事のない四年に繫けたのではなかろうか。

ともかく、「祭祀志」には記録され、「新羅本紀」には記録されないこの社稷壇のことは、同じく『三国史記』巻三十三・雑志・「色服志」条に付記され、「新羅本紀」にはない興徳王九年（八三四）の風俗の奢侈を誡めた王の教令[18]の事例と同様に貴重な記録である。

さて、宣徳王代に社稷の祭祀が確かに行なわれることになったが、これは『礼記』「王制」編にいう「天子は天地を祭り、諸侯は社稷を祭る」[19]の規定に適った祭祀制の確定である。『東国通鑑』はこの社稷壇につづいて「また、祀典を修む」と記録している。このことは、当の「祭祀志」にはみえない『東国通鑑』の独自な考察によるところである。

この社稷の祭祀が確立すると、これをも編入して祀典が整えられなければならないのであり、『東国通鑑』が社稷壇の設立につづいて「祀典を修む」としたのは肯首される措置である。

ところで、哀荘王二年（八〇一）には宗廟に二度目の改正が加えられている。それは、太宗武烈王に連なる王統は下代の宣徳王では外祖の聖徳王を介してこれに連なっていたが、その直系の系譜は前代の恵恭王をもって終了していた。これに代わって新たに元聖王を初代とする王統が始まったが、この王統が王代を重ね、前述の恵恭王代の五廟の構成に従わんとすれば、新王統の始祖たる元聖王の神主が五廟の構成から除かれる事態が生じる。それは元聖王の孫の哀荘王の即位に至ってのことである。この時、元聖王の神主を五廟に残す措置として、恵恭王代に「世々毀たざる」神主と定めた太宗大王と文武大王の二神主は別廟を設けてここに配位し、宗廟は始祖大王と元聖王系の四親廟とで五廟を構成したのである。[20]

この別廟の設立もまた祀典に改正をもたらしたにちがいないが、こうした二度にわたる宗廟の基本的な改編や社稷壇の設立のことは、第二期の祀典に改正をもたらしたが、それは根幹的な改正ではなく、次に見る第二期の祀典が諸侯の礼制としての祀典であるという性格を改めるものではなかったと言える。

第三節　「祭祀志」の分析

先に新羅の祭祀制の展開にふれて、祀典の編成とその基本的な性格を窺ったが、ここでは「祭祀志」を分析し新羅の祀典の性格をさらに具体的に明らかにしたい。

「祭祀志」はまず宗廟の変遷の大略を次のように説く。[21] 即ち、第二代の南解王の三年（西暦六年）に始祖赫居世廟を立て、第二十二代の智証王代には前述した始祖誕降の地という「奈乙」に神宮を創立し、また、第三十六代の恵恭王代には五廟が始めて定まったという。つづいて第三十七代の宣徳王代には社稷壇を立てたと記述し、「また祀典に見るに、みな境内の山川にして天地に及ばざるは」と、新羅の祀典の根本的な性格を指摘している。この性格の由ってくるところを「祭祀志」は『礼記』「王制」編の「天子は七廟、諸侯は五廟」の制と、「天子は天地を祭り、諸侯は社稷を祭る」との規定に求め、新羅の祀典は天子に対する諸侯の礼制を採用し、この礼を越えないように祭祀を行なったものか、とする理解を述べている。

さて、前述したことにも関係するが、この「祭祀志」が述べる宗廟の変遷には不十分な点がある。第一章で検討したように、その第一点は、恵恭王代に始めて五廟が定まったというが、これは必ずしも正確ではなく、五廟制はこれより先の神文王七年（六八七）には始まっていたのである。ただ、恵恭王代には太宗大王と文武大王の二神主を「世々毀たざる」神主と固定して五廟を構成した点は、宗廟の変遷上、特筆すべきことではある。

また、神宮の創立を宗廟の変遷のなかに置いている点にも問題がないわけではない。神宮がもつ始祖祭祀の側面に限定すれば、「祭祀志」が神宮を宗廟制の変遷のなかに位置づけたことも理解できないわけではない。しかし、やはり、神宮は宗廟とは一線を画する祭天の性格を強く帯びた新羅固有の祭祀である。

さらに、哀荘王代に至っては先の「世々毀たざる」神主を別廟に置き、元聖王系の新しい五廟制を定めた点は、宗廟の変遷上、恵恭王代の宗廟制と並んで重視されなければならないが、「祭祀志」はこの点には全く触れてはいない。しかし、「新羅本紀」には見えない宣徳王代の社稷壇設置のことが「祭祀志」に記録された点は貴重である。

さて、以上にみた「祭祀志」の背後には前述した祀典の編成をみなければならないが、「祭祀志」は宗廟の変遷を略述した後に、その「壇堂の高下」、「壝門の内外」、「次位の尊卑」、「陳設・登降の節」、「尊爵」、「籩豆」、「牲牢」、「冊祝」の礼は「得て推すべからず、ただ、其の大略を粗記して云うのみ」とあって、宗廟の儀軌の詳細は記録を失なって明らかにできないとしているが、五廟は一年に六たび祭るとして、その月日のみながらこれを掲げたのは貴重である。

宗廟につづいて、「祭祀志」は八梢、先農、中農、後農、風伯、雨師、霊星の七種の祭祀に関して、その祭場と祭時を掲げ、その末尾に「諸の礼典を検べるに、ただ先農を祭るのみにして、中農・後農は無し」と注記している。(22)新羅の祀典に神農氏を祭る立春の後の亥の日の先農祭のほかに、立夏の後と立秋の後の亥の日に中農と後農をも祭ったことが知られる。高麗では靖宗十二年(一〇四六)四月の辛亥に仲農を祭り、文宗二年(一〇四八)六月丁亥には後農を祭った記録がある。(23)朝鮮王朝では太宗十四年(一四一四)四月の礼曹の啓に「謹んで古典を稽うるに、歴代ただ先農を祭るのみ、仲農・後農の祭りなし。乞う、これを革め、もって祀典を正さんことを」(24)とある。これらのことによって、高麗・朝鮮王朝にもその初期では先農のほか仲・後農をも祭っていたが、それは中国の礼典に沿わない祭祀であって、その淵源は新羅の祀典にあることが知られる。しかも、その仲・後農の祭神については明らかではないが、おそらくは、先農と同じく神農氏ではなかったかと思われるが、また、新羅の固有な農業祭がそこに編成されていたか、とも思われる。ともかく、新羅では農業神の祭祀を先・仲・後に分け、立春・立夏・立秋の後に祭祀していたのである。

さて、新羅の祀典の特質をいっそう具体的に伝えるのは「祭祀志」の「三山・五岳以下の名山大川は、分ちて大中小祀となす」(25)の句である。これは先の「祀典に見るにみな境内の山川にして天地に及ばざる」という新羅の「祀典」

表I　「祭祀志」の〔C〕

大祀	三山	
	一、奈歴	習比部
	二、骨火	切也火郡
	三、穴礼	大城郡
中祀	五岳	
	東、吐含山	大城郡
	南、地理山	菁州
	西、鶏竜山	熊川州
	北、太伯山	奈已郡
	中、父岳	一云公山、押督郡
	四鎮	
	東、温沫懃	牙谷停
	南、海恥也里	一云悉帝、推火郡
	西、加耶岬岳	馬尸山郡
	北、熊谷岳	比烈忽郡
	四海	
	東、阿等辺	一云斤烏兄辺、退火郡
	南、兄辺	居柒山郡
	西、未陵辺	屎山郡
	北、非礼山	悉直郡
	四瀆	
	東、吐只河	一云槧浦、退火郡
	南、黄山河	歃良州
	西、熊川河	熊川州
	北、漢山河	漢山州
	俗離山	三年山郡
	推心	大加耶郡
	上助音居西	西林郡
	烏西岳	結己郡
	北兄山城	大城郡
	清海鎮	助音島
小祀	霜岳	高城郡
	雪岳	迂城郡
	花岳	斤平郡
	鉗岳	七重城
	負児岳	北漢山州
	月奈岳	月奈郡
	武珍岳	武珍州
	西多山	伯海郡難知可県
	月兄山	奈吐郡沙熱伊県
	道西城	万弩郡
	冬老岳	進礼郡丹川県
	竹旨	及伐山郡
	熊只	屈自郡熊只県
	岳髪	一云髪岳、于珍也郡
	于火	生西良郡于火県
	三岐	大城郡
	卉黄	牟梁
	高墟	沙梁
	嘉阿岳	三年山郡
	波只谷原岳	阿支県
	非薬岳	退火郡
	加林城	加林県、一本有霊喦山虞風山、無加林城
	加良岳	菁州
	西述	牟梁

表II　大・中・小祀の比較表

	隋書・礼儀志	大唐開元礼	三国史記	高麗史・礼志	経国大典・礼典
大祀	昊天上帝・五方上帝・日月・皇地祇・神州・社稷・宗廟	昊天上帝・五方上帝・皇地祇・神州・宗廟	三山	圜丘・方沢・社稷・太廟・別廟・景霊殿・諸陵	宗廟・永寧殿・社稷
中祀	星辰・五祀・四望	日月・星辰・社稷・先代帝王・嶽・鎮・海・瀆・帝社・先蚕・孔宣父・斉太公・諸太子廟	五岳・四鎮・四海・四瀆・五山と一鎮	籍田・先蚕・文宣王廟	風・雲・雷・雨・岳・海・瀆・先農・先蚕・雩祀・文宣王・歴代始祖
小祀	司中・司命・風師・雨師及諸星・諸山川	司中・司命・風師・雨師・霊星・山林・川沢・五竜祀（州県社稷・釈奠及諸神祀竝同小祀）	二四の諸山	風師・雨師・雷神・霊星・馬祖・先牧・馬社・馬歩・司寒・諸州県文宣王廟・大夫士庶人祭礼・雑祀（名山大川を含む）	馬祖・先牧・馬社・馬歩・霊星・老人星・名山大川・司寒・禡祭・纛祭・厲祭

の特質の指摘に対応するが、祭祀を大祀、中祀、小祀に三区分する制度は隋代に成立するとされ[26]、朝鮮では高句麗・百済にはみられず、新羅を始めとする。しかも、表Iと表IIにみるように、名山大川の祭祀のみで大・中・小祀を編成する制は新羅においてのみであり、隋・唐や高麗・朝鮮王朝では名山大川の祭祀は中祀と小祀に配されたことに照らすと、ここに新羅の祀典のひとつの特質をみることができる。

新旧の『唐書』には新羅の風俗を記録して「好んで山神を祭る」[27]とあるが、「祭祀志」がこのように名山大川の祭祀のみで大・中・小祀を編成した点に加えて、大祀には三山を、中祀には五岳・四鎮・四海・四瀆それに六つの山岳を、また小祀には二十四の山岳を祭祀の対象として配し、名山大川の祭祀に国家的な位置づけを行っていることにも新羅の祀典の特質をみることができる。

こうした祀典の特質が由ってきたる所は既に述べたように、祀典の変遷過程における唐の規制と新羅の自己規制とにみることができる。即ち、神文王六年（六八六）に「吉凶要礼」を下賜されて以後、礼典の根本たる『礼記』王制編に規定する「諸侯は名山大川の其の地にある者を祭る」を遵守し、また隋・唐の大・中・小祀制に学んで、新羅はこの三祀を名山大川のみで編成したのである。

さて、「祭祀志」は名山大川の祭祀につづいて、四城門祭、部庭祭、四つの川上祭、日月祭、五星祭、祈雨祭、四つの大道祭、圧兵祭、辟気祭等の九種の祭祀とその祭場を掲げている。(28) この中で日月祭についてはやはり新旧の『唐書』が元日に「つねにその日を以って日月神を拝す」と伝えるが、(29) この日月祭や風伯・雨師・霊星などは隋・唐や高麗・朝鮮では表Ⅱにみるように大・中・小祀に編成されるが、新羅ではその外に置かれているのである。

以上、「祭祀志」を検討してみると、新羅の祀典では名山大川の祭祀のみで大・中・小祀を編成したが、この外の祭祀、即ち、隋・唐や高麗・朝鮮では大・中祀に配される宗廟や社稷の祭祀、それに新羅に固有な神宮の祭祀などは大・中・小祀制に含まれず、その外に置かれていた。しかし、そのことはそれらの祭祀が名山大川の祭祀で構成された大・中・小祀に比べて低い位置にあったことを意味するものではない。

このことを神宮の祭祀について言えば、神宮の祭祀が大・中・小祀制の外にあることによって、むしろ礼の規制を直接的に受けることを避け得たのであって、神宮の祭祀が九世紀末に一時休止されることはあっても、新羅の滅亡まで自律的に運営されつづけたのはこうした新羅の祀典の性格とも深く関係するのである。(30)

第四節　名山大川の祭祀

新羅の大・中・小祀制の性格の検討につづいて、これに編成された名山大川の地理的位置の関係をはじめ、その祭神の性格及び祭祀の主体等についてここで考察を加えたい。

まず、名山大川の地理的位置の関係では表Ⅰ「祭祀志」の〔C〕にみるように、その所在地の表記が州郡の名のみのものが大部分であるが、郡の管下の県名までも表記するものは七例だけある。しかも、この七例はいづれも小祀に属する。また、六部制の三部にも大祀と小祀の山岳が所在する。このことは大・中・小祀の編成が郡県制と少なからず、また六部制に関連することを予測させる。

さて、次の地図にみるように、大祀の三山は王都の金城（慶州）とその近郊に所在し、中祀では五岳が統一新羅の東・南・西・北の名山と中の父岳で構成されることを始めとして、四鎮・四海・四瀆も統一新羅の東・南・西・北の名山・海浜・大河をもって編成されている。ただ、中祀ではこの他に末尾に六つの山岳等を掲げているが、これらは李基白氏が述べるように、小祀にあるべきものが過って中祀に紛れたものとみることもできるが[31]、また、祀典の変遷と関連づけてみるとき、中祀は本来、五岳・四鎮・四海・四瀆で編成されていたが、おそらく中祀の末尾に掲げられた清海鎮が置かれたとされる興徳王三年（八二九）をあまり下らぬ頃[32]までには、郡県の祭祀集団の政治的成長を反映して、それらが祭る個々の山神が新たに中祀に追加して編入されたものかと考えられる。

一方、小祀は次頁の「名山大川の分布図」にみるように、全国に散在する山岳で構成されるが、その中には前述のように県名が所在表記であるものがこの小祀だけにある。このことは大・中・小祀制が郡県を単位とする祭祀集団と中央との政治的関係を反映してもいることを予測させる。

ところで、名山大川が所在する郡県の名称は、新羅の郡県制の変遷にあっては新羅の三韓一統以後から景徳王三十六年（七五七）に行われた全国的規模の州郡県の改称までのものと、それ以後のものとに分けられるが、このことは郡県制の改編が祀典の編纂と名山大川の祭祀に投影されていることを暗示する。

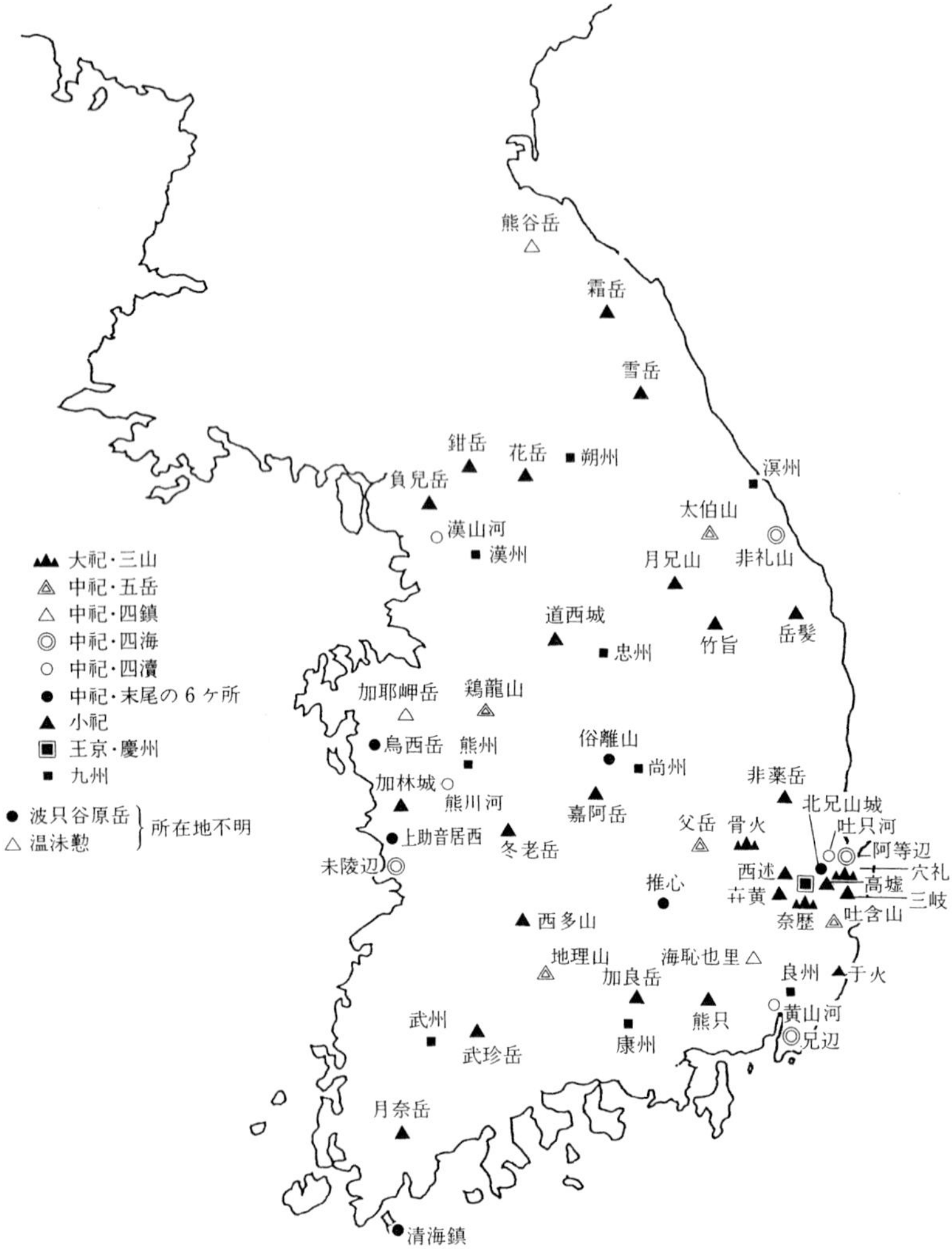
大祀・三山
中祀・五岳
中祀・四鎮
中祀・四海
中祀・四瀆
中祀・末尾の６ヶ所
小祀
王京・慶州
九州
波只谷原岳
温沫懃
所在地不明
熊谷岳
霜岳
雪岳
鉗岳
花岳
朔州
負兒岳
溟州
太伯山
漢山河
非礼山
漢州
月兄山
道西城
岳髪
竹旨
忠州
加耶岬岳
鶏龍山
俗離山
烏西岳
熊州
尚州
加林城
非薬岳
熊川河
嘉阿岳
北兄山城
父岳
骨火
吐只河
上助音居西
冬老岳
阿等辺
未陵辺
西述
穴礼
推心
高墟
卉黄
三岐
奈歴
吐含山
西多山
地理山
海恥也里
加良岳
良州
于火
黄山河
熊只
武州
兄辺
康州
武珍岳
月奈岳
清海鎮

名山大川の分布図

大・中・小祀制の基本は、「吉凶要礼」を得て翌年（六八七）に五廟制が定立した頃から、おそらく、典祀署が設置された聖徳王十二年（七一三）頃までには出来ていたのである。その後、例えば、清海鎮を基盤に中央にまで政治的に進出した張保皐集団のように、郡県に基盤をもつ集団の政治的成長に対応して、それらが奉祀する山神が第二期の祀典の改正の過程で、中祀の末尾の六ヵ所の山岳の如く、中祀あるいは小祀に追加編入されたものと思われる。

『三国遺事』巻二・「景徳王・忠談師・表訓大徳」条には、景徳王が国を治めて二十四年になるが、五岳・三山の神々が時折り宮殿に現れたとある。(33) これこそ景徳王代には五岳・三山に代表される大・中・小祀制が運営されており、それらが盛んに奉祀されたことを思わしめるのである。

つぎに、祭神の性格とその祭祀主体を考察したいが、史料は十分には伝わらない。大祀の三山の山神の性格については、『三国遺事』巻一・「金庾信」条に格好の伝承がある。(34) それによれば、新羅の三国統一に太宗武烈王とともに活躍した金庾信は、高句麗・百済へ敵情偵察に出かけたが、高句麗の間諜に生命を狙われていたところを奈林・穴礼・骨火の三所の護国神が娘の姿となって現われ金庾信を助けたという。

この三所こそ大祀の三山であって、ここの山神が護国の女神であると観念されていたことが知られる。しかも、この三山が五岳・四鎮をおさえて大祀に配されていることは、新羅の三国統一の過程を反映しているものと思われる。即ち、王都の支配者集団によってはやくから崇拝をうけていたこの三山が、三韓一統を画期として、統一の功績大なる金庾信に結びつけられることで、護国神の性格がいっそう強められ、祀典では大祀に配されたものと思われる。

つぎに、中祀では五岳・四鎮・四海・四瀆が統一新羅の東・南・西・北の山・海・河で構成されているが、その枠組みは中国の礼制を外郭的に受容した礼制ではある。

この中祀の個々についても、その性格を窺い知る史料に乏しいが、五岳では同じく『三国遺事』巻一・「脱解王」

条[35]に、東岳の吐含山に関する伝承がある。それによれば、新羅の第四代の脱解王の遺骨を東岳に埋葬したと伝えられ、また、異伝では文武王の時に脱解王の塑像を造り吐含山に奉安したが、これが東岳神であり、国家の祭祀が絶えないという。

また、中岳についても、同じく『三国遺事』巻四・「心地継祖」条[36]に、九世紀末のこととして、僧の心地が中岳に寓居し、その岳神に正戒を授けたという。さらに北岳の太伯山（今、慶尚北道）については『三国史記』に逸聖尼師今の五年（一三八）と基臨尼師今の三年（三〇〇）に王が巡幸して太伯山を親ら祀ったと記録[37]する。その実年代には信をおけないものの、太伯山下の一帯を領域にとり込んだ六世紀の真興王代以降の祭祀を反映する記事とみられる。

一方、西岳の鶏龍山については、『新増東国輿地勝覧』巻十七・公州牧・祠廟の項[38]に、山の南に鶏龍山祠があって、朝鮮王朝ではこれが小祀に配されたとあるが、その淵源は新羅の中祀にかけられた鶏龍山である。また、南岳の地理山についても、『高麗史』巻五十七・地理志・南原府条[39]に高麗も新羅に従ってこれを祭ったとある。

つづいて、中祀の四鎮の山岳や四海、四瀆の海神や河神に関する史料は豊かではないが、やはり『新増東国輿地勝覧』には、多少ながらも新羅時代の祭祀を推測させる記録がある。まず、西鎮の加耶岬岳には『新増東国輿地勝覧』巻十九・徳山県の祠廟の項[40]に、伽耶岬祠は新羅の西鎮として中祀に載せられ、朝鮮王朝では徳山県の官が春秋の二回これを祭ったとあって、新羅の西鎮の後代の変容が知られる。

また四海では『三国史記』の神徳王四年（九一五）に、東瀆の槧浦の水と東海の水が撃ちあい高さ二十丈ばかりに上った[41]とあるが、この記録の背後に東瀆と東海が十世紀にも関心の対象であったことが窺える。つづいて、南瀆の黄山河については『新増東国輿地勝覧』巻二十二・梁山郡の山川と祠廟の項[42]によれば、黄山江の上流に伽倻津があり、そこに伽倻津祠がある。朝鮮王朝の祀典ではこの伽倻津と公州の熊津とを合わせて南瀆となし、これを中祀に載せ毎年香を焚いて祭ったという。この熊津の前身は新羅では西瀆の能川河である。これについても『新増東国輿地勝覧』巻十七・公州牧の祠廟の項[43]に、熊津祠が熊津の南岸にあって、朝鮮王朝では春秋に祭ったと記録されている。また北瀆の漢山河についても、やはり『新増東国輿地勝覧』巻三・漢城府の山川と祠廟の項[44]によれば、漢江の北岸に漢江壇があって、朝鮮王朝では春秋にこれを祭ったという。

以上の五岳・四鎮・四海・四瀆の中祀につづいて、前述したようにこれに追加編成されたと思われる俗離山以下の六つの山岳について、その筆頭の俗離山にも『新増東国輿地勝覧』巻十六の記録がある。報恩県の山川と祠廟の項[45]には、俗離山の山頂に大自在天王祠があって、その神は毎年十月の寅の日に麓の法住寺に下降するから、近在の人々は音楽でこの神を迎え祭り、神は四十五日後に山頂にもどるという。この大自在天王祠の祭祀は朝鮮王朝時代のものではあろうが、その淵源はやはり新羅時代の中祀に属した俗離山の祭祀に求めることができよう。

さて、次に小祀の二十四の山岳についても『新増東国輿地勝覧』によってその祭祀の多少の性格を窺い知るにすぎない。

まず、花岳については同書の巻十一・加平県の祠廟の項[46]によれば、花岳山に花岳山祠があって、これを加平県が春秋に祭ったとあり、その淵源は新羅時代の小祀に属した花岳の祭祀に求めることができよう。この点は武珍岳についても窺え、同じく巻三十五・光山県の山川と祠廟の項[47]によれば、武珍岳は後の無等山であって、朝鮮王朝では無等山神祠を春秋に光山県に祭らせ、前代の高麗でも国家的な祭祀の対象であったという。また、巻三十五・霊巖郡の山川と祠廟の項によれば、月奈岳も朝鮮王朝では月出山の名で呼ばれ、月出山神祠があって、所在の霊巖郡がこれを祭ったという[48]。

また、鉗岳については『高麗史』巻五十六・地理志の積城県条[49]に、高麗代には山上の祠宇を春秋に祭ったが、顕宗二年（一〇一二）に契丹兵が侵入すると、山上の祠宇の輪郭があたかも士馬や旗があるごとく望めたから、契丹兵は懼れて前進できなかったという。諺伝では、百済を滅亡させた唐将の薛仁貴将軍を新羅人が山神として祀ったともいう。

さらに、負児岳は朝鮮王朝では漢城府の三角山にあたり、そこには三角神が認められ(50)、西多山は後の馬耳山であり、天旱時に雨乞いすれば雨に恵まれたという(51)。

また、月兄山は『新増東国輿地勝覧』巻十四・忠州牧と清風郡の山川と祠廟の項(52)によれば、月岳山のことであり、その月岳祠は高麗の高宗四十三年（一二五六）の蒙古兵侵入時にこの神祠を祭ったところ忽ち風雨・雷電がおこり、蒙古兵はこれを神の助けと恐れ退却したと言う。つづいて、道西城はこの山城をいだく山岳の山神が祭祀の対象であったであろうが、その祠廟と推定されるものには金庾信祠がある。『新増東国輿地勝覧』巻十六では鎮川県の故跡の項(53)に道西城はみえないが、この地は金庾信の父の金舒玄が太守となって下った万弩郡の地であって、吉祥山に庾信の胎を埋めたといい、新羅代には吉祥山に祠宇を建て春秋にこれを祭ったが、朝鮮王朝では太祖八年（一三九九）にここを中央官主祭がすることを停め、所在の官が祭祀することにしたという。さらに、熊只についても、『新増東国輿地勝覧』巻三十二・熊川県の祠廟の項(54)に熊山神堂があり、遠近にかかわらず住民が毎年四月と十月に鐘や太鼓を拍って山神を迎え、雑戯を供して楽しんだという。

こうした『高麗史』や『新増東国輿地勝覧』から窺える高麗・朝鮮王朝の祭祀の性格を通して、これらの淵源たる新羅の中祀・小祀の祭祀の性格をいくばくなりとも推測するほかないが、新羅の大祀の三山はもとより、中祀の五岳・四鎮・四海・四瀆は国家的祭祀の対象であり、小祀の諸山岳の山神は地方官が主祭する対象ではなかったか、と推測される。

だが、それらの山川と海浜に神を観念して、祭祀を恒常的に維持したのは「好んで山神を祭る」と記録された在地の祭祀集団であって、それらが奉祀する山岳のいくつかは高麗・朝鮮王朝に至っても王朝の中祀・小祠に編成されたのであり、そこに山神祭祀の強固な継続をみることができる。

おわりに

本論で考察した新羅の祀典と名山大川の祭祀の特質について、これを要約すれば以下である。

まず、新羅が三韓一統を達成して唐との政治・文化的に交渉を活発に進めると、唐はしばしば新羅の諸制度に関してこれを規制することがあった。唐は新羅が神文王六年（六八六）に礼典を請求してくると、「吉凶要礼」を下賜することでこれに応え、被冊封国に適う礼制を提示したものと推定された。新羅ではこの「吉凶要礼」を得て以後、祀典の整備にとりかかり、礼部の管下に典祀署が設置された聖徳王十二年（七一三）頃には、新羅が唐に対して諸侯の位置にあることに対応した祀典が整備され、その運営が進展すると、景徳王代には全国の名山と大川・海浜の祭祀が大・中・小祀に編成され、この祭祀を国家的に、また州郡県的に運営した。

この新羅の祀典では、民族的でありそれ故に固有な神宮の祭祀は大・中・小祀制の外に置かれたが、それはこの民族的な神宮の祭祀に唐からの礼制上の規制を介入させない施策でもあったと思われた。

また、この祀典では先農のほかに立夏の中農と立秋の後農の祭祀も掲げられているが、この中・後農の祭祀は高麗・朝鮮王朝でも執行されたとは言え、中国の古典には見ることのできない新羅の独自の祭祀であり、それ故に朝鮮王朝に至って廃されたのである。

つぎに、この大・中・小祀制に編成された新羅の名山大川の祭祀の性格をみれば、大祀の三山は王都の支配者集団の崇拝の対象であって、護国神と観念されていた。また、中祀の五岳・四鎮・四海・四瀆は中国の礼制を外郭として受容した祭祀ではあるが、その神々は国家祭祀の対象であって、中祀の他の六山岳や小祀の二十四の山岳は所在の郡県が祭祀する対象であり、護国神であるほか祈雨に感応する山神を祭祀する性格も濃厚であった。

このように全国に散在し、大・中・小祀に編成された名山大川の祭祀は、そこに神々の所在を観念して祭祀を支えた郡県の祭祀集団の存在を考慮しないならば、高麗の国家的祭祀である八関会が仏教儀礼でありながら、また山川祭祀の性格をも帯びて盛行したことの理解が十分には行かないであろう。

新羅から高麗へ、また高麗から朝鮮王朝へ至る王朝交替において、祀典はそれぞれに再編成され、従ってそれに編成される名山大川にも出入りがあった。それに伴い名山大川の神々を奉祀する祭祀集団の性格も国家との対抗と強調関係のなかでその性格が変化したものと思われる。この点の解明は今後の課題である。

注

（1）　末松保和「新羅上古世系考」（「第五章・余説〔金氏始祖考〕」、『京城帝国大学文学会論纂（史学論叢）』第七輯、一九三八年三月。後に、『新羅史の諸問題』〔「東洋文庫論叢」第十三六、一九五四年十一月、一〇八頁〕に所収。また、私家版『青丘史草』第三〔一九七二年六月〕に所収。さらに、末松保和朝鮮史著作集1『新羅の政治と社会』上〔吉川弘文館、一九九五年十月〕に所収、一一一頁）、本書第一部第一章「神宮と百座講会と宗廟」参照。

（2）　『三国志』巻三十・韓伝。「国邑各立一人、主祭天神、名之天君」

（3）　『新唐書』巻二百二十・新羅伝

（貞観二十二年）遣子文王及弟伊賛子春秋来朝、拝文王左武衛将軍、春秋特進。因請改章服、従中国制、内出珍服賜之。又詣国学観釈奠、講論、帝賜所製晋書。

『三国史記』巻五・新羅本紀

（真徳王）二年、冬。使邯帙許朝唐、太宗勅御史問、新羅臣事大朝、何以別称年号、帙許言、曾是天朝未頒正朔、是故先祖法興王以来、私有紀年、若大朝有命、小国又何敢焉、太宗然之。

（同）三年春正月。始服中朝衣冠。

（同）四年。是歳始行中国永徽年号。

（同）五年春正月朔。王御朝元殿、受百官正賀、賀正之礼始於此。

（4）『三国遺事』巻四・慈蔵定律」条

嘗以邦国服章不同諸夏、挙議於朝、簽允曰蔵、乃以真徳王三年己酉、始服中朝衣冠、明年庚戌又奉正朔、始行永徽号、自後毎有朝覲、列在上蕃、蔵之功也。

（5）『新唐書』巻二百二十・新羅伝

開耀元年、死、子政明襲王。遣使者朝、丐唐礼及它文辞、武后賜吉凶礼并文詞五十篇。

『唐会要』巻三十六・蕃夷請経史

垂拱二年二月十四日、新羅王金政明遣使請礼記一部并雑文章、令所司写吉凶要礼。

『三国史記』巻八・新羅本紀

（神文王）六年。遣使入唐、奏請礼記并文章、則天令所司、写吉凶要礼并於文館詞林、採其詞渉規誡者、勒成五十巻、賜之。

（6）『東国通鑑』巻九

（神文王）六年、遣使如唐、請礼典并詞章、武后令有司写吉凶要礼并採文詞渉於規誡者、勒成五十巻、賜之。

〔補〕崔致遠『孤雲先生文集』巻一（『崔文昌侯全集』成均館大学校大東文化研究院、一九七二年七月）の「謝恩表」には「故昔遠祖政明、仰求礼記、玄宗聖帝別賜孝経灼見化成、著於実録」とこのことを回顧する。また、第一部第一章注（36）参照。

（7）石井正敏「日本通交初期における渤海の情勢について—渤海武・文両王交替期を中心として—」（『法政史学』第二十五号、一九七三年三月、五七～五八頁）。〔補〕及び、これを修正・加筆した同「第二次渤海遣日本使に関する諸問題」（『日本渤海

関係史の研究』吉川弘文館、二〇〇一年四月、三五八〜三六〇頁）参照。

（8）『三国史記』巻八・新羅本紀
（神文王）七年夏四月。遣大臣於祖廟、致祭曰、王某稽首再拜、謹言太祖大王、真智大王、文興大王、太宗大王、文武大王之霊（以下略）

（9）同「（神文王）十二年春、唐中宗遣使口勅曰、我太宗文皇帝、神功聖徳、超出千古、故上僊之日、廟号太宗、汝国先王金春秋、与之同号、尤為僭越、須急改称、王与群臣同議、対曰、小国先王春秋諡号、偶与聖祖廟号相犯、勅令改之、臣敢不惟命是従、然念先王春秋、頗有賢徳、況生前得良臣金庾信、同心為政、一統三韓、其為功業、不為不多、捐館之際、一国臣民不勝哀慕、追尊之号、不覚与聖祖相犯、今聞教勅、不勝恐懼、伏望使臣復命闕廷、以此上聞、後更無別勅。

（10）『旧唐書』巻一百九十九上・新羅国伝
興光本名与太宗同、先天中則天改焉。

（11）『続日本紀』巻十二・聖武天皇
（天平七年）二月癸卯、新羅使金相貞等入京。癸丑、遣中納言正三位多治比真人県守於兵部曹司問新羅使入朝之旨、而新羅国輙改本号曰王城国、因茲返却其使。

（12）本書第三部第二章「中・下代の内政と対日本外交―外交形式と交易をめぐって」参照。

（13）『三国史記』巻三十八・職官上
典祀署。属礼部、聖徳王十二年置、監一人、位自奈麻至大奈麻為之、大舎二人、真徳王五年置、位自舎知至奈麻為之、史四人。

（14）『東国通鑑』巻十・宣徳王
四年、唐建中四年。立社稷壇、又修祀典。

（15）「祭祀志」の史料掲載は後掲注（21）参照。

（16）李丙燾訳註『国訳三国史記』（乙酉文化社、ソウル、一九七七年七月）四九七頁。

（17）『三国史記』巻九・新羅本紀
（宣徳王）二年春二月、親祀神宮。三年秋七月、大閲於始林之原。五年夏四月、王欲遜位、群臣三上表諫、乃止。

(18)『三国史記』巻三十三・雑志・色服
興徳王即位九年、大和八年、下教曰、人有上下、位有尊卑、名例不同、衣服亦異、俗漸澆薄、民競著華、只尚異物之珍奇、却嫌土産之鄙野、礼数失於逼僭、風俗至於陵夷、敢率旧章、以中明命、苟或故犯、固有常刑。
(19)『礼記』王制
天子七廟、三昭三穆、与太祖之廟而七。諸侯五廟、二昭二穆、与太祖之廟而五、大夫三廟、一昭一穆、与太祖之廟而三、士一廟…中略…天子祭天地、諸侯祭社稷、大夫祭五祀、天子祭天下名山大川、五獄視三公、四瀆視諸侯、諸侯祭名山大川之在其地者、天子諸侯祭因国之在其地而無主後者。
(20)『三国史記』巻十・新羅本紀
(哀荘王)二年春二月。謁始祖廟、別立太宗大王、文武大王二廟、以始祖大王及王高祖明徳大王、曾祖元聖大王、皇祖恵忠大王、皇考昭聖大王為五廟。

尚、新羅の宗廟制の変遷については本書第一部第一章「神宮と百座講会と宗廟」参照。
(21)行論の都合上、『三国史記』巻三十二・雑志の「祭祀」条を以下、〔A〕・〔B〕・〔C〕・〔D〕に分けて順に掲載する。
〔A〕按新羅宗廟之制、第二代南解王三年春、始立始祖赫居世廟、四時祭之、以親妹阿老主祭、第二十二代智証王、於始祖誕降之地奈乙、創立神宮、以亨之、至第三十六代恵恭王、始定五廟、以味鄒王為金姓始祖、以太宗大王、文武大王、平百済高句麗有大功徳、並為世世不毀之宗、兼親廟二為五廟、至第三十七代宣徳王、立社稷壇、又見於祀典、皆境内山川、而不及天地者、蓋以王制曰、天子七廟、諸侯五廟、二昭二穆与太祖之廟而五、又曰、天子祭天地、天下名山大川、諸侯祭社稷、名山大川之在其地者、是故不敢越礼而行之者歟、然其壇堂之高下、壝門之内外、次位之尊卑、陳設登降之節、尊爵、籩豆、牲牛、冊祝之礼、不可得而推也、但粗記其大略云爾。一年六祭五廟。謂正月二日、五日、五月五日、七月上旬、八月一日、十五日、十二月寅日。
(22)〔B〕新城北門祭八棤、豊年用大牢、凶年用小牢、立春後亥日、明活城南熊殺谷祭先農、立夏後亥日、新城北門祭中農、立秋後亥日、䔉園祭後農、立春後丑日、犬首谷祭風伯、立夏後申日、卓渚祭雨師、立秋後辰日、本彼遊村祭霊星。検諸礼典、只祭先農、無中農後農。
(23)『高麗史』巻六・世家

(靖宗)十二年夏四月辛亥、祭仲農。

『高麗史』巻七・世家

(文宗)二年六月丁亥、祭後農。

(24)『朝鮮王朝実録』「太宗実録」巻二十七

(太宗)十四年四月丁巳。礼曹啓革仲農後農之祭、啓曰。謹稽古典、歴代只祭先農、無仲農後農之祭、乞革之、以正祀典。従之。

(25)〔C〕「三山五岳已下名山大川。分為大中小祀。

右の文につづいて、大・中・小祀に配された個々の祭祀の対象地名を列記するが、それは表Ⅰに掲げている。

(26)金子修一「唐代の大祀・中祀・小祀について」(『学術研究報告―人文科学』二十五巻第二号、高知大学、一九七六年十月)

(27)『旧唐書』巻一百九十九上・新羅国

其風俗、刑法、衣服、与高麗百済略同、而朝服尚白、好祭山神。…中略…重元日相慶賀燕饗、毎以其日拝日月神。

『新唐書』巻二百二十・新羅伝

朝服尚白、好祠山神…中略…元日相慶、是日拝日月神。

(28)〔D〕四城門祭。一、大井門。二、吐山良門。三、習比門。四、王后梯門。部庭祭、梁部。四川上祭、一、犬首、二、文熱林、三、青淵、四、樸樹。文熱林行日月祭。霊廟寺南行五星祭。恵樹行祈雨奈。四大道祭、東、古里、南、簷并樹、西、渚樹、北、活併岐。圧兵祭。辟気祭。上件或因別制、或因水旱、而行之者也。

(29)注(27)参照。

(30)神宮の祭祀の運営については本書第一部第一章「神宮と百座講会と宗廟」参照。

(31)李基白「新羅五岳의成立과 그意義」(『震檀学報』第三十三号、一九七二年六月。後に同『新羅政治社会史研究』〔一潮閣、一九七四年二月〕に所載。邦訳は武田幸男監訳『新羅政治社会史研究』〔学生社、一九八二年十月〕。〔補〕本稿、脱稿後に、三山と五岳の所在地の比定と山神信仰の変容については、既に、洪淳昶「新羅三山・五岳에 대하여(に対して)」(『新羅民俗의新研究』新羅文化祭学術発表会論文集〔第四輯〕、慶州市、一九八三年二月。本論は後に、「新羅の三山五岳と新羅人の山岳崇拝について」と解題して『三上次男博士喜寿記念論文集―歴史編』〔平凡社、一九八五年八月〕に所収)のあること

を知った。三山・五岳の所在地の比定の手法と結果については本論と共通するが地図上の表記はない。ただ、洪論文は山神信仰の由来と山神の性の変容に多く問題関心を置いている。また、本稿の後に、辛鍾遠「三国史記祭祀志研究―新羅祀典의沿革・内容・意義를중심으로（を中心に）―」（『史学研究』第三十八号、一九八四年十二月。後に、同『新羅初期仏教史研究』〔民族社、一九九二年十二月〕に所収）が公表されたが、本論の根底にある祀典の構成とその性格については理解を同じくしている。なお、金杜珍「新羅의宗廟와名山大川의祭祀」（『白山学報』第五十二号、一九九九年三月。後に、同『韓国古代의建国神話와祭儀』〔一潮閣、一九九九年六月〕に所収）も祀典の成立と名山大川の祭祀について、これを王権側と社会が希求したとする側面を論ずるが、伝承史料の活用が情緒的となる。ただ、洪論文と辛論文に共通して、個々の山川祭祀の民俗的土壌として新羅社会に「内在」する固有の自然崇拝を考慮する点は今後の研究視点として参考となる。

（32）『三国史記』巻十・新羅本紀
（興徳王）三年夏四月。清海大使弓福、姓張氏、一名保皐、入唐徐州、為軍中小将、後帰国謁王、以卒万人鎮清海。清海今之莞島。

（33）『三国遺事』巻二・「景徳王・忠談師・表訓大徳」条
…前略…王御国二十四年、五岳三山神等、時或現侍於殿庭。

（34）『三国遺事』巻一・「金庾信」条
…前略…時有白石者、不知其所自来、属於徒中有年、郎以伐麗済之事、日夜深謀、白石知其謀、告於郎曰、僕請与公密先探於彼、然後図之何如、郎喜、親率白石夜出行、方憩於峴上、有二女随郎而行、至骨火川留宿、又有一女忽然而至、公与三娘子喜話之時、娘等以美菓餽之、郎受而啖之、心諾相許、乃説非情。…中略…娘等便現神形曰、我等奈林・穴礼・骨火等三所護国之神、今敵国之人誘郎引之、郎不知而進途、我欲留郎而至此矣。言訖而隠。

（35）『三国遺事』巻一・「脱解王」条
…前略…在位二十三年、建初四年己卯崩、葬疏川丘中、後有神詔、慎埋葬我骨、其髑髏周三尺二寸、身骨長九尺七寸、歯凝如一、骨節皆連瑣、所謂天下無敵力士之骨、砕為塑像、安闕内、神又報云。我骨置於東岳、故令安之。一云、崩後二十七世文虎王代、調露二年庚辰三月十五日辛酉、夜見夢於太宗、有老人貌甚威猛、曰我是脱解也、抜我骨於疏川丘、塑像安於土含山、王従其言、故至今国祀不絶、即東岳神也云。

(36)『三国遺事』巻四・「心地継祖」条
釈心地、辰韓第四十一主憲徳大王金氏之子也…中略…寓止中岳、今公山、深適聞俗離山公伝表律師仏骨簡子、設果訂法会、決意披尋…中略…深日、仏意在子、子其奉行、乃授簡子、地頂載帰山、岳神率二仙子、迎至山椒、引地坐於嵒上、帰伏嵒下、謹受正戒。
(37)『三国史記』巻一・新羅本紀
(逸聖尼師今)五年冬十月。北巡、親祀太白山。
『三国史記』巻二・新羅本紀
(基臨尼師今)三年三月。至牛頭州、望祭太白山。
(38)『新増東国輿地勝覧』巻十七・公州牧
祠廟。鶏竜山祠、在鶏龍山南、新羅擬五岳載中祀、本朝以名山為小祀、毎春秋降香祝以祭。
(39)『高麗史』巻九十七・地理二・南原府
智異山、一云地理、一云頭流、一云方丈、新羅為南岳、躋中祀、高麗仍之。
(40)『新増東国輿地勝覧』巻十九・徳山県
祠廟。伽耶岬祠、在県西三里、新羅為西鎮、載中祀、本朝令其官春秋祭之。
(41)『三国史記』巻十二・新羅本紀
(神徳王)四年夏六月。塹浦水与東海水相撃、浪高二十丈許、三日而止。
(42)『新増東国輿地勝覧』巻二十二・梁山郡
山川。黄山江、在郡西十八里、新羅為四瀆之一、載中祀。高麗以務安之龍津、光陽之蟾津及此江称為背流三大水。
(43)同右巻十七・公州牧
祠廟。熊津祠、在熊津南岸、新羅載西瀆、本朝為南瀆載中祀、春秋降香祝致祭。○祠廟。伽倻津祠、祀典与公州熊津倶爲南瀆、載中祀、毎歳降香祝以祭。
(44)同右巻三・漢城府
山川。漢江、在木覓山南、古称漢山河、新羅時為北瀆、載中祀、高麗称沙平渡、俗号沙里津、其源出自江陵府五台山。○祠廟。漢江壇、在北岸、毎春秋致祭。

(45) 同右巻十六・報恩県

山川。俗離山、在県東四十四里、九峰突起、亦名九峰山、新羅時称俗離岳、躋中祀。○祠廟。大自在天王祠、在俗離山頂、其神毎年十月寅日下降于法住寺、山中人設楽迎神以祠之、留四十五日而還。

(46) 同右巻十一・加平県

祠廟。花岳山祠、春秋本邑致祭。

(47) 同右巻三十五・光山県

山川。無等山、在県東十里、鎮山、一云武珍岳、一云瑞石山、穹窿高大雄盤五十余里。○祠廟。無等山神祠、在県東十里、新羅為小祀、高麗致国祭、東征元帥金周鼎祭各官隍城之神、歴呼神名以験神異、州城隍鳴纛鈴者三、周鼎報于朝、封爵焉、本朝春秋令本邑致祭。

(48) 同右巻三十五・霊巌郡

山川。月出山、在県南五里、新羅称月奈岳、高麗称月生山、諺称本国外華蓋山、又云小金剛山、又名曹渓山。○祠廟。月出山神祠、本邑致祭。

(49) 『高麗史』巻五十六・地理一

積城県本高句麗七重城、新羅景徳王改名重城為来蘇郡。領県…中略…紺獄、自新羅為小祀、山上有祠宇、春秋降香祝行祭、顕宗二年以丹兵至、長湍獄神祠若有旌旆士馬、丹兵懼而不敢前、命修報祀、諺伝羅人祀唐将薛仁貴為山神云。

(50) 『新増東国輿地勝覧』巻三・漢城府

山川。三角山、在楊州之境、一名華山、新羅称負児岳、自平康県之分水嶺、連峰畳嶂起伏迤邐、而西至楊州、西南為道峰山、又為三角山、実京城之鎮山也、高句麗東明王之子沸流温祚南行至漢山、登負児岳、相可居之地、即此山也。○祠廟。白獄神祠、在白獄頂、毎春秋行醮祭。○中獄三角山就祭于此、三角神在北南向、白獄神東西向。

(51) 同右巻三十九・鎮安県

山川。馬耳山、県南七里有一石山双峯…中略…諺伝東峯上有小池西峯、頂平闊有泉、可避冦天旱祷雨有応、新羅称西多山、載小祀。我　太宗南幸次山下、遣官致祭以形似賜名馬耳山。

(52) 同右巻十四・忠州牧
山川。月岳山、在州東四十五里、又見清風郡。○祠廟。月岳祠、在月岳山。高麗高宗四十三年蒙兵屠州城、又攻山城、官吏老弱恐不能拒登神祠、忽雲霧風雨雷電倶作、蒙兵以為神助不攻而退。
同右巻十四・清風郡
山川。月岳山、在郡南五十里、新羅称月兄山為小祀。
(53) 同右巻十六・鎮川県
山川。吉祥山、一名胎霊山、在県西十五里、与宝蓮山相連○新羅真平王時、万弩郡太守金舒玄妻万明、妊身二十月、生子曰庾信、蔵胎於此山、因号吉祥。○祠廟。金庾信祠、在吉祥山、新羅時置祠宇、春秋降香祝行祭。高麗仍之至本朝　太祖八年始停之、令所在官致祭。
(54) 同右巻三十二・熊川県
山川。熊山、在県北五里、鎮山。○祠廟。(新増) 熊山神堂、在山頂、土人毎四月十月迎神下山、必陳鐘鼓雑戯遠近争来祭之。

補注
〔補1〕　新羅のほかに、渤海と吐蕃が唐に礼書を求請して、唐がこれを下賜する外交の政治的秩序形成の意義については、本書第一部第一章「神宮と百座講会と宗廟」の注(36)〔本書五九～六〇頁〕参照。
〔補2〕　古畑徹「渤海使の文化使節的側面の再検討―渤海後期の中華意識・対日意識と関連させて―」(『東洋史論集』第六輯、一九九五年一月)は、この使節以降、唐の遣新羅弔祭冊立使には儒学・文芸に秀でた人物が当たり、新羅に対して「文化」的優越を示すことが求められた、と説く。尚、拙稿の後に筆者は「新羅の中・下代の内政と対日本外交―外交形式と交易をめぐって―」(本書第三部第二章に所収)において、この唐の対新羅外交を中華に類して「君子国」たる意識を持つ新羅を宥める外交との理解をしたが、ここは唐が新羅の儒学をその自意識以上に盛況にさせんとした弔祭冊立使の人選とその外交であったと、考えられる。この外交は直接的な規制ではないが、唐使が被瀝した唐の儒学の制度・知識の精緻は新羅人には心理的にも大きく作用したであろう。

第三章　国学と遣唐留学生

はじめに

新羅は唐と結んで百済・高句麗を討ち、朝鮮半島における唯一の王権を確立した。三韓一統後の新羅は一時的な唐との対立を経て、対唐外交をより一層活発に行なう策を推進したが、その策は唐の制度を導入することによって実を結んだと言える。この新羅と唐の交渉は後の高麗と宋、朝鮮王朝と明・清の交渉へと続いた王権外交の第一幕として総合的な研究に値するが、ここでは新羅に導入された国学について考えてみたい。それはこの国学が遣唐留学生と並んで、唐の文化、なかでも儒教的政治理念を受容する上で大きな役割を果したからである。このことはただ新羅のみならず、唐の周辺の諸国家である日本、渤海、吐蕃、西域諸国、越南等にも窺いえる。(1) それ故、中国の官人には、国学等の制度と文物は中華文化の広まりと認められるだけでなく、後の朝鮮の史書では、礼儀・文物が中華にひとしいと評価される性格をもつものである。(2)

第一節　国学の設立

1　設立の時代

新羅の国学については、『三国史記』職官志の次の記事を基本史料とする。

国学。属礼部、神文王二年置、景徳王改為大学監、恵恭王復故。卿一人、景徳王改為司業、恵恭王復卿、位与他卿同。博士若干人、数不定。助教授、若干人、数不定。大舎二人、真徳王五年置、景徳王改為主簿、恵恭王復称大舎、位自舎知至奈麻為之。史二人、恵恭王元年加二人。

ここには新羅の国立中央学校たる国学の構成と沿革を記すが、地方学校については明らかではない。ただ、『新増東国輿地勝覧』巻十七・公州牧・名宦・「新羅」条には、「韓恕意、唐天宝間為熊川助教、撰州人番吉墓碑、至今在孝家里」とあって、熊川の助教の韓恕意の存在によって、天宝年間（七四二〜七五五）には熊川州（今、忠清南道公州市）に地方学校たる州学が設立されていたことがわかる。しかし、地方学校の全体像は未だ明らかではない(3)。

ところで、前掲の「職官志」・国学条によれば、国学は神文王二年（六八二）に設立されている。この点は「新羅本紀」の該当年条にも、「六月、立国学、置卿一人」とあって、新羅では神文王二年（六八二）に国学が設立されたことがわかる。しかし、国学設立以前に、即ち、真徳王五年（六五一）には、すでに国学の所管たる大舎二人が任ぜられたとある。ただ、この点は「新羅本紀」の該当年には見えない。

この国学設立以前に、既に大舎二人が任せられていたという点は、一度、検討しておく必要がある。この問題の理解には国学が礼部に所属するという点が手がかりとなろう。『三国史記』職官志には礼部に属する官司として、大道署、国学、音声署、典祀署、司範署が記録される。このなかで、国学、音声署、典祀署にはみな「大舎二人、真徳王五年置」とある。

典祀署は聖徳王十二年（七一三）に設置されたが、それ以前の真徳王五年に大舎二人が任ぜられていたというのは国学の例と同じである。また、音声署についてはいつ設置されたか明らかではないが、神文王七年（六八七）にはその長官たる「長」二人を卿と改称しており、ここにも真徳王五年に大舎二人が任ぜられていた。

この音声署についても、やはり真徳王五年（六五一）にまず大舎二人が任ぜられ、その後、恐らく神文王代に音声署が設置されたとみてよかろう。

一方、新羅の礼楽・祭祀を総監する礼部は、長官たる「令」二人が真平王八年（五八六）に任ぜられ、その後、問題とする真徳王五年（六五一）に大舎二人が仕ぜられている。

そこで、この真徳王五年に注目してみると、この年に大幅な官制整備が行なわれている。まず、新羅古来の名をもつ稟主が執事部と改称されただけでなく、倉部がこの時、稟主のもとから独立の官司として分置された例をはじめ、中央の官制が大幅に改組・整備された。(4)

この真徳王五年の官制整備から考えると、礼部と国学との関連については、次のように推測される。

それは、真徳王五年に礼部の大舎二人が任ぜられたが、このほかにも礼部に属する多くの大舎が任ぜられ、礼部のもとで新羅の礼楽・祭祀を運営することとなった。やがて、これら大舎の行なう礼楽・祭祀の職掌も礼部に属しながらも、一定した機構をもって運営されることになる。これが、国学、音声著、典祀署の設置であろう。

これを国学について言えば、教育の職掌はまず真徳王五年（六五一）に、礼部内に任ぜられた大舎のなかの二人が担当したが、その後、三十年を経た神文王二年（六八二）に国学を設立し、ここに移管させたと理解される。

ところで、先に示した「職官志」の国学条に、「博士、若干人、数不定。助教、若干人、数不定。大舎二人、真徳王五年置」とあることから、博士・助教までも大舎と同じく真徳王五年に任ぜられたとする見解がある。(5)しかし、この部分は、博士・助教と大舎を一体として読解すべきではなく、「真徳王五年置」に当る沿革記事は大舎についてだけのものと理解すべきであろう。

次に、神文王二年に国学が設立される以前、二人の大舎が礼部の管下で担当した教育の職掌について考えてみたい。

2　国学以前の儒学教育

新羅において儒学に対する関心が高まる要因には、中国王朝と文書外交を含めた交渉を行なう際に、どうしても儒学知識とその文章が不可欠であることが指摘されよう。

新羅は、高句麗・百済より遅く中国に通じた。梁の普通二年（五二一）には、独自に外交を行なうことができず、中国と早く交渉を開いた百済の外交をかりて中国に遣使したほどであった。

この時、百済使は上表文を奉呈しえたが、新羅はそうではなかった。(6)それは六世紀の前半では、新羅に漢字を知るものはいても、それを駆使して政治的意志を中国王朝に向けて表現するまでには文章能力が十分には育っていなかったからである。

また六世紀の文字として残る金石文は新羅人のなかの「書人」「文作人」の手になるものであって、(7)そこには、新羅人が漢字を借りて国語を表記する際に創案された吏吐の表記法が含まれている。こうした文章能力では、やはり、政治的意志を中国官僚に通じさせることは無理であったと思われる。(8)

ところが、七世紀に入ると、新羅では文書外交を積極的に展開するようになる。その文章能力の保有者はまず新羅に帰国した留学僧に求めることができる。その代表例が円光である。

『三国史記』巻四・新羅本紀

（真平王）二十二年（六〇〇）高僧円光、随朝聘使奈麻諸文、大舎横川還。

三十年（六〇八）王患高句麗屢侵封場、欲請隋兵以征高句麗、命円光修乞師表。光曰、求自存而滅他非沙門之行也、貧道在大王之土地、食大王之水草、取不惟命是従。乃述以聞。

三十三年（六一一）王遣使隋奉表請師。隋煬帝許之。

この一連の史料のほかにも、『三国遺事』巻四・「円光西学」条に、円光法師が隋に援兵を請う上表文を作成し、また国政を補佐したことが記されている。(9) このように対中交渉の場面で、文章能力をもつ僧が活躍した例は後にも百済戦の過程で、唐・新羅の連合軍の間を往来した琳潤法師がいる。(10)ところが、新羅が朝鮮半島を統一し、中国と交渉する唯一の王権となると、僧とは別に儒学を積極的に学ぶ若い知識層が現われてくる。

新羅の知識青年層の花郎集団については、すでに故三品影英の詳細な研究がある。(11) それによれば、花郎集団は儒仏の教養と、戦士訓練でもって新羅の統一に貢献した。しかし、統一の達成とその後の政治・文化的な対唐交渉の展開は知識青年層の志向を変えたものと思われる。

それは統一後の新羅が専制王権化を強めるに従って、知識青年層のなかに仏教から離れて儒学に関心を移して行く傾向が高まったことに現われている。

この傾向を表現する例は強首の伝記である。強首は太宗武烈王代から文武王・神文王代、即ち七世紀の後半期に文章能力をもって活躍した人物である。

『三国史記』巻四十六・強首伝には、

及壮自知読書、通暁義理。父欲観其志、問曰、爾学仏乎。対曰、愚聞之、仏世外教也、愚人間人、安用学仏為、願学儒者之道。父曰、従爾所好。遂就師読孝経曲礼爾雅文選。

とあって、強首の勉学の姿勢が明らかに仏教よりも儒学に転じ、これを学ぶ傾向が表現さている。(12)

この傾向は強首だけでなく、同時代の薛聡や金仁問にも窺うことができる。僧の元暁を父とする薛聡は、『三国史記』巻四十六の列伝に、「以方言読九経、訓導後生」と伝えられ、新羅語で儒学を講じたと言う。また、太宗武烈王の第二子である金仁問も、同じく列伝に「幼而就学、多読儒家之書、兼渉荘老浮屠之説」と伝えられており、知識青年層が儒学に傾倒して行く傾向がよくわかる。

知識青年層のなかでも、王族に属さない強首、薛聡らが新羅の統一期に活躍できたのも儒学の知識とこれに基づいた文章能力が認められたからだと理解してよい。

強首は唐朝の詔勅をみごとに読解するほか、中国、高句麗、百済に送る外交文書を作成したが、その能力は文武王が新羅の統一の功はただ兵力だけでなく、強首の「文章之助」であるとまで讃えたほどの人材である。(補1)「強首伝」には『新羅古記』を引いて、強首のほかに文章の優れた人材として、帝文、守真、貞図、風訓、骨沓らの名をあげている。

新羅はかの円光に代表されるように、六世紀末から七世紀初まで文章能力を僧にかかりていたが、(13)ここに至って王権の側に優れた文章能力をもった人材をかかえていたのである。

ところで、統一期に知識青年層が儒学に傾倒する傾向と、これを支える儒学の師の存在とは国学の設立と大いに関係しよう。

先に提起しておいた礼部における大舎二人が担当した教育に関する職掌の実際とは、まさに次のようではなかったかと推測される。

それは、強首らが師事した儒学の師については、『三国史記』が具体的に記録しないところである。百済が滅ぶ過程で日本に渡った百済の博士のほかにも、請われて新羅に移住した百済の知識人のなかに、この儒学の師を求めてもよさそうである。或は、入唐求法を終えて帰国した僧に儒学を学ぶ道も想定されよう。(14)

こうした七世紀後半期の興隆する儒学教育を管掌し、儒学の知識を王権側に導くことが、真徳王五年(六五一)に任命されたあの大舎二人の職掌ではなかったかと思われる。その後三十年間の儒学教育の高まりを受けて、神文王二年(六八二)に国学が設立されたと理解される。(補2)

ところで、「文武大王陵碑」には「及飡国学少卿臣金」某の名がみえる。この碑は文武王の次の神文王代に建立されたとみるべきであるから、神文王二年に任ぜられた国学の長官である「卿一人」とは、実は「少卿」であり、しかもこの金某であったかも知れない。このことはともかく、この碑によって神文王代には確かに国学が存在していたことがわかる。

新羅は国学を設立するや、四年後の神文王六年(六八六)に遣唐使を送り、唐朝に『礼記』を求請し、「吉凶要礼」を得ると、(15)さっそく翌年には、本書の第一部第一章で考察したように、礼制に基づいて宗廟の祭祀を確立している。新羅の王権は、儒学と結びつきを深めつつ専制化を進めて行くと言える。

第二節　国学の展開と読書三品科

1　国学の展開

新羅の国学は神文王二年（六八二）に設立されて以来、専制王権を支える儒教的政治理念の提供源として次第に整備される。

ここで、『三国史記』新羅本紀から国学の展開を求めれば次である。

○聖徳王
十六年（七一七）秋九月。入唐大監守忠廻、献文宣王十哲七十二弟子図、即置於大学。

○景徳王
六年（七四七）春正月。置国学諸業博士、助教。

十八年（七五九）春正月。改大学監、大道署、永昌宮等大舎為主簿。（注、「職官志」に対照すると、この時、国学を大学監に、長官の卿を司業に改称したものと推測される）

○恵恭王
元年（七六五）幸大学、命博士講尚書義。

十二年（七七六）春正月。下教、百官之号尽合復旧。二月。幸国学聴講。（注、「職官志」と対照すると、この時、大学監を国学に、司業を卿に、主簿を大舎へと、それぞれ旧名に戻したものと推測される）

○元聖王
四年（七八八）春。始定読書三品以出身。
○昭聖王
元年（七九九）春三月。以菁州老居県為学生禄邑。
○景文王
三年（八六三）春二月。王幸国学、令博士已下講論経義、賜物有差。
○景文王八年（八六八）「景文大王主、文懿皇后主大娘主願燈二、炷唐咸通九年戊子中春夕、継月光前国子監卿沙干金、中庸送上油粮業租三百碩、霊判建立石燈[補3]……以下略……」
○憲康王
五年（八七九）春二月。幸国学、命博士已下講論。

右の史料からも知られるように、新羅の国学は決して順調に展開したとは言いきれない。国学の設立以来、約百年を経た元聖王四年に、後述するように国学生の任用の法が整ったほどである。

この遅滞には二つの要因が考えられる。まず、新羅に国学が設立された後にも、聖徳王二十七年（七二八）には、新羅の王族子弟を唐の国学に入学させた例[16]をはじめ、留唐宿衛する新羅の知識青年が続いたことである。このことは後述するように、新羅の国学生と遣唐留学生とでは修業後の任用において差が大きく、遣唐留学生が優遇される為に、新羅の国学が軽視される傾向にあったと思われる。

また、他の要因は新羅内部の問題に求めることができよう。それは、読書三品の出身法以前の任用法は、有為の青年が「新羅用人論骨品[17]」と慨嘆したように、新羅の伝統的な骨品制という出自の氏族を単位とした身分制による任用の道が根強く残っていたことである。

そこで、次に、国学と国学生に対する規定を検討して、新羅の学制の特質を考えたい。

2　日・唐・羅の学令比較

新羅の律令については『三国史記』新羅本紀にはつぎのように二、三の記事が見られるが、その体系を理解できるほど豊富な記事はない。

まず、法興王七年（五二〇）に律令を頒示し、百官の公服、朱紫の秩を定めたと言うが、この律令も衣冠制を規制した法令であるとされる[18]。その後、太宗武烈王元年（六五四）には、理方府格六十余条を定め、文武王二十一年（六八一）には、律令格式の改正と整備が求められている。この後、律令の編纂は哀荘王六年（八〇五）に至って、公式二十余条を頒示したとある。

この律令の整備過程をみると、新羅の律令は唐の律令を参酌しつつ、時宜に適して個別的に各編目が整理されたと推測される。

ところで、新羅の学令の断片については、『三国史記』職官志の国学条に求められる。ここには先に掲げた国学の構成と沿革の記事に続いて、教授法、読書三品科（任用法）と学生の修業規定を掲げている。これらの規定は読書三品科が定立した元聖王四年（七八八）の時点における新羅の学令そのものの一部分であろうと思われる[19]。

そこで、新羅の学令を日本の養老令の学令と対照させて考察を進めたい[20]。

〔教授之法〕

○以周易、尚書、毛詩、礼記、春秋左氏伝、文選、分而為之業。

○博士若助教一人。或以礼記、周易、論語、孝経。或以春秋左伝、毛詩、論語、孝経。或以尚書、論語、孝経、文選、教授之。

右の新羅の学令に対応する養老令の学令は次である。

○凡経、周易、尚書、周礼、儀礼、礼記、毛詩、春秋左氏伝、各為一経。孝経、論語、学者兼習之。

○凡礼記、左伝、各為大経。毛詩、周礼、儀礼、各為中経。周易、尚書、各為小経。通二経者、大経内通一経、小経内通一経、若中経、即併通両経。其通三経者、大経、中経、小経、各通一経。通五経者、大経並通、孝経、論語、皆須兼通。

○凡博士助教、皆分経教授。学者、毎受一経、必令終講、所講未終、不得改業。

さて、羅・日の学令を比較すれば、まず教科目について新羅が八経を、日本が九経を採用している。そのうち、周易、尚書、毛詩、礼記、春秋左氏伝、孝経、論語の七経は両者に採用され、孝経と論語は両者で必修科目である。また、このほか新羅では文選を採用し[21]、日本が唐と同じく周礼と儀礼を採用するなど両者に差異があることが注目される。これは、新羅と日本の中国文化に対する需要の相異として一考に値する。

次に、科目の選択については、新羅では礼記と周易、春秋左氏伝と毛詩、それに尚書と文選の各二科目ずつを選択する三グループに学生を分け、その上で各グループに必修科目として孝経と論語を課し、都合四経を博士もしくは助教の一人が教授する[22]。

これに対して、日本では科目選択の様式が多様である。まず七経を巻数の多少に従って礼記と春秋左氏伝を大経に、毛詩、周礼、儀礼を中経に、周易、尚書を小経に、という具合に分ける。この区分を基に二経を修得する者は、大・小経或いは大・中経の内から一経ずつを選択する。三経を修得する者は大・中・小経の内から各々一経ずつを選択する。また、五経をも修得せんとする者は大経の礼記と左伝をともに撰択し、これに加えて「古記」によれば、中・小経の五経のうちから任意に三経を撰んで、都合、五経を修得するという。これに必修科目の孝経と論語が加わるから、学生は四経を修得する者、五経、七経を修得する者とまちまちに存在する。

この科目選択の様式は、新羅が学生のグループ分けの基準とする科目の撰択法が三通りに限定されており、いずれの場合も必修・撰択科目を合せても四経であったことに比べ、科目数も多く、さらにその撰択法もいろいろと可能である。

また、新羅の読書三品科では、最上級で官吏に任用される上品クラスは、春秋左氏伝、礼記、文選のいずれか一科目と孝経、論語に通暁したものとある。この三科目は新羅の三通りの科目選択の各組の一科目に指定された科目であり、しかも、そのうちの春秋左氏伝と礼記は唐・日本の学令に規定された大経に属する科目である。すると新羅の国学でも大経たるべき春秋左氏伝と礼記を重んじ、文選もこれに準じて重んじたことが理解できる。さらに、この三科目の各々と合せて撰択される周易と尚書は小経に、毛詩は中経に属すべき科目であるから、新羅の科目選択法は唐と日本における大経と小経、あるいは、大経と中経のうちから一科目ずつを撰択する法に依拠しており、これに文選を大経に準じて選択科目に加える工夫を行ない、中国文化に対する新羅の需要に応えようとしていることがわかる。

この比較によれば、養老令の学令は科目を大・中・小経に分けること、また、その選択組み合わせ法において唐の学令に近似しているが、新羅では科目の選択法が三通りに固定されていること、科目に文選を加えてこれを重んじたことに特質が現れている。(23)

〔読書三品科〕

○諸生読書。以三品出身。読春秋左氏伝、若礼記、若文選、而能通其義、兼明論語、孝経者為上。読曲札、論語、孝経者為中。読曲札、孝経者為下。若能兼通五経、三史、諸子百家書者、超擢用之。

新羅の官吏任用法としての読書三品科の規定は日本・唐の学令とにわずかに類する点をもつが、より単純な構造とも言える。

前述したように、読書三品科では三種の学生グループの科目のうち、各々で大経にあたる春秋左氏伝、礼記、文選のうちから一科目と、必修科目の論語と孝経の計三科目に通暁した学生が第一級の上品として任用される。これに次いで、曲礼と必修科目の論語・孝経の三経に通暁した者は第二級の中品、曲礼と孝経の二経に通暁した者は第三級の下品として任用される規定である。

ここでは、授業科目にない曲礼[24]が中品と下品の試験科目となっているのに反して、授業科目のうち中・小経たるべき毛詩、周易、尚書が任用試験の科目に指定されていないことが注目される。

また、読書三品科のほかに、五経、三史、諸子百家に通暁した者は三品の規定を越えて任用するとあることは特異な点であろう。この特異な規定は後述するように、遣唐留学生の帰国後に適用されるケースが多くあったと推測される。

『三国史記』巻十の元聖王五年（七八九）九月条には、任用法をめぐる注目すべき議論を載せている。

以子玉為楊根県小守、執事史毛肖駮言、子玉不以文籍出身、不可委分憂之職。侍中議云、雖不以文箱出身、曾入大唐為学生、不亦可用耶。王従之。

元聖王五年と言えば、読書三品科が定立した年の翌年である。この時、はやくも読書三品科の解釈をめぐって議論が生じていた。

執事部における最下位の官たる史とは官位十七等制のなかでも十七位の先沮知から十二位の大舎が任ぜられるが、

この執事部の史たる毛肖は子玉が文籍に属さないこと、即ち、新羅の国学出身でないことをあげて、楊根県（今、京畿道楊平郡）の小守に任ずることには反対の意見を述べたのである。小守の官位は十四位の幢（吉士）から十位の大奈麻に相当するから、より低位相当の執事史の毛肖が子玉の任命に異を唱えたことになる。

ところで、毛肖の意見は執事部の長官たる侍中が、子玉はたとえ新羅の国学に修学しなかったとは言え、遣唐留学生であった学歴を評価し、小守に任ずることに決定したから通らなかった。

新羅の国学に在籍しなかったこの子玉が仕官を許されたのは決して読書三品科の規定を破るものではないと理解される。それは侍中の議の詳細がわからないとは言え、子玉は遣唐留学生の経験と学力が評価され、これが読書三品科のなかでは「特品」とも言える「若能兼通五経、三史、諸子百家書者、超擢用之」の規定に適合して任用を許されたと理解されるからである。

その後、哀荘王二年（八〇〇）八月にも遣唐留学生が帰国後に小守に任官した例を『三国史記』は掲げている（「授前入唐宿衛学生梁悦豆肹小守。初徳宗幸奉天、悦従難有功、帝授右賛善大夫還之。故王擢用之」）。入唐学生の梁悦は徳宗の行幸に功を立て、右賛善大夫（正五品上）を賜って新羅に帰国したが、この経歴が評価され武州（今、全羅北道光州）の錦山郡に属する豆肹県の小守に抜擢されたのである。

この僅かな二例ではあるが、読書三品科の任用法は確かに施行され、遣唐留学生は帰国後、能力と経験を評価され、「特品」の規定が適用されて任用を得たことがわかる。ただ、そこに梁悦に見られたように、「特品」の規定の適用の根底には唐の皇帝に向けた事大と慕華の姿勢が見て取れる。

〔算学〕

○或差算学博士、若助教一人。以綴経、三開、九章、六章、教授之。

右に対応する養老令の学令は、次である。

○凡算経、孫子、五曹、九章、海嶋、六章、綴術、三開重差、周髀、九司、各為一経。学生分経習業。

算学の科目は唐では十科目、日本では九科目であるが、新羅では四科目と少ない。日本と新羅では六章と三開（重差）を科目に採用しており、この点は唐の算学と異なっている。

新羅の算学博士は『三国史記』新羅本紀には、聖徳王十六年（七一七）に一員が置かれたとある。このことは同じく『三国史記』新羅本紀に、国学の諸業博士と助教が景徳王六年（七四七）に置かれたとあることに先行し、国学の教授制を整える一段階として注目される。

〔学生資格〕

○凡学生、位、自大舎已下至無位、年自十五至三十、皆充之。

○限九年、若朴魯不化者罷之、若才器可成而未熟者、雖踰九年、許在学。

○位至大奈麻、奈麻、而後出学。

右の学生の入学資格（官位・年齢）と在学期間の規定に対応する養老令の学齢は次である。

○凡大学生、取五位以上子孫、及東西史部子為之。若八位以上子、情願者聴。国学生。取郡司子弟為之。並取年十三以上十六以下、聰令者為之。

○…中略…及在学九年、不堪貢挙者、並解退。

この学生の資格に関しても、新羅の国学にはその性格に結びつく特徴点が指摘される。まず、入学資格では、新羅の十七等官位のなかでは第十二位の大舎以下より無位の者まで、しかも、年齢が十五歳以上から三十歳までの者が入学資格をもつ。このことは、日本、唐では父祖の官位が入学の資格審査の対象であることに対して、新羅では入学志願者自身の官位を対象としている。

また、年齢規定でも日本では十三歳以上十六歳以下の者が、唐では十四歳以上十九歳以下の者が入学資格をもつが、新羅では十五歳以上三十歳の者までが入学を許される規定である。即ち、新羅では無位にして年三十の者までも入学を許されることになる。これは、社会的に見て幅広い入学資格であり、国学の緩やかな性格を示すと言える。

つぎに、在学期限が新羅では九年である点は、唐と日本にあっても同じである。しかし、唐と日本では、中間試験の結果、修学の能力なき者は退学となる。ところが、新羅の国学にあっては才器が有りながらも未だ発揮できない者で九年を超えてなお在学が許されるという。このような国学の諸規定を経て、新羅の国学生は第十位の大奈麻、第十一位の奈麻の官位を得て出身することになる。

新羅の国学は、官位の低い者、官位をもたない者までも、幅広い年令層から学生として採用し、しかも、多くない科目の教授を受け、学生らは第十・十一位の大奈麻、奈麻の官位を得て卒業した。このことは、新羅の国学の性格を考える上で重要なポイントである。

このように、日・唐の学生に比較すると、新羅の国学生に対して緩やかな諸規定が定められた背景には、氏族を単位とする新羅に固有の身分制たる骨品制の存在を考えなくてはならないであろう。

第三節　国学と遣唐留学生〔補4〕

1　遣唐留学生の資格

唐の周辺諸国では、自国の学校（国学、大学）で儒学や算学を学ぶほかに、渡唐してこれを学ぶ遣唐留学の道があった。

新羅青年が唐の中央学校たる国学（国子学）や太学に学ぶ例は、太宗の貞観十三年（六三九）を初出とするが、「四夷、若高麗、百済、新羅、高昌、吐蕃、相継遣子弟入学、遂至八千余人」とあるだけで、ここに具体的な新羅人の姓名を知りえない。『旧唐書』、『新唐書』の新羅伝には、貞観二十二年（六四七）に王族の金春秋が唐の国学を訪ね講論を参観したことを載せている。また『三国史記』には文武王十五年（六七五）に金風訓が留唐学生として唐にいた、と言う。新羅の国学創設以前にも留学生は唐に派遣されていたことがわかる。

さらに進んで、『唐会要』巻三十六・「附学読書」条によれば、開成二年（八三七）に新羅の新・旧の遣唐留学生数が二百十六人であった、と言う。また、『新唐書』新羅伝には、開元年間（七一三〜七四一）に、新羅は子弟を唐の太学に入学させ、儒学を学ばしめたこと、開成五年（八四〇）には在学年限を満たした学生百五人が新羅に送還されたことを載せている。

一方、安鼎福の『東史綱目』五・上には、崔致遠の「遣宿衛学生首領等入朝状」と「奏請宿衛学生還蕃状」の史料によりながら、九世紀後半に唐に学んだ新羅人の姓名を列挙しており、遣唐留学生の性格を具体的に知ることができる。[27]

先に、「子弟」を遣唐留学生にしたとあったが、『唐会要』巻三十五・「学校」条では、「高麗、百済、新羅、高昌、吐蕃諸国酋長、亦遣子弟請入国学」とあり、王族の子弟がまず遣唐留学生に選抜されたと言えよう。『三国史記』に遣唐留学生の姓名を捨ってみても多くが金姓の王族・貴族の子弟である。

遣唐留学生は遣唐使に従って唐に渡り、国学・太学で儒学を学んだ。遣唐留学生は、新羅本国から買書銀貨を受け、

唐の鴻臚寺からは資糧が支給され、十年を期限に唐で勉学に励んだという。(28)

新羅は七世紀半ばより滅亡に至るまで、王族の子弟を中心に唐の国学・太学に留学生を派遣した。王族の子弟以外でも有能な人材もやはり派遣されたが、これは九世紀に特に顕著に現われる。崔致遠・崔承祐・崔彦撝等がその好い例である。

新羅の国学が大舎（官位十二位）以下、無位の者までの下級の官位をもつ者を入学対象にしていたこととは対照的に、遣唐留学生は王族の子弟を主体としていたことは注目される。このことは新羅の国学が遣唐留学より一段下級の官吏養成の教育制度である、ということを推測させる。

2　遣唐留学生の任用

遣唐留学生は十年間の豊富な勉学を終えて、或は、十年以上の在唐経験を積んで新羅に帰国した。彼らの中の王族の子弟は勿論、それ以外でも有能な者は厚く任用され、新羅の政治・文化に大きく貢献した。

新羅の国学生を官吏に任用する法には読書三品科の法があったが、この法は国学生に儒学の科目試験を課して、経典に対する理解の幅と深さによって上・中・下の三品に学生を分かって任用する法であった。

この読書三品科の法に従って任用された国学生の姓名は、具体的には史料に見いだせない。しかし、国学生が大奈麻（官位十位）、或は奈麻（十一位）の官位を帯びて任官したことから、彼らは大奈麻・奈麻が相当する官職、即ち、各官司の監、大舎などの実務の中級官吏に任用された、とみてよい。(29)

この新羅独自の官吏任用法に対して、帰国後の遣唐留学生はどのように処遇されたのであろうか。

遣唐留学生は王族の子弟と、それ以外の儒学に通暁し文章に有能な人材とに区分される。王族の子弟は王権を支える官僚のコースを昇るが、この王族子弟のなかでも金巖と金昕は有能な人材を認められて遣唐留学生となった者との比較例となる。

金庾信の血をひく金巖は官位二位の伊飡をもって入唐し、大暦年間（七六六〜七七九）に帰国するや司天大博士に任ぜられた。ついで良州（慶尚南道梁山）・康州（慶尚南道晋州）・漢州（京畿道広州）の太守を歴任し、中央の執事部の長官である侍郎にまで昇った人物である。(30)

また、金昕は七八五年に宣徳王が薨去した後の王位を金敬信（元聖王）と王位を争った金周元の曾孫である。宝暦元年（八二五）に入唐し、帰国するや南原州（全羅北道南原）の太守に任ぜられ、康州大都督に昇った。(31)この金昕と同時に唐に派遣された金立之は帰国後では翰林郎となり、「藍浦聖住寺朗慧和尚白月葆光塔碑」（忠清南道保寧郡）を撰述している。(32)

彼ら王族の子弟は、新羅の国学生が帯びた大奈麻・奈麻の官位をもってしては任用不可能な高い官職に就任したのである。

一方、遣唐留学生には王族の子弟とは別にもう一つの出身層があった。先に検討した子玉や梁悦に代表される社会的階層の低い出身の人材がこれに属しよう。

子玉と梁悦は、留唐学生の勉学を積んで帰国するやともに県の小守に任ぜられた。この小守の地位は幢（十四位）から大奈麻（十位）の官位をもつ者が就任可能であった。(33)これは新羅の国学生が大奈麻（十位）と奈麻（十一位）の官位をもって出身するから、国学生ならば容易に就任できる外官職である。何も遣唐留学生でなくてもよさそうである。しかし、子玉と梁悦が遣唐留学生の実績をかわれてこそ、この小守に就任し得たということは二人が社会的に高くはない階層の出身者であったとの推測を首肯させる。

ところで、新羅の県は県令を長とするものと、小守を長とする二種があった。小守の官位は幢（十四位）から大奈麻（十位）であり、県令は先沮知（十七位）から沙飡（八位）の者がこれに任ぜられる。一方、郡の大守の官位は舎知（十二位）から重阿飡（六位）である。すると、郡県の長の官位からみれば、小守の県は郡と県のほぼ中間的な、県のなかでも特別な位置に置かれた県であると思われる。[34]

低い階層の出身と思われる子玉と梁悦の二人が帰国するや、こうした性格をもった小守に任用されたのは、遣唐留学生であった二人の経験が評価され、読書三品科の「特品」の規定が適用されたものと思われる。

この任用は、遣唐留学生の任用としては際だって優遇されたものではない。しかし、二人の低い身分からすれば、遣唐留学生であったが為に厚遇された任用と言える。[35]

遣唐留学生が、新羅で厚く任用されたのは彼らの在唐で築いた人脈と儒学の知識と文章能力が新羅の専制王権の求めるところであったからであろう。〔補5〕

新羅の王権が儒教の政治手法と文章能力をいかに熱心に求めていたかは、しばしば、唐に経典を求め、これを国学で教授したことや、唐の皇帝が新羅に送る冊封使に儒学に通暁した者を選抜し、新羅で儒教を講じさせたことからも知られる。〔補6〕この傾向をよく物語る逸話が次である。

○『太平広記』巻四百八十一・蛮夷二・新羅

又登州賈者馬行余転海、擬取昆山路適桐廬。時遇西風、而吹到新羅国。新羅国君聞行余中国而至。接以賓礼。乃曰、吾雖夷狄之邦、歳有習儒者、挙于天闕、登第栄帰、吾必禄之甚厚、乃知孔子之道、被于華夏乎。因与行余論及経籍。行余避位曰、庸陋賈豎、長養雖在中華、但聞土地所宜、不読詩書之義。熟詩書、明礼義者、其唯士大夫乎、非小人之事也。乃辞之。新羅君訝曰、吾以中国之人、尽聞典教、不謂尚有無知之俗歟、行余還至郷井、自慙以貧吝衣食、愚昧不知学道、為夷狄所嗤、況哲英乎。出雲渓友議。

右の逸話は、唐の范攄撰の『雲渓友議』を出典とするから、九世紀後半頃に著録されたのである。この逸話はまさしく九世紀に新羅国王が帰国した遣唐留学生を厚く任用する姿勢をよく表現している。〔補7〕

おわりに

新羅の国学は神文王二年（六八二）に設置され九世紀末期まで存続したが、ここでその性格を指摘して本論のまとめとしたい。〔補8〕

新羅の学校制度では王都に中央学校たる国学があり、また、ほかに医学・天文学等の技術を教授する学校がある。後者には『三国史記』職官志にみえる「所内学生」が学んだようである。

そのほか、州・県には地方学校たる州学・県学があったと思われるが、熊川州の州学の外はその存在が明らかではない。熊川州は百済の故都であるが、百済地域の懐柔策の一つとしてここに州学がおかれたのかも知れない。

唐では中央に国学・太学・四門学等の六学が置かれ、日本では中央に大学、地方に国学が置かれていたが、新羅の学校制度は全国的には敷かれなかったことも推測される。

学生に対する規定では、新羅の国学には定員規定をみない。しかも、学生の年令幅が広く、低い官位や無位の者を入学対象としていた。教授科目数、科目試験法においても新羅の学制は唐や日本のそれと比べると複雑な構成ではない。ただ、教科では文選を重視していることは、新羅が文章能力の向上に努めたことを物語っており、これは東アジアの政治世界のなかで、新羅の外交を有利に展開させる効果をもたらしたと言ってよい。

新羅では国学の外にあって、王族の子弟は盛んに唐に派遣されて学んでいるように上層の青年を遣唐留学生として唐に学ばしめ、庶民の子を国学で教育する傾向があった。唐や日本では社会階層に対応して学制を設けたが、新羅では遣唐留学の道と国学の二つの教育制度をもったとも言える。新羅の国学が各方面で緩慢さをもっており、州学・県学が広く発達してはいなかったと思われるが、このことは遣唐留学を教育と官吏任用の第一次とし、国学を第二次とする体制が継続したことに由来すると推測される。

注

（1）　高明士「中国教育文化圏在東亜地区的形成」（『国立編訳館館刊』第八巻第一期、中華民国、一九七九年六月所収）、同「中国教育文化圏在東亜地区的形成―越南編」（『大陸雑誌』第五十八巻第三期、中華民国、一九七九年三月所収）、同『唐代東亜教育圏的形成―東亜世界形成史的一側面―』（国立編訳館中華叢書編審委員会、一九八四年一月）、多賀秋五郎『唐代教育史の研究』（不昧堂、一九五三年二月）、大谷勝真「高昌国に於ける儒学」（『服部先生古稀祝賀記念論文集』富山房、一九三六年四月所収）。〔補〕高明士「羅・麗時代廟学制의創立과展開」（『大東文化研究』第二十三輯、一九八九年二月）は孔子文廟の運営を通して新羅・高麗における学制を概観する。

（2）　韓致奫『海東繹史』巻第十八・礼志一・学礼の「国学」条には国学の沿革を略述して「文物彬彬侔於中華矣」と評価する。

（3）　安鼎福『東史綱目』第四下・景徳王六年条には「立国学、置諸博士教授之官」の綱目の部分において、『新増東国輿地勝覧』の韓恕意の記述に基づき、「時各州亦置助教、以韓恕意、為熊川州助教」と著録する。高明士氏の第一論文もこれをもって新羅に地方学校の州学が存在したと説く。但し、韓恕意が熊川州助教であることは『三国史記』及び『三国遺事』には記録が見出せない。

（4）　『三国史記』巻第三十八・職官上

（5）　『東史綱目』第四上・真徳女主五年二月条、高明士氏の第一論文二〇五頁。〔補〕金羲満「新羅国学의成立과運営」（『素軒南都泳博士古稀紀念歴史学論叢』民族文化社、一九九三年十月。一六頁）も同様である。ただ、五二四年正月に建立された

『蔚珍鳳坪新羅碑』の歴名には「立石碑人喙部博士于時教之」とある。碑文が関係者を担当した負担名＋所属の部名や村名＋人名＋官位の順に刻記したその書法とここに官位の表記がないことから判断して、この「博士」は国学成立前の教授職としての「博士」ではなく、立碑に当たった書記係と見られる（李成市「蔚珍鳳坪新羅碑の基礎的研究」〈『史学雑誌』第九十八篇第六号、一九八九年六月〉、後に同『古代東アジアの民族と国家』〈一九九八年三月、岩波書店〉に所収）の注意（23）参照。

（6）『梁書』巻五十四・百済・新羅伝、『梁職貢図』百済条。末松保和「梁書新羅伝考」（『新羅史の諸問題』〈一九五四年十一月、東洋文庫論叢第三十六。後に、私家版『青丘史草』第三（一九七二年六月）所収〉、四〇九頁。さらに、末松保和朝鮮史著作集2『新羅の政治と社会』下〈吉川弘文館、一九九五年十二月〉所収）。武田幸男「新羅官位制の成立」（『朝鮮歴史論集』上、龍渓書舎、一九七九年三月、一八三頁）参照。

（7）書人の例は『蔚州川前里書石』のなかの「乙巳（五二五年）銘」に、また、文作人の例は五七八年建立の『戊戌塢作碑』に顕著に見られる。六世紀中頃に建立された『丹陽・新羅赤城碑』にも「書人」・「石書立人」と刻されている。〔補〕また、注（5）の「蔚珍鳳坪新羅碑」にも「節書人」とある。後掲の注（13）参照。

（8）藤堂明保『漢字とその文化圏』（「第二章、朝鮮の漢字文化の成立」、光生館、一九七一年十一月）。〔補〕新羅に比較して、『宋書』倭国伝に載る昇明二年（四七八）の倭王武の流麗な漢文体の上表文は百済人か、百済からの渡来人による文章であろう（鈴木靖民「倭の五王の外交と内政—府官制的秩序の形式」〈『日本古代の政治と制度』〈続群書類従完成会、一九八五年十一月〉〉参照。

（9）円光については、覚訓『海東高僧伝』巻第二に同様の記事があり、研究には今西龍「新羅円光法師伝」（『新羅史研究』〈初版は一九三三年六月、近沢書店。一九七〇年九月、国書刊行会復刻〉所収）と李基白「円光과 그의思想」（『新羅時代의国家仏教와儒教』〈韓国研究院、一九七八年八月〉所収。後に、同『新羅思想史研究』〈一潮閣、一九八六年十一月〉に再録）がある。

（10）『三国史記』巻第七・文武王下。直木孝次郎「古代朝鮮における間諜について」（『橿原考古学研究所論集』第五〈吉川弘文館、一九七九年九月〉。後に、同『古代日本と朝鮮・中国』〈講談社学術文庫、一九八八年九月〉所収）では、僧が間諜の役を果たす例をあげている。

(11) 三品彰英「新羅花郎の研究」（平凡社、一九七四年八月。初版原題は『朝鮮古代研究』［第一部新羅花郎の研究］（三省堂、一九四三年十二月））参照。

(12) 強首の研究には、李基白「強首와 그의 思想」（『新羅時代의 国家仏教와 儒教』韓国研究院、一九七八年八月。後に、同『新羅思想史研究』（一潮閣、一九八六年十一月）に再録）がある。

(13) 真興王の巡狩碑のなかで、五六一年建立の「昌寧碑」は「書人」の、また、五六八年建立の「黄草嶺碑」と「磨雲嶺碑」は記録者の銘記は見えないが、ともに同行した「随駕沙門道人」の手になるものであろう。前者のほか前掲注（7）の碑文は「書人」等の文であり、新羅独特の吏吐の文体を含んだ俗漢文体であるが、後者はこれとは対照的に漢文体である。

(14) 入隋・唐の求法僧の略伝は李殷相「入支渡天新羅求法僧略抄」（『仏教思想』第十二号、一九六二年）と、嚴耕望「新羅留唐学生与僧徒」（『中韓文化論集』一、一九五五年十一月。後に、（『中央研究院歴史語言研究所集刊外編第四種（慶祝董作賓先生六十五歳論文集）』下冊（一九六一年六月）と同『唐史研究叢稿』（新亜研究所、一九六九年十月）に所載））参照。

(15) 『旧唐書』巻一百九十九上・新羅国伝、『唐会要』巻三十六・「蕃夷請経史」条。〔補〕この時期の礼書の求請と下賜の政治的意義については本書第一部第一章「神宮と百座講会と宗廟」の注（36）参照。

(16) 『旧唐書』巻一百九十九上・新羅国伝、『新唐書』巻二百二十・新羅伝

(17) 『三国史記』巻四十七・薛罽頭伝

(18) 武田幸男「新羅・法興王代の律令と衣冠制」（『古代朝鮮と日本』龍渓書舎、一九七四年十月）

(19) 林紀昭「新羅律令に関する二、三の問題」（『法制史研究』一七号、一九六七年三月）

(20) 田鳳徳「新羅律令攷」（『韓国法制史研究（暗行御史研究其他）』、ソウル大学校出版部、一九六八年四月）は新羅の学令と唐の学令の比較対照を試みている（邦訳は渡部学・李丙洙訳『李朝法制史』（北望社、一九七一年二月）に所収。また、『暗行御史制度研究—李朝法制史—』（文泉堂書店、一九八九年十月）として再版）に所収）。また、高島正人「日唐両学制の一考察」（『社会文化史学』七号、一九七一年五月）は日本と唐の学令を比較対照し、新羅の学令にも言及している。

(21) 孝経と文選はかの強首の時代より読まれている（『三国史記』巻四十六・強首伝）尚、『孝経』については、九世紀末期の崔致遠の『孤雲先生文集』巻一（『崔文昌侯全集』（成均館大学校大東文化研究院、一九七二年七月））の「謝恩表」には「故昔遠祖政明、仰求礼記、玄宗聖帝別賜孝経、灼見化成、著於実録」とあって、神文王六年（六八六）に唐に礼書を求め

て「吉凶要礼」と『文館詞林』を下賜されたが、この時に、「孝経」を別に下賜されたと回顧している。

(22) 七三二年の紀年と推定される「壬申誓記石」には「詩尚書礼伝倫得誓三年」とあって、新羅の青年が詩経、尚書、礼記、春秋左氏伝をよく学んだ具体例である。〔補〕末松保和「慶州出土の壬申誓記石について」(『京城帝国大学史学会誌』第十号、一九三六年十二月。後に、同『新羅史の諸問題』〔『東洋文庫論叢』第三十六、一九五四年十一月。〔私家版『青丘史草』第三〔一九七二年六月〕〕所収〕、また末松保和朝鮮史著作集2『新羅の政治と社会』下〔吉川弘文館、一九九五年十二月〕に所収)参照。

(23) 久木幸男『大学寮と古代儒教』(第一章第二節「大学寮と朝鮮・中国の学制」サイマル出版会、一九六八年三月)

(24) 曲礼はかの強首が学んだ例がある(『三国史記』強首伝)

(25) 『大唐六典』巻二十一・国子監

(26) 『新唐書』巻四十四・選挙志上

(27) 遣唐留学生の名は嚴耕望氏の前掲論文と『増補文献備考』巻百八十五・選挙考二、それに『東史綱目』五上に一覧がある。〔補〕「遣宿衛学生首領等入朝状」と「奏請宿衛学生還蕃状」(『孤雲先生文集』〔崔文昌侯全集〕〔成均館大学校大東文化研究院、一九七二年七月〕に所収)にも若干名見られる。

(28) 『東史綱目』五上・真聖女主三年条

(29) 木村誠「新羅の官吏登用制度について」(朝鮮史研究会、一九七七年七月の例会報告要旨。〔『同会報』第四十八号、(同年九月)〕)参照。

(30) 『三国史記』巻四十三・金庾信伝に付伝の金巖伝。金巖は遣日本副使として派遣されたことが、『続日本紀』巻三十六・宝亀十一年正月条にみえる。このことは金巖伝にも見え、『三国史記』の記事と『続日本紀』の記事が符合する希有な例である。

(31) 『三国史記』巻四十四・金陽伝、『唐会要』巻九十五・新羅条

(32) 「藍浦聖住寺朗慧和尚白月葆光塔碑」(『朝鮮金石総覧』上〔朝鮮総督府、一九一九年三月。国書刊行会、一九七一年十一月復刻〕。尚、同碑の拓本は『蔵書閣所蔵拓本資料集Ⅰ・古代・高麗編』〔韓国精神文化研究院、一九九七年五月〕に所収)

(33) 『三国史記』巻四十・職官下・外官条

(34)　末松保和「新羅の郡県制、特にその完成期の二三の問題」(『学習院大学文学部研究年報』第二十一輯、一九七四年三月。後に、末松保和朝鮮史著作集2『新羅の政治と社会』下〔吉川弘文館、一九九五年十二月〕所収)

(35)　遣唐留学生であったかと思われる巨仁が任用されず、国政批判を行なった例が『三国史記』巻十一・真聖王二年条にみえる。『三国遺事』巻二・「真聖女大王居陁知」条には巨仁を「王巨仁」とする。『東史綱目』五上・真聖女主二年条は両者を参考としたのか「王巨仁」とする。〔補〕『三国史記』には「巨仁」が時政を批判したのだが、同巻四十六の薛聡伝には留唐経験のある文人等を列記したなかで、「朴仁範、元傑、巨仁、金雲卿、金垂訓等、雖僅有文字伝者、而史佚不行事、不得立伝」とある「巨仁」が前述の同二年条の巨仁と同一人であろうから、これに拠って巨仁が留唐学生であった可能性を推定できる。

補注

〔補1〕　強首が発揮した文章力がもたらした成果については、この『三国史記』強首伝のほかに、『三国遺事』巻二・文虎王法敏」条にも入唐中の金仁問に関して、「(新羅・文武王)乃命強首先生作請放仁問表、以舎人遠禹奏於唐、帝見表流涕、赦仁問慰送之」との逸話が見られ、その文章の感動的なことが推測される。

〔補2〕　新川登亀男「新羅における立太子―新羅の調と別献物―」(黛弘道編『古代国家の歴史と伝承』吉川弘文館、一九九二年三月)は「国学の歴史としてはさらに〔神文王二年…濱田補〕遡る」「真徳王五年に国学の最初の体裁が整ったもようである」と説く。神文王二年以前の真徳王五年に国学の「最初の体裁」を見る視点は本論と共通する。また、古畑徹「七世紀末から八世紀初にかけての新羅・唐関係―新羅外交史の一試論―」(『朝鮮学報』第一〇七輯、一九八三年四月)は新羅における漢文の文章能力養成には、外交文書のほかに国王の教書や国王への上表を作成し、また読解する能力も要請されていたことにも注意を喚起する。尚、新川論文は国学が「儒教的な倫理意識」を展開することを通して王権を強化する側面に注目する。国学の運営と王権強化の関連については、朴淳教「진덕왕대 정치개혁과 김춘추의 집권과정〔真徳王代政治改革と全春秋の集権過程〕(一)―新羅国学의 設置와 性格을 中心으로―」(『清渓史学』第十三輯、韓国精神文化研究院、一九九七年二月)が国学設立の六八二年に至る七世紀後半に焦点を置いて、また、九世紀の範囲では後掲の李基東・田美姫論文がこれを考察する。

〔補3〕「新羅開仙寺石燈」(黄壽永編『韓国金石遺文』〔一志社、一九七六年四月〕所収)

〔補4〕金世潤「新羅下代의渡唐留学生에 대하여(対して)」(『韓国史研究』三十七、一九八二年六月)も本稿と論点と見解を多く同じくし、また、留唐学生の名を列挙する。

〔補5〕殊に、九世紀の場合では、李基東「羅末麗初近侍機構와 文翰機構의 拡張―中世的側近政治의 志向―」(『歴史学報』第七十七輯、一九七八年三月。後に、同『新羅骨品制社会와 花郎徒』〔韓国研究院、一九八〇年十一月〕に所収。また、同名で一潮閣から一九八四年四月に出版)、田美姫「新羅景文王・憲康王代의"能官人"登用政策과 国学」(『東亜研究』第十七輯、西江大学校、一九八九年二月)を参照。また、前掲注(5)の金羲萬論文では七八九年に提起された子玉の任官論議から、「文籍」出身が重視されていたと、逆説的に説く。(同論文、二九頁)

〔補6〕古畑徹「渤海使の文化使節的側面の再検討―渤海後期の中華意識・対日意識と関連させて―」(『東洋史論集』第六輯、一九九五年一月)参照。

〔補7〕九世紀末の事例では、著名な崔致遠は身分は王族クラスに属さないが、科挙及第と淮南節度使高駢に従事した在唐十六年の後に「侍読兼翰林学士守兵部侍郎知瑞書監」として憲康王に迎えられて帰国した(八八五年)が、やがて王廷に失望して大山郡(今、全羅北道泰仁)と富城郡(今、忠清南道瑞山郡)の太守として出京している。(『三国史記』巻四十六・崔知遠伝)

〔補8〕南宋・趙汝适撰『諸蕃志』巻上・新羅国には新羅の礼楽と習俗を略述して「開耀中遣使乞唐礼及他文従之、屋宇器用服飾官属略倣中国、其治峻法以縄下、故少犯、道不拾遺、婚娶不用幣、人知書喜学、斷役之家亦相矜勉、里有庠扁曰局堂、處子弟之未婚者習書射於其中、三歳一試挙人、有進士算学諸科、故号君子国」とある。これは高句麗の「扃堂」を誤って新羅の教育制度として記入しているように、新羅の教育制度の大概を述べているのであり、新羅の実態とは必ずしも合致しない記述である。学制をはじめとして礼制を中国に倣った結果として「君子国」と呼称されることについては、本書第三部第二章「中代・下代の内政と対日本外交―外交形式と交易をめぐって―」の〔補8〕参照。尚、李明植「新羅国学의運営과再編」(『大丘史学』第五十輯、二〇〇〇年五月)は本稿の第一・二節と課題を同じくしており、参照されたい。

第四章　聖徳王代の政治と外交
——通文博士と倭典をめぐって——

はじめに

八世紀の日本と新羅との外交関係については、既に、数多くの研究があって、その大要は、「天平期の日・羅の関係の特徴は、新羅が日本にたいして対等な外交関係を設定し、朝貢としての地位の廃棄を要求し、日本がこれを拒否することによって尖鋭化した点にある(1)」と、まとめられる。にもかかわらずこのことを新たに問題とするのは、次の点において、既往の研究に不十分さを見るからである。

それは、八世紀の新羅と日本との外交が日・羅の関係という設定で捉えられてきたがために、日本古代史の問題として新羅との外交が捉えられた反面では(2)、新羅史の問題として日本との外交が論ぜられる点が弱い。そのために、八世紀中葉に至って、新羅と日本の外交関係に緊張が現われることについては、日・羅の関係が冷却したとか、新羅が日本との朝貢外交を廃棄する傾向にあったとの理解はなされていても、そこに至る新羅側の内政動向がいまひとつ十分ではない、と思われてならない。従来の研究視点では、新羅が日本に対して対等な外交関係を設定するに至った新羅史の問題が明らかにされたわけではないのである。

この点が、本論において八世紀の新羅の外交、ことに対日本外交政策を左右する新羅史の事情を考察しようとする

所以である。(3)

第一節　遣日本使 ――蕃礼から亢礼へ――

八世紀において、新羅は対日本外交では従来の朝貢国としての蕃礼を止め、対等な交隣国としての礼式、即ち亢礼を採るようになる。しかし、この対日外交での礼式の変化は、必然的に、新羅を朝貢国とみる日本の王廷との間に、その都度、摩擦を生んでいる。そこで、このことを以下に詳しくみてみよう。

新羅の対日外交は、推古天皇二十九年（六二一）以来、「以表書奏使旨」（『日本書紀』巻第二十二）という上表の礼式を採り(4)、また「調物」を貢献する朝貢としての礼式を認めかつ採ってきた。

この新羅使の朝貢の礼式は、八世紀初期、即ち、大宝令の施行期には日本王廷の殊に尊重するところであった。大宝三年（七〇三）の遣日本使・薩飡の金福護は孝昭王の薨去を「表」をもって赴告している(5)。また「調物」を貢献することでは、文武天皇元年（六九七）の遣日本使の一吉飡・金弼徳、慶雲二年（七〇五）の一吉飡・金儒吉、養老三年（七一九）の級飡・金長言、神亀三年（七二六）の薩飡・金造近が来日した折には、確かに行なわれている(6)。

さらに、遣日本使の来日のなかで注目されることは、八世紀初の使節が日本王廷に正月拝賀の礼を行なっていることである。文武天皇元年十月に来日した金弼徳は翌年（六九八）の正月壬戌朔に、文武天皇四年十一月来日の金所毛は翌年（大宝元年・七〇一）の正月乙亥朔に、そして、慶雲二年十月来日の金儒吉は翌年（七〇六）の正月丙子朔に拝賀しており、また和銅七年十一月来日の重阿飡・金元静も翌年（霊亀元年・七一五）の正月庚子には大射の儀に参列しているのである(7)。

これらの新羅使は晩冬に来日して、翌年の春正月の朔を迎えて、日本王廷に拝賀の礼を踏んでいる。このように、遣日本使が上表と調物の貢献のほかに、正月拝賀の礼を踏むに至った背後には、日本王廷の働きかけがあったと思われる。こう推定する根拠は、この遣日本使が正月拝賀の礼を踏んだ時期が日本においては大宝令の撰定・発布・実施の時期であることと、この時期に日本から派遣された遣新羅使の使命とを考えるからである。

大宝元年（七〇一）の正月朝賀の儀には遣日本使・金所毛の拝賀があったが、その模様は「春正月乙亥朔、天皇御大極殿受朝。其儀於正門樹烏形幢、左日像青竜朱雀幡、右月像玄白虎幡、蕃夷使者陳列左右。文物之儀、於是備矣」（本論では、ことわりのない限り『続日本紀』を史料とする）と伝えられる。

すでに石母田正氏の説かれるように、大宝令制定の国際的意義は、日本が諸蕃と夷狄に君臨する小帝国であり、「大唐国」と「隣好」を結ぶ対等な地位をえることにあったが、(8)この大宝令の撰定・実施期の外交、殊に対新羅外交の礼式こそ、この意義を表現するに必須なものでなければならない。その為にも、新羅を諸蕃の位置において、その朝貢を受け、新羅の使者が正月拝賀の礼を踏むことは日本王廷にとっては不可欠な礼式のひとつである。

こう考えると、日本からの遣新羅使の派遣とその帰朝、そしてその後の新羅の遣日本使の来日と正月拝賀に至る経過が注目される。即ち、文武天皇四年（七〇〇）十月の遣新羅使・佐伯宿祢麻呂の帰国（遣新羅使の任命は同年五月）と、この翌十一月の金所毛の来日と翌年正月の拝賀、慶雲二年五月（七〇五）の遣新羅使・幡文造通の帰国（任命は慶雲元年十月）と、同年十月の金儒吉の来日と翌年の正月拝賀の儀へ続く経緯をみると、この二度の遣新羅使の使命のひとつには新羅をして正月拝賀の礼を採る朝貢使を派遣するように交渉することにあったのではなかろうか。(9)

『三国史記』巻第八・新羅本紀・聖徳王二年（七〇三）条には、「秋七月…中略…日本国使至、総二百四人」とある。この「日本国使」は、右の二つの遣新羅使の間に派遣されたことになる。大宝三年（七〇三）九月任命、翌慶雲元年八月帰国の遣新羅使・波多朝臣広足の例とは月日のズレは多少はあるが、日本側の史料ではこの例に相当することになる。

波多朝臣広足の派遣は、同年正月に来日した金福護の赴告した新羅王・孝昭王の薨去を哀悼し、また新王・聖徳王に賜物することのほかに、大宝令の制定後の初の遣新羅使であることからみて、日本における大宝令の制定を告げ、新羅が朝貢の厚礼を永く脩めるよう交渉することもその重要な使命の一つであったと思われる。(10)「総二百四人」という『三国史記』の日本国使関係記事では珍しい人員数の記録とその規模がこの日本国使(遣新羅使)の使命の重さを推測させてくれよう。

これらの遣新羅使の使命は、慶雲三年(七〇六)の遣新羅使・美努連浄麻呂に託した新羅国王に賜う勅書に「況王世居国境、撫寧人民。深秉並舟之至誠、長脩朝貢之厚礼」とある勅旨と共通するものであって、日本朝廷は遣新羅使の派遣と新羅王に賜う勅書とを通して、新羅が日本王廷に朝貢と正月拝賀の礼を踏むよう働きかけていたのではなかったろうか。

ところが、この両国の関係も、日本の一方的な強要であっただけに、後に検討するように新羅の外交事情によって、新羅の朝貢と拝賀の礼式ははやくも揺らぎはじめるのである。天平四年(七三二)の遣日本使の韓奈麻・金長孫は「来朝の年期」を求めて、「三年に一度」を許されたが、その後の遣日本使は使命を果さずしばしば放還されている。その背後には遣日本使が日本王廷に朝貢の礼式を踏んでいないことがある。まず、第一に、和銅八年(七一五)に金元静が正月大射の儀に参列した後、新羅の使者が日本王廷に正月拝賀の儀をはじめとする宮廷儀礼に参席した例は、宝亀十一年(七八〇)の金蘭蓀までみえない。(11)その間、新羅使は正月を過ぎてか、夏期かに来日しており、放還されなかった遣日本使でも、翌年の正月を迎えずに帰国しているのである。(12)これはもはや新羅が日本王廷へ使節を送っても、正月拝賀の礼を踏むことに意を置かなくなったことを暗示する。

また、これと同時に新羅使が書表を持参することもなくなったようである。[13] その為に、日本王廷は新羅の使者に「入朝の由」を尋ねる形式をとらなければならなかった。さらには、天平十五年（七四三）の金序貞と、宝亀元年（七七〇）の金初正の来日時には貢献すべき「調物」を「土毛」と改称しているのである。

このような新羅の遣日本使の礼式の改変は、「夫請修旧好毎相聘問、乃似亢礼之隣、非是供職之国。且改貢調称為国信。変古改常、其義如何」（宝亀五年・七七四、紀朝臣広純の問い）とあって、紀朝臣広純が見ぬいたように、新羅が日本王廷に対する朝貢国としての位置を改め、対等な「亢礼」の隣国としての関係を設定したところから生まれるのである。[14]

この事態は、日本王廷が新羅を諸蕃とみなして、その朝貢を受けることを「朝廷」の成立のひとつの原理としていただけに深刻な問題とならざるを得ない。そこで、日本王廷は新羅征討を計画に移す一方では、「稽之旧例、大失常礼」（天平十五年・七四三、検校新羅客使多治比真人土作の言）や「新羅元来称臣貢調、古今所知。而不率旧章、妄作新意、調称信物、朝為修好。以昔准今、殊無礼数」（宝亀五年・七七四、問新羅入朝由使の紀朝臣広純に賜う勅）などと、新羅の礼式の変更を責めなければならなかった。[15]

それればかりでなく、日本王廷は、機会あるごとに、新羅に朝貢の礼式を復活するように強要するのである。天平勝宝四年（七五二）来日の王子・全泰廉への詔では、「自今以後、国王親来、宜以辞奏。如遣余人入朝、必須令賷表文」とあって、新羅国王がみずから来日するか、余人の派遣であれば使節に書表を持参させることを求めている。また、宝亀十年（七七九）来日の金蘭蓀に賜う璽書には「後使必須令賷表函、以礼進退」とあって、やはり書表を持参するように強要しているのである。

さらに、日本王廷は新羅の使者の資格についても注文をつける。先にみたように天平勝宝四年（七五二）には、「国王親来」を要請していたが、その後も、天平宝字四年（七六〇）の金貞巻には「使人軽微不足賓待、宜従此却廻、報汝本国。以一専対之人、忠信之礼、仍旧之調、明験之言、四者備具、乃宜来朝」と告げ、「軽微」なる使節の派遣を戒めもしている。ついで天平宝字七年（七六三）の金体信には「自今以後、非王子者、令執政大夫等入朝、宜以此状告汝国王知」と告げており、日本王廷は、新羅の国王を初めとして王子か執政大夫級の要人を派遣するよう再三強要したのである。(16)

また、天平宝字四年（七六〇）に金貞巻に告げた新羅の使者たるべき四つの資格のひとつに「仍旧之調」があって、今までどおりに調物を貢献するよう求めていた。(17)

ここにみたように、日本王廷は天平勝宝四年（七五二）の金泰廉、天平宝字四年（七六〇）の金貞巻、同七年（七六三）の金体信を介して、新羅に朝貢の礼式を復活するよう再三強要したのである。しかし、それも空しく、「而泰廉等還国之後、不修常貢、毎事无礼。所以頃年返却彼使、不加接遇」（宝亀十一年〔七八〇〕金蘭蓀への勅）や、「日者虧違蕃礼、積歳不朝。雖有軽使、而無表奏。由是泰廉還日、已具約束。貞巻来時、更加諭告、其後類使曽不承行」（同年、新羅王への璽書）という具合に、日本王廷が期待したようには、新羅は朝貢の礼式を復活しなかったのである。そこには、日本王廷の強要を受け容れぬ新羅独自の外交事情と姿勢があったとみるのは当然であろう。

第二節　通文博士

新羅は天平四年（七三二）に日本王廷に「来朝の年期」を問うて、「三年に一度」を許されて以来、対日本外交において朝貢の礼式を止め、対等な国家関係を設定して亢礼の礼式を採ったことを前節では述べた。ところで、この新羅の対日外交の変化はいつに始まり、何に由来したものであろうか。それは、新羅の国情のなかにしかないことは勿論であろう。

『続日本紀』には、「新羅国来奉朝庭者、始自気長足媛皇太后平定彼国。以至于今、為我蕃屛。而前王承慶大夫思恭等、言行怠慢、闕失恒礼」（天平勝宝四年（七五二）金泰廉への詔）とあって、新羅王・承慶（孝成王）と大夫思恭の執政時代には日本王廷への朝貢の礼を闕失したと言っている。しかし、また、「本国上宰金順貞之時、舟楫相尋、常脩職貢」（宝亀五年（七七四）金三玄の言）とあって、新羅王承慶（孝成王）と大夫思恭に先立つ上宰の金順貞の時代では新羅が日本王廷に「職貢」を脩めていたと言う。

すると、この上宰の金順貞の時代から孝成王と大夫思恭の時代に至る間に、新羅では対日外交の礼式を変更させるほどの重大な政治問題が起ったものと推測される。

さて、この上宰の金順貞については、「伊飡金順貞、汝卿安撫彼境（新羅の意）、忠事我朝（日本王廷の意）。貢調使薩飡金奏勲等奏称、順貞以去年（七二五年）六月三十日卒、哀哉。賢臣守国。為朕（聖武天皇の意）股肱。今也則亡、殲我吉士（金順貞の意）」（神亀三年（七二六）金奏勲に賜う璽書）とあって、日本王廷は金順貞の死去を哀悼しているが、ここでも、金順貞が新羅の政権の中枢にあって、日本王廷に朝貢外交を行なっていたことが知られる。しかし、この金順貞も神亀二年（七二五・新羅の聖徳王二四年）に死去したと言う。[18]

金奏勲（造近）が神亀三年（七二六）に、この上宰・金順貞の死を告げた後、六年にして金長孫が派遣されたが、この六年の開きはそれ以前の場合と比べてやや長いこと、そしてこの金長孫は、「来朝の年期」を問うことが第一の使命であって、またこの後の遣日本使が朝貢の礼式を止めているということは、先の金順貞の死去が新羅の対日外交の礼式の変更と深くかかわっていることを考えさせる。そこで、上宰の金順貞の死去を手がかりに、新羅の政治と対日外交との連関を検討しよう。

新羅の外交政策は、唐との関係を中心として展開されたと言えるが、新羅が対日外交における朝貢の礼式を止め、対等な亢礼の礼式を採った事態も新羅の対唐関係に由来する〔補1〕。

新羅は八世紀に至ると対唐関係を一段と深め、唐の藩属国としての外交を推進したが、これには二つの契機があったと考えられる。

まず、新羅は朝鮮半島の統一戦争の末期には唐と交戦しはしたが、唐の高宗の上元二年（六七五・新羅の文武王十五年）には、これを唐に謝罪して唐の冊封を再びうけた。その後、新羅の北方に渤海国が興隆するや、新羅と唐の関係はいっそう深くなった。渤海国はその内紛に起因して、唐の玄宗の開元二十年（七三二）に唐の登州を攻撃したが、唐は翌開元二十一年（七三三・新羅の聖徳王三十二年）に新羅に命じて渤海国を南から攻撃させた。新羅は唐との共同戦線を経験するや、聖徳王は従来の冊封号に加えて、「寧海軍使」の号を得たのである。これより以後、新羅は毎年唐に遣使朝貢を重ね、王の交替ごとに新王は「寧海軍使」を冊封されつづけた。こうして新羅は唐の東方の安寧を維持する重要な立場を与えられたのである(19)。

このような新羅の対唐関係は、先にみた新羅の対日外交とは無縁であったはずはない。それは以下のように考えるからである。新羅が唐の藩属国として唐への遣使朝貢を外交策の第一とすれば、これに基づいて、対日外交における従来の朝貢の礼式を調整せざるを得なくなってくる。その結果として、日本王廷への朝貢の礼式を止め、亢礼の礼式が採られたのである(20)。この新羅の対唐・対日外交の調整と符合する内政が新羅における通文博士と倭典という外交機関の改編である。

○『三国史記』巻第八・新羅本紀第八

聖徳王十三年（七一四）二月、改詳文司為通文博士、以掌書表事。

○『三国史記』巻第三十九・雑志第八・職官中・内省

詳文師。聖徳王十三年（七一四）改為通文博士、景徳王又改為翰林、後置学士。

通文博士の前身である詳文司（師）の設置年代については、『三国史記』に明徴はない。また、詳文司（師）と通文博士はともに隋・唐の官制に見ない。ただ、通文博士が「書表の事」を職掌とすることに注目したい。

新羅が対日本外交で書表を用いることは、『日本書紀』推古天皇二十九年（六二一）是年条に「新羅遣奈末伊彌買朝貢、仍以表書奏使旨。凡新羅上表、蓋始起于此時歟」とあって、六二一年（新羅の真平王四十三年）に始まる(21)。また対唐外交においても、その後、唐の高宗の永徽六年（六五五・新羅の太宗武烈王二年）と中宗の垂拱二年（六八六・新羅の神文王六年。ともに『旧唐書』新羅国伝）には書表を用いている。

ところが、七一四年に詳文司（師）が通文博士と改められた後では、遣日本使が日本王廷に書表を奉った例はなかった。その為に、前節で述べたように日本王廷は新羅の使者に再三、書表を持参するよう強要しさえしていたのであった。

しかるに、新羅はこの通文博士の時代にも唐に対しては書表を奉っている。唐の玄宗の開元十一年（七二三・新羅の聖徳王二十二年。『冊府元亀』外臣部・朝貢四、『唐会要』巻九十五・新羅）、開元十六年（七二八・新羅の聖徳王二十七年。『旧唐書』新羅国伝）、開元二十一年（七三三・聖徳王三十二年。『冊府元亀』外臣部・褒異二）、開元二十四年（七三六・聖徳王三十五年。『冊府元亀』外臣部・朝貢四）、それに代宗の大暦二年（七六七・新羅の恵恭三年。『旧唐書』新羅国伝と『冊府元亀』外臣部・朝貢五）など書表を伴なう外交を盛んに展開しているのである。

このように、詳文司（師）を通文博士と改めたことは、その後の対日外交では書表を用いず、かえって対唐外交では盛んに書表を用いていることに鑑みると、それがただ名称の変更だけではなかったことを考えさせる。

この前年の唐の玄宗の先天二年（七一三・新羅の聖徳王十二年）二月には、渤海国の大祚栄が唐から「左驍衛員外大将軍忽汗州都督渤海郡王」に封ぜられている（『冊府元亀』外臣部・封冊二）。また同年十月には、聖徳王を「驃騎将軍特進行左威衛大将軍使持節大都督鶏林州諸軍事鶏林州刺史上柱国楽浪郡公新羅王」と封ずる詔書がもたらされた（『三国史記』新羅本紀巻第八）。

ここに至って、新羅は北に位置し、かつ昔日の宿敵たる高句麗の継承国である渤海国を牽制する為にも、唐への遣使朝貢を強化せざるを得なくなった。この国際的な事情をうけて、新羅では王への冊書を受けるや翌年の聖徳王十三年（七一四）に詳文司（師）を通文博士と改めたのである。

この改革は、対唐外交で書表を用いる形式を固めることに第一の目的があったが、それ故に、それ以前では用いられていた対日外交での書表も相対的に比重が軽くならざるをえない。新羅における詳文司（師）から通文博士への改称にはこのような外交政策上の意義があったものと解される。

こう理解すると、通文博士が「書表の事」を掌るということは唐朝へ奉る「書表の作成」をいうのであって、この意味で宗主国へ「文を通わす」ことであろう。この「通文博士」は新羅が唐との藩属国としての関係を深めようとした姿勢から誕生した官職と言える。

第三節　倭典と領客府

前述した通文博士のほかに、新羅が唐との藩属＝朝貢の関係を強化することに対応して、対日外交の形式が調整される相関を示すもう一つの例がある。それは領客典から倭典を復活・別置したことである。

○『三国史記』巻第三十八・雑志第七・職官上

領客府、本名倭典。真平王四十三年（六二一）改為領客典、後又別置倭典、景徳王（七四二～七六五年在位）又改為司賓府、恵恭王（在位、七六五～七八〇年）復故。令二人、真徳王五年（六五一）置、位自大阿飡至角干為之。卿二人、文武王十五年（六七五）加一人。位与調府卿同。大舎二人、景徳王改為主簿、恵恭王復称、大舎位与調府大舎同。舎知一人、景徳王改為司儀、恵恭王復称、舎知位与調府舎知同。史八人。

○『三国史記』巻第三十九・雑志第八・職宮中・内省

倭典、已下十四官員数闕。

この領客府の沿革からは倭典に二種あったことがわかる。本論では領客典の前身をなす「本名」の倭典を前期倭典(22)、そして、この前期倭典が領客典と改称された後に、この領客典とは別に設置された、いわば復活した倭典を後期倭典と呼ぶことにしたい。

そこで、まず真平王四十三年（六二一）に前期倭典が領客典と改称された事情を検討しよう。新羅の真平王四十三年（六二一・唐の高祖の武徳四年、日本では推古天皇二十九年）は、新羅が初めて唐に遣使朝貢した年である。唐はこれに答えて通直散騎常侍庾文素を新羅に派遣した（『旧唐書』新羅国伝、『三国史記』巻第四・新羅本紀）。ここに、新羅は唐使を初めて迎えることになったのである。新羅はこれより以前には日本使を迎えていたが、ここに至って日本使ばかりでなく唐使を迎えて賓待することとなったのである。

そこで、日本使と唐使をともに賓待しうる機関の設置が必要となってきた。ここに、従来、日本使の賓待をはじめとする対日本関係を担当していた前期倭典を拡大して、唐使の賓待をも行なう機関としなければならなくなった。これが前期倭典を領客典と改めた実情であると考える。〔補2〕真平王四十三年（六二一）以後、新羅は頻りにやって来る日本使と新羅王の冊立を主たる使命として来る唐使とを倭典を拡大整備した領客典で賓待することにしたのである。

ところが、その後、倭典が復活した。即ち、後期倭典が領客典とは別に置かれたのである。これは、日本使の賓待が領客典から分離され、領客典ではもとのまま唐使を、一方、後期倭典では日本使を賓待するとした改編であったことを意味する。(23)

この後期倭典が領客典からいつ別置されたかについては、つまり、いつ新羅が唐使と日本使の賓待を分離して行なうようになったかについては『三国史記』に明らかではない。しかし、その年代と事情とは、先に検討した八世紀の新羅の対日外交の礼式の転換から次のように考えることができる。

新羅が日本使と唐使とを別の機関で賓待することは、また両使を異なる礼式で賓待することを意味する。このことは新羅が唐の藩属国として唐に遣使朝貢する関係を強化する一方では、この関係に照らして、対日外交における日本王廷が強要する朝貢の礼式を止め、対等な亢礼を採り始めたことと符合しよう。その時期は広くみて、新羅の聖徳王代（七〇二〜七三七年）であるが、下っては則天武后の光宅元年（六八四）に鴻臚寺を司賓寺と改称した唐の名称に由って、領客典を司賓寺と改めた景徳王十八年（七五九）とも推測される。さらに、この時に『漢書』地理誌の「倭人」以来、東夷として記録される「倭」字を冠した倭典が復置されたことも、新羅の対日本姿勢が唐に向けたものとは次元を異にすることが窺われる。

この時期には、先にみたように聖徳王十三年（七一四）に詳文司（師）を通文博士と改め、対唐外交に書表を用いる礼式を固めた時期であった。通文博士と後期倭典の設置は聖徳王代の外交制度の二大整備をなすものであって、ともに、対唐外交を外交の第一課題となし、これに対応して対日外交の礼式を調整しようとする外交機関の改編であった。

聖徳王代、おそらく通文博士の外交上の意義に照らして、後期倭典も通文博士と同じく聖徳王十三年（七一四）に領客典から分離・設置されたものと推定して大過なかろう。

新羅が唐使に対しては宗主国の使節に対する礼式で領客典が賓待する一方では、日本使には後期倭典が対等な亢礼の礼式で賓待するということは、新羅を朝貢国と見なしてきた日本使との間に摩擦を生むことになる。

天平九年（七三七）に帰国した遣新羅使（大使は阿倍朝臣継麻呂は帰路に津嶋で死去）は「新羅国失常礼、不受使旨」と復命したが、また、天平勝宝五年（七五三）の遣新羅使の小野朝臣田守については、「其後遣小野田守時、彼国（新羅）闕礼、故田守不行使事而還帰」（天平宝字四年〔七六〇〕金貞巻に対する藤原恵美朝臣朝獦の問い）とあり、「使事」を行い得なかった。この小野朝臣田守については『三国史記』に「日本国使至、慢而無礼、王不見之、乃廻」（同巻第九・新羅本紀第九・景徳王十二年秋八月条）とある日本国使に符合する。

このように、二度の遣新羅使が新羅の「礼を欠く」賓待にあって使命を果さず帰国したという。その一方では、新羅は日本国使（遣新羅使）を「慢而無礼」とみていたのである。そこには、国家関係における礼式の行使をめぐって、新羅と遣新羅使（日本国使）との間に次のような国家意識の相異があろう。

すなわち、新羅をあくまで日本への朝貢国とみる小野朝臣田守等にしてみれば、新羅が採るべき朝貢国としての礼式を欠いて日本国使を賓待したことが、「失常礼」・「闕礼」ということであろう。(24)それは、新羅が宗主国とする唐の使節に対する領客典が主に担当する賓待の礼式とは別に、後期倭典が小野朝臣田守等の日本国使に対して対等な亢礼の礼式で賓待したことを主たる実質とするであろう。

ところが、新羅にしてみれば唐へこそ朝貢すべき宗主国であって、日本は今や新羅にとっては対等な「亢礼の隣国である。この隣国の使節・小野朝臣田守等が新羅の朝貢をうける国の使節であるとの姿勢でふるまう態度は、亢礼の礼を採ろうとする新羅の王廷からはまさに「慢而無礼」とみなされたのであろう。(25)

新羅は北に渤海国が建国され、これが唐によって冊封される情勢のもとで、聖徳王十三年（七一四）に通文博士と後期倭典を設置して、唐の藩属国としての立場から唐に遣使朝貢する外交政策を強化した。この唐との関係に照らして、新羅は対日外交を従来の朝貢の礼式から「亢礼の隣」国としての礼式で行なう外交へと転換したのである。(26)

このように新羅が対日外交の礼式を転換するに、官制の改編と連動するいま一つの契機があったと推定される。それは聖徳王二十四年（七二五）に、上宰の金順貞が死去したことにともなう政治変動であろう。

聖徳王代の王廷には新羅の外交政策の確立をめぐって、二つの方向があったと推定される。それは唐との関係を外交政策の第一と捉えてこれを強化しようとする方向と、対日外交を従来どおりの関係で維持しようとする方向である。前者は聖徳王とその上大等である思恭が担い、後者は上宰の金順貞がその中心にいた。

先に検討したように、上宰の金順貞は日本王廷に職貢を脩めていたという。そして、次代の新羅王の金承慶（孝成王）とその大夫・思恭の時代に至ると、朝貢の礼を闕くようになったとあった。

ところで この金順貞は聖徳王二十四年（七二五）に死去したのであるが、『三国史記』には彼の来歴を伝える記事はない。しかし、一方の大夫・思恭については『三国史記』に次の記事がある。

○『三国史記』巻第八・新羅本紀第八

聖徳王十七年（七一八）春正月。中侍孝貞退、波珍飡思恭為中侍。

同 十九年（七二〇）秋七月。中侍思恭退、波珍飡文林為侍中。

同二十七年（七二八）秋七月。上大等裴賦請老、従之。以伊飡思恭為上大等。

同三十一年（七三二）冬十二月。以角干思恭、伊飡貞宗、允忠、思仁各為将軍。

孝成王 元 年（七三七）三月。以伊飡貞宗為上大等。

思恭は聖徳王代の中・末期に侍中となり、また上大等にも昇任した。この思恭は聖徳王二十七年以来、次の孝成王が即位して、貞宗が上大等となるまでの間に聖徳王を補佐した人物である。そして、日本王廷は彼を孝成王代の「大夫」とみていたから、上大等の退任後も王権を補佐していたとみられる。(27)

思恭が上大等に昇任する以前には、かの金順貞が政治の実権を掌握して、対日外交で朝貢の礼式を保守していた。それは日本王廷からその死去に際して、「伊飡順貞、汝卿安撫彼境（新羅の意）、忠事我朝（日本王廷の意）…中略…哀哉。賢臣守国、為朕股肱、今也則亡、殲我吉士」と哀悼されるほどであった。

この金順貞の「上宰」という特別な地位は、当時の聖徳王と上大等の裴賦の王権を凌駕するほど専権的であったと思われる。(28) しかし、この上宰・金順貞も聖徳王二十四年（七二五）に死去したのである。そして、その三年後の聖徳王二十七年にこの思恭が上大等に任ぜられた。思恭は聖徳王十九年に中侍を退いているから、八年間は政権の中心から離れていたらしい。この聖徳王十九年から金順貞の死去した聖徳王二十四年までは上宰・金順貞が政権を掌握していた期間である。思恭は上宰・金順貞によってこの間に政権中枢の外に置かれていたのであろう。

政敵の上宰・金順貞が死去して三年後に、思恭は上大等に抜擢され政権に復帰した。ここに、聖徳王と上大等の思恭による政権が確立して、外交権は上宰・金順貞の専権から回復されたが、それは新羅国王と上大等によって担われる政権という、新羅の政治の定型が復活したことでもあった。(29)

この復活した聖徳王と上大等・思恭の政権は、先にみたように外交政策において、唐への遣使朝貢を重視し、これを強化していった。そして、この対唐外交に対応して、対日外交では朝貢の礼式を止め、亢礼の礼式を採ることになったのである。天平四年（七三二・新羅の聖徳王三十一年）の遣日本使が日本王廷に「来朝の年期」を問い、同七年（七三五・聖徳王三十四年）の遣日本使が「王城国」を称した背景には、さらに、その後の遣日本使が日本王廷に朝貢の礼式を欠くに至った背景には、前述のように新羅の外交をめぐる二つの勢力間での政権の移動があり、対日外交を重視する勢力が退潮したものと思われる。(30)

おわりに

新羅の聖徳王代は外交政策が政治の第一の課題となっていた。それは、渤海国との対抗関係から唐と日本に対する外交をどう調整するかの問題であった。ここに、その展開を叙述して本論のまとめとしたい。

新羅は六世紀後半頃から日本や隋と、また七世紀に至ると隋につづいて唐とも交渉を開始した。六二一年に新羅は唐への遣使朝貢を開始し、また唐使を迎接したのである。この時より新羅は先行する対日本外交に加えて、対唐外交を行なうことになったが、この時、初めて迎える唐使をどう賓待するかが問題となった。日本使を賓待する倭典の制度では、唐使を賓待するに支障をきたすようになったのである。そこで、倭典を改組・充実して領客典となし、この領客典に日本使と唐使を包括して賓待できる機能をもたせたのである。

この改革と並行して、新羅では外交文書の翻訳と作成を主たる職掌とする詳文司（師）が設置されて対日本・対唐外交において書表を作成した。

ここに、新羅では領客典が日本と唐の使節の賓待を担当し、その外交文書（勅書）と新羅から出される「書表」には詳文司（師）が関係する対日・対唐外交の方式が確立したのである。

この新羅の外交政策では、日本と唐とは同等な位置に置かれていた。それは当時では、新羅の主敵は百済と高句麗であって、この二国を牽制する為には、西の唐と東の日本とは新羅にとって同等な外交上の位置にあった。

しかし、この新羅の外交における日本と唐の均衡もやがて壊れる情勢が生まれた。新羅が三国を統一して後に、北に渤海国が興起して以来、新羅はこれと対抗して唐との関係を深めたことである。新羅は朝鮮半島の統一戦争の末期では唐と交戦はしたが、六七五年から再び唐の冊封をうけることとなった。

ついで、七一三年に北の渤海国の大祚栄が唐によって渤海郡王に冊封されるや、新羅は渤海国を警戒して対唐外交をいっそう強化した。

七三三年には唐とともに対渤海戦での共同戦線を経験し、聖徳王は唐から新たに「寧海軍使」を加封せられ、七三五年には唐より「浿江以南の地」を賜与された。渤海国を南から牽制する位置にある国として、唐がこれを重視したのである。

この経緯から新羅は宗主国の唐を第一とする外交政策を立て、これに朝貢の礼を厚く修め、この対唐関係の礼に照らして対日関係の礼式を調整せざるをえなくなったのである。

そこで、新羅は先の二つの外交機関を改編してこれを調整した。七一四年には詳文司（師）を通文博士と改め、対唐外交においていっそう書表を用いる制度を固めた。他方、対日外交では書表を用いることを重視しなくなったのである。

また賓待機関の領客典もこの時期に整備されることとなった。唐と日本の使節はともに領客典が賓待していたのだが、宗主国の唐の使節には旧来のまま領客典で賓待し、日本の使節の賓待は領客典とは別の機関に分担させて唐使の賓待とは区別し、中国では『漢書』地理誌以来の歴史書等に記録される「東夷」の「倭人」「倭国」に連なる「倭」を冠した倭典を復活してこの機関の名としたのである。

こうして、新羅は対日外交において書表を用いなくなり、また献上品には「調物」にかえて「土毛」と表記し、さらには日本王廷に対して正月拝賀の礼を踏まなくなるなど、従来の蕃礼を廃して対等な国家間の礼、即ち亢礼を採るようになったのである。

ところで、このように新羅が対唐・対日外交を調整するには新羅では権力交替が起こっていた。それは、北の渤海国の興隆という新情勢のもとで対唐外交を重視する立場から、旧来の対日本外交の礼式を見直す聖徳王と思恭の勢力と、対日外交における朝貢の礼式を保守しようとする上宰・金順貞との対立であり、そしてこの上宰・金順貞の死去のことである。

七二五年（聖徳王二十四年）に上宰・金順貞が死去するや、聖徳王と上大等・思恭の勢力が政権を上宰の手から回復したのである。これより、聖徳王の後期から次の孝成王―景徳王へと経て、唐への遣使朝貢の外交は強化され、他方、日本へは七三二年に「来朝の年期」を問うて以後では、朝貢の礼式を止め亢礼の外交を行なったのである。

日本王廷では、大宝令制定（七〇一年）のもとで、日本天皇を諸蕃・夷狄の朝貢をうける「帝国」の首長とする認識が固定された。ところが、ここに検討したように、その後三十年も経ずして、諸蕃として朝貢して来るべき新羅が朝貢の礼式を欠くようになった。そこで、日本王廷は新羅に朝貢の礼式を回復するよう強要し、後には新羅の北の渤

海国と交渉しつつ、新羅征討の計画さえも進めたのであった。(31)

しかし、新羅は宗主国の唐へ遣使朝貢する外交を強化し、この関係に照らして対日外交の礼式では朝貢国が踏む蕃礼を止め、対等な亢礼へ転換した。それ故に、日本王廷が新羅に朝貢の礼式を回復するよう強要しても、それは新羅にしてみれば受け容れられないことであって、このような日本の対新羅外交の形式は新羅では「無礼」とさえ判断されたのである。

日本王廷には唐のごとく新羅王を冊封する政治原理をもたないが故に、日本側の「神功皇后の新羅征討」伝承を回顧することでは新羅に朝貢の礼式を復活させる規制力とはならなかったのである。

新羅は八世紀の後半に至っても、対日外交では亢礼の礼式をとり続けた。天平宝字八年（七六四）の金才伯は唐国勅使の韓朝彩の使命をうけて、日本僧・戒融の消息をたずねて来日し、また、神護景雲三年（七六九）の金初正は在唐の日本の遣唐大使の藤原河清と学生の朝衡等の書を日本に届けるとともに、唐国の時事情報を日本朝廷に告げている。

さらに、宝亀五年（七七四）の金三玄も在唐日本大使の藤原河清の書を届けた。ついで宝亀十年（七七九）の金蘭蓀もその使命のひとつは、日本の遣唐判官の海上三狩等の送還のことであった。〔補3〕

このように、八世紀の後半でも、新羅は唐を宗主国とする関係のもとで、日本の期待に反して日本には亢礼の隣国としての外交を続けたのである。(32)

しかし、『三国史記』新羅本紀第十・哀荘王四年（八〇三）秋七月には「与日本国交聘結好」とか、同五年（八〇四）夏五月には「日本国遣使、進黄金三百両」とあって、九世紀に入るや日本王廷はついに新羅が日本との間に、「亢礼の隣国」の関係を設定したことを承認せざるをえなかったようである。それは、日本における律令制の動揺が新羅をして朝貢の礼式を復活させようとした一世紀来の外交姿勢を沈静化させたからであろう。

注

(1) 石母田正『日本の古代国家』(岩波書店、一九七一年一月〔第一章、国家成立史における国際的契機〕七九頁。後に、『石母田正著作集』第三巻・「日本の古代国家」〔岩波書店、一九八九年二月。七二頁〕に所収)

(2) 日本の律令制の成立過程と対外関係との連関については、石母田前掲書・第一章「国家成立史における国際的契機」と鈴木靖民「日本律令制の成立・展開と対外関係」(『世界史における民族と民主主義』一九七四年歴史学研究会報告、一九七四年十一月。〔補〕後に、同『古代対外関係史の研究』吉川弘文館、一九八五年十二月に所収)などがある。

(3) 八世紀の新羅の対外関係を叙述したものに、今西龍「新羅史通説」(未定稿)のうち、「新羅中代下代の外国関係」がある〔今西龍遺著『新羅史研究』〔初版は一九三三年六月(近沢書店)、復刊は一九七〇年九月(国書刊行会)〕所収〕

(4) 栗原朋信「上代の日本へ対する三韓の外交形式」(『古代』第四十九・五十合併号〔早稲田大学考古学会、一九六七年十二月〕。後に、同『上代日本対外関係の研究』〔吉川弘文館、一九七八年九月〕に所収)

(5) 文武四年(七〇〇)の遣日本使の金所毛は「母王之喪」を、神亀三年の金造近(金奏勲)は上宰・金順貞の死去を日本王廷に告げているが、その時、「表」を用いたかどうかは明らかではない。

(6) 和銅二年(七〇九)の金信福は『続日本紀』には「新羅使」とあるが、次の点からこれには疑問がある。それは、金信福の場合は他の遣日本使の場合とは異なって「貢調物」ではなく「貢方物」とあること、また、多くの遣日本使が官位七・八・九位の一吉飡・薩飡・級飡であるのに、金信福には官位が記されず、却って「本国卑下之人也」と口答しており、その態度にも卑小なところが窺われるからである。金信福は「取海陸両道」して、日本王廷がわざわざ喚び入れた人物であって、「新羅使某来朝」事例とは様子を異にする。慶雲二年(七〇五)の一吉飡金儒吉以来、しばらく新羅の使者の来朝をみなかったから、日本王廷が新羅人の金信福を「朝貢使」と誤認して喚び入れたのかも知れない。

(7) 大宝三年春正月辛未(九日)には来日している薩飡・金福護も正月拝賀を予定して、前年に新羅を発ったものと思われる。それは、新羅から日本までの行程を考えても、金福護は前年の大宝二年末には新羅を出発していよう。この点は金福護の上表文のなかに、大宝二年（七〇二・新羅では孝昭王十一年秋七月）にあたる新羅の孝昭王の薨去を「寡君不幸自去秋疾以今春薨」とあるから、「今春」とは大宝二年であり、又、上表文の作成年である。やはり、金福護は大宝二年に新羅を出発したのである。金福護は大宝二年末に、翌年正月の日本王廷での拝賀を予定して新羅を出発したが、何らかの事情で来日が正月朔を過ぎてしまった故か、又は、たまたま大宝三年正月朔には「廃朝」であったから金福護が日本王廷の正月の儀礼に参加したことがみえないのであろう。尚、金福護の新羅出発年については、鈴木靖民「奈良初期の日羅関係」（『続日本紀研究』一三四号〔一九六七年四月、二〇頁〕。後に、同『古代対外関係史の研究』〔吉川弘文館、一九八五年十二月〕に所収）参照。

（8）石母田正「天皇と諸蕃―大宝令制定の意義に関連して―」（『法学志林』六〇巻三・四号、一九六三年三月。後に、同『日本古代国家論』第一部〔岩波書店、一九七三年五月〕に所収。また、『石母田正著作集』第四巻「古代国家論」〔岩波書店、一九八九年四月〕に再編）

（9）鈴木靖民前掲注（7）論文では、遣新羅大使の幡文通の使命を、三十二年ぶりに「わが国が堂々と唐との間に国交を開始したことを意識的に新羅に誇示するものではなかっただろうか」と説かれている（同初出論文の二十二頁、同著書の一二四頁）

（10）石母田正前掲注（8）論文では、大宝二年（七〇二）に出発した遣唐使（執節使は粟田朝臣真人）の使命のひとつには、大宝令を唐朝に紹介することがあったのではないかと説かれている。大宝期の遣新羅使にもこれと同じ使命が与えられたであろう。尚、新羅使のもつ文化交流の役割については、関晃「遣新羅使の文化史的意義」（『山梨大学学芸学部研究報告』第六号、一九五五年三月）を参照。

（11）渤海使は、この間、第一回の高斉徳が神亀五年（七二八）正月に朝賀して以来、宝亀十年（七七九）正月に張仙壽が朝賀するまで、七度、日本王廷に正月拝賀の礼を踏んでいる。このことはこの間、正月拝賀の礼を踏まない新羅の遣日本使と好対照をなす。

（12）級伐湌金相貞は、天平六年（七三四）の十二月に太宰府へ到着したが、入京したのは翌年二月である。しかし、新羅を「王城国」と語ったがために日本王廷に放還させられた。〔補〕本書第三部第二章「中代・下代の内政と対日本外交」参照。

（13）天平勝宝四年（七五二）六月来朝の新羅王子・金泰廉の場合には、「奏曰、新羅国王言日本照臨天皇朝庭、新羅国、始自遠朝。世々不絶、舟楫並連、来奉国家…中略…謹以申聞」とあり、また、宝亀十一（七八〇）薩湌・金蘭蓀の場合にも「奏曰、新羅国王言、夫新羅者、開国以降、仰頼聖朝世々天皇恩化。不乾舟楫、貢奉御調年紀久矣」とあって、書表を携えて使旨を奏したようではあるが、しかし、前者について言えば、この時の新羅の使者に与えた日本天皇の詔にわざわざ「自今以後、国王親来、宜以辞奏、如遣余人入朝、必須令賚表文」と命じているから、王子の金泰廉が書表を携えたうえでこれを奏したものかは疑わしい。この点については、山田英雄「日・唐・羅・渤間の国書について」（『日本考古学・古代史論集』〔吉川弘文館、一九七四年二月、三六〇頁〕後に同『日本古代史攷』〔岩波書店、一九八七年七月〕に所収）では、「奏ではあるが文章としてみれば上表文の形式であった」と説かれる。また、後者についても、天皇の璽書には「今此蘭蓀猶陳口奏…中略…後使必須令賚表函以礼進退、今、勅筑紫府及対馬等戍、不将表使莫令入境、宜知之」とあるから、新羅使金蘭蓀が「新羅国王言云」と奏していても、それは新羅王の書表を奏したのではない。むしろ、書表の形式を踏まえながら使旨を口奏したのであろう。前者の場合もこの形式の口奏に相当するかも知れない。ただ、逆に、王子の金泰廉が書表を携えていたことが明らかになった場合にも、八世紀に新羅が日本へ書表を賚らした例はこの一回のみとなって、唐に対する書表の比ではなく、本論の論旨と矛盾しない。

（14）天平勝宝四年（七五二）閏三月に来日の遣日本使には王子の金泰廉が加わっており、また「調」を貢じていた。この二点は日本王廷をかなり満足させるものであったが、新羅が対日外交を朝貢の関係から亢礼の隣国関係へ改める傾向に反するものではなかろう。「新羅朝貢使王子泰廉入京之日、官使宣命、賜以迎馬、客徒斂轡、馬上答謝、但渤海国使、皆悉下馬再拝舞踏」（宝亀一〇年・七七九、領唐客使の奏言）とあって、新羅の使者は渤海の使者とは異なる礼で応待している。また、注（13）でみたように、王子の金泰廉が書表を携えていたかも疑わしいものであった。王子泰廉が来日したとは言っても、それは朝貢の礼式を回復するものというよりも、開眼まもない東大寺大仏への祝賀と参観のためであろう。〔補〕使命のひとつに大仏参観があったとの推測は、田村圓澄「東大寺大仏参拝団の来日」（『日本歴史』第四八三号、一九八八年八月。同『大宰府探求』〔吉川弘文館、一九九〇年一月〕）にも見られるが、李成市『東アジアの王権と交易―正倉院の宝物が来たもうひとつの道―』（青木書店、一九九七年七月）と、同『古代東アジアの民族と国家』（岩波書店、一九九八年三月）の第十二章「正倉院所蔵新羅氈貼布記の研究」は外国使節の大仏参拝という儀式に注目する。この度の遣日本使もやはり基本は亢礼の隣国としての外交である。同年正月に遣新羅使が派遣されていたことは、この遣日本使の来日と東大寺での「礼仏」を要請することであったと推定される。そこで、新羅は王子金泰廉を大使の金暄とともに日本王廷に派遣したのであろう。石井正敏『日本渤海関係史の研究』（吉川弘文館、二〇〇一年四月）の「補論・天平勝宝四年の新羅王子金泰廉来日の事情をめぐって」は金泰廉の来日には同年正月の遣新羅使（山口忌寸人麻呂）の要請があったとするこの推定にも及ぶが、石井氏は前掲の李論文「正倉院所蔵新羅氈貼布記の研究」がこのことを「日本側の強い働きかけ」や「日本側の使節派遣の要請」があったとする論説を批判して、山口忌寸人麻呂の遣新羅使任命と金泰廉の来日とは時間的に極めて無理があると他の遣新羅使の任命と帰国との時間差の事例を挙げて述べている。

(15)　田村専之助「我が上代人の新羅観」（『史観』第十七冊、一九三八年一月、四六頁）

(16)　この間、新羅は唐に王族・大臣級の人物をしばしば派遣している（『冊府元亀』外臣部・朝貢四、『旧唐書』新羅国伝参照）

(17)　鈴木靖民「奈良時代における対外意識―『続日本紀』朝鮮関係記事の一検討―」（『日本史籍論集』上巻〔吉川弘文館、一九六九年十月〕一六三頁。後に、同『古代対外関係史の研究』〔吉川弘文館、一九八五年十二月〕に所収）

(18)　この金順貞については、『三国史記』新羅本紀・第九には、景徳王（七四二〜七六五年）即位の条に「立、諱憲英…中略…妃伊飡順貞之女也」（新羅本紀・第九）とあるだけである。鈴木靖民「金順貞・金邕論―新羅政治史の一考察―」（『朝鮮学報』第四十五輯、一九六七年十月。後に『古代の朝鮮』〔学生社、一九七四年五月〕所収。また、同『古代対外関係史の研究』〔吉川弘文館、一九八五年十二月〕に所収）参照。

(19)　西嶋定生「六―八世紀の東アジア」（『岩波講座日本歴史』二、一九六二年六月。後に、同『中国古代国家と東アジア世界』〔東京大学出版会、一九八三年八月〕所収）、末松保和「新羅の郡県制、特にその完成期の二三の問題」（『学習院大学文学部研究年報』第二十一輯〔一九七四年三月〕。後に、末松保和朝鮮史著作集2『新羅の政治と社会』下〔吉川弘文館、一九九五年十二月〕に所収）にも新羅の対唐外交が対日外交形式と相関するという観点がみられる。〔補〕尚、「寧海軍使」の東アジア世界における意義については、本書第二部第四章「王権と海上勢力―特に張保皐の清海鎮と海賊に関連して―」を参照。

(20)　末松保和「日韓関係」（『岩波講座　日本歴史』第四回配本〔一九三三年十二月。三三頁〕。後に、末松保和朝鮮史著作集4『古代の日本と朝鮮』〔吉川弘文館、一九九六年七月〕に所収）参照。

(21)　栗原朋信前掲注（4）論文参照。

(22)　前期倭典については次の論文がある。鈴木靖民「新羅の倭典について」（『古事類苑・外交部』月報三十三掲載、一九六九年十二月）、三池賢一「新羅内廷官制考」上・下（『朝鮮学報』第六十一・六十二輯、一九七一年十月・一九七二年一月）、

奥田尚「任那日本府と新羅倭典」（『古代国家の形成と展開』吉川弘文館、一九七六年一月）

（23）後期倭典について、三池賢一前掲注（22）論文と鈴木靖民「正倉院佐波里加盤付属文書の基礎的研究」（『朝鮮学報』第八十五輯〔一九七七年十月〕。後に、同『古代対外関係史の研究』〔吉川弘文館、一九八五年十二月〕に所収）は対倭交易等に依る製品生産と収得を図る官司であるとしている。ただ、その論拠として三池論文では、『三国史記』職官志・中・内省の項の倭典、即ち後期倭典が錦典などの生産関係官司と並んで記載されている点をあげている。しかし、その後期倭典と綿典などが列記される共通項は、「倭典已下十四官員数闕」とあるように、構成員数の史料が欠落している官司という点にあって、官司の職掌の共通性にあるのではないと見る。後期倭典はやはり日本使の賓待が主要な職掌であって、対倭貿易品の生産・収納の管理は副次的なものであろう。〔補〕李成市「正倉院宝物氈貼布記を通して見た八世紀の日羅関係」（『朝鮮史研究会会報』第六十七号〔一九八二年十月〕後に、一九九六年二月のハワイ大学におけるシンポジウムの報告「新羅と日本―八世紀の交流を中心に―」を経て、「正倉院所蔵新羅氈貼布記の研究―新羅・日本間交易の性格をめぐって―」〔同『古代東アジアの民族と国家』（岩波書店、一九九八年三月）に所収〕）は後期倭典に関する三池・鈴木両説の対日交易の機関とする理解を発展させ、後期倭典が新羅製品と日本製品との交換を取り扱う内廷の機関であったと説く。この主旨はまた、同『東アジアの王権と交易―正倉院の宝物が来たもうひとつの道―』（青木書店、一九九七年七月）にも説かれる。

（24）森克己「遣唐使と新羅・渤海との関係」（『史淵』第四十八輯〔一九五一年九月〕、十八頁。後に、同『続日宋貿易の研究』〔国書刊行会、一九七五年十月〕に所収）では、天平九年（七三七）に遣新羅使が帰国奏上した「新羅国失常礼」という「失常礼」の内実は新羅の下級官吏が日本使を接待したことと理解されており、妥当な推察であろう。新羅は対日外交を亢礼の隣国関係として行なうから、新羅を日本の朝貢国とみる日本使にとっては、唐にも「日本国」と認知されながら新羅では「倭」を冠する後期倭典で、しかも、唐使を賓待する領客典より下級の官司が日本使を賓待することは「新羅国失常礼」とみなされたのであろう。

（25）小野朝臣田守が新羅へ派遣されるのと同じ天平勝宝五年（七五三）の正月には、唐朝の正月朝賀の席で、日本使と新羅使との間に争長事件が起こったことがある（『続日本紀』巻十九・孝謙天皇・天平勝宝六年条）。西畔の第二位の席にあった日本使を東畔第一位の席にある新羅使と席を交替させるように大伴宿祢古麻呂は唐側に強要したのであった。古麻呂にしてみれば新羅を日本への朝貢国とみるから、新羅使が日本使の上席にあることは不満であった。その場での新羅使の主張がみえ

ないのは残念だが、新羅使にしてみれば新羅は唐の藩属国であって、その関係から日本を亢礼の隣国とみるから、初めに定められた席次こそ納得のいくところであって、古麻呂の要求とその態度は礼を欠いた高慢な姿勢とみたであろう。卞麟錫「唐代外国使争長의 研究―『続日本紀』所載의 所謂古麻呂抗議에対하여―」（『亜細亜研究』第二十八〔高麗大学校亜細亜問題研究所、一九六七年十二月〕と本書第三部第四章「唐朝における渤海と新羅の争長事件」参照）〔補〕古麻呂の争長事件ついては、石井正敏「唐の〝将軍呉懐實〟について」（『日本歴史』第四〇二号、一九八一年十一月）と同「大伴古麻呂奏言について―虚構説の紹介とその問題点―」（『法政史学』第三十五号、一九八三年四月）がこの争長の処理に関与した「将軍呉懐實」が玄宗代の宦官であったことを明らかにしており、この争長の史実性を高め、虚構説に疑問を提示したが、卞麟錫氏は「唐代外国使의 争長事例에서 본（から見た）古麻呂抗議의 再論―『続日本紀』関係史料의 批判을 中心으로―」（『東洋史研究』第二十六輯、서울大学校、一九八七年十二月）において再びこの争長が中国史料に記録されていないことから、これを古麻呂の虚言と述べるが説得力に欠ける。尚、争長の論理については本書の第三部第四章「唐朝における渤海と新羅の争長事件」を参照。

（26）新羅は渤海国を警現して、聖徳王二十年（七二一）には北境に長城を構築し、また、これと関連して翌年には都の東南方の毛伐郡に関門の城壁を築いて、渤海国への警戒の虚をついた日本賊の侵入の予防とした（『三国史記』新羅本紀第八）。これより以前、通文博士と後期倭典の設定を経て、新羅は対日外交を朝貢から亢礼の隣国関係へと転じつつあった。さらに、この毛伐郡城の築城があって、次第に日本から遣日本使を介して外交圧力を受けるようになる。毛伐城築城と対日外交との関連については、鈴木靖民「養老期の日羅関係」（『国学院雑誌』六十八―四、一九六七年四月。後に、同『古代対外関係史の研究』〔吉川弘文館、一九八五年十二月〕に所収）、酒寄雅志「八世紀における日本の外交と東アジアの情勢―渤海との関係を中心として―」（『国史学』一〇三号、一九七七年十月。後に、同『渤海と古代の日本』〔校倉書房、二〇〇一年三月〕に所収）、奥田尚「天平初期における日羅関係について」（『日本史論集』清文堂、一九七五年）を参照。

（27）大夫は新羅の官職名ではない。『続日本紀』にいうもので、新羅の有力者ほどの意。〔補〕『続日本紀』三（新日本古典文学大系、岩波書店、一九九二年十一月）の「補注・十八―五十五」（五〇〇頁）にも思恭の官歴とともに「孝成王の時代にも朝廷の最高の地位にあったと推定され、それを〝大夫〟と表記したか」との理解を示す。

（28）木村誠「新羅の宰相制度」（『人文学報』一一八、東京都立大、一九七七年二月）尚、鈴木靖民前掲注（18）論文では、上

宰金順貞は王権と対立する権力者ではなく、聖徳王を補佐する位置にあるものとみている。

（29）李基白「上大等考」（『歴史学報』第十九輯、一九六二年十二月。同『新羅政治社会史研究』〔ソウル・一湖閣、一九七四年二月〕に所収。本論文の邦訳は、李基白著・武田幸男監訳『新羅政治社会史研究』〔学生社、一九八二年十月〕に所収）。

（30）和田軍一「淳仁朝に於ける新羅征討計画について（第二回完）」（『史学雑誌』第三十五編第十一号、一九二四年十一月。二一三～二一四頁）には、上宰の金順貞の死後、上大等の思恭が権勢を振るって、対日外交に排日的傾向をもたらしたとする観点がみえる。

（31）酒寄雅志前掲注（26）論文参照。

（32）『三国史記』新羅本紀第十・元聖王六年（七九〇）三月条には「以一吉飡伯魚使北国」とあり、次いで憲徳王四年（八一二）秋九月条には、「遣級飡崇正使北国」とあって、史料に伝える限りでは新羅が唯二回だけ北国（渤海国）へ派遣した使節の官位は七位の一吉飡と九位の級飡の官位出有る。この官位は八世紀後半に日本へ派遣された大使の官位が、七位の一吉飡と八位の沙飡のほか多くは九位の級飡であったことと共通している。使節の官位からみれば、新羅は渤海国に対しても、日本に対するごとく「亢礼の隣国」関係を八〇〇年前後に設定していたものと思われる。〔補〕九世紀末の新羅の外交体制については、本書第二部第三章「下代初期における王権の確立過程とその性格」の第三節「国際関係の再定立」を参照。

補注

〔補1〕新羅の所謂「三韓一統」後から聖徳王代に至る対唐外交については、古畑徹「七世紀末から八世紀初にかけての新羅・唐関係―新羅外交史の一試論―」（『朝鮮学報』第一〇七輯、一九八三年四月）と趙二玉「新羅聖徳王代唐外交政策研究」（『梨花史学研究』第十九輯、一九九〇年三月）参照。

〔補2〕『三国史記』新羅本紀の真平王十三年（五九一）条には「春二月、置領客府令二員」とあるが、これは「職官志上・領客府」条に「令二人、真徳王（六五一）置」とあることと矛盾する。「領客府」の名称は真平王四十三年に始まる領客典の名称が景徳王代に司賓府と改称されて「府」を称したが、これが恵恭王代に「復故」した。この「復故」とは領客典そのままの復故ではなく、司賓府の「府」を継承して「領客府」と称したことであろう。前述の真平王十三年に「領客府令」を置いたとする記事は理解し難く、何らかの誤りであろう（本書第一部第五章「迎賓機構―関門と領客府―」の第三節「領客府」

参照）。また、「司賓府時代のその職掌についても同「迎賓機構―関門と領客府―」の第四節「領客府の職掌と内省の倭典」参照。

〔補3〕　八世紀後半の対日本外交については、本書第三部第三章の「対日本外交の終幕―日唐間の情報と人物の中継をめぐって―」を参照。栗原朋信『上代日本対外関係の研究』（吉川弘文館、一九七八年九月）所収の「上代の日本へ対する三韓の外交形式」の〔補記〕に、故井上光貞氏が倭典から領客典への改編と本論に言う「後期倭典」の設置について、「このころが新羅の外交手段と形式に何等かの変化があったもの」との見通しを持っていたことが紹介されている。この「見通し」は遣日本使の官位が最低である十一位の奈麻が六二三年の智洗爾を最後に派遣されず、その後の大使は九位の級飡から六位の阿飡の者が派遣された変化に注目していた。七～八世紀にわたる遣日本使の官位については本書第三部第一章「新羅人の渡日動向―七世紀の事例―」と第二章「中代・下代の内政と対日外交―外交形式と交易をめぐって―」の付表を参照。尚、本論は故・井上氏の「見通し」に対応するものである。

第五章　迎賓機構
——関門と領客府——

はじめに

古代の東アジア世界にあって地理的にその中心部に位置する新羅は、三国時代では北の高句麗、西の百済、南の加羅諸国と、それに海を越えて倭国と中国諸王朝とに通交があり、遣使と迎賓は相互に盛んに行われた。それ故に、外国使を迎接する客館の施設をはじめ、外交儀礼等を担当する官司とその機構を備えていたはずであるが、今日得られる文献史料は勿論、考古資料さえこのことを十分には満してくれない。故都の慶州の発掘が日進月歩であるとは言え、迎賓機関の遺跡、遺物の発掘と出土は関門城址の石塁と雁鴨池の臨海殿址のほかは伝えられていない。

一方、次代の高麗時代においては、北宋の徽宗の宣和五年（一一二三）に正使の随行員として高麗に使した徐競の記録である『宣和奉使高麗図経』（巻二十七）には、高麗では順天館に宋使を、霊隠館には女真人を迎え、宋よりの商客には別に客館を設けていたことが記録されており、また遼代では中京大定府において宋使を大同駅に、新羅使を朝天館に、西夏使を来賓館に迎えたと『遼史』巻三十九・地理三にはある。

古代の日本では、渤海館、百済館、新羅館の如く、使節の国毎に客館を別に設けていたことと併せ考えると、客館をはじめとする迎賓機構のあり方には国家の対外姿勢が反映されているように予測される。

そこで、高麗に先立つ新羅では高句麗、百済と戦争を幾度となく重ねた三国時代において、迎賓機構を考察する手掛りは少ないが、統一時代の新羅のそれがいかなる具体相と問題点を孕んでいたかを史料の許す限り考えてみたい。

第一節　駅と関門

新羅の王都の金城に至った外国使は、統一新羅時代では唐使、日本使、耽羅使があり、渤海使については入城の記録はないが、新羅が渤海に遣使したことは記録に二度みえる。これら外国使の入京経路、それは同時に新羅の遣外使の出国経路であるが、この経路を日本使について考察してみたい。

日本使の発遣と帰国の経緯を記録した『日本書紀』、『続日本紀』等の日本側史料には使節の新羅入国後の経路については全く記録がない。日本使の対馬島までの作歌とその歌が『万葉集』巻第十五に載るが、その後の作歌のことが伝わらず、新羅への派遣を厭う八世紀半ばの日本使の心情[1]とこの史料の欠如とは関連するのかも知れない。

さて、『三国史記』巻第四十五には朴堤上の伝承記録ではあるが、五世紀初めに日本に入質した新羅王子の未斯欣（『三国遺事』巻第一・「奈勿王・金堤上」条では「美海」とも書く）の帰国経路が両国間の使節の往来路を考える参考となる。未斯欣を日本から帰還させるべく新羅の朴（あるいは金とも）堤上は、「栗浦」の浜から日本へ船出したと伝わる。この「栗浦」の浜は、『三国史記』巻第三十四・地理志一には次の如くある。

史料①

臨関郡、本毛火一作蚊伐郡。聖徳王築城、以遮日本賊路。景徳王改名、今合属慶州、領県二、東津県、本栗浦県、景徳王改名、今合属蔚州。河曲一作西県、婆娑王時、取屈阿火村、置県。景徳王改名、今蔚州。

日本の賊路を遮るという臨関郡の城については後述するが、この日本の賊の侵入路に当る臨関郡のその領県の一つである東津県の古名こそ堤上が日本へ向けて船出した栗浦である。

伝承では、やがて、堤上に救われて日本を脱出した美海は、東海岸に上陸して屈歇駅において新羅百官の出迎えをうけ、そして金城の南郊にて王より郊労をうけ王宮に進んでいる。この屈歇駅の所在地については都の金城から今日の蔚山に至る蔚州にある屈阿火、即ち、史料①にみた臨関郡の領県の河曲県の古名の屈阿火に屈歇が音通すると推定されることが手掛かりとなる。(2)

栗浦に隣接するこの屈阿火に駅の所在したことは、『三国遺事』巻第三・「霊鷲寺」条に、

史料②

寺中古記云、新羅真骨第三十一主神文王代永淳二年(六八三)癸末本文云、元年誤宰相忠元公萇山国即東莱県亦名莱山国温井沐浴還城、次致屈井駅桐旨野駐歇…以下略…

とあって、神文王の宰相・忠元は萇山国の温泉から金城にもどる途次に屈井駅に休んだとある。萇山国とは高麗時代では東莱県であり、蔚州の属県である。(3)この屈井駅は高麗の駅制では、金州道三十一駅の一つであり、蔚州に近い屈火駅と同一であり、(4)『三国遺事』の版本や写本の伝来等の過程で、「火」は同音の「弗」と交替し、この「弗」の字形が磨滅等に由り、「井」と伝存して今日の『三国遺事』に「屈井駅」と伝わったのであろう。

この蔚山に近い駅の所在を見ると、美海(未斯欣)が上陸して金城の百官の歓迎をうけた屈歇駅とは後の屈火駅の前身であろうと推定される。

さて、美海(未期欣)は屈歇駅を経て、また、忠元は東莱の温泉より屈井(火)駅を経て帰京したが、この屈井(火)駅から金城に至る途中には、史料①及び次の史料③にみる如く、日本賊の侵入を遮る関門が聖徳王二十一年(七二二)

に築かれている。

史料③

1・『三国史記』巻八・新羅本紀第八

聖徳王二十一年（七二二）冬十月築毛伐郡城、以遮日本賊路。

2・『三国遺事』巻二・「孝成王」条

開元十年（七二二）壬戌十月。始築関門於毛火郡。今毛火村、属慶州東南境、乃防日本塞垣也。周廻六千七百九十二歩五尺、役徒三萬九千二百六十二人、掌員元真角干。

右の史料③の1と2は前掲の史料①と符合して、臨関郡の地名の由来はこの毛伐（毛火、伐の音と火の訓とは通用される）郡の関門を領内にもつことにある。この関門は今日、慶尚北道の東南端の月城郡外斗面毛火里に門址と城壁の石塁を遺し、隣接する鹿洞里にも門址が残っており、両門址をつなぐ長城を基本とした関門であったことが知られる。〔補1〕

この今日の蔚山から慶州に通ずる交通の要衝に当る毛火里の関門は、日本の賊の侵入路であるのみならず、日本使もここを通過して金城に入京したにちがいない。

一方、『三国史記』新羅本紀には、倭人が金城の東部の明活山城を襲ったという記事が散見する。(5) この倭人は蔚山沖の東海を北上し、今日、文武王陵の大王岩で知られる甘浦の海岸に上陸し、吐含山の谷を進んで金城に入る直前の明活山城襲撃であろう。その険阻を考えると、ここを日本使が金城入京の経路としていたとは思えないのである。

さて、日本使は蔚山方面から東川に沿って毛火里の関門に達し、あるいは太和江を少しく遡って鹿洞里の関門に達したかで、ともかくも新羅の引導を受けて毛伐郡の関門を通過したであろう。〔補2〕

ところで、関門の築かれた七二二年以後では、日本使がこの日本の賊を遮るという関門を通過せざるを得ないということは、日本使の新羅観に微妙な影響をもたらしたものと推測されるが、それは八世紀中葉の日羅両国間の外交摩擦とは全く無縁ではないであろう。

さて、日本使は毛伐郡の関門を経て金城の京都駅（景徳三十八年〔七五九〕から恵恭王十二年〔七七六〕までは都亭駅と称す〔『三国史記』巻三十八・職官上〕）に至り、客館に導かれたものと推測される。

このように、新羅に至った日本使は上陸から入京に至る途次に、七二二年以後では新羅が日本の賊に対備した関門を通過することになったが、同じ事例を北の渤海国についても見い出すことができる。

新羅が渤海国の使者を迎えた記録は伝わらないが、[補3]新羅が渤海国に使者を送った例が二つあり、その経路に関門が築かれているのである。

史料④

1．『三国史記』巻三十五、地理二・朔川

井泉郡。本高句麗泉井郡、文武王二十一年（六八一）取之。景徳王改名、築炭項関門、今湧州。

2．同上巻三十七・地理四

賈耽古今郡国志云、渤海国南海、鴨緑、扶余、柵城四府、並是高句麗旧地也。自新羅泉井郡至柵城府、凡三十九駅。

高句麗の故地たる井泉郡内に新羅が炭項関門を構築したのは恐らくは文武王代のことであろう。(6)しかし、後の景徳王の七年（七四八）には、新羅の北辺を検察させ、そこに大谷城をはじめとする十四郡県を設置しており、王の二十一年（七六二）には五谷城等の六城を築いて太守を派遣している。

これらは今日の黄海道に所在した地であり、父王の聖徳王の三十四年（七三五）に、唐と渤海との紛争に際して、新羅が唐の要請に応えて渤海の南部を攻撃した結果、唐から得られた「浿江以南地」を中心に築かれた城邑である。これらの築城は、新羅が北辺を検察するのみならず、渤海国との境界を確定し、これに備えた西北辺の充実策であった。(7)

この新羅による西北辺の充実策は、東北辺に連なって進められたと見るべきであって、炭項関門に連なる防禦にも補強が施されたにちがいない。

この地には、早く文武王十五年（六七五）に靺鞨に備えて安北河に関城を設け、また鉄関城を築いており、さらには聖徳王二十年（七二一）には渤海国に備えて長城を築いていたことが『三国史記』新羅本紀にみえている。〔補4〕

ここに、聖徳王代に継続する景徳王代の北辺充実策は渤海国に対備する策として東北・西北に連なって推進されたものと思われる。

さて、史料④の2は、唐の徳宗代の賈耽が来朝の外国使や遣外使から聴取した外国の地理情報を撰述した『古今郡国県道四夷述』四十巻の逸文であるが、それによれば、新羅の東北辺の井泉郡から渤海国の柵城、即ち、今日の中国・吉林省琿春県八連城に比定される東京龍原府までは三十九駅と言うから、そこから新羅に入るには、途次に今日の朝鮮・咸鏡南道咸興にも比定される南京南海府を経て、都合三十九駅で新羅の井泉郡に達することになるが、(8)この所謂新羅道の南端が前述の新羅の炭項関門に結びつくことになろう。

『三国史記』新羅本紀には、元聖王六年（七九〇）と憲徳王四年（八一二）に新羅が北国へ遣使したことがみえている。この新羅が送った二度の遣渤海使は金城を出て東北辺の井泉郡に至って、炭項関門を通過するやいよいよ渤海国の三十九駅を経て東京龍原府に達したであろう。

一方、史料を得ないが、渤海国の遣新羅使、あるいは毛皮等の渤海産品を運ぶ渤海国商人が新羅に入国したのであれば、彼ら一行もこの炭項関門を通過したものと推測される。

ところで、新羅がその南北に毛伐と炭項の関門を構築していたことは相互に連動しているものと思われる。即ち、南の毛伐関門は日本の賊に備えた防備ではあったが、八世紀中葉に両国関係の悪化が顕著になるや、南の緊張関係は渤海国と日本の緊密化と相互の軍事上の連繫を新羅が危惧すれば、それは新羅に北の緊張感を喚起することになろう。景徳王代の北辺充実策は八世紀中葉に高まる新羅と日本の関係悪化に無関係ではないように思われる。

新羅がこの南北の関門を中核に、日本と渤海国、あるいはその連繫に備えた聖徳王代に始まる防備の体制は、唐にも伝聞されていたものと思われる。即ち、『新唐書』巻二百二十・新羅伝には『旧唐書』新羅国伝にみない次の如き関門の存在を伝えている。

史料⑤

新羅、弁韓苗裔也。居漢楽浪地、横千里、縦三千里、東拒長人、東南日本、西百済、南瀕海、北高麗。…中略…長人者、人類長三丈、鋸牙鉤爪、黒毛覆身、不火食、噬禽獣、或搏人以食、得婦人、以治衣服。其国連山数十里、有峡、固以鉄闔、號関門、新羅常屯弩士数千守之。

この新羅が東の長人に備えた関門の一件は、『太平広記』巻四百八十一の「新羅」条にほぼ同文がみえ、唐の開元末の牛粛の『紀聞』が典拠であることが知られる。恐らくは、天宝二年（七四三）に景徳王の冊立の為に新羅に使した魏曜らの一行に係わる伝聞であろう。(9)

また、大暦三年（七六八・恵恭王四年）にこの景徳王を弔い新王の恵恭王を冊立せんと遣わされた帰崇敬に随行した顧愔の記録である『新羅国記』も史料⑤の情報源に係わることも予想されなくはない。かく推測するのも、『新羅国記』は今日、新羅の花郎、骨品制、望徳寺の塔の三件を記述した文のみ伝わっているが、(10)既に、今西龍は『新唐書』

新羅伝に独自にみえる骨品をはじめとする新羅の風俗関係記事は、『新羅国記』を主要な史料源とすると断定されている。(11) 魏曜あるいは顧愔が金城に入るのは、時まさに前述した南北の関門を中核に新羅が日・渤に緊張感を抱いていた時でもある。長人に備える新羅の弩士数千人による関門の防備は魏曜あるいは顧愔ら宗主国の使人一行と新羅官人との交流の過程で、日・渤に対する新羅の警戒という東アジア世界内部の軋轢をめぐって醸成された伝聞ではないだろうかと思えてくる。〔補5〕

ところで、新羅は西部でも関門を構えて唐軍に備えていたのであろうか。毎年の如く、唐に朝賀、朝貢の使者を派遣し、また、新羅王の交替の毎に唐よりの弔冊使を迎えた新羅であるだけに、西方への駅路には注意されるが、やはりその史料は乏しい。

ただ、僅かに文武王八年（六六八）十月に王が漢城から金城へ帰京する途次に、国原小京に近い褥突駅にて小京の仕臣（長官）の饗宴を受けたことが『三国史記』新羅本紀にみえ、さらに金城に近い駅では、『三国遺事』巻第一・「金庾信」条に金庾信が金城を出でるや骨火館に宿ったとある。この骨火とは古の骨火小国に由来するとされ、金城に西隣する臨皐郡（今、慶尚北道永川市）である。即ち、金城から骨火館を過ぎ、駅制に従って褥突駅に至る経路は漢城に達し、やがて渡海して山東半島に上陸し、唐都・長安に至ることになる。(12)

ところで、『三国史記』巻三十七・地理志四には未詳の地名として「北海通、塩池通、東海通、海南通、北傜通」、「乾門駅、坤門駅、坎門駅、艮門駅、兌門駅」などと交通、駅制に連なる具体的な名称を掲げている。乾（北西）、坤（南西）などの方位を表わす名称から推して、五官道（通）の基点となる五駅であろうが、これらと日本使の入京経路、新羅の遣唐・遣日本・遣渤海使の出国経路は重なるものと推測される。

第二節　金城の賓客

金城入京後の外国使節団は王京内の客館に旅装を解いたにちがいないが、鴻臚館の如き客館の雅名は伝わらない。『三国史記』新羅本紀には文武王二年（六六二）春正月に「唐使臣、在館」とだけ客館の実在を推測させるが、その遺跡は未だ推定さえもない。王京の都市構造の研究は今後の大きな課題である。〔補6〕

唐からの弔冊使、日本使、耽羅の朝貢使は後述する領客府の官員に導かれ、外交儀礼、饗礼等を踏んだであろうがその記録は乏しい。日本側史書の『続日本紀』等には、遣新羅使（日本使）の金城における行動は何ら伝えてはいない。一方、『三国史記』新羅本紀は日本使の入国を次の如く伝えるだけである。

史料⑥

1. 孝昭王七年（六九八）三月、日本国使至、王引見於崇礼殿。
2. 聖徳王二年（七〇三）秋七月、日本国使至、摠二百四人。
3. 景徳王元年（七四二）冬十月、日本国使至、不納。
4. 同十二年（七五三）秋八月、日本国使至、慢而無礼、王不見之、乃廻。
5. 哀荘王四年（八〇三）秋七月、與日本国交聘結好。
6. 同　五年（八〇四）夏五月、日本国遣使、進黄金三百両。
7. 同　七年（八〇六）春三月、日本国使至、引見朝元殿。
8. 同　九年（八〇八）春二月、日本国使至、王厚礼待之。

9・景文王四年（八六四）夏四月、日本国使至。
10・憲康王四年（八七八）八月、日本国使至、王引見於朝元殿。
11・同 八年（八八二）夏四月、日本国王遣使、進黄金三百両、明珠一十箇。

右の記録によれば、1・2の八世紀前半の日本使は外交儀礼を踏んだようであるが、3・4の八世紀中葉では、新羅側の賓待するところとはならず使命を果たしてはいない。

この間の日羅両国の外交の推移は『続日本紀』の伝える両国の外交摩擦と軌を一にしている。ところが、九世紀初めに至って両国の交渉は好転しているが、この後の日羅両国の交渉は『三国史記』の記録に反して、日本側には新羅へ遣使したことの記録は乏しい(13)。

さて、新羅王が日本使を引見したという崇礼殿は、王と百官が歓楽した宮殿であり、九世紀に日本使引見の場となった朝元殿は真徳王五年（六五一）に始まる「百官賀正の礼」を王が受ける場であった。

こうした二つの宮殿における日本使に対する儀礼は唐使のほか、文武王二年（六六二）以来、新羅に付庸し、哀荘王二年（八〇一）には朝貢して来る耽羅の使者にも応用されたであろう。恐らくは、唐の弔冊使と耽羅の朝貢使に対しては日本国使の場合とは異なる格式の儀礼が採用されたものと思われる。

さて、宮殿における儀礼の後には、賜宴の礼が行なわれたに違いないがその記録は多くはない。ただ、『三国史記』新羅本紀には、孝昭王六年（六九七）九月、恵恭王五年（七六九）三月、憲安王四年（八六〇）九月、憲康王七年（八八一）三月に臨海殿にて百官に饗宴を開いたことが掲げられ、また、敬順王五年（九三一）二月には、入京してきた高麗の太祖・王建に臨海殿で饗宴している。

これらの例から推して、外国使節に対しても臨海殿での饗宴が設けられたものと思われる。臨海殿は今日、雁鴨池

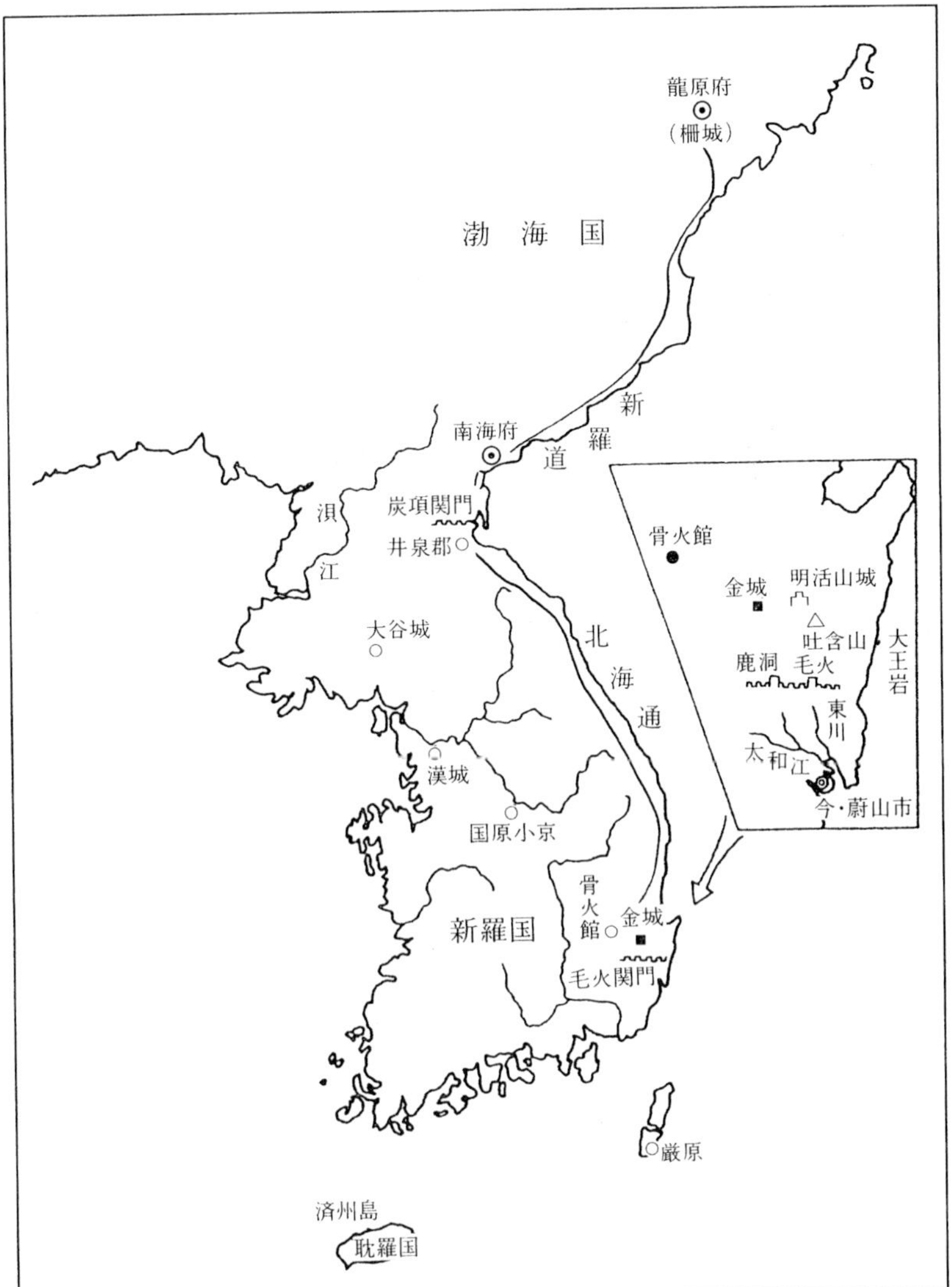
龍原府
(柵城)
渤 海 国
新
羅
道
南海府
浿
江
炭項関門
井泉郡
大谷城
北
海
通
漢城
国原小京
骨
火
館
金城
新羅国
毛火関門
巌原
済州島
耽羅国
骨火館
金城
明活山城
吐含山
大
王
岩
鹿洞
毛火
東
川
太和江
今・蔚山市

関係地名位置図

に臨む建築物であったとされるが、この池からは新羅時代の遺物が多数発見されている。それらの中に、酒令を思わせる十二面体の賽があり、「自唱自飲」などと各面に書かれた十二種の芸を楽しんだものと推測される。(14)

第三節　領客府

唐の弔冊使、日本使、耽羅の朝貢使の入国から出国までの迎接を執行したのは、『三国史記』巻第三十八・職官志上に見える領客府の官員であろう。職官志にはその沿革と組織を次の如く記録するが、その職掌の詳細は見えない。

史料⑦

1．領客府、本名倭典。真平王四十三年（六二一）改為領客典後又別置倭典。景徳王又改為司賓府。恵恭王復故。
令二人。真徳王五年（六五一）置。位自大阿飡至角干為之。
卿二人。文武王十五年（六七五）加一人、位與調府卿同。
大舎二人。景徳王改為主簿、恵恭王復称大舎、位與調府大舎同。
舎知一人。景徳王改為司儀、恵恭王復称舎知、位與調府舎知同。
史八人。

この職官志の沿革記録を次の史料⑧の『三国史記』新羅本紀と対照させると、両者間に齟齬が生じてくる。

史料⑧

1．真平王十三年（五九一）春二月。置領客府令二員。
2．真平王四十三年（六二一）秋七月。王遣使大唐、朝貢方物。高祖親労問之、遣通直散騎常侍庾文素来聘、賜以璽書及書屏風錦彩二百段。

3．真徳王五年（六五一）春正月朔。王御朝元殿、受百官正賀。賀正之礼始於此。二月。改稟主為執事部、仍拝波珍飡竹旨為執事中侍、以掌機密事務。

4．景徳王十八年（七五九）春正月。改兵部、倉部卿監為侍郎…中略…改調府、礼部、乗府、船府、領客府…中略…等大舎為主簿…以下略…二月。改礼部舎知為司礼、調府舎知為司庫、領客府舎知為司儀…以下略…

5．恵恭王十二年（七七六）春正月。下教、百官之号尽合復旧。

まず、職官志に真平王四十三年に倭典を領客典と改称したとあるが、新羅本紀の該当年条にその関連記事はない。しかし、この年には唐使の庾文素を迎えており、これは、実に新羅が初めて迎えた唐使であった。しかるに、これより先の真平王十三年条には「領客府令二員」を置いたとある。職官志にはこの後の真徳王五年に領客典の長官の令二人を置いたとあって、真平王十三年に「領客府令二員」を置いたとする新羅本紀の記事はその領客府という官司名と、長官の令の設置の年次に関して職官志の記録と齟齬を来しており整理が求められる。

真平王の「四十三年」と「十三」とは、「四」字が衍字であるとも、或は逆に一方がこれを脱漏したとも疑われるが、いずれとも決め難い。既に、真平王十三年の記事は、職官志に長官の令二人を始置したとある真徳王五年を干支一巡を繰り上げてしまった誤りともみなされている(15)。

また、安鼎福の『東史綱目』（一七八八年撰述）と李萬運らの撰の『増補文献備考』（一七九一年増補）は領客府の設置を次の如く理解している。

史料⑨

1．『東史綱目』第三・上

辛亥新羅真平王十三年、高句麗嬰陽王二年、百済威徳王三十八年二月、新羅置領客府。新羅與倭交聘、置館名倭典、以待其使、至是改號。

2・『増補文献備考』巻之一百七十八・補交聘考八・日本交聘

真平王十三年、置領客府。新羅初與倭交聘、置館名曰倭典以待其使、至是改號領客府。

即ち、両者は職官志の真平王四十三年説を省みずに、新羅本紀の説を採用したわけであるが、その論拠は明示されていない。

ただ、倭典の由来を倭国との外交交渉にあるとした点は従えるが、『増補文献備考』が倭典とは倭国使を賓待する客館であるとみなした点は、後述の領客府の職掌からみて従えない。

さて、職官志の伝える真平王四十三年は倭典の名を改め領客典とした年であるが、この倭の名を捨てた背景には新羅が唐との交渉を強化する政策があろう。

即ち、前述の如く、この年に新羅は初めて唐に遣使朝貢し、また、初めての唐使の庾文素を迎えている。この外交の新展開は迎接儀礼の整備にも及ぶのであり、その反映の一例が倭典の領客典への改編・改称である(16)。

さらに、職官志では領客典の長官の令二人は真徳王五年に置かれたとある。この真徳王代は新羅の国家体制が唐制に倣って整備が進展した時代である。前代の宰相・毗曇の反乱の鎮圧を経て実権を握った金春秋らの自主的対唐派により、真徳王三年（六四九）には衣冠の制を唐のそれに倣って改め、翌年には定着しつつあった独自の年号の制を廃して、唐の永徽の年号を採用したのである(17)。

この国制を唐制に倣って改める傾向は儀礼にも及び、真徳王五年に王は朝元殿に御し、百官の賀正の礼を受けたが、これが新羅における賀正の礼の始まりであるという。『日本書紀』には、この年、即ち、孝徳天皇の白雉二年（六五一）に来日した新羅使の知萬らは唐国の服を着ていたが為に筑紫から追放されたことが記録されている。

実に、真徳王代に始まる国制の唐制化は、日本からの政治関係からの離脱とみなされるのであり、日羅両国に外交摩擦を生むことになる。

さて、職官志に真徳王五年に領客典の長官二人を置いたとあるのも、賀正の礼の開始や遣日本使の唐服の着用に象徴される国制の唐制化と無関係ではないものと推察され、このことは職官志に同年に改称あるいは始めて置かれたとある執事省や調府の長官の「令」などの中央の官司、官員にも及ぶのである。

ところで、領客典は景徳王十八年（七五九）に司賓府と改称され、次代の恵恭王十二年（七七六）には「復旧」されたのであったが、それは全く「旧」の領客典へ復称されたのではなく、司賓府の官司ランクを示す府を保って領客府と復称されたのであろう。〔補7〕ただ、その後、さらに改称がなかったわけではない。

即ち、新羅本紀には敬順王六年（九三二）夏四月条に「遣使執事侍郎金朏、副使司賓卿李儒入唐朝貢」とある。この後唐への遣使記事は、『冊府元亀』巻九七二・外臣部・朝貢五の「長興三年（九三二）四月、新羅国権知本国王金傅遣使執事侍郎金朏貢方物」の記事を主幹とし、『五代会要』巻三十・「新羅」条に「清泰二年（九三五）二月、以入朝使執事侍郎金朏為検校工部尚書、副使司賓大卿李儒試将作少監」とある「司賓大卿李儒」の名を援用したものであるが、ここに、景徳王代に採用され、続く恵恭王代には廃された司賓府の名がこの新羅末にも再び採用されていたことが知られる。恵恭王十二年（七七六）以後にも「復旧」された領客府などの官名が再び唐風に改称されたのであるが、その時期はおそらく哀荘王代（八〇〇～八〇九）のことであろう。

なぜならば、恵恭王代の「復旧」以後の改称例は職官志に十分には記録されてはいないが、ただ四天王寺成典など寺院の管理機関の長官たる衿荷臣が景徳王代に「監令」あるいは「令」と改称され、恵恭王代に「復称」された後にも「哀荘王又改為令」とあって再び唐風に改称された例があり、やはり、位和府の長官の衿荷臣も哀荘王六年に「令」

と改称された例があるからである。〔補8〕

第四節　領客府の職掌と内省の倭典

領客府の職掌はその名称からも予測される如く賓客の応接にあるが、これを今少しく検討してみよう。

領客典は景徳王十八年（七五九）に中央官司名の唐制化において司賓府と改称されたが、この司賓とは、唐では則天武后の光宅元年（六八四）から長安四年（七〇四）の間に鴻臚寺に替えて採用された名称であって、渤海国でも採用された官名である。(18)

このことからも、新羅の領客府は唐の鴻臚寺と職掌を近似するものであることが予測されるが、このことは領客府の官員の名称にも窺うことができる。

即ち、三等、四等官の大舎、舎知は景徳王十八年に各々に主簿、司儀と唐風に改称されたが、この官名も鴻臚寺の官員に認めることができる。なかでも四等官の舎知の改称名の司儀には注目してよい。

唐の鴻臚寺の長官の卿の職掌は「賓客及凶儀之事」の二件にあり、その具体的な執行は典客署と司儀署に分掌され、司儀署が後者の「凶儀之事」、即ち、「凶礼之儀式及供喪葬之具」を掌ったが、司儀とは実にこの司儀署の官員なのである。(19)

すると、新羅の領客典が司賓府と改称されたのみならず、その官員の大舎と舎知が鴻臚寺の四等官たる「主簿」と鴻臚寺の主要部局の司儀署の三等官である司儀の名に改められたのである。この景徳王十八年（七五九）の改称は、領客府の職掌が唐の鴻臚寺のそれに極めて類似して賓客の応接のみならず、司儀にみる如く「凶儀之事」とその祭具の管理をも担当することが強まったものと推測される。

さて、領客府の沿革と職掌を考える上で看過できないことは、領客典の時代に「後又別置」されたとある倭典の所属とその職掌についてである。

領客典の前身をなす倭典を前期倭典と仮称すれば、この復活・別置された倭典は後期倭典と仮称されるが、その復活の時間について、筆者は新羅が対唐外交を重視する反面では、これに照らして対日本外交の形式をあくまで朝貢形式を保守させようとする日本側の強要に反して、対等な形式を採ったが為に日羅両国間に摩擦の生じ始めた頃、即ち、八世紀初め、なかでも、新羅が対唐外交に用いた表書を掌る詳文司を通文博士と改称した聖徳王十三年（七一四）頃とみなしたことがある。[20] この後期倭典の設置は新羅の対日本外交の整備の一環にはちがいないのである。

ところで、この別置された後期倭典の所属とその職掌を考える時、職官志（中）の内省の部局を掲げたその末部に「倭典、已下十四官員数闕」とある倭典に注目される。

この内省の倭典は攢染典、染典、漂典など染色関係官司に続き、また、錦典、鉄鍮典など織物、工芸関係官司に先行して掲げられている位置と、さらには、「官員数闕」として人員数を表記できない十四の官司の筆頭である位置にも注意しなければならない。

十四の官司のなかには、この倭典と同じく人員数のほか沿革も記録しない寺典、鞦典など七官司が含まれる。このうち寺典は中央官司を掲げる職官志（上）に「大道署或云寺典或云内道監」とある大道署の別称に共通し、大道署と先の内省の寺典とは国家機関と内廷機関の基本的相異を含みながら寺院の管理を職掌としたものと推測される。

すると、領客府とこの内省の倭典との関係についても、ともに賓客の応接を基本的な職掌としながらも、唐においては宮官の尚儀局に司賓、典賓、掌賓が各二人おり「賓客朝見宴会賞賜之事」[21]を掌ったことが注目される。

唐制における国家機関としての鴻臚寺と内廷の尚儀局の司賓等の職掌を考えるとき、この新羅の内省所属の倭典とは、倭の名を冠してこれに代表される賓客の内廷参内の儀を掌ったものとも推測される。(補9)

ただ、他方、内省の倭典以下十四の官司にはその記載の位置から官司名のみ伝わるが官員数と沿革の不明確な別称等である官司名をここにまとめて記載したものとも推測され、また、その前後の官司名から推して、内省の倭典は「対倭交易等に依る製品生産・収得を図る官司である」(22)との見解も考慮しなければならない。

確かに、新羅は六世紀以来の対日本外交において、交易とは別途に王室は多量の綿、絲、布、金、銀等を日本王廷から得たことが『日本書紀』、『続日本紀』に記録されている。これら日本産の原料を王室に収納し、実用化を企ることもこの内省の倭典の職掌ではなかったかと推測されるのである。職官志（中）の内省における倭典の記載情況からも肯首される見解である。

さて、この内省の倭典は、前述した領客典から復活・別置された後期倭典そのものであるのか、換言すれば、領客典から復活して別置、即ち、分離された倭典が内省に編入されたものかどうか明白ではない。これを後期倭典と同一の官司とみて、八世紀初頭、即ち、聖徳王代に日本使を賓待する部門が領客典から分離され、旧来の倭典の名をもって内省に編入され、対日本外交はこの内省の倭典が専管したとする見解がある。この見解が敷衍されて、内廷機関の内省に所属する倭典が日本使を賓待することは、新羅側では日本使を朝貢使として応接した可能性があると説かれることになる。(23)

しかし、史料⑥にみる日本使の記録にはこれを新羅が朝貢使とみなした点は読み取れない。『三国史記』新羅本紀には哀荘王二年（八〇二）に「耽羅国遣使朝貢」と明確に記録している例からみて、日本使を朝貢使として処遇したとすれば史料⑥には「日本国遣使朝貢」などと朝貢の二文字を記録に残してよいはずである。新羅の国家体制には、耽羅と並んで日本をもその朝貢国と位置づけ、自らをいわば「東夷の小帝国」とする体制の存否の究明は尚課題として残っている。〔補10〕

おわりに

東アジア世界において、地理的には諸国の中間地域に位置した新羅は、周辺諸国と外交使節を頻繁に交換した。それは発遣のほか迎賓では唐からの弔冊使であり、日本からは複雑な経過を含んで八世紀には対等な使節を、さらに耽羅からの朝貢使であった。

この新羅の地理的位置と政治的位置から来る三つの性格の異なる外国使をどのように応接したか、その迎賓機関と施設、また、儀礼を考察することは大いに興味をもたれるが、遺憾ながら文献史料はこの問題に冷淡である。今後の考古資料の出現に期待される所以である。

本論は、前述の問題を念頭に置きながら乏しい史料にも拘わらず、金城の客館の存在を前提として、これに係わる迎賓機構を考察してきたが、推測を数多く重ねることになった。

金城には各国使毎に個別の客館が設けられていたのかどうか、また、使節毎に迎賓儀礼はどのように行われたのか、興味は深い。新羅は唐、日本に発遣するに回数に比して、外国使を迎えることは相対的に多くはない。まして迎接が毎年の例ではなかった新羅の国際関係を考えると、客館史料の乏しさはここに原因するかとも思える。今後の新資料の出現と視点の展開によって、迎接と賓対を手掛かりに新羅の儀礼はさらに考察しなければならない研究課題である。

注

（1）高木市之助「新羅へ」（『国語と国文学』第三十一巻第三号、一九五四年三月）

（2）三品彰英遺撰『三国遺事考証（上）』（塙書房、一九七五年五月。五三六頁）

（3）『高麗史』巻五十七・地理二・慶尚道「蔚州…中略…東萊県本新羅居柒山郡、景徳王改為東萊郡、顕宗九年来属、後置県令、有温泉」

（4）『高麗史』巻八十二・兵二・站駅「金州道掌三十…中略…機長駅、屈火、肝谷蔚州、徳川彦陽」

（5）旗田巍「『三国史記』新羅本紀の〝倭〟」（『日本の中の朝鮮文化』第十九号、一九七三年九月）

（6）池内宏「真興王の戊子巡境碑と新羅の東北境」（同『満鮮史研究』上世・第二冊〔吉川弘文館、一九六〇年六月〕所収）

（7）末松保和「新羅の郡県制、特にその完成期の二三の問題」（『学習院大学文学部研究年報』第二十一輯、一九七五年三月。後に、末松保和朝鮮史著作集2『新羅の政治と社会』下〔吉川弘文館、一九九五年十二月〕）〔補〕李成市「新羅兵制における浿江鎮典」（『文学研究科紀要別冊』第七集〔早稲田大学、一九八一年三月〕後に、同『古代東アジアの民族と国家』〔岩波書店、一九九八年三月〕所収）参照。

（8）河上洋「渤海の交通路と五京」（『史林』第七十二巻第六号、一九八九年十一月〕）

（9）史料⑤と『紀聞』との関係については、後掲の〔補5〕を参照。尚、池内宏「高句麗滅亡後の遺民の叛乱及び唐と新羅との関係」（同『満鮮史研究』上世・第二冊〔吉川弘文館、一九六〇年六月〕所収）では、史料⑤の関門は、前述した文武王十五年に築いた安北河付近の鉄関城を指すものと説くが、関門と不可分の長人についての言及はない。〔補〕『太平広記』巻第四百八十一・蕃夷二・「新羅」の長人記事は以下である。「新羅国、東南與日本隣、東與長人国接、長人身三丈、鋸牙鈎爪、不火食、逐禽獣而食之、時亦食人、裸其軀、黒毛覆之、其境限以連山数千里、中有山峡、固以鉄門、謂之鉄関、常使弓弩数千守之、由是不過（出紀聞）…中略〔この間に『西陽雑俎』と『雲渓友議』からの奇譚を載せる〕…又天宝初、使賛善大夫魏曜使新羅、策立幼主、曜年老、深憚之、有客曾到新羅、因訪其行路、客曰、永徽中、新羅日本皆通好、遣使兼報之、使人既達新羅、将赴日本国、海中遇風、波濤大起、数十日不止、随波漂流、不知所届、忽風止波静、至海岸邊、日方欲暮、時同志数船、乃維舟登岸、約百有餘人、岸高二三十丈、望見屋宇、争往趨之、有長人出、長二丈、身具衣服、言語不通、見唐人至、大喜、于是遮擁令入宅中、以石填門、而皆出去、俄有種類百餘、相随而到、乃簡閲唐人膚體肥充者、得五十餘人、盡烹

之、相與食噉、兼出醇酒、同為宴楽、夜深皆酔、諸人因得至諸院、後院有婦人三十人、皆前後風漂、為所擄者、自言男子盡被食之、唯留婦人、使造衣服、汝等今乗其酔、何為不去、吾請道焉、衆悦、婦人出其練縷数百匹負之、然後取刀、盡断酔者首、乃行至海岸、岸高、昏黒不可下、皆以帛繫身、自縋而下、諸人更相縋下、至水濱、皆得入船、及天曙船発、聞山頭叫聲、顧来処、已有千餘矣、絡繹下山、須臾至岸、既不及船、虓吼振騰、使者及婦人並得還（出紀聞）」

(10) 岡田英弘「新羅国記と大中遺事とについて」（『朝鮮学報』第二輯、一九五一年十月）

(11) 今西龍「新羅骨品考」（『新羅史研究』（近沢書店、一九三三年六月。（国書刊行会復刊、一九七〇年九月））

(12) 『新唐書』巻四十三下・地理七下・嶺南道。「登州東北海行、過大謝島、亀歆島、末島、烏湖島三百里、北渡烏湖海、至馬石山東之都里鎮二百里。東傍海壖、過青泥浦、桃花浦、杏花浦、石人汪、橐駝湾、烏骨江八百里、乃南傍海壖、過烏牧島、貝江口、椒島、得新羅西北之長口鎮…中略…乃東南陸行、七百里至新羅王城」

(13) 石井正敏「八・九世紀の日羅関係」（『日本前近代の国家と対外関係』（吉川弘文館、一九八七年四月））

(14) 韓国文化公報部文化財管理局『雁鴨池発掘調査報告書』（ソウル、一九七八年十二月）

(15) 奥田尚「〝日本府〟と新羅倭典」（『古代国家の形成と展開』（吉川弘文館、一九七六年一月）所収）

(16) 鈴木靖民「新羅の倭典について」（『古事類苑・外交部』月報三十三掲載、一九六九年十二月）及び本書第一部第四章「聖徳王代の政治と外交―通文博士と倭典をめぐって―」参照。

(17) 武田幸男『新羅〝毗曇の乱〟の一視角」（『三上次男博士喜寿記念論文集―歴史編』（平凡社、一九八五年八月）所収）

(18) 『大唐六典』巻之十八・鴻臚寺、『唐会要』巻六十六・鴻臚寺、及び『新唐書』巻二百十九・渤海伝

(19) 『大唐六典』巻之十八・鴻臚寺、『唐会要』巻四十四・職官三・鴻臚寺、及び、『新唐書』巻四十八・百官三・鴻臚寺

(20) 本書第一部第四章「聖徳王代の政治と外交―通文博士と倭典をめぐって―」参照。

(21) 『大唐六典』巻之十二・宮官、『旧唐書』巻四十四・職官三・宮官、及び、『新唐書』巻四十七・百官二・宮官。

(22) 三池賢一「新羅内廷官制考（下）」（『朝鮮学報』第六十二輯、一九七二年一月）

(23) 李成市「正倉院宝物氈貼布記を通して見た八世紀の日羅関係」（『朝鮮史研究会会報』六十七号、一九八二年七月）〔補〕朝鮮史研究会におけこの李報告は時を経て、同「正倉院所蔵新羅氈貼布記の研究―新羅・日本間交易の性格をめぐって―」（同『古代東アジアの民族と国家』岩波書店、一九九八年三月）に整理されている。尚、本書第一部第四章の注（23）参照。

補注

〔補1〕 長城から東海を見下ろす山上に萬里山城があるが、この城壁から石刻が発見されている。朴方龍「新羅関門城의銘文石考察」(『美術資料』第三十一号、一九八二年十二月)及び、同『新羅都城研究』(博士学位論文、東亜大学校、一九九七年)参照。

〔補2〕 日本使が洛東江を溯及して梁山付近で上陸し、陸路に金城へ向って北上する進路をとれば、毛火里の西隣りの鹿洞里の関門を通過したことも考えられる。

〔補3〕 渤海国から新羅への使者の例では、唐の代宗の勅使の韓朝彩が渤海国に奉使した後に、その帰路に朝貢路に従って新羅に入国した例がある。拙稿「留唐学僧戒融の日本帰国をめぐる渤海と新羅」(『日本古代の伝承と東アジア』吉川弘文館、一九九五年三月)参照。

〔補4〕 『三国史記』巻七

・文武王十五年(六七五)「春正月…中略…緑安北河設関城、又築鉄関城」

(『三国遺事』巻二・「文虎王法敏」条には、文武王代の築城を記録して「安北河辺築鉄城」とある)

『三国史記』巻八

・聖徳王二十年(七二一)「秋七月、徴何瑟羅道丁夫二千、築長城於北境」

〔補〕 李鎔賢「統一新羅の伝達体系と〝北海道〟—韓国慶州雁鴨池出土の15号木簡の解釈—」(『朝鮮学報』第百七十一輯(一九九九年四月)では新羅の王都の金城から東北方へ渤海国に至る交通が検討されている。

〔補5〕 李成市「八世紀・新羅渤海関係の一視覚—『新唐書』新羅伝長人記事の再検討—」(『国学院雑誌』第九十二巻第四号(一九九一年四月)。後に、同『古代東アジアの民族と国家』(岩波書店、一九九八年三月)に所収)ではこの長人記事は新羅の対渤海政策から新羅人の間に醸成された対渤海人恐怖感の心性を忠実に反映すると、読みとっている。しかし、『山海経』巻九・山海東経には「獣身人面、大耳珥両青蛇」の大人国や「為人身生毛今去臨海郡東南二千里有毛人、在大海州島上、為人矩小面、体尽有毛如猪、能穴居無衣服」という毛民国のこと、また、「長人国」を載せる『太平広記』の「新羅」条にも『玉堂閒話』を引いて、西門思恭が新羅に奉使する海上で漂流して五、六丈の大人に遭遇する異譚のほか、『太平広記』の「蕃夷四」の「狗国」には『嶺表録異』を引いて、陵州刺史が新羅の賈客とともに漂流し、狗国、毛人国、夜叉国、大人国、流虬国、小人国を廻る奇譚を載せ、やはり『太平広記』巻四百二十三・龍六には『国史補』巻下を引いて、永貞元年（八〇五）に元義方が新羅に奉使して帰国の海上で島の泉の水を飲んだが為に龍の怒りをかい、風雨雷電が三日三晩続いた後に莱州に戻ったという奇譚を載せる。また、同巻四百六十九・水族六には『酉陽雑俎』を引いて、大足の頃（七〇一年頃）、唐の士人が新羅の使者に随って海上に出て漂流したが、海老が人に化身して現れた「長髯国」の大王を龍王から救う奇譚を載せる。また、『杜陽雑編』巻中にも元和五年（八一〇）に内給事の張惟則が新羅に奉使した帰国の海上で「洲島」の公子から金亀印を受ける奇譚が載り、遅れては『高麗史』巻五・顕宗二十年（一〇二九）七月乙酉には「耽羅民貞一等、還自日本、初貞一等二十一人泛海漂風到東南極遠島、島人長大遍體生毛、語言殊異、劫留七月、貞一等七人竊小船、東北至日本那沙府、乃得生還」とあり、異域漂流奇譚は少なくない。『太平広記』巻二百四十三・李邕には、やはり『紀聞』を引いて、日本国使の帰国を送る船と水工を準備した李邕は、送使を辞退する水工に「日本路遙、海中風浪、安能却返」と航海を不安に思う心中を読んだ言葉が見られる。この言葉を勘案すると、かの老齢の魏曜が新羅への使行を憚るところを、客の友人がこの気分に乗じて、永徽年間に新羅を経て日本へ向かったとする唐使の漂流奇譚を魏曜に聞かせ、その恐れを増幅させんとした客人の姿が読みとれる。新羅の三韓一統後に安定した東アジアの国際関係のもとで、唐から東海へ出航し新羅、日本へ使行し、また交易の航海が始まるやその航海の不安は唐のなかにはよく知られ、この使行を躊躇する気分が官人等にあったことが前記の異域漂流譚に読みとれる。この長人奇譚の背景には新羅人が渤海人を異形視し、これを恐怖したとの新羅人の渤海人観を読みとる李説の前に、筆者はまず唐の社会に前述した『山海経』以来の東方異域観が伝承され、この上に海上遥か東方に使行することの不安感が重なり、前記のような東方海上の異域漂流奇譚が生まれたものと考えられる。尚、前掲注（9）に引いた「紀聞」の前半は（出紀聞）と銘記されているが、これは『太平広記』の「蕃夷二・新羅」のなかに新羅に係わる5件の奇譚を載せるに先だって、後に続く奇譚の舞台たる「新羅国」の位置とその社会を紹介した短文である。「紀聞」は今日引用されてのみ伝わり、その原形が不明であるが、この短文が「紀聞」からの引用文であるのか、『太平広記』の編者の李昉らが後に載る長人奇譚を素材として「新羅国」を案内する短文として創作したのか不明であるが、後者のことも考慮する余地がある。

〔補6〕〔補1〕の朴方龍氏の学位論文、及び、東潮「新羅金京の坊里制」（『条里制・古代都市研究』第十五号、一九九九年十二月）等参照。

〔補7〕本書第一部第四章「聖徳王代の政治と外交—通文博士と倭典をめぐって—」の「第三節　倭典と領客府」参照。李成市前掲注（23）の論著では「領客府」の「府」号は真徳王五年（六五一）に採用されたと説く。

〔補8〕　本書第二部第二章「寺院成典と皇龍寺の歴史」の「第一節　寺院成典の構成」参照。

〔補9〕　この内省の「倭典」の史料解釈については本書一部第四章「聖徳王代の政治と外交―通文博士と倭典をめぐって―」の注（23）を参照。李成市「正倉院宝物氈貼布記を通して見た八世紀の日羅関係」（『朝鮮史研究会会報』第六十七号、一九八二年七月。後に一九九六年二月のハワイ大学におけるシンポジウムの報告「新羅と日本―八世紀の交流を中心に―」を経て、「正倉院所蔵新羅氈貼布記の研究―新羅・日本間交易の性格をめぐって―」として成稿〔同『古代東アジアの民族と国家』岩波書店、一九九八年三月〕に所収）は、後期倭典に関する三池・鈴木両説の対日交易の機関とする理解を発展させ、後期倭典が新羅製品と日本製品との交換を取り扱う機関であったと説く。この主旨は、また、同『東アジアの王権と交易―正倉院の宝物が来たもうひとつの道―』（青木書店、一九九七年七月）でも説かれる。内省の「倭典」の史料問題とこれに密接するその職掌問題は「大道署或云寺典」の「寺典」と内省の「寺典」との所属関係とともに、その解明は他に史料を得て、さらに追求されるべきである。

〔補10〕　注（23）の李氏の「日本使＝朝貢使」説は前掲の「正倉院所蔵新羅氈貼布記の研究―新羅・日本間交易の性格をめぐって―」では言及されてはいない。

第二部　王権の動向

――中代と下代――

第一章　聖徳大王神鍾と中代の王室

はじめに

新羅の古都、今日の韓国慶尚北道慶州市にある国立慶州博物館の前庭にはコンクリート製の鐘閣があって、そこにひとつの大鐘が懸けられている。この大鐘は総高約三・九〇メートル、口径約二・三〇メートル、旗挿の高さは約六〇・七センチメートルの規模をもち、特徴的な装飾を施したいわゆる朝鮮鐘の今日では最大のものである。(1)

表面に陽鋳された二対の飛天像と二面の銘文とがこの大鐘をいっそう著名な新羅時代の文化遺産にしているが、鐘銘の題記には「聖徳大王神鍾之銘」(2)とあるから、大鐘は「聖徳大王神鍾」と呼ばれ、また『三国遺事』巻三・「皇龍寺鍾・芬皇寺薬師・奉徳寺鍾」条には、鋳造後この大鐘を奉徳寺に奉安したとあるから、「奉徳寺鍾」とも呼ばれる。さらに鋳造にまつわる小児の犠牲伝説に由来して当地の「母」を呼ぶ方言から「エミルレ（에밀레）鍾」とも呼ばれている。(補1)

鐘は『新増東国輿地勝覧』巻二十一・慶州府・古跡の「奉徳寺鍾」条によると、奉徳寺の境内が慶州を流れる北川の氾濫に沈んだ為に天順四年（一四六〇）に霊妙寺へ移され、その後、朝鮮王朝の中宗代（一五〇六〜一五四四年）の初期に、慶州府尹の芮椿年によって慶州邑城の南門の外、鳳凰台の西側に鐘閣を建て、ここに移されて徴兵と南門の開

閉を告げる鐘として撞かれたという。(3)

やがて、植民地時代に至ると、大正四年(一九一五)八月に慶州古蹟保存会の保護するところとなってその鐘閣に移り、また、ここが旧朝鮮総督府博物館慶州分館となって保護されたが、解放後の一九七五年に現在の国立慶州博物館が完成すると、今日の鐘閣に四度目の移転をみたのである。(4) 博物館にあっては鐘にひび割れがあるために定期的に鐘を撞くことはなくなり、今日この大鐘の響音を聴く機会はまずない。しかし、趙奎東編著『韓国의 梵鐘』(韓国文化研究会、一九六六年刊)には韓国の梵鐘七七点、編鐘一点の解説とその響音を録音したレコード盤とが収録されているから、千二百余年を経た古代の響音を今日聴くことも可能である。(補2)

本論はこの聖徳大王神鍾の銘の釈読を通して、中代後半の新羅の王権の政治史を理解するものである。

第一節　鍾銘の釈読

聖徳大王神鍾の銘文は、二対の飛天像の間に、序の部と、詞と歴名の部とに分かれて陽鋳されている。一字が約二センチの陽鋳であるだけに、字画が必ずしも鮮明に鋳出されてはいない。その上に長い間の風雪や四度の移転による損傷、さらには大鐘の犠牲伝説によって、この鐘に触れたり削り取ってこれを服すると堕胎に効があるという奇習が派生し、その為にこの大鐘には人為的な傷があるという。(5) こうしたことから字画は不鮮明であって数文字には欠損がある。

だが幸にも、『三国遺事』には鍾銘の極く一部が、また『東国輿地勝覧』には歴名を除いて序と詞の全文が採録されており、今日より約五百年前の釈読を参考にすることができる。

そこで、この鍾銘の釈読を提示するには、現物に間近にせまって釈読することが最も好ましいが、第二の手法として数種の拓本と既存の釈読とを参照する法も劣らず有効であろう。

まず、拓本では学習院大学東洋文化研究所蔵拓本と故・末松保和先生所蔵拓本、それに斎藤忠先生所蔵拓本の三点を利用した。このなかで学習院大学蔵拓本は昭和四十三年十二月に本郷・柏林堂書店から購入したもので、また末松先生所蔵拓本は、戦後間もない頃に先生が神田・山本書店から購入したものと言う。この二点の拓本は一見して同一時期の同じ拓工の手によって拓出されたものと見られるが、末松先生によればこの二点は恐らく昭和六年から十七年まで慶州の地で拓出を業としていた角田幸太郎氏の手になるものであろうと言う(6)。

また、斎藤先生所蔵拓本は、先生が昭和九年より十三年まで、旧朝鮮総督府博物館慶州分館に勤務された間の手拓になるものである。

次に既存の釈読も数多い。その最古のものは不十分ではあるが前述の高麗の僧の一然が十三世紀後半に撰した『三国遺事』であろう。同書の巻三「皇龍寺鍾・芬皇寺薬師。奉徳寺鍾」条では、「景徳大王…中略…又捨黄銅一十二萬斤為先考聖徳王欲鋳巨鍾一口、未就而崩。其子恵恭大王乾運、以大暦庚戌十二月、命有司鳩工徒、乃克成之、安於奉徳寺、寺乃孝成王開元二十六年戊寅、為先考聖徳大王奉福所創也。故鍾銘曰聖徳大王神鍾之銘聖徳乃景徳之考、典光大王鍾本景徳為先考所施之金。故称云聖徳鍾爾朝散大夫前太子司議郎翰林郎金弼粤奉教撰、鍾銘文煩不録」とかなり詳しく鋳造の経緯を述べている。

大鐘の鋳造を「大暦庚戌十二月」としているが、鍾銘では「大暦六年歳次辛亥十二月十四日」とあり、この頃に完成したと思われるから、僧・一然はその前年の庚戌の年を鋳造の始めと判断したのであろうか(7)。景徳王から恵恭王に至る大鐘鋳造の経緯、それに鍾銘を「聖徳大王神鍾之銘」とする点、さらに鍾銘の撰者を「朝散大夫前太子司議郎翰林郎金弼粤奉教撰」とする点は、一然がこの大鐘の銘か拓本かに直かに接した上でのことであり、何よりも「鍾銘文煩不録」としたことはそのことを明示していよう。

それ故に僧・一然は、今日最も古い釈読を『三国遺事』（一二八五年頃成立）に提示することが可能なはずであったが、「鍾銘の文は煩わしく録さず」の態度をとった為に、前掲のように極めて不十分に鍾銘の一部の釈読を示しただけに終わっている。歴名部分の人名の判読が困難な今日にあっては、一然の姿勢は実に惜しまれるが、ただ鍾銘の撰者の名を示した点には救いがあるとしなければならない。

僧・一然より約二百年を経て、徐居正等撰の『東国輿地勝覧』（一四八一年、奉教修）に至って鍾銘の序と詞の全文が採録されている。同書巻二十一の慶州府・古跡の「奉徳寺鍾」条がそれであるが、ここでは鍾銘の撰者を「金弼奚」としており、『三国遺事』では「金弼粤」と判読したことと相違をみせている。

さて、この『東国輿地勝覧』でも歴名部分を採録しなかった点は惜しまれるが、このことは『輿地図書』慶尚道・慶州鎮慶州府（朝鮮王朝・英祖代〈一七二四～一七七六年編纂〉）の古跡「奉徳寺鍾」条や閔周冕補編『東京雑記』（一七一一年刊）巻二の古蹟・「奉徳寺鍾」条でも同じであって、これらの書は先行する『東国輿地勝覧』に載せられた序と詞の釈読を転載したにすぎない。これらの地誌は詩文をよく収録するから、鍾銘もその立場から序と詞が尊重され、今日でこそ史学的関心をそそる歴名部分は見捨てられたのであろう。

このような経過から、鍾銘の全体釈読は清朝末の金石学著・劉喜海（燕庭）の編輯、劉承幹の校訂になる『海東金石苑』（一九二二年刊）に至って初めて採録されることになった。その後、日本の植民地時代に至っては、日本の学者によって釈読が提示され、最近では韓国の学者による精緻な釈読が提示されるに至っている。そこで、この鍾銘の釈読を掲げた文献を例記すれば以下である。

〔日本〕
関野　貞「韓国慶州に於ける新羅時代の遺蹟」（『東洋協会調査部学術報告』第一冊（明治四十二年七月、東洋協会。東洋文庫覆刻、昭和四十二年十月）。また同『朝鮮の建築と芸術』（岩波書店、昭和十六年八月）に収録）
朝鮮総督府『朝鮮金石総覧』上（大正八年初版。（国書刊行会複刻、昭和四十六年十一月））
奥田　悌『新羅旧郡慶州誌』（大正九年一月、朝鮮・大丘府、玉村書店）
今西　龍『新羅史研究』（昭和八年初刊。（国書刊行会複刻、昭和四十五年九月））
葛城末治『朝鮮金石攷』（昭和十年初刊。（国書刊行会複刻、昭和四十九年五月））
斎藤　忠『朝鮮仏教美術考』（昭和二十二年九月、宝雲舎）
同　『新羅文化論攷』（昭和四十八年八月、吉川弘文館）
坪井良平『朝鮮鐘』（昭和四十九年七月、角川書店）
〔韓国〕
洪思俊「奉徳寺梵鍾考」（一九六七年二月、考古美術同人会、考古美術資料第十二輯『然齋考古論集』）
黄壽永『続金石遺文』（一九六七年四月、考古美術同人会、考古美術資料第十五輯）
李昊栄「聖徳大王神鍾銘의 解釈에 관한 몇 가지 문제（に関するいくつかの問題）」（『考古美術』一二五号、一九七五年三月、韓国美術史学会）
黄壽永『韓国全石遺文』（一九七六年四月、一志社）
〔補〕
廉永夏『増補版韓国鍾研究』（一九八八年十二月、韓国精神文化研究院）

『聖徳大王神鍾』（一九九九年五月、国立慶州博物館）
『蔵書閣所蔵拓本資料集Ｉ』（一九九七年五月、韓国精神文化研究院）
『訳注　韓国古代金石文』第三巻（一九九二年十月、〔社〕駕洛中央宗親会）

右の諸文献に収録された釈読のなかで、斎藤氏の二書と黄壽永氏の二書の釈読は、各々後者の釈読が前者のそれを訂正しつつ承けており、また、李昊栄氏の論文は釈読を掲げてはいないが、李氏の釈読と各氏の釈続との釈字対照表を提示しているから、これによって部分的ながら李氏の釈読を知ることができる。

そこでつぎに、三点の拓本と諸釈読とを材料にして筆者の得た釈読を提示し、また諸釈読との釈字対照表を付録として本章末に提示しておきたい。

「釈字対照表」に表われたように、試釈と対照して異字が少い釈読は黄壽永氏の『韓国金石遺文』掲載の釈読であり、洪思俊氏の釈読、坪井良平氏のそれがこれに次いでいる。この三点の釈読は一九六七年以後になされたものであって、先行する釈読を参照しえたからそれだけ精緻になされた成果といえよう。だがそれでも、次に述べるように何点かの釈読の誤りと行きすぎがある。

ここで「釈字対照表」のポイント、即ち次節以降の論述に深くかかわる点を提示しておきたい。まず『東国輿地勝覧』所載の釈読がその後の諸釈読の手本とされてきたが、それは『東国輿地勝覧』の釈読を訂正する形でなされてきた。『東国輿地勝覧』の釈読では、詞の部のうち8・17～24の二句が9・17～20の句の前にくる錯誤を犯すほかに、序の部の撰文者の官爵と名を「幹林郎金弼奚」とだけに略し、また「翰林臺書生」のそれは全く除外してしまっていた。しかも序の部の16・1～2は「太后」と釈読してよいところを「大君」と読んでいる点は、歴史的人物に関するだけに、「大君」としたのでは鍾銘から得る新羅史の理解が異なってくる。関野・奥田の両民も「大君」と釈読したが、ここは多くの釈文のように「太后」と釈読して誤りないところである。

また、『東国輿地勝覧』では序の部の22行において、「臣弼文拙無才」と六字で収めるべき個所を「臣弼奚文拙無才」と「奚」字を入れて七字に読んでいる。『勝覧』は序の部の撰文者を「金弼奚」とするから、この部分を「臣弼奚」としても誤りではないのだが、拓本には「弼」と「文」の間に「奚」字の一字が入る余裕はなく「臣弼文拙無才」とするのがやはり正しい。この指摘は関野、奥田、李氏にも言えるが、また「臣弼□」とした洪、黄氏の釈読にも言えることである。

つぎに、歴名の部分は鍾銘のなかで最も新羅史の理解に重きをもつところであるが、今日では釈読し難い人名の部分がある。ただ、そうしたなかで歴名部の上段にある金邕、金良相の二名とこの二名に次ぐ下段の金体信の官職名がともに明確なのは救いである。下段では1・24～26の「金体信」は『朝鮮金石総覧』と今西龍遺著の『新羅史研究』の釈読では「金敬信」とするが、拓本に「敬」字を釈読することはできない。他の多くの釈文のように「金体信」と釈読するのが正しく、ここを「金敬信」としたのは上段の「金良相（恵恭王の後の宣徳王）」についで後に王位に即く元聖王の諱の金敬信に引きつけられてのことであろう。(8)

また、黄壽永氏の釈読は下段の4行の判官の人名を「金如莇庾」と釈読したが、ここは「金」姓であることと名が三字であることは拓本に認められるが、名を「如莇庾」と釈読した点はこの部分が三点の拓本では極めて不鮮明なだけに読みすぎであろう。同じ指摘は8、9行にある「鋳鍾大博士」と「次博士」の名をやはり黄氏が「朴従鎰」と「朴賓奈」と釈読した点にも言える。拓本によっては釈読不能でも鐘に直かに接したならば黄氏のように釈読できたのであろうか。

尚、今西龍氏は歴名部の5〜7行にある三人の録事の官位と姓が拓本によっても鮮明であるのに、なぜかこの部分の釈読を提示していない。

第二節　奉徳寺と神鍾の鋳造

この聖徳大王神鍾は、前述したごとく鋳造後は奉徳寺に奉納されたが、また『高麗史』巻五十七・地理二には「奉徳寺　新羅恵恭王鋳大鍾重銅一十二万斤、撞之聲聞百余里」とあるから、大鐘はその後も天順四年（一四六〇）に霊妙寺に移されるまで、奉徳寺の鐘楼に懸けられていたのであろう。

前述のごとく『東国輿地勝覧』によれば、奉徳寺は天順四年（一四六〇）に北川の氾濫にのみ込まれたために今日その寺跡が不明であって、建立についても次の二説があっていまひとつ明確ではない。

建立について、まず『三国遺事』巻二・「聖徳王」条では、

第三十三聖徳王、神龍二年丙午歳禾不登、人民飢甚、丁未正月初一日至七月三十日、救民給租、一口一日三升為式、終事而計三十万五百碩也、王為太宗大王剏奉徳寺、設仁王道場七日、大赦、始有侍中職一本系孝成王。

とある。これによれば、奉徳寺は聖徳王が曾祖の太宗武烈王の追福のために造営の工事を起こしたという。

一方、同書巻三の「皇龍寺鍾・芬皇寺薬師・奉徳寺鍾」条では前述した大鐘の鋳造経緯につづいて、

安於奉徳寺、寺乃孝成王開元二十六年戊寅、為先考聖徳大王奉福所創也、故鍾銘曰聖徳大王神鍾之銘、聖徳乃景徳之考典光大王也、鍾本景徳為先考所施之金、故称云聖徳鍾爾。

とあって、ここでは孝成王が父の聖徳王の追福のために開元二十六年（七三八）にこの奉徳寺を創建したといい、前

説と必ずしも一致していない。

ところで、この問題を考えるには、感恩寺建立の経緯が有効である。やはり『三国遺事』巻二・「萬波息笛」条では感恩寺の建立を

第三十一神文大王、諱政明金氏、開耀元年辛巳七月七日即位、為聖考文武大王創感恩寺於東海辺寺中記云、文武王欲鎮倭兵故始創此、寺未畢而崩為海龍、其子神文、開耀二年畢排、金堂砌下東向開一穴、乃龍之入寺施繞之備、蓋遺詔之蔵骨処名大王岩、寺名感恩寺、後見龍現形処、名利見台

と伝える。

本文では感恩寺は神文王がその父の文武大王の追福のために建立したというが、『寺中記』には、文武王が倭兵を鎮める護国の寺院として造営を始めたが完成をみずに王は薨去し、工事は子の神文王代の開耀二年（六八二）に終えたとある。おそらく、感恩寺は『寺中記』の言うように二代の王にわたる造営で完成したのであろう。しかも、その性格は倭兵鎮圧を祈願する護国寺院であって、その一方では護国の海龍と化したと信ぜられた文武王を追福する寺であるという、この近似する二面の性格をもった護国寺院である。(9)

さて、この感恩寺の例から奉徳寺の建立も二代の王にわたった、つまり聖徳大王代に造営が始まり、子の孝成王代即ち、開元二十六年（七三八）に完成したと理解してよいのではなかろうか。(10)先の「聖徳王」条の末にある「本系孝成王」の割注は、侍中に関するものではなく奉徳寺の建立に関する注であって、「皇龍寺鍾・芬皇寺薬師・奉徳寺鍾」条に示された奉徳寺の建立を孝成王代とする説と符合する。

ところで、奉徳寺の性格は太宗大王の追福の寺といい、聖徳大王の奉福の為ともあるが、造営を終えた孝成王にあっては、この二王はその高祖と考にあたるから、奉徳寺はこの二王、なかんずく孝成王の考の聖徳大王を追福する性格の寺院ではなかっただろうか。

太宗武烈王に始まる所謂新羅の中代の王室は、神文王代では先の感恩寺に文武王を追福しており、孝成王代ではこの奉徳寺に太宗武烈王と聖徳王の二王を追福することになったのである。そこには中代王室の厚い仏教信仰をみることができるが、この傾向は次代の景徳王に至って増々強められる。〔補3〕その一証がこの大鐘の鋳造である。

鋳造の経緯については、前掲の『三国遺事』の「皇龍寺鍾・芬皇寺薬師・奉徳寺鍾」条は、前述のように鍾銘の序の第三段（10・13〜18・28）を要約した文であるから、ここで改めて鐘銘に当っていまひとつ詳しくその経緯をみてみたい。

鍾銘では、第二段（5・27〜10・12）において聖徳王の徳を称揚して、続く第三段では大鐘の鋳造経緯を述べる。それによると、景徳王は父の聖徳王の威徳を追慕する心情が厚く、ついには「銅一十二萬斤」を「敬捨」し「一丈」の規模の鐘一口を鋳造せんことを発願したが、その完成をみずに「就世」、則ち、薨去したという。これにつづいて「我聖君」とあるのは景徳王の子の恵恭王をさすが、この恵恭王の誕生と即位を祥瑞で修飾した後に「太后」即ち、恵恭王の母の「恩」をも称揚して、「元舅之賢」と「忠臣之輔」を得て恵恭王の政治が行なわれ、ついには景徳王の遺言である大鐘を「有司」と「工匠」を督励して完成したという。その年はおそらく鍾銘にある「大淵」（亥の年、即ち鍾銘にある「大暦六年辛亥（七七一）」）の年の大呂（これも鍾銘にある十二月）の前後であろう。

景徳王が追慕する父の聖徳王の時代は、高句麗・百済を統合した太宗武烈王と文武王の二代を承けて、統一新羅の隆盛の時代であって、対外関係では唐から浿江以南の地を得て、遣唐留学生・留学僧を送り出し、彼等の帰国によって政治・文化が栄えた時代である。また対日本外交では交隣外交の姿勢を定立して、自国を「王城国」と誇った時代でもあった。(11) 鍾銘にこの聖徳王代を「四十餘年、臨邦勤政一無干戈驚擾百姓、所以四方隣国萬里歸賓」と称揚した所以である。

景徳王が父の聖徳王を追慕する心情は、『三国史記』巻九の景徳王十三年（七五四）五月に見える聖徳王碑を建立した件にも具体化されている。この石碑は、今日では「武」字をもつ一破片のほか数個の破片が知られるだけであるが、[12]碑文の主旨は聖徳王の頌徳に違いなく、それは鐘銘の第二段に通ずる内容のものであろう。

景徳王の兄の孝成王は、これより先に中代王室の二大聖王たる太宗武烈王と聖徳王なかんずく父の聖徳王を追福する奉徳寺を完成させていたが、弟の景徳王もこの造営に深く関与していたにちがいない。鐘銘の歴名部には「検校真智大王寺使」の職名があり、この真智大王寺は今日その寺跡は不明ではあるが、太宗武烈王の祖にあたる真智王を追福する寺院であった。

『三国史記』巻三十八・雑志の職官上（以下、「職官志」と記す）には、護国寺院と王室の祖先を追福する寺院の修営を掌る成典の沿革が示されているが、景徳王代にはその構成員の改称が行なわれている。[13]この点から真智大王寺は真智王を追福する寺院として、おそらく孝成王代か、次の景徳王代に建立されたのではなかろうか。[補4]景徳王も兄の孝成王に劣らず中代王室の祖先を追福する信仰は厚いといえる。

先の「皇龍寺鍾・芬皇寺薬師・奉徳寺鍾」条によれば、景徳王は天宝十三年（七五四）に皇龍寺の鐘を鋳造させていたが、この年は聖徳王碑を建立した年でもある。皇龍寺の鐘は景徳王の先妃の三毛夫人と孝貞伊王（伊王は官位の伊干〔伊飡〕の誤か）が施主となって銅を喜捨したとある。景徳王は皇龍寺の鐘につづいて、奉徳寺にも大鐘を奉納して聖徳王を追福せんとする念をつよめたのであろう。

さて、奉徳寺の大鐘は大暦六年、恵恭王七年（七七一）十二月十四日前後に完成したが、鐘銘には聖徳王の頌徳のほかに、恵恭王代の政治を考えるに大事な糸口がありそうである。そのことが新羅史を考察する上での鐘銘の価値ではあるが、その糸口とは恵恭王と「太后」と「元舅」それに歴名部に名のある人物の関係であろう。そこで次に鐘銘にみる人物関係を明らかにして、新羅中代の王権をめぐる政治史を考察したい。

第三節　中代の王室と外戚

1　聖徳王と孝成王の父子二代

鍾銘にある「我聖王」、即ち、恵恭王と「太后」、それに「元舅」と「忠臣」等の人物関係をまず考察しておきたい。『三国史記』巻九の恵恭王の即位記には「王即位年八歳、太后摂政」とあって、恵恭王は太后の摂政をうけていたとあるが、このことは鍾銘では恵恭王の誕生と即位を祥瑞で修飾した後に「太后」の「恩」を称揚したことに反映している。鍾銘によれば、この摂政も「元舅之賢」と「忠臣之輔」の上になりたっていたが、この「元舅」と「忠臣」とは一体に誰を指すのであろうか。「元舅」とは「天子の母方のおじ」を意味するから、恵恭王にあっては母たる景徳王妃の兄弟、即ち、『三国史記』巻九の景徳王本紀によれば、金義忠の女である満月夫人の兄弟を指すことになるが、その兄弟とは誰なのか明確な史料はない。

ところで、この「元舅」については既に李昊栄氏が『後漢書』巻六十九の竇何列伝の何進の伝記をひいて、恵恭王の元舅にあたる人物は鍾銘の歴名部の筆頭にある金邕その人であるとする卓見を示している。(14)何進は彼の異母の妹が霊帝の寵愛をうけて皇后となるや官職の道を急上昇し、皇后の生んだ皇子弁（後の廃帝）が即位すると一段と権勢をふるつた人物であるが、この例から新羅の恵恭王代の元舅であることを政治的背景に権勢をふるえる人物としては金邕がその官職からみて最有力であるという。

金邕は大鐘鋳造の最高責任者として関与したが、その時、金邕は「検校使兵部令兼殿中令司馭府令修城府令監四天王寺府令并検校真智大王寺使上相」と七つの官司の長官を兼任し、さらに新羅の宰相たる「上相」の位にあったことが鍾銘にみえている。

筆頭の検校使とは、「検校真智大王寺使」の例から、大鐘が奉安される奉徳寺の検校使である。「職官志」に奉徳寺成典の構成が示されており、奉徳寺の修営を担当する成典の長官がこの検校使であり、金邕がこの任にあったのである。金邕はこの外に兵部令・殿中令・司馭府令・修城府令など、中央の軍事・土木それに王室関係の諸事の計四官司の長官を兼ね、宰相たる権力を集中していた(15)。

この金邕の専権は日本にも報ぜられていた。『続日本紀』巻三十三・宝亀五年（七七四）三月条に、紀朝臣広純が新羅の使者の金三玄に問うた外交儀礼をめぐる問答において、金三玄の答に「本国上宰金順貞之時、舟檝相尋、常脩職貢、今其孫邕、継位執政、追尋家声係心供奉、是以請修旧好毎相聘問」とある。鈴木靖民氏はこの「今其孫邕」とあるのを宰相たる「上宰」の位にいた金順貞の孫の「邕」と理解して、この「邕」こそ鍾銘にみえた「上相」の「金邕」その人であるとする妥当な見解を示されている(16)。宝亀五年は奉徳寺鍾の鋳造後の三年にあたり、この時に金邕は祖父の上宰・金順貞以来の「位を継ぎ政を執」っていたと伝わるが、その実際は鍾銘にある七つの官司の長官を兼ね、宰相たる「上相」の位からの権力集中である。この金邕こそ李昊栄氏の指摘するように恵恭王の「元舅」に該当する人物とみてまず誤りなかろう。

金邕が恵恭王の元舅となれば、おそらく金邕は恵恭王の太后である満月夫人の兄であり、また金義忠の子となる。しかも、金邕は金順貞の孫であるから、金順貞―金義忠―金邕へと続く三代の家系が得られるが、今この三代を軸に、王室との人物関係を図示すれば次の図が得られる(17)。

新羅中代の王系譜

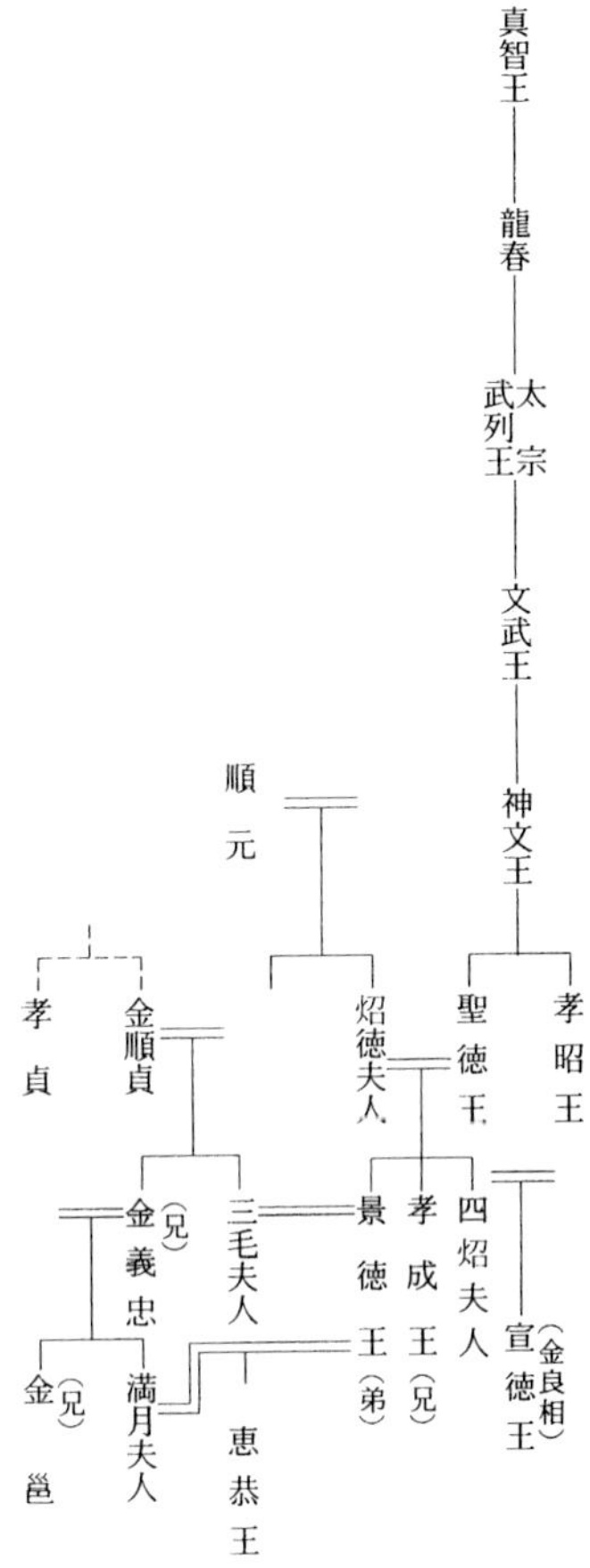

金順貞一族の系譜

（鈴木氏案）

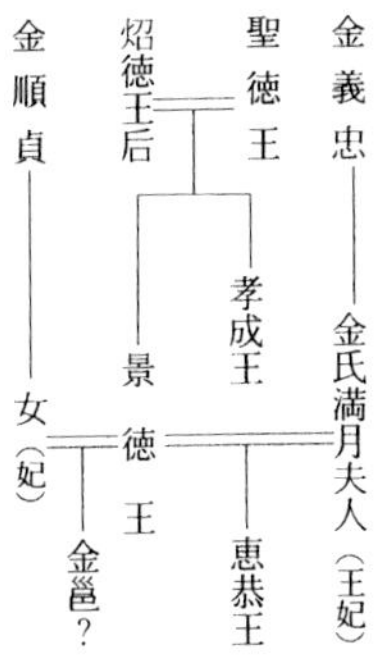

（李氏案）

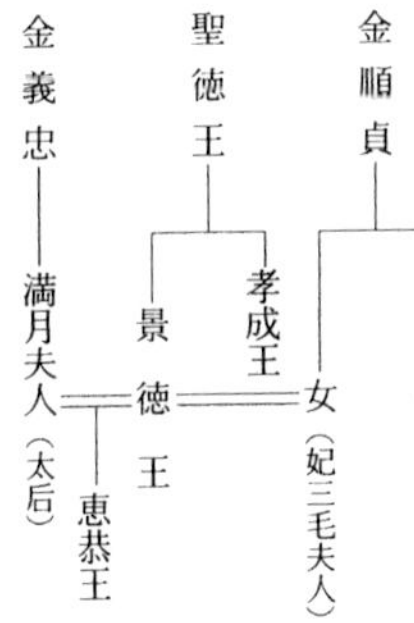

そこで、この三代を中心に『三国史記』と『三国遺事』を主たる史料として中代後半期の新羅政治史の一面を考察しよう。

この時代は王室を舞台として外戚一族の権力集中の過程であり、それに伴ない諸貴族との間に紛争が頻発した(18)。聖徳王は即位三年の夏五月に乗府令の金元泰の女を妃に迎え、この妃が生んだ重慶を王の十四年（七一五）十二月に太子に封じていた。ところが、その翌年三月にはこの成貞（一云厳貞）王后、即ち、金元泰の女は田宅と租を賜って王宮から退出させられている。さらに、その翌年（七一七）六月には先に太子となった重慶が死去しているのである。この二つの事件の背後に貴族間の紛争と陰謀を推測することができるが、これに金元泰一族が敗退したのではなかろうか〔補5〕。

聖徳王は太子の重慶が死去して三年後（七二〇年）に、新たに伊湌順元の女を王妃に迎えている〔補6〕。即ち、炤徳王后であるが、ここに順元一族が先の金元泰の一族にかわる外戚勢力として登場したのである。

聖徳王二十三年（七二四）には、この炤徳王后の生んだ承慶が太子となったが、この年は炤徳王后が聖徳王の妃となって以来まだ四年である(19)。この時、幼い承慶が太子となったことは外戚たる順元一族の期待したところであろう。この太子がやがて即位する時こそ、金順元一族の権勢は一段と高まることになろう。これより先の聖徳王十五年（七一六）三月には先妃の成貞王后が出宮していたが、その四年後に金順元の女が妃となったことは、先妃の出宮に金順元らの関与が推測される。

さて、この承慶が長じて聖徳王を継いだ孝成王であるが、『新唐書』巻二百二十の新羅伝には、孝成王が唐朝より冊封された時、王妃までも冊立されたが、その王妃は朴氏という(20)。一方、『三国史記』では、孝成王は即位三年に父の聖徳王と同じく伊湌順元の女、即ち、恵明を妃に迎えたとある。ところが、『三国遺事』の王暦では恵明は真宗角干の女とあり、孝成王の王妃族が順元一族に属するものかどうかはっきりしていない。ただ恵明が妃に迎えられて二ヵ月後には王の弟の憲英が太子に封ぜられている。この憲英は勿論、父王の聖徳王と炤徳王后の所生であって、外祖父は順元である。孝成王は聖徳王の太子であったが、今また憲英が太子となったことで、順元の孫がつづいて二代の王の太子となったのである。孝成王代に至っても、順元一族の権勢は低下することなく維持されたとおもわれる。

ただ、この時注意をひくひとつの謀叛がおこっている。憲英が太子となった翌年におきた永宗の謀叛である。永宗の女は孝成王の後宮に入っていたが、王の寵愛をうける彼女に嫉妬した王妃の恵明が「族人」と共謀して彼女を殺害したことが発端となって、永宗は王妃の「宗党」を怨み謀叛に及んだのである。謀叛は永宗の敗北におわるが、ここで問題となるのは王妃の「族人」や「宗党」である。前述したように王妃の恵明は順元の女なのか、或いは真宗の女なのか、明らかでなかった。しかし、この永宗の謀反の顚末をみる時、たとえ王妃の恵明が順元の女でなく真宗の女であったとしても、この真宗は順元一族に属する人物ではなかったかと、推測される。

この孝成王代に王室を舞台に権勢をもった順元一族の存在を考えると、王妃の恵明が共謀した「族人」や永宗が怨む王妃の「宗党」とは、恵明王妃の父が属する順元一族ではなかったかと思われ、また、永宗の叛は外戚として権勢を高めつつある順元一族に対する抵抗であったと理解される(21)。

このように聖徳王と孝成王の二代は、順元一族が炤徳王后を媒介として外戚の権勢を高めた時代であるが、その後の一族の盛衰は明らかではない。ただ、次の景徳王代の外戚である金順貞一族との間に紛争をみないから、順元一族から金順貞一族にかわる外戚の交替は平穏であったらしい。順元一族と金順貞一族とは極めて近い同族であったとみてよいのではなかろうか。それ故、外戚勢力が交替したというよりは、同族内の女が聖徳王と孝成王それに景徳王の三代の王妃に送られたということであろう(「新羅中代の王系諸」参照)。

生存していれば景徳王の外戚であるはずの金順貞は、先の聖徳王代に上宰の位に立って権力を集中していたが、聖徳王二十四年（七二五）に死去したことが『続日本紀』にみえていた。この時代は前述のように順元一族が外戚の権勢を誇っていた頃である。金順貞の上宰の地位も金順貞が順元の同族に属すると考えられたから、外戚の順元一族と深いつながりの上に成立していたものとおもわれる。

金順貞は順元の女の炤徳王后の生んだ承慶が聖徳王の太子になった翌年に死去したが、やがて金順貞の遺子が王妃となったとき、その一族は外戚の権勢をもとう。

孝成王の弟であり、その後をついで即位する景徳王の王妃は金順貞の女の三毛夫人であるが、夫人は景徳王が兄・孝成王の三年（七三九）に孝成王の太子となった頃に嫁したのであろう。この時、すでに父・金順貞は死去しており、その成婚は順貞と同族とみた孝成王の外戚勢力たる順元一族の力によるのであろう。

ところで、この景徳王であるが、『三国史記』によれば、王妃の三毛夫人との間には王子の誕生をみなかった。そこで景徳王の二年（七四三）には金義忠の女であり故・金順貞の孫が新たに王妃に迎えられたが、この妃が満月夫人、鍾銘にある恵恭王の「太后」、即ち、王母である。満月夫人は入宮した時は幼かったとみえて、入宮後十五年にして王子の誕生をみたほどである。

兄の孝成王には王子が誕生せず、また弟の景徳王も先妃の三毛夫人との間に王子の誕生をみなかった。王子を待望する景徳王の姿は、『三国遺事』巻二・「景徳王・忠談師・表訓大徳」条に描かれて切実である。そうした時に後妃の満月夫人に待望の王子が誕生した。後の恵恭王の誕生である。この誕生は王室と外戚勢力にとっての一大慶事なのであって、鍾銘ではこの恵恭王の誕生を「九天雷鼓震響於金闕」と、また『三国史記』には「王子生、大雷電震仏寺十六所」と修飾された所以であった。(22)

王子の誕生によって外祖父の金義忠をはじめとした故・金順貞の一族の立場は安定であろう。なかでも満月夫人の兄と思われる金邕は王子誕生の二年後には侍中の任に就任し、その三ヵ月後には二歳に満たぬ王子が王太子に封ぜられている。この王太子が景徳王を継いで恵恭王として即位したとき、金邕は元舅の政治的立場を得るのであって、金邕をはじめ故・金順貞の一族の権勢はいっそう高まる。

金邕は景徳王二十二年（七六三）に侍中の任を退いた後、文献にその後の姿を見ることができないが、しかし、その間こそ鍾銘にある七つの官司の長官を兼ねた「上相」への道を進んだものとおもわれる。その大きな契機は、甥たる王子、即ち、恵恭王の即位であって、金邕が元舅の立場に立ったことである。

恵恭王は八歳で即位したから、母即ち満月太后が摂政を行なったのだが、その摂政の実際は満月太后の兄であり王の元舅である金邕がおこなっていたものとおもわれる。この摂政の時代こそ侍中を退いた金邕が「上相」に到達する過程である。

ここで金邕のほかに注目される人物がいる。それは鍾銘にある「忠臣」であるが、恵恭王の忠臣としては鍾銘のなかで金邕についで名を列ねる金良相と金体信があげられる。

金良相は恵恭王の後の宣徳王であるが、父の海飡孝芳は遠く奈勿王の系譜をひくものの、母が聖徳王の女であったから母を介して中代の王室に系譜は連なる。この金良相は先の景徳王代に金邕が侍中を退いた後に侍中に就任したが、その後は鍾銘に「検校使粛政台令兼修城府令検校感恩寺使角干臣金良相」とあったから、恵恭王代に至っては二寺の検校使と二つの官司の長官の「令」を兼ねる要職にのぼり、大鐘が完成して三年後には上大等に就任し、時政を極論した疏を恵恭王に奉っている。さらに、その二年後には志貞らが王宮を攻撃する謀反をおこしたが、金良相らは兵を率いて志貞に反撃している。こうした金良相の経歴からみて、恵恭王代の忠臣の筆頭にはこの金良相があげられる。

また、金体信は『続日本紀』の天平宝字七年（七六三）二月条にその名がみえており、来日した遣日本使の正使であったらしく、当時の官位は級飡であった。ついで恵恭王代では、鍾の鋳造時には鐘銘にあるごとく奉徳寺成典の副使として、その検校使の金邕と金良相に次ぐ立場にあって、ほかに執事部の侍郎も兼ねていた。この時には官位も先の級飡より三級上の阿飡である。やがて金良相が即位すると阿飡体信は大谷鎮の軍主となって西北方の軍事を担当しているが、こうした金体信と金良相との関連を考えると、金体信は金良相に次ぐ恵恭王代の忠臣であったことが理解される。

恵恭王と満月太后の摂政、それに「元舅」の金邕と「忠臣」の金良相と金体信らの政治的結合は、すでに景徳王代に外戚であった故・金順貞一族を母胎として強化されていたが、恵恭王代には一つの大きな抵抗を経験しなければならなかった。それは、恵恭王の即位にからむ貴族間の紛争である。

『新唐書』巻二百二十の新羅伝には、恵恭王の即位後に唐に使節を派遣して王と王母の満月太后の冊封を請うたこと、そしてこの頃、新羅では宰相の間に紛争が生じて三年を経てて鎮静したとある。(23) そこには、恵恭王の即位によって「元舅」として権勢を強めはじめた金邕と金邕に代表される故・金順貞一族の権力集中に対する諸貴族の抵抗をみることができるが、こうした過程で金邕等は唐朝に満月太后の冊封を請い、唐朝を背景に満月太后の摂政を新羅の諸貴族に権威づけたものとおもわれる。

諸貴族の抵抗は三年にして鎮静したというが、この抵抗をのりきった金邕や満月太后等の故・金順貞一族、それに忠臣の金良相らは一段と専権を強化していったものとおもわれる。その金邕の姿は前述したごとく、『続日本紀』にみえた上宰・金順貞の孫として宰相の位を継ぎ政を執る実権であり、鍾銘にある七官司の長官を兼ねた「上相」の専制である。

さて諸貴族の抵抗の間、停滞していた大鐘の鋳造は恵恭王七年（七七一）についに完了した。それは当然にも金邕と金良相らが実際的に遂行し、景徳王以来の念願を実らせたのであるが、大鐘は景徳王と恵恭王の宿意ではあったが、その鋳造はまさにこの二代の王の外戚として権勢をふるった満月太后に代表される金邕ら故・金順貞の一族が推進したところであろう。

『三国遺事』巻三・「皇龍寺鍾・芬皇寺薬師・奉徳寺鍾」条には、「新羅第三十五景徳大王、以天寶十三甲午、鑄皇龍寺鍾、長一丈三寸、厚九寸、入重四十九万七千五百八十一斤、施主孝貞伊王三毛夫人、匠人里上宅下典」とあって、天宝十三年（七五四）に景徳王は皇龍寺の大鐘を鋳造させていた。この時の施主の一人の三毛夫人は景徳王の先妃であり、金順貞の女であった。また、孝貞は聖徳王の十三年（七一四）に中侍となり、同十七年に退いているが、金順貞と同時代の人であるところから、この孝貞も金順貞の一族に属する人物、あるいは順貞の兄弟かともおもわれる。

そうであれば、聖徳大王神鍾に先立つ皇龍寺の大鐘も金順貞一族の政治・経済力を背景として鋳造されたと考えられる。そして、この皇龍寺の大鐘につづいて、次世代の満月王后や金邕らが同じく金順貞一族の政治・経済力を背景に、聖徳大王神鍾を完成に導いたのである。

金邕は上相として、金良相は上大等として、恵恭王代の後半期にも専権を握っており、成人に達した恵恭王の実権は弱く、王は淫乱に溺れ綱紀の紊乱をまねいている。そうした時、志貞らが王宮を囲む謀叛をおこすや、金良相らがこれに反撃すると、この争乱のなかに恵恭王は殺害されている。おそらく乱中に、恵恭王のほか金邕をはじめとする外戚一族も打撃をうけ、多くは殺害されてしまったのではなかろうか。

こうして武烈王に連なる中代の王室は恵恭王の死によって終わり、中代王室の後半期に権勢を誇った外戚一族の故金順貞・金邕の一族も敗退した。ここに新しい新羅の王室、所謂、下代の王室が登場する下地ができたのである。この政変に当った宣徳王、即ち、かの金良相は前述のごとく奈勿王の後孫ではあるが、中代の王室では傍系に属する。この宣徳王につづいてやはり恵恭王代末の政乱を経て実力を備えた金敬信が王位に即く。これが元聖王であるが、この王も奈勿王の後孫ではあるものの母は朴氏と伝わる。かくして、中代とは異なる新しい下代の王統が始まることになる。

おわりに

聖徳大王神鍾の銘は、新羅時代の漢文学の水準の高さを示すものであって、従来より朝鮮の地誌類では鍾銘のうち歴名部を除いて序と詞が著録されたのはその為であった。この点は今日でも尊重されるところではあるが、本論は文字史料が多いとはいえない新羅史研究にあって、歴名部分を含めこの鍾銘の理解を通して、八世紀中・後半の王権をめぐる政治史の内面を通観してみた。推測の域を出ない部分もあるとしなければならないが、中代王室の後半の孝成王と景徳王から恵恭王の三代にわたる金順元・金順貞・金邕らの外戚族の権勢をひき出し、これを軸に政治動向を述べた。

本論から聖徳大王神鍾が中代王室と外戚族の共同の作であること、そして鋳造の動機には景徳王が父の聖徳王の治績を称揚せんとしたことに加えて、鋳造の後半期にはかの恵恭王即位時の諸貴族の抵抗を克服した外戚族が国家及び王室の安寧を聖徳王の時代の如くにあれよと願った心情がこの大鐘には秘められていたことが伺われた。

注

（1）鐘の規模・装飾と美術史的評価については、本書一七六頁掲載の関野貞、斎藤忠、坪井良平〔補・廉永夏〕氏らと国立慶州博物館等の著書と洪思俊氏の論文、それに次の論考がある。洪思俊「奉徳寺梵鐘小考」（『考古美術』第三巻第二・三号、考古美術同人会、一九六二年三月）、同「新羅鍾形考」（李弘稙博士回甲紀念『韓国史学論叢』一九六九年十月。後に『朝鮮研究年報』第十五号に抄訳（一九七三年六月））、李浩官「新羅梵鍾의 各部紋様小考」（『文化財』第十号、一九七六年十二月）、文年順「新羅梵鐘身에 鋳刻된 飛天紋의 研究」（『東国思想』第十二輯、東国大学校、一九七九年十二月）等がある。

（2）韓国では、「かね（ショウ）」には「鍾」字を書くが、韓国側文献に関しては本論も基本的にこれに従う。

（3）『新増東国輿地勝覧』巻二十一・慶州府・古跡の「奉徳寺鍾」条「新羅恵恭王鋳鍾、銅重十二萬斤、撞之声聞百餘里、後寺淪於北川、天順四年庚辰移懸于霊妙寺…中略…〔新増〕府尹芮椿年移置南門外、構屋以懸、几徴軍撃之」〔補〕尚、朝鮮王朝の十五世紀初の世宗代に日本から大蔵経や梵鐘が盛んに請求され、また廃寺の仏具を通貨に改鋳する命が下ったなかで、本鐘は廃毀される危機にあったことがある（『朝鮮王朝実録（世宗実録）』巻二十四・世宗六年五月「丁丑、伝旨、慶尚道慶州奉徳寺大鍾、留後司演福寺大鍾勿毀」）

（4）各博物館における本鐘の様子については、前掲の奥田悌の著書、『慶州郡』（調査資料第四十輯、生活状態調査七、朝鮮総督府、一九三四年二月）、『慶州博物館』（国立慶州博物館図録、一九七五年）、〔補〕『다시 보는 경주와 박물관（再び見る慶州と博物館）』（국립경주박물관（国立慶州博物館）、一九九四年二月）参照。

（5）奥田前掲著書、中村亮平『朝鮮慶州の美術』（改造文庫、一九四〇年二月）。

（6）角田幸太郎氏については、大坂金太郎『在鮮回顧十題』（『朝鮮学報』第四十五輯、一九六七年十月）参照

（7）洪思俊前掲論文、五十八頁参照。

（8）今西前掲書の釈読が「金敬信」としていることに対して、坪井良平氏は前掲著書において疑問を呈され、「金体信」が正当であると釈読されている。

（9）黄浿江『新羅佛教説話研究』（ソウル、一志社、一九七五年十二月）の「Ⅳ・護国佛教思想과 説話」、金煐泰『三国遺事所伝의 新羅仏教思想研究』（ソウル、信興出版社、一九七九年九月）

（10）李昊栄前掲論文参照。

(11) 聖徳王代の自国認識と外交姿勢については、本書の第一部第四章「聖徳王代の政治と外交—通文博士と倭典をめぐって—」及び第三部二章「中・下代の内政と対日本外交—外交形式と交易をめぐって—」参照。参照。〔補〕酒寄雅志「古代東アジア諸国の国際意識—「中華思想」を中心として—」(歴史学研究別冊特集『東アジア世界の再編と民衆意識』一九八三年十一月)、同「華夷思想の諸相」(アジアのなかの日本史V『自意識と相互理解』(東京大学出版会、一九九三年一月)。後に同『渤海と古代の日本』〔校倉書房、二〇〇一年三月〕に所収)参照。ただ、新羅、渤海が自国の位置を中華思想を借りて自己表現した側面があるとしても、この二国が唐、日本と外交する場面においてこの中華思想を借りた自国意識が国内的にどう表現されたかについては渤海と新羅と古代日本とでは様相を異にすると見られる。

(12) 黄壽永編著『韓国金石遺文』(ソウル、一志社、一九七六年四月)の「新羅聖徳王陵碑片」

(13) 本書第二部第二章「寺院成典と皇龍寺の歴史」参照。

(14) 李昊栄前掲論文参照。

(15) 今西龍前掲論文、鈴木靖民「金順貞・金邕論—新羅政治史の一考察」(『朝鮮学報』第四十五輯、一九六七年十月。後に『古代の朝鮮』〔学生社、一九七四年五月〕所収、また、同『日本古代対外関係史研究』〔吉川弘文館、一九八五年十二月〕に所収)。さらに、新羅の宰相については、木村誠「新羅の宰相制度」(『人文学報』一一八、東京都立大、一九七七年二月)参照。〔補〕金邕の政治的位置とその活動については、金壽泰「統一新羅期専制王権의 崩壊와 金邕」(『歴史学報』第九十九・一〇〇合輯、一九八三年十二月)とこれを改稿した同『新羅中代政治史研究』(一潮閣、一九九六年六月)所収の「제5장　真骨貴族勢力의 정권장악과(の政権掌握と)金邕」参照。

(16) 鈴木前掲論文参照。

(17) 鈴木氏は前掲論文のなかで本書一八七頁に掲示した図を提示されたが、まず景徳王と金順貞の女との間には王子が生まれなかったから、金邕を二人の間の男子とするのは誤りであろう。また、鈴木氏案では金邕は恵恭王の「元舅」ではないことになる。一方、李昊栄氏も前掲論文で図示されたが、これでは金邕は金順貞の孫ではなく子となっており、李氏が金邕を恵恭王の「元舅」であることを指摘するからには、金邕は三毛夫人の兄弟ではなく満月夫人の兄弟と図示すべきであろう。

(18) 井上秀雄「新羅政治体制の変遷過程」(『古代史講座』〔第四巻、学生社、一九六二年七月〕。後に『新羅史基礎研究』〔東出版、一九七四年二月〕所収)

(19)『三国史記』新羅本紀では、この年に炤徳王妃が死去したとあるが、景徳王七年(七四八)には太后が永明新宮に移り住んだとあって、景徳王の太后といえば母の炤徳王后であり、景徳王代にも存命であれば先の死亡記事と矛盾する。おそらく前者は誤りであろう。

(20)『新唐書』巻二百二十・東夷・新羅伝「〔開元〕二十五年〔聖徳王〕死、帝尤悼之…中略…子承慶襲王…中略…於是厚遣使者金寶、俄冊其妻朴為妃」

(21) 井上秀雄氏は前掲論文において、この永宗の謀叛について、唐から孝成王の妃に冊立された朴氏(の女)を永宗の女と理解され、また、恵明は順元の女であるとする『三国史記』の記事に従うが、恵明を真宗の女とする『三国遺事』の説にはふれていない。ただ大局的にみて恵明は順元一族に属するとみてよかろう。

(22) 鍾銘と『三国史記』の祥瑞記事が呼応する点については、前掲の李昊栄氏の論文に指摘がある。

(23)『新唐書』巻二百二十・新羅伝「大暦初、憲英死、子乾運立、甫丱、遣金隠居入朝待命、詔倉部郎中歸崇敬往弔、監察御史陸珽・顧愔為副冊授之、幷母金為太妃、會其宰相争権相攻、国大乱、三歳乃定、於是歳朝献」

(本論を作成するにあたり、拓本を貸与された斎藤忠、故・末松保和の両先生と、資料を提供された故・坪井良平、池田温、西谷正の三先生、及び当時大正大学大学院生であった全起元氏に厚い感謝の意を表したい)

補注

〔補1〕「エミルレ鍾」の伝説については、拙稿「新羅の聖徳大王神鐘と中代の王室—付・エミルレ鐘の小児犠牲伝説」(『呴沫集』三、学習院大学史学会、一九八一年十二月)の「付」と斎藤忠「新羅聖徳王神鐘の鋳造伝説」(『読書』第二巻第二号、朝鮮読書連盟、一九三八年三月。後に、同著作撰集2『古代朝鮮文化と日本』〔雄山閣、一九九七年三月〕に所収)参照。

〔補2〕聖徳大王神鍾の響音は国立慶州博物館から『에밀레종소리(エミルレ鍾の音)』(一九九四年三月)の名でカセットテープに収められている。

〔補3〕本書第二部第二章「寺院成典と皇龍寺の歴史」参照。

〔補4〕李泳鎬氏は本書第二部第二章の注(21)に掲げた三論文において、奉恩寺の旧名は真智大王寺であり、同寺は『三国史記』職官志の奉恩寺成典に「副使一人、恵恭王始置」とあり、唐名の「副使」は恵恭王十二年に旧号の上堂に復称されるから、奉恩寺成典は恵恭王十一年（七七六）までには置かれたと説いている。恵恭王十一年以前には建立されていたとすれば、恵恭王の考の景徳王と伯父の孝成王代の建立であったことが予測される。

〔補5〕　金壽泰「新羅聖徳王・孝成王代金順元의 政治的活動」（『東亜研究』第十三輯、西江大学校、一九八三年十二月）と同『新羅中代政治史研究』（一潮閣、一九九六年六月）の「제4장　孝成王代朴氏王妃의 재등장（の再登場）」の「3・厳貞王后의 出宮等」では王后の出宮は貴族間の紛争のほかに、聖徳王が王権の強化を図って王后を出宮させたと推測している。

〔補6〕「皇福寺石塔金銅舎利函銘」（黄寿永『韓国金石遺文』（一九七六年四月、一志社）は聖徳王が神龍二年（七〇六）五月に皇福寺の石塔に仏舎利と弥陀像、それに無垢浄光大陁羅尼経を安置した仏事の記録であるが、この時の王の教旨を奉じた人物に「蘇判金順元」の名が見える。伊湌順元は七〇六年では官位は三位の蘇判であったこと、また、聖徳王との距離の近さが知られる。

付録

鐘銘釈読〔序の部〕

1 聖徳大王神鐘之銘　　朝散大夫兼太子司議郎翰林郎金弼奐奉　教撰
2 夫至道包含於形象之外視之不能見其原大音震動於天地之間聽之不能
3 聞其響是故憑開假説觀三真之奥義懸擧神鍾悟一乘之圓音夫其鍾也稽
4 之佛土則驗在於罽膩尋之帝鄕則始制於鼓延空而能鳴其響不竭重爲難
5 轉其體不褰所以　　王者元功克銘其上羣生離苦亦在其中也伏惟
6 聖徳大王徳共山河而並峻名齊日月而高懸擧忠良而撫俗崇禮樂以觀風
7 野務本農市無濫物時嫌金玉世尚文才不意子靈有心老誡四十餘年臨邦
8 勤政一無干戈驚擾百姓所以四方隣國萬里歸賓唯有欽風之望未□飛矢
9 之窺燕秦用人齊晉替覇豈可並輪雙轡而言矣然雙樹之期難測千秋之夜
10 易長晏駕已來于今三十四也頃者　　孝嗣景徳大王在世之日繼于
11 丕業監撫庶機早隔　　慈規對星霜而起戀重違　　嚴訓臨闕殿以
12 增悲追遠之情轉悽益魂之心更切敬捨銅一十二萬斤欲鑄一丈鍾一口立
13 志未成奄爲就世今　　我聖君行合　　祖宗意符至理殊祥異於千
14 古今徳冠於常時六街龍雲蔭麗於玉階九天雷鼓震響於金闕菓米之林離
15 離乎外境非煙之色煥煥于京師此即報兹誕生之日應其臨政之時也仰惟
16 太后恩若地平化黔黎於仁教心如天鏡奬父子之孝誠是知朝於元舅之賢
17 夕於忠臣之輔無言不擇?何?行有愆乃顧遺言遂成宿意介其有司辦事工匠
18 畫摸歳次大淵月惟大呂是時日月借暉陰陽調氣風和天静神器化成狀如
19 岳立聲若龍吟上徹於有頂之巓潛通於無底之下見之者稱奇聞之者受福

鐘銘釈読〔詞の部〕

1 其詞曰
2 紫極懸象　黄輿啓方　山河鎮列　區宇分張　東海之上　衆仙所藏
3 地居桃壑　界接扶桒　爰有我國　合爲一鄕　元元聖徳　曠代弥新
4 妙妙清化　遐而克臻　將恩被遠　与物霑均　茂矣千葉　安乎萬倫
5 愁雲忽脱　慧日無春　恭恭孝嗣　繼業□機　治俗仍古　移風豈違
6 日思嚴訓　常慕慈輝　更以脩福　天鍾爲祈　偉哉我后　威徳不輕
7 寶瑞頻出　靈符每生　主賢天祐　時泰國平　追遠惟勤　随心願成
8 乃顧遺命　于斯寫鍾　人神奬力　珎器成容　能伏魔鬼　救之魚龍
9 震威暘谷　清韻朔峯　聞見俱信　芳緣允種　圓空神體　方顕聖蹤
10 永是鴻福　恒恒轉重
11 　翰林郎級湌　金弼奐奉　詔撰
12 　待　詔　大麻奈姚端?書

〔歴名の部〕

1 檢校使兵部令兼殿中令司馭府令　副使執事部侍郎阿　湌金體信
2 修城府令監四天王寺府令幷檢　判官右司祿舘使級　湌金□得
3 校眞智大王寺使上相大角干臣　判官級湌金　忠封
4 金邕　判官大奈麻金　□□□
5 檢校使肅政臺令兼修城府令檢　録事奈麻金　一珎

20 頵茲妙曰奉翊　尊靈聽普聞之清響登無説之法筵契三明之勝心居
21 一乘之眞境乃至瓊萼之叢共金柯以永茂邦家之業將鐵圍而弥昌有情無
22 識慧海同波咸出塵區並昇覺路臣弼文拙無才敢奉　聖詔貸班超之
23 筆随陸佐之言述其　願旨銘記于鍾也
24 翰林臺書生大奈麻金苩書

6 校感恩寺使角干臣金良相　録事奈麻金張□
7 録事大舍金□□
8 大暦六年歳次辛亥　十二月十四日鑄鍾大博士大奈麻□□□
9 次博士奈麻□□□
10 奈麻朴□□　大舍朴負岳

釈字対照表

〔序の部〕

文字の位置（7・3は第7行の上から3字目を示す） 試　釈 〔文献名〕	1・13 大	1・15 兼	1・18 司	1・22 林	1・25 弼	1・26 奐	4・3 土	4・18 鼓
東国輿地勝覧						奚	生	
海東金石苑						□	士	□
朝鮮の建築と芸術						奚		
朝鮮金石総覧		□	□		□	□		
新羅旧都慶州誌						奚		
新羅史研究	太	前	司			奚粤カ		
朝鮮金石攷		□	□	休				
新羅文化論攷		前			弼	奚		
朝鮮鐘		前	司			粤?		
洪思俊論文								
李昊栄論文			□			奚		
韓国金石遺文								

〔詞の部〕

試　釈 〔文献名〕	2・7	2・12 列	2・16 張	3・3 桃	3・4 壑	3・8 桒	3・13 合	3・17 元
東国輿地勝覧		別				桑		
海東金石苑	啓	列		□		桒	□	
朝鮮の建築と芸術		別				桑		
朝鮮金石総覧		列				桑		
新羅旧都慶州誌		別			岳	桑		
新羅史研究		列	頂	桃?				
朝鮮金石攷		列				桑		
新羅文化論攷								
朝鮮鐘		列	頂					
洪思俊論文		列			壑	桑		
李昊栄論文								
韓国金石遺文		列						六

5・3	禮							禮						
・12	名									名?				
・28	以											而	而	
・29	觀									観				
7・10	嫌		□											
・19	子									子?				
8・27	未		□											
・28	曾		無											
9・19	矣						矣?			矣?				
・20	然			×										
10・1	易		□											
・5	已		以											
・29	于	守	□	守	守	守	守	守	守	于		守	守	守
12・25	一	×		×		×								
・26	丈	大		大	大	大	大	大	大	大		大		
13・14	君	上	看											
14・2	令						今							
・6	常	當	當	當	當	當	當	當						
・9	街						街?					街?		
・26	菓		□											
・27	米	木		木	木	木	木	木	木			木		

4・6	而	邇	迩	邇		邇								迩
・11	被	柀												
・15	霑				霈			霈						
・21	安		□											
5・4	脱		晩		慘			慘				慘		慘
・7	無						舞			舞				
・15	□	千	□		□	千	□	□		□		施		施
・16	機	機	□	機	機	機	機	機		機		機		機
・17	治		□											
6・13	天	夫												
・21	威	感	感		感	感	感	感		感		感		感
7・5	靈			雲										
・12	祐	佐				佐								
・20	動	動				動								
・22	心	所	所			悲								
8・9	人	神	神											
・10	神	人	人											
・13	弥	珍		珍	珍	珍								
・15	成	形												
・21	救		□				敎（救カ）							
9・16	種	鍾		鍾		鍾								

15・2 乎	・3 外	・6 煙	・15 即	・16 報	・22 應	16・1 太	・2 后	・4 若	・12 教	17・10 擇?	・11 何?	・14 僁	・22 意	・23 尒	・27 辦	18・1 畫	・2 摸	・15 借	19・3 聲	・18 底
		烟		投		大	君			擇	何			爾		盡	模			
	□		則		□					□	□						模			□
於				投		大	君			擇	何					盡	模			
										擇	何			爾		盡	模			
		烟		投		大	君		敬	擇	何		志	爾		盡	模			
										擇?	何									
										擇	何			尓			模		龍	
			×							擇	何	僣		爾	弁					
										擇	何	愆					模			
										擇	何			尒			模	僣		
										擇	何									
								苦		擇	何				辨			僣		

・20 體	11・19 輿	12・20 姚	・21 端?
	×	×	×
	□	□	□
	奚	□	□
	奚	洪	
	奚	□	湍
體	匈	□?	瑞
		洪	
體	粤		瑞
		姚(洪)	瑞(端)
體			湍

〔歴名の部〕

1・1 檢	・14 令	・19 部	・20 侍	・25 體	2・13 檢	・18 司	・20 館	・21 使	・22 級	・25 □	・26 得	3・25 忠	・26 封
			□			□		□				□	□
		□	□			□	官	□	汲			□	□
				敬				□					
撿	×	都	□		撿	□	官	×	汲			□	□
				敬	撿			□					封?
								□					
								□					
								□					
										芇	淂		

20・20 下	下	□	下	下	下	下	下	下	下?			方
30 福	賜		賜		賜							
20・10 尊		□										
13 普	音		音		音							
28 勝	勝	□	勝	勝	勝		勝	勝	勝			勝
21・9 蓴	蕚	蕚			蕚	蕚			蕚		蕚	蕚
14 柯									阿?			
22・15 弼		□	弼									
16 文	奚	□	奚		奚					奥	奚	奥
17 拙	文	□	文		文							
18 無	拙	無	拙		拙							
19 才	無	才	無		無							
(20)	才		才		才							
29 超	趋											
23・14 記		□										
16 鍾		□										
24・26 金										全		
27 艹	×		□	□	×	□	□	苜	□	苜	符	
28 白	×		□	□	×	□	畹	皎	皖?	皎		畹

4・24 □	×	×	×	×	×			×		如
25 □										芿
26 □			甫					甫		庾
5・1 檢				撿						
4 粛	□	□		□						
13 檢				撿						
25 一	□	□		□	□		一?			
26 珎	□	□	珍	□	□	×		珍		
6・8 臣				×						
25 張	□	□	□	×	□	□	張?	□		
26 □				×						幹
8・9 辛				□						
10 亥	亥	亥		□						
23 麻		□								
24 □								朴	朴	朴
25 □										從?
26 □										鎰?
9・24 □								朴	朴	朴
25 □									雲?	賓
26 □	本								奈	奈
10・19 朴	□	□		×						

◎鐘銘の釈読及び釈字対照表について

＊一九九〜二〇〇頁に掲げた鐘銘釈読は拓本等による著者の釈読である。文字の配列は実物のままであり、□は釈読不能な文字を、？は推定した文字を表わす。

＊釈字対照表は〔序の部〕については二〇〇〜二〇三頁の上段に、〔詞の部〕と〔歴名の部〕については二〇〇〜二〇四頁の下段に掲げた。

・20	□	韓	韓	韓	×	韓	韓	韓	韓	×	韓
・21	□	□	□	味	×	味	味	味	味	×	味
・24	朴	□	□	□	×	□	□	朴？			
・25	負	□	□	□	×	□	□	□	□		
・26	岳		□	□	×	□	□	□	□		

◎備考・×印は判読のない文字。
・空白は試釈と同字であることを示す。但、李昊栄論文の欄はこれに該当せず。また『東国輿地勝覧』は歴名の部を、『新羅文化論攷』は詞と歴名の部を欠くからこれもその部については該当しない。

第二章　寺院成典と皇龍寺の歴史

はじめに

新羅時代の王都であった今日の韓国慶尚北道慶州市はその一円が史跡の宝庫である。高句麗の古都の中国吉林省集安県が古墳の多い盆地であるように、南の慶州は古墳に加え寺址の多い盆地である。

今日、新羅時代の法燈を残す寺院には、この地方では吐含山の懐に抱かれた仏国寺と平地にある芬皇寺、それに小金剛山中の栢栗寺があるが、新羅の盛時には「寺寺星張し、塔塔は雁行す」（『三国遺事』巻三・原宗興法）の句の如く、北魏の都の洛陽にも近似するほど仏教文化が開花していた。

寺址、仏塔、磨崖仏など慶州一帯に今日にも残る新羅の仏教文化を深く理解するには、遠くインド、西域、中国の仏教文化の理解が不可欠ではあるが、そうした課題の手掛りとして、まずは新羅時代の国家および王室と仏教との関係を考察し、これによって新羅史の一側面、ひいては新羅の仏教文化を盛んならしめたところを窺いたい。

第一節　寺院成典の構成

新羅時代の国家および王室と仏教との関連を考察するには、国家が僧侶と寺院とをどのように管理したかの問題[1]に加えて、国家および王室が仏教儀礼にどのように関与したか、という問題を考えることは重要な手掛りとなる。本論ではまず寺院の管理の問題を取り上げ、ついで仏教儀礼についても触れてみたい。そのためには特定の寺院の修営を担当した成典の組織を分析することが出発点となる。

『三国史記』巻三十八・雑志・職官上（以下、「職官志」と記す）には四天王寺、奉聖寺、感恩寺、奉徳寺、奉恩寺、霊廟寺、永興寺の七寺院の成典の組織とその沿革とが記されている。しかし、成典の組織はこの七寺院のほかにも、離宮と判断される永昌宮についても記録されている[補1]。さらに、寺院の成典では先の七寺院のほかに、今日では金石文の発見によって、後述するように真智大王寺と皇龍寺についても成典の存在が知られた。

そこで、つぎに『三国史記』に記録された七寺院と金石文で知られる二寺院、それに離宮の一つの計十の成典の組織と沿革を分析しておきたい。

〔史料Ⅰ〕『三国史記』巻三十八・職官上

①四天王寺成典、景徳王改為監四天王寺府、恵恭王復改。衿荷臣一人、景徳王改為監令、恵恭王復称衿荷臣、哀荘王又改為令、位自大阿飡至角干為之。上堂一人、景徳王改為卿、恵恭王復称上堂、哀荘王又改為卿、位自奈麻至阿飡為之。赤位一人、景徳王改為監、恵恭王復称赤位。青位二人、景徳王改為主簿、恵恭王復称青位、哀荘王改

為大舎、省一人、位自舎知至奈麻為之。史二人。

②奉聖寺成典、景徳王改為修営奉聖寺使院、後復故。衿荷臣一人、景徳王改為検校使、恵恭王復称衿荷臣、哀荘王改為令。上堂一人、景徳王改為副使、後復称上堂。赤位一人、景徳王改為判官、後復称赤位。青位一人、景徳王改為録事、後復称青位。史二人、景徳王改為典、後復称史。

③感恩寺成典、景徳王改為修営感恩寺使院、後復故。衿荷臣一人、景徳王改為検校使、恵恭王復称衿荷臣、哀荘王改為令。上堂一人、景徳王改為副使、恵恭王復称上堂、哀荘王改為卿、一云省卿置赤位。赤位一人、景徳王改為判官、後復称赤位。青位一人、景徳王改為録事、後復称青位。史二人、景徳王改為典、後復称史。

④奉徳寺成典、景徳王十八年改為修営奉徳寺使院、後復故。衿荷臣一人、景徳王改為検校使、恵恭王復称衿荷臣、哀荘王又改為卿。上堂一人、景徳王改為副使、恵恭王復称上堂、哀荘王又改為卿。赤位一人、景徳王改為判官、恵恭王復称赤位。青位二人、景徳王改為録事、恵恭王復称青位。史六人、後省四人、景徳王改為典、恵恭王復称史。

⑤奉恩寺成典。衿荷臣一人、恵恭王始置、哀荘王改為令。副使一人、恵恭王始置、尋改為上堂、哀荘王又改為卿。大舎二人。史二人。

⑥霊廟寺成典、景徳王十八年改為修営霊廟寺使院、後復故。上堂一人、景徳王改為判官、後復称上堂。青位一人、景徳王改為録事、後又改為大舎。史二人。

⑦永興寺成典、神文王四年始置、景徳王十八年改為監永興寺館。大奈麻一人、景徳王改為監。史三人。

⑧永昌宮成典、文武王十七年置。上堂一人、景徳王置、又改為卿、恵恭王復称上堂、哀荘王六年又改為卿。位自級飡至阿飡為之。大舎二人、景徳王改為主簿、恵恭王復称大舎。位自舎知至奈麻為之。史四人。

寺院成典の機構と沿革

①	景徳王	（恵恭王七年）恵恭王	哀荘王	（官位）
四天王寺成典	監四天王寺府	四天王寺成典		
衿荷臣一人	監令	Ⓐ衿荷臣	令	大阿飡～角干
上堂一人	卿	上堂	卿	奈麻～阿飡
赤位一人	監	赤位		
青位二人	主簿	青位	大舎（省二一人一）	舎知～奈麻
史　二人				

②	景徳王	恵恭王	哀荘王
奉聖寺成寺	修営奉聖寺使院	（後復故）	
衿荷臣一人	検校使	衿荷臣	令
上堂一人	副使	（後復称）	
赤位一人	判官	（後復称）	
青位一人	録事	（後復称）	
史　二人	典	（後復称）	

③	景徳王	（恵恭王七年）恵恭王	哀荘王
感恩寺成典	修営感恩寺使院	（後復故）	
衿荷臣一人	検校使	Ⓑ衿荷臣	令
上堂一人	副使	上堂	卿（一云省レ卿置二赤位一）
赤位一人	判官	（後復称赤位）	
青位一人	録事	（後復称青位）	
史　二人	典	（後復称史）	

※アルファベットは〔史料Ⅱ〕と対応する。

④	奉徳寺成典	衿荷臣一人	上堂一人	赤位一人	青位二人	史　六人 (後省二四人一)
景徳王十八年←	修営奉徳寺使院	検校使	副使	判官	録事	典
(恵恭王七年)		(Ⓒ二人)	(Ⓓ一人)	(Ⓔ三人)	(Ⓕ三人)	
恵恭王←	(後復故)	衿荷臣	上堂	赤位	青位	史
哀荘王		卿?	卿			
⑤	奉恩寺成典	衿荷臣一人	副使　一人		大舎　二人	史　二人
恵恭王←		始置	始置尋改爲上堂			
哀荘王		令	卿			
⑥	霊廟寺成典		上堂　一人		青位　一人	史　二人
景徳王十八年←	修営霊廟寺使院		判官		録事	
	(後復故)		(後復称上堂)		(後又改爲大舎)	
⑦	永興寺成典			大奈麻一人		史　三人
神文王四年←	始置					
景徳王十八年←	監永興寺館			監		
I	皇龍寺成典	監脩成塔事守	上堂　二人	赤位一人	青位　四人	黄位　四人
		Ⓖ	Ⓗ	Ⓘ	Ⓙ	Ⓚ

Ⅱ	永昌宮成典		上堂　一人		大舎　二人	史　四人
文武王十七年	置					
←景徳王			置又改爲卿		主簿	
←恵恭王			上堂		大舎	
←哀荘王			卿			
（官位）			級飡～阿飡		舎知～奈麻	

〔史料Ⅱ〕金石文

「聖徳大王神鍾之銘[2]」

Ⓒ検校使兵部令兼殿中令司馭府令修城府令監Ⓐ四天王寺府令幷検校真智大王寺使上相大角干臣金邕
Ⓒ検校使粛政臺令兼修城府令Ⓑ検校感恩寺使角干臣良相
Ⓓ副使執事部侍郎阿飡金体信
Ⓔ判官右司録館使級飡金□得
Ⓔ判官級飡金　忠封
Ⓔ判官大奈麻金　□□□
Ⓕ録事奈麻金　一珎
Ⓕ録事奈麻金　張□
Ⓕ録事大舎金　□□

（注、□は判読困難な文字）

「皇龍寺九層木塔刹柱本記[3]」（第三板　外面）

成典
Ⓖ監脩成塔事守兵部令平章事伊干臣金魏弘
Ⓗ上堂前兵部大監阿干臣金李臣
　Ⓗ倉府卿一吉干臣金丹書
Ⓘ赤位大奈麻臣新金賢雄
Ⓙ青位奈麻新金平矜　Ⓙ奈麻臣金宗猷
　Ⓙ奈麻臣金歆善　Ⓙ大舎臣金慎行
Ⓚ黄位大舎臣金競会　Ⓚ大舎臣金勖
　Ⓚ大舎臣金審巻　Ⓚ大舎臣金公立
道監典

右の〔史料Ⅰ〕の七つの寺院成典と一つの離宮の成典の組織と沿革はかなり不十分な記録であるとしなければならない。今、その不十分さを多少なりとも補いうるとすれば、まず〔史料Ⅱ〕の「聖徳大王神鍾之銘」（以下ただ鍾銘とのみ記す）によって、恵恭王七年（七七一）の時点における奉徳寺の成典の構成員とその官位とが補われる。

この聖徳大王神鍾とは次のような経緯で鋳造された新羅盛時の代表的な文化遺産である。聖徳王の子の景徳王は父の治績を追慕して大鐘の鋳造を発願したが、その完成を待たずに薨去してしまった。そこで、景徳王の後を継いだ子の恵恭王は母の満月太后の一族と共同して、大暦六年、即ち恵恭王七年（七七一）十二月にこの大鐘を完成させたのである。[4]

この鍾の規模は総高約三・九〇メートル、口径は約二・三〇メートルであり、二対の飛天像をもち、その間に総数千五十字の銘文が陽鋳されているが、〔史料Ⅱ〕の「聖徳大王神鍾之銘」はその末尾にある歴名部分の一部である。(5)鐘は完成後には奉徳寺に奉安されたから奉徳寺鍾とも、また鋳造時に小児を犠牲に供したという後世の伝説からエミルレ鍾の俗称でも呼ばれるが、(6)前掲の鍾銘にある人物こそ恵恭王七年の時点における奉徳寺の成典を構成した人員であり、その立場からこの大鐘の鋳造に関与した人々とみて誤りない。

鍾銘には奉徳寺成典を構成する検校使が二名、副使は一名、判官は三名、録事も三名の姓名がみえており、検校使の金邕は四天王寺と真智大王寺の成典の検校使を兼ね、また、金良相は感恩寺の成典の監令を兼ねていたこと等が知られる。

奉徳寺成典に限定してみても、この構成からは「職官志」にみる成典の構成員数が恵恭王七年の時点での人数とは必ずしも一致してはいないことがわかる。この点においても「職官志」に記された各成典の構成員数はある特定の時期のそれであって、各々の寺院が国家に対した重要性の変化にともなって、その人員数は増減される性格のものであることがわかる。

つぎに、「職官志」では恵恭王代に成典の職名が景徳王代のそれから旧来の職名へ復称されたとある。この件を恵恭王七年の鍾銘に対照させてみれば、鍾銘にみた奉徳寺成典の職名は景徳王代のそれであるから、恵恭王代の復称はこの鍾の鋳造後、即ち恵恭王七年以後のこととなる。このことは奉徳寺成典に限らず他の成典についても言えることであって、『三国史記』巻九の恵恭王十二年春正月条に「下教、百官之号尽合復旧」とあるから、この時に成典の職名も景徳王代以前の旧称にもどされたに違いない。

第二の補足は〔史料Ⅱ〕の「皇龍寺九層木塔刹柱本記」（以下「刹柱本記」と記す）によって可能である。この史料には後述するごとく、咸通十三年（八七二）、即ち、新羅では景文王十三年に、前年から始まった皇龍寺の九層木塔の再建事業に関与した僧俗の多数の人名が記されている。本論に関係する第三板の外面のみを先に掲げたが、そこには「成典」の名のもとに監脩成塔事守一名、上堂二名、赤位一名、青位四名、黄位四名の計十二名の名が記されている。これによって〔史料Ⅰ〕にはみえなかったが、皇龍寺にも成典の組織があったこと、そしてこれらの人物が成典を構成する人員であったことが知られる。

皇龍寺は後述するように六世紀中葉の真興王代に創建され、七世紀中葉の善徳女王十二年には九層木塔が起工されているから、皇龍寺の成典は先の景文王代に限定されずその以前からかの七寺の成典とともに存在していたに違いない(7)。

さて、この「刹柱本記」にみるごとく、景文王代の皇龍寺成典の職名は上堂、赤位、青位とあるから、恵恭王十二年に復称された七寺の成典のそれと同じではあっても、その後の哀荘王代に改称されたものとは同一ではない。すると、哀荘王代を経てこの景文王十三年に至るまでに、〔史料Ⅰ〕には記録されてはいないが、少なくとも皇龍寺の寺院成典には名称の変更がもう一度あったことになる。ただ、その変更が他の七つの寺院成典にまでも及んだかどうかは疑問としなければならない。というのも、かの七寺院は後述するごとく中代の王室が殊に厚く保護したところであって、〔史料Ⅰ〕では哀荘王以後の記録が粗雑なことをみても、中代とは王統を異にする下代の景文王代にはたして厚く保護されたかどうか検討を要する。

つぎに、〔史料Ⅰ〕のもう一点の不十分さは各成典の構成員が相当する官位についての問題である。〔史料Ⅰ〕では七寺院の成典の筆頭にある四天王寺成典のなかで、衿荷臣と上堂と青位については、その相当する官位を記しているが、赤位については特にその表記はない。四天王寺成典についての官位の表記が、他の寺院成典の官位にも適応されるのであろうが、〔史料Ⅱ〕の金石文を得た今日、その恵恭王七年と景文王十二年に実在した成典を構成する人員の官位によって、他の寺院成典の各々の官位を今一度考えておきたい。

まず、次頁の「寺院成典の官位相当表」に現われたところでは、四天王寺成典の上堂が相当する官位の範囲は、同じ上堂とは言え、永昌宮成典と位和府の上堂とは同一ではない。また、四天王寺成典の赤位には官位の表示はなかったが、皇龍寺成典の赤位が大奈麻の官位であること、一方、永興寺成典では赤位にあたる官名の欄には大奈麻一人とある。さらに、永昌宮成典では赤位にあたる官名がみえず、従って官位表記では大奈麻の相当する官名がないことなどを考えると、赤位が相当する官位は大奈麻のみに限定されたのではなかろうか。こう考えると、四天王寺成典の上堂の官位が奈麻以上阿飡までとあるのは、赤位と青位の相当する官位と混乱を起こすことになる。従って、この四天王寺成典の上堂に関する官位の範囲が、「位自奈麻至阿飡」とあるのは誤りであって、永昌宮成典の上堂の官位である級飡以上阿飡まで（「位自級飡至阿飡」）とあるべきではなかろうか。

少ない史料では成典の構成員の相当官位を明確にはできないが、その基本規定は長官の監令あるいは検校使が大阿飡以上、副使あるいは上堂が級伐飡（級飡）以上から阿飡まで、赤位は大奈麻のみ、青位は小舍以上奈麻まででではなかったかと判断される。胥史にあたる青位の下の史（典）についても官位の表示はなかったが、ただ皇龍寺成典には青位の次に黄位がみえており、この黄位が他の成典の史にも相当するかどうか明確ではない(8)。ただ、皇龍寺成典の黄位の四名は大舍の官位をもち、これは先の検討では青位が相当する官位の範囲内にある。こうした皇龍寺成典の特異性や奉徳寺成典では恵恭王七年の時点で検校使が二名、判官が三名いたことなどの点は成典組織が寺院の重要性の変化にともなって、拡大あるいは縮小されていたことを表現しよう。

ところで、寺院成典の長官たる衿荷臣は監令あるいは検校使と改称されたとあるが、その実例にはかの鍾銘の金邕

寺院成典の官位相当表

	『三国史記』所見の新羅の十七等官位	四天王寺成典の相当官位	永昌宮成典の相当官位	奉徳寺成典（鍾銘）	皇龍寺成典（刹柱本記）	位和府
	（大角干）			検校使		衿荷臣
1	伊代飡（角干）	衿荷臣（監令）		検校使		
2	伊尺飡（伊飡）				監脩成塔事守	
3	迊飡					
4	波珍飡					
5	大阿飡					
6	阿飡	上堂（卿）	上堂（卿）	副使（上堂）	上堂	上堂
7	一吉飡				上堂	
8	沙飡					
9	級伐飡（級飡）			判官（赤位）		
10	大奈麻	（赤位）		判官（〃）	赤位	
11	奈麻	青位（主簿・大舎）	大舎（主簿）	録事（青位）	青位	大舎
12	大舎			録事（〃）	青位・黄位	
13	小舎（舎知）					
14	吉士					
15	大烏					
16	小烏					
17	造位					

と金良相、そして「刹柱本記」では金魏弘があげられる。この三人は衿荷臣の官名そのものではなく、その改称後の官名を帯びているが、ここを手掛りに寺院成典の衿荷臣の性格を考えることは全く誤りではなかろう。（補2）

前述のごとく、寺院成典の組織は恵恭王十二年春正月に、その名称を景徳王代の唐風の名称から旧来の名称に復したが、そこで復活した衿荷臣は新羅独自の名称とみられる。衿荷臣については『三国史記』巻三十三・雑志・色服条（以下、「色服志」と記す）に「法興王制、自太大角干至大阿飡、紫衣、阿飡至級飡、緋衣、並牙笏、大奈麻、奈麻青衣、大舎至先沮知、黄衣。伊飡、迊飡、錦冠、波珍飡、大阿飡、衿荷、緋冠、上堂、大奈麻、赤位、大舎、組纓」とあって、ここに衿荷、上堂、赤位など後の寺院成典に連なる古制の官職がみえる。衿荷はこの他にも「職官志」上に調府の長官の令二人は、その相当する官位が「位自衿荷至太大角干」と規定され、また「職官志」中に内省の私臣は「位自衿荷至太大角干、惟其人則授之、亦無年限」と規定されたなかにみることができる。ここでは衿荷が官位のごとく表示されてはいるが、それは古制の官職の残影とみられる。(9)

四天王寺成典に代表される衿荷臣の相当する官位は大阿飡以上から伊伐飡（角干）までとされたが（実例を示す鍾銘では、監四天王寺府令の金邕は伊伐飡を加重した大角干ではあったが）、また、位和府の衿荷臣はその官位は伊飡から大角干までとあって、これは寺院成典の衿荷臣が相当する官位の範囲より下限が高い。このことは位和府が寺院成典よりも重要な官府であったことを示していよう。

ところで、やはり「職官志」には先の寺院成典の衿荷臣の官位範囲たる大阿飡から伊伐飡（角干）までを「唯真骨受之、他宗則否」としているから、骨品制の新羅社会ではこの寺院成典の衿荷臣は真骨の出身者ということになる。

こう考えてくると、衿荷臣に相当する具体的な人物、即ち奉徳寺成典の検校使と四天王寺成典の監令それに真智大王寺成典の検校使を兼ねた金邕、同じく奉徳寺と感恩寺成典の検校使を兼ねた金良相、それに皇龍寺成典の金魏弘の出身が注目されて来る。まず、金邕は恵恭王の元舅、即ち恵恭王の母たる満月王后の兄とみられ、新羅の宰相たる上相の職にあって、恵恭王代の政治に専権を掌握していた。(10)金良相は恵恭王を継いで宣徳王となる人物であるが、新羅の王系譜の起点のひとつである奈勿王の十世孫とされ、(11)母は聖徳王の女であるから金良相はその孫となり、金邕につぐ恵恭王代の王族の一員である。また、金魏弘は後掲する「刹柱本記」の前半部に「親弟上宰相伊干魏弘」とあって、景文王の弟であったことが知られる。

具体例はこのわずか三名ではあるが、その三名が当代の王族に属するだけではなく、極めて王に近い血縁の人物であって、そうした人物が奉徳寺、四天王寺、真智大王寺、感恩寺、それに皇龍寺の成典の長官に任じていた。こうした寺院成典の長官の性格は、次に述べるごとく、成典の組織をもつ寺院が先王を追善する寺院や護国寺院であって、国家と王室に密接に関係していたことに関連しよう。

第二節　王室寺院と護国寺院

成典の組織をもつ寺院の性格を考える前に、各々の寺院成典の格を指摘しておきたい。その格も時代につれて多少、上下の変化があろうから、〔史料Ⅰ〕のなかで格を考えうる景徳王、恵恭王の二代に限っての格である。

景徳王代の成典の名称変更では、四天王寺成典は監四天王寺府に、ついで奉聖寺、感恩寺、奉徳寺、霊廟寺の四寺院は修営〇〇寺使院とされ、奉徳寺の次に名のある奉恩寺についてはその部分の記録は欠落しているが、おそらく奉恩寺も景徳王代には「修営奉恩寺使院」とされたであろう。ただ永興寺成典だけは監永興寺館と改称されている。

このことによって、景徳王代では寺院成典にも「監府」、「修営使院」と「監館」の三種があって、寺院の格もこれに対応していたにちがいない。皇龍寺成典については景徳王代の史料がみえないが、後述するごとく、その寺史と「刹柱本記」に現われた景文王代の成典の組織により、四天王寺を上まわる格であったものと思われる。

この景徳王代での寺院の格は伽藍の規模にも必ずや反映していたにちがいない。ただ、今日では皇龍寺（慶州市九黄洞）、四天王寺（同、排盤洞）、感恩寺（月城郡陽北面竜洞里）の遺址は確認され、皇龍寺については現在文化財管理局により調査が継続中であるが(12)、奉聖寺（慶州市城東洞）、霊廟寺（同、西岳洞）、永興寺（同、皇南洞）の三寺の遺址は擬定の域を出ず(13)、奉徳寺は天順四年（一四六〇）頃に慶州盆地を流れる北川の氾濫に寺域が沈み(14)、奉恩寺とともにその遺址の擬定すら難しい(補3)。こうした寺址の現状では、まず、文献によってそれらの寺院の性格を考えることになる。

皇龍寺については後に一節を設けて述べるとして、四天王寺の性格から指摘したい。四天王寺は慶州市排盤洞の狼山の丘陵下に寺址が確認され、二基の塔址、金堂址、講堂址、幢竿支柱、東西の経楼址、それに一対の亀趺が残っているが、講堂址は鉄道敷設にかかり破壊されている。

『三国史記』によれば、四天王寺は文武王十九年（六七九）に建立されたとあるが、『三国遺事』巻二・「文虎王法敏」条から建立の経緯の一面が知られる。それによれば、新羅は高句麗を滅した後に唐との間に摩擦を生じ、唐は新羅に軍兵を派遣した。これに恐れた新羅では明朗法師に護国の法を請うたところ、法師は狼山の南に四天王寺を建てよと言う。そこで、とりあえず仮の寺を建て、ここに五方神像を造って文豆婁の秘法を行なうや唐軍は海に沈んだという。その後、仮の寺を改めて四天王寺を完成したということである。これには史実性に疑問があるとしても、四天王寺が対外的危機に直面して建立された護国の寺院であるという性格は窺えるであろう(15)。

四天王寺の護国寺院という性格に対して、感恩寺と奉徳寺の二寺は先王を追善する王室の菩提寺という性格が明らかである。感恩寺は『三国遺事』巻二・「万波息笛」条で神文王が父の文武王の追善の為に建立したと伝えられている。一方、そこに引かれた「寺中記」によれば、文武王自身が倭兵の鎮圧を発願して東海岸にこの感恩寺の造営を始めたが、完成を待たずに文武王は薨去し、その子の神文王が造営を竣工したという。(16)

この二つの由来は相対立するものではない。文武王は倭兵の侵入を防ぐ護国の寺院の建立を発願したが、薨去するや護国の海龍と化したと信ぜられた。やがて子の神文王代に感恩寺の造営を終えたのである。この造営の経緯をみれば、感恩寺は倭兵を鎮める護国の寺院であることと併せて、護国の海龍と化したと信仰された文武王を追善する寺院でもあり、その性格は護国寺院という性格とも符合するところである。(17)『三国史記』巻九には恵恭王十二年春正月に恵恭王が「幸感恩寺、望海」とあり、同巻十一では景文王四年春二月にも景文王が感恩寺で望海する記事があるが、こうした王が感恩寺に親幸して海を望む儀礼は前述した感恩寺の性格が当代に厚く認識されていたことを表現している。

つぎに、奉徳寺も先王を追善する寺院という性格は明らかである。『三国遺事』巻二・「聖徳王」条には、この奉徳寺は聖徳王がその曾祖の太宗武烈王を追善して建立を始めたとあって、(18)同巻三・「皇龍寺鍾・芬皇寺薬師・奉徳寺鍾」条では、奉徳寺は聖徳王の子の孝成王が聖徳王を追善して建立したとある。(19)これらによれば奉徳寺の建立はこの二説があってやや明確ではないが、おそらく聖徳王と子の孝成王の二代にわたる造営であったらしく、王代を重ねることによって、太宗武烈王と聖徳王の二王を、なかんずく聖徳王を追善し、このことを通して聖徳王の治世を「臨邦勤政一無干戈驚擾百姓、所以四方隣国萬里歸賓、唯有欽風之望、未曾飛矢之窺」と称揚し、国家の安寧をさらに祈願する寺院であったと思われる。聖徳大王神鍾がこの奉徳寺に奉安されたのもその性格と一致しよう。(20)

鍾銘ではこの奉徳寺の検校使であった金邕は同時に真智大王寺の検校使を兼ねたが、この寺院もその名から太宗武烈王の祖にあたる真智王を追善した寺院であると見て誤りない。(21)この寺院にも成典の組織があったはずであるが、その検校使が金邕であったということ以外は今日知ることができない。

先王を追善した寺院には、このほかには元聖王を追善する崇福寺があげられる。[22] だが、元聖王は所謂下代の王であって、この寺院は下代に建立され厚く保護されたであろうから、次章に述べる中代の王室に厚く保護された諸寺院とはその点で異なる。

また、『三国遺事』巻五・「神呪・恵通降龍」条と同「避隠・信忠掛冠」条には信忠奉聖寺の寺名がみえ、神文王が信忠を追善して建立したとある。李基白氏はこの寺院の建立は神文王ではなく、景徳王がその上大等の信忠を追善して建立したと理解されている。[23] この理解に従って、信忠奉聖寺が成典を備えたかの奉聖寺のことであれば、奉聖寺は先王の追善ではないが、忠臣を追善した寺院ということになる。

このように成典の組織をもつ寺院は護国寺院や先王あるいは忠臣を追善する寺院であったことが知られたが、残る奉恩寺、霊廟寺、永興寺もおそらくこうした先王や忠臣を追善した寺院ではなかったであろうか。こうした寺院の性格は、前述のごとくその成典の長官に王の近親者が任ぜられるなど、国家や王室の厚い保護と管理を受けたことに符合しよう。

第三節　中代の王室と仏教

金富軾の撰になる『三国史記』は新羅史を上代、中代、下代に三区分するが、この中代は太宗武烈王から恵恭までの八代、七世紀中葉（六五四）から八世紀後半（七八〇）までの約百三十年間を指し、太宗武烈王の直系の子孫が王位を継承した時期であり、新羅の統一とその後の盛世の時期でもある。[24]

前述したごとく、寺院に追善された真智王、太宗武烈王、文武王、聖徳王はこの中代にあっては治績の優れた王である。ただ真智王についてはその治績は十分に知られてはいない。その上、この王は上代に属する。しかし、真智王は中代の最初に位置する太宗武烈王の祖にあたるから、上代の多くの王とはちがい、伝説上あるいは系譜上の王ではなく中代の王室の確かな祖先にあたり、中代の王とて軽視できない系譜上の位置にある（次頁の「新羅中代の王系譜」参照）。

こうした王を追善する寺院が建立されたのもこの中代であった。前述のように、神文王代には父の文武王を追善する感恩寺が、ついで聖徳王代には曾祖の太宗武烈王を追善する奉徳寺の造営が始まり、子の孝成王代に至ってその造営は竣工し、ここに父の聖徳王も追善することになった。続く景徳王あるいは次の恵恭王代には聖徳大王神鍾銘に記された真智大王寺を建立したとおもわれ、ここに真智王を追善している。

このように中代、それも新羅の統一が成った後の八世紀中葉に、先王を追善する寺院の建立と後に触れる梵鐘の鋳造のほか仏具の造立が盛んである。それだけに王室では仏教が厚く信仰されたことが知られる。その信仰の一側面は、例えば、前述の聖徳王を追善する奉徳寺に大鍾を奉安し、仏教の加護によって聖徳王の治政の再現を祈願したように、また、皇龍寺に大鍾を鋳造したように護国仏教に通ずるものでもある。

そこで、つぎに中代のなかでも先王追善の念が厚く、それ故に〔史料Ⅰ〕に示されたごとく、寺院成典が最も充実している景徳王と恵恭王の父子二代を中心に、中代の王室と仏教との接触を考えてみたい。

景徳王は在位十三年（七五四）に永興寺と元延寺の修葺を命じたことが『三国史記』巻九の景徳王本紀にみえるが、[25]この永興寺の修葺は永興寺成典が執行したに違いない。この年には、また『三国遺事』巻三・「皇龍寺鍾・芬皇寺薬師・奉徳寺鍾」条によれば、四十九万斤を過ぎる皇龍寺の大鐘を鋳造している。その施主は孝貞と三毛夫人であったと言う。[26]三毛夫人は景徳王の先妃であって、またその父は聖徳王代の宰相であった金順貞である。孝貞も三毛夫人の

新羅中代の王系譜　※数字は王代数

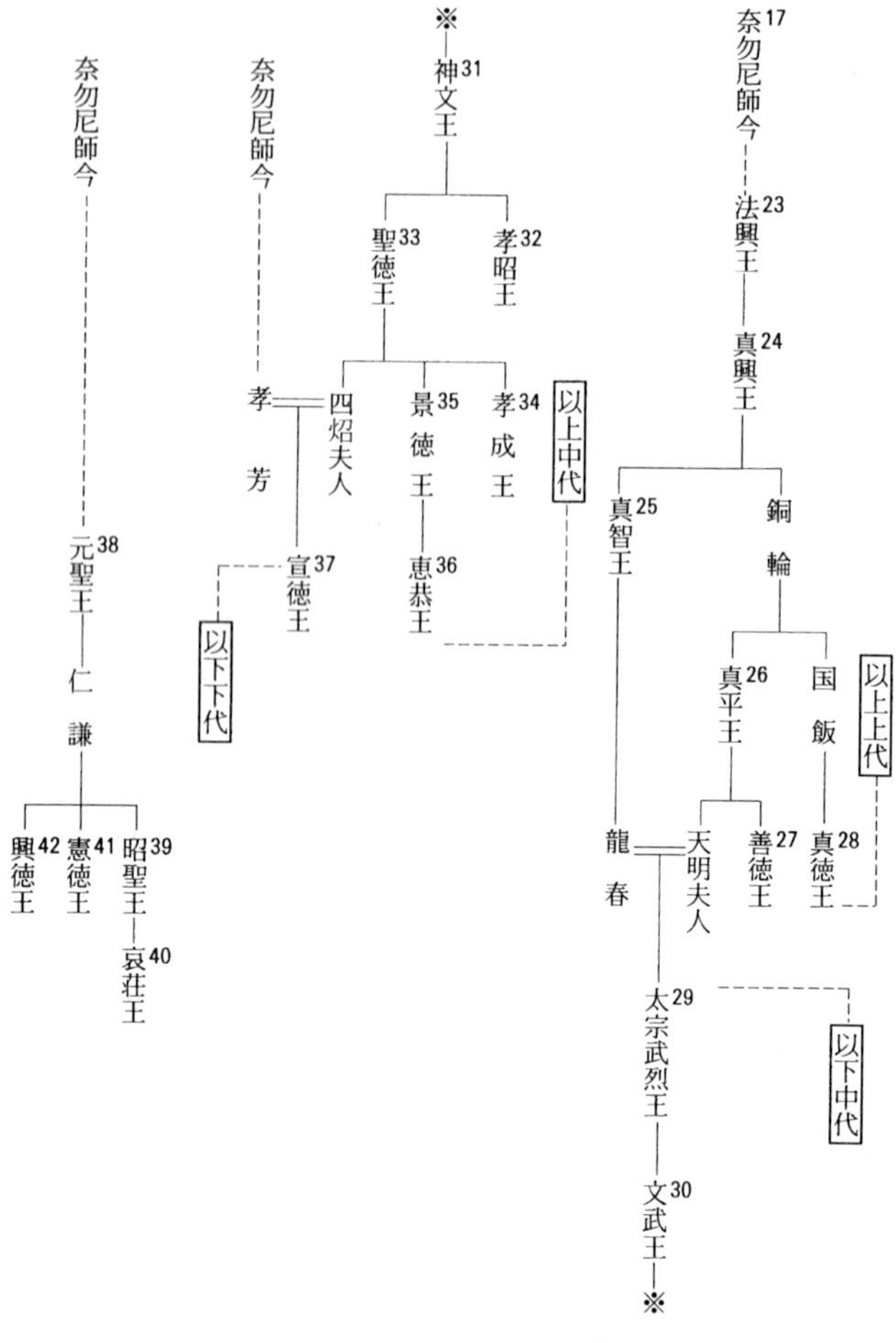

奈勿尼師今 17
法興王 23
真興王 24
銅輪
真智王 25
国飯
真平王 26
以上上代
善徳王 27
真徳王 28
天明夫人
龍春
太宗武烈王 29
以下中代
文武王 30
※
※
神文王 31
孝昭王 32
聖徳王 33
孝成王 34
以上中代
景徳王 35
恵恭王 36
四炤夫人
孝芳
奈勿尼師今
宣徳王 37
以下下代
奈勿尼師今
元聖王 38
仁謙
昭聖王 39
哀荘王 40
憲徳王 41
興徳王 42

同族とみられるから景徳王代のこの皇龍寺の大鐘の鋳造には外戚族の財力が投ぜられたであろう。

その翌年には、三十万斤の芬皇寺薬師銅像が鋳造され、王の二十三年（七六四）には霊妙寺の丈六像を鍍金している。[27] このように景徳王が仏教を保護する姿勢は『三国遺事』巻三・「四仏山・掘仏山・万仏山」条にみえるが、同巻二・「景徳王・忠談師・表訓大徳」条にみるように、忠談や表訓のごとき高僧が王師として近侍していたこともこうした仏教振興策に関係しよう。

しかし、中代の末期の王室が仏教に深く傾斜してゆくのは、聖徳大王神鍾を聖徳王の追善の寺院たる奉徳寺に奉安した例によく表現されたように、景徳王と恵恭王の父子二代では聖徳王の治政の再現を仏教信仰を通して期待したことも強く関連しよう。

景徳王は自ら発願した聖徳大王神鍾の完成を待たずに薨じたが、子の恵恭王がその鋳造を継承し、王の七年（七七一）の年末に完成させた。それは発願以来二〇年近くも経た父子二代の事業であった。この大鐘も先の皇龍寺の大鐘と同じく外戚族の力によるところが大きい。鍾銘には〔史料Ⅱ〕に引いたごとく、鋳造に関与した人名があがっているが、その中心には金邕がおり、また恵恭王の母たる満月王后、即ち、景徳王の後妃もこの鋳造に深く関係していたであろう。この二人は先の金順貞一族に属するとみられたから、やはり聖徳大王神鍾も外戚族の財力によるところ大である。[28]

この鍾銘によって奉徳寺、真智大王寺、四天王寺、感恩寺の成典の実在が確かめられたのだが、こうした景徳王、恵恭王の二代であればこそ先王を追善する寺院がよく栄え、〔史料Ⅰ〕のごとく、寺院成典の構成の史料が比較的よく残っているのである。

恵恭王を最後に中代の王統は絶え、宣徳王を中継して元聖王の血をひく下代の王統が新たに始まる。この下代でも前述のごとく元聖王を追善する崇福寺が建立されていたが、また『三国遺事』巻三・「鍪蔵寺弥施殿」条には、元聖王の父が叔父を追善してこの鍪蔵寺を建立したとあるが、(29)先の中代の王を追善した寺院やその成典の動向はこの下代ではよく知ることができない。〔史料Ⅰ〕では下代の寺院成典の組織が十分に記録されてはいないのである。ただ、『三国史記』巻十・哀荘王七年（八〇六）には、「下教、禁新創仏寺、唯許修葺、又禁以錦繍為仏事、金銀為器用、宜令所司普告施行」とあるから、下代に至ってもその初期には寺院の建立が盛行しており、崇福寺や鍪蔵寺のほかに、下代の王室の祖先を追善する寺院が建立されたに違いない。

しかし、この哀荘王の建立禁止令以降では、寺院に対する保護は新たに建立することよりも、既存の寺院の修営に集中したであろう。文聖王は大中九年（八五五）に昌林寺に無垢浄塔を建立させたが、その時の願記には「検校修造僧前奉徳寺上座　清玄」の名があって、下代にも僧界における奉徳寺の地位は重んぜられていたことが知られる。(30)景文王が感恩寺に親幸したことは前述したが、このことをみても下代とて中代の王室が保護した寺院は軽視はされなかった一例である。

第四節　皇龍寺の歴史

成典の組織を備えた寺院のなかでは、皇龍寺は四天王寺を上まわる護国寺院中の第一の格であって、中代・下代を問わず国家が厚く保護と管理を加えたためか、比較的よく史料が残っている。〔補4〕皇龍寺は現在、本格的な発掘調査が進行中ではあるが、ここでひとまず文献を通して寺史を通観し、皇龍寺が新羅の国家の命運といかに深く結びつけて認識されていたかを窺いたい。

皇龍寺は真興王十四年（五五三）に造営が始まったことが、『三国史記』の当年条と『三国遺事』巻三・「皇龍寺丈六」条とにみえている。[31] それによると新宮を月城の東に（『三国遺事』では「紫宮を龍宮の南に」とある）造営しようとしたところ、その地から黄龍が現われた為に、王は宮殿の造営を止めてここに寺院を建立することに転換したという。『三国史記』では、皇龍寺の造営は真興王二十七年に竣工したとある。実に十三年にもわたる造営であるが、一方、『三国遺事』では、さらに真興王三十年（五六九）に墻をめぐらして、造営は十七年目にして竣工したとあった。

このように皇龍寺の造営は国家的になされているが、その背景には真興王五年に興輪寺が建立され、つづいて一般民が僧尼となることを許可したごとく[32]新羅社会での仏教の興隆があるが、より直接的には李基白氏が示唆されたように、高句麗から招かれて新羅に移住した恵亮法師の動向が皇龍寺の建立の要因にあろう。[33] 即ち、『三国史記』巻四十四の居柒夫伝によれば、真興王十二年に居柒夫は高句麗に侵攻したが、この時に居柒夫は高句麗の恵亮法師を新羅に招聘したのである。これより先に居柒夫は恵亮法師の講堂においてその講説に浴したことがあったが、真興王は法師を迎えるや法師を僧統に任じ仏教界の指導的地位においている。[34]

恵亮法師の講説の性格は明確には知られないが、注目されることはこの時以来、新羅では百座講会と八関会の法会が始まったとあることである。百座講会は日本古代では仁王会の名で知られるが、護国仏教の経典たる「仁王護国般若波羅密多経」にもとづき、百の高座を設け、百の法師を招いてこの経を講説させ、これを聴する一大法会である。

高句麗、百済との鼎立の状態にあった新羅において、恵亮法師を迎えた後にこの百座講会が始まったということを考えると、法師の講説するところは護国仏教、とりわけ「仁王経」ではなかったであろうか。この恵亮法師によって北魏で栄えた護国仏教が高句麗を経て新羅に伝来されたとおもわれる。

李基白氏が指摘したように、恵亮法師は真興王に護国仏教の一大法会たる百座講会の開催を建議し、また、法会にふさわしい新たな大寺院の建立を進言したのではないかということは十分に肯首されるのである。

こう考えてくると、皇龍寺は創建の当初から護国仏教の中心的寺院であって、国家と強い結びつきのあったことが予想される。皇龍寺のそうした性格は百座講会がこの皇龍寺において盛んに開催されたことに端的に現われている。『三国史記』には恵亮法師以後、この百座講会の開催記事が七例、『三国遺事』にもこのほかに二例みえており、この計九例の百座講会が全て皇龍寺において開催されており、他の寺院での開催をみない(35)。また、看燈会も皇龍寺で開催されたことが『三国史記』に二例みえている。

この百座講会は新羅時代の最大の法会であって、その開催は王の病や農耕の不順など国家的危機に直面するや、これを祓う法会として開催されたが、やがて下代の憲康王代を前後する頃には王の即位儀礼に深く結びついて、新王の治世年間にわたる国家の安泰を祈願して開催される傾向が現れる(36)。

皇龍寺の国家的性格を表現するものにはこの百座講会のほかに、所謂、新羅の三宝と称された皇龍寺の丈六像、聖帯、皇龍寺の九層木塔の三点のうち二つが皇龍寺に属することがあげられる。高麗の太祖王建は新羅の使者に三宝の存否を問うたことがあったが(37)、新羅時代おそらく統一以後に、この三点を国家の命運に結びつける認識が形成されて行ったものとおもわれる(補5)。そのひとつの丈六像は最も古く、『三国史記』では真興王三十五年（五七四）に鋳造され、翌年にはこの像から涙が流れ出し踵にまで達したとある。この件を『三国遺事』巻三・「皇龍寺丈六」条では、丈六像の涙は王が薨去する不吉な兆であるとしている(38)。

また、聖帯は『三国遺事』巻一・「天賜玉帯」条では真平王の即位時に上皇の命をうけた天使が殿庭に降り来たり、この玉帯を王に伝賜したとある。玉帯は世々新羅の王室に伝授されたが、新羅の末期ではその存在が忘れられたらしく、皇龍寺の老僧が南庫に納めてあることを教え、新羅の末王の敬順王はこれを高麗の太祖に献じたという(39)。

この丈六像と玉帯の二宝は新羅王との結びつきが強いが、国家の命運と関連づけて認識された宝は次に述べる皇龍寺の九層木塔である。

九層木塔に関する基本史料は「史料Ⅱ」に掲げた「刹柱本記」と『三国遺事』巻三・「皇龍寺九層塔」条である。『三国史記』巻五・善徳王十四年（六四五）条には、慈蔵の要請によって皇龍寺に九層塔が建立されたとある。『三国遺事』には塔が落雷にあって、その度に修復したことが記録されているが、〔史料Ⅱ〕に掲げた刹柱本記は景文王八年（八六八）に落雷にあい、同十一年（八七一）に始まった改造事業時の記録であり、事業に関与した僧俗の多数の人名を列記しており、その前半には塔の「始建之源」と「改作之故」を略記するが、その全文は以下である。

「皇龍寺九層木塔刹柱本記」

〔第一板　内面〕

皇龍寺刹柱本記侍読右軍大監兼省公臣朴居勿奉教

詳夫皇龍寺九層塔者

善徳大王代之所建也昔有善宗郎真

骨貴人也少好殺生放鷹掣雉雉出涙

而泣感此発心請出家入道法号慈蔵

大王即位七年大唐貞観十二年我国

仁平五年戊戌歳随我使神通入於西

国　　王之十二年癸卯歳欲帰本

国頂辞南山圓香禅師禅師謂曰吾以

観心観公之国皇龍寺建九層窣堵波
海東諸国渾降汝国慈蔵持語而還以
開乃　命監君伊干龍樹大匠
非等率小匠二百人造斯塔焉
　　　　鐫字僧聡恵

〔第二板内面〕

其十四年歳次乙巳始構建四月八日
立刹柱明年乃畢功鉄盤已上高七
已下高卅歩三尺果合三韓以為一
君臣安楽至今頼之歴一百九十五
曁于　　　文聖大王之代年
既久向東北傾国家恐墜擬将改作
致衆材三十余年其未改構
今上即位十一年咸通辛卯歳恨其
傾乃　命親弟上宰相伊干魏弘為今
臣寺主恵興為聞僧及脩監典其人前
大統政法和尚大徳賢亮大統兼政法
和尚大徳普緑康州輔重阿干堅其等

道俗以其年八月十二日始廃旧造新
鐫字臣小連全
其中更依無垢浄経置小石塔九十九
躯毎躯納　舎利一枚陀羅尼四種経
一巻巻上安　舎利一具於鉄盤之上
明年七月九層畢功雖然刹柱不動
上慮柱本　舎利如何令臣伊干承
〔第三板　内面〕
旨取壬辰年十一月六日率群僚而往
専令挙柱観之礎臼之中有金銀高座
於其上安　舎利琉璃瓶其為物也不
可思儀唯無年月事由記○廿五日還
依旧置又加安　舎利一百枚法舎利
二種尊　命記題事由略記始建之源
改作之故以示萬劫表後迷矣
咸通十三年歳次壬辰十一月廿五日記
崇文台郎兼春宮中事省臣姚克一奉　教
鐫字助博士臣連全

〔第三板　外面〕〔史料Ⅱに既出〕

〔第二板　外面〕

前国統僧恵興

前大統政法和尚大徳賢亮前大統政法和尚大徳普縁

大統僧談裕　　　　　政法和尚僧神解

普門寺上座僧隠田　　当寺上座僧允如

僧栄梵　　僧良嵩　　僧然訓　僧昕芳

僧温融

維那僧助筆　　　　　僧咸解　僧立宗　僧秀林

俗監典

浿江鎮都護重阿干臣金堅其

執事侍郎阿干臣金八元

〔第一板　外面〕

内省卿沙干臣金咸熙

臨関郡太守沙干臣金昱栄

松岳郡太守大奈麻臣金鎰

当寺大維那

僧香素　僧　　　僧元強　当寺都維那

感恩寺都維那僧　芳另　僧運嵩
維那僧達摩　僧　　僧賢義　僧良秀
僧教日　僧　嵩　僧又宗　僧孝清
僧允　　僧　　　僧嵩恵　僧善裕
僧幸林　僧　　　僧聴恵　僧太逸
舎利臣忠賢

これによれば、塔の「始建之源」は慈蔵法師が留唐中に圓香禅師から受けた教えにあるという。(40)禅師は慈蔵に皇龍寺に九層の塔（窣堵波）を建立すれば、海東の諸国は新羅に降るだろうと教え、慈蔵はこの教えを新羅に持ちかえり善徳王に以聞したとある。

『三国遺事』の本文では、慈蔵はこの教えを神人から受けたとあるが、注に引いた『寺中記』では圓香禅師から受けたとしており、この点は「刹柱本記」と一致する。

善徳王は慈蔵の以聞をうけて龍樹に命じ塔の建立にあたらせたが、刹柱本記には大匠の「(三文字格の空白)非」が小匠二百人を指導したとある。これは『三国遺事』にも百済から工匠の阿非知を招き、小匠二百人を率いて塔を建立したとある記録と一致する。このことをみると、阿非知の知は古代朝鮮の尊称語尾の借音であるから、「刹柱本記」に記録された「(三文字格の空白)非」という大匠の名は「百済阿非」と補充されよう。

「刹柱本記」の第二板内面には善徳王十四年に九層木塔の建立が始まり、翌年に工事は竣工したとある。塔は完成後百九十五年を経た文聖王代に修復を計画したが成らず、その三十余年後の景文王十一年（八七一）に倒壊を怖れた景文王は上宰相の魏弘に改修を命じたという。ただ、『三国遺事』にはここに至るまでに孝昭王七年（六九八）に落雷にあたったこと、そしてこれを聖徳王の庚申年（七二〇）に修復したことを記録しているが、このことは「始建之源」と「改作之故」を略記する「刹柱本記」には記されてはいない。

この皇龍寺の九層木塔は『三国遺事』によれば、高麗朝の時代においても、光宗五年（九五三）、靖宗二年（一〇三五）、獻宗元年（一〇九五）と二度の落雷にあい、その度に修復され、ついには高宗十六年（一二二八）に蒙古兵の侵入によって塔と丈六像、および殿宇が焼失してしまったとある。

こうした度重なる修復と再建の意欲は、この九層木塔が建立以来、国家の命運にかかわる護国の塔と認識されていたことに発しよう。(41) 先の「刹柱本記」には「始建之源」を記した文中では塔を建立するやはたして圓香禅師の教えのとおり三韓の一統が達成されたと記し、また「君臣安楽」もこの塔にかかっていると銘記している。

こうした護国の塔であると言う認識は景文王代に限定されず、建立以来、新羅の殊に王京では脈々と育成されたものであり、次の高麗朝にまでも失われてはいない。

『三国遺事』には海東の名賢の安弘が撰したという『東都成立記』を引いて、この九層塔の一層ごとに外敵の名をあて、塔がこれらの外敵を鎮める霊力をもつ意識されている。この『東都成立記』は高麗初期の著者不明の書を七世紀の真平王代に活躍した安弘に仮托したとされるが、(42) それに従っても、高麗初期にもやはり皇龍寺の九層木塔が持つ護国の意義は忘却されてはいなかったことになる。

ただ、『高麗史』巻九十二の崔凝伝には、高麗の太祖が新羅の皇龍寺九層木塔の意義に倣い、開京に七層塔、西京（平壌）に九層塔を建立して群醜を祓い、高麗の統一をはかろうとしたことが見えている。(43)

高麗朝に至っても、皇龍寺の九層塔は前述のごとく修復はされるが、その意義は新羅時代のそのままではなく、開京と西京の塔に次ぐ東京（慶州）の塔であり、秘めたる護国の意義は三分されたと言えよう。

おわりに

本論では慶州の地に数多く残る仏教文物を生み出した新羅時代の政治・社会を窺ったが、史料の不足を十分克服できず、推定を加えざるを得なかったところもある。そのために、日本古代の仏教文化に多大な影響を与えたとされる新羅仏教の隆盛の一面を考察したに止まった。

また、仏教儀礼にしても、新羅時代よりも次の高麗朝に至って盛大に開催されており、国家と仏教との関連はむしろ高麗時代を対象に究明すべき課題である。この課題に加えて、僧侶の活動と個々の仏教文物やその作家の行動を時代のなかで蘇生させることも本論につづく新たな課題であろう。

注

（1）僧侶の統制については、中井真孝「新羅における仏教統制機関について—特にその初期に関して—」（『朝鮮学報』第五十九輯、一九七一年四月）と李弘稙「新羅僧官制와仏教政策의諸問題」（『韓国古代史의研究』ソウル、新丘文化社、一九七一年三月。原載は『白性郁博士頌寿記念仏教学論文集』（ソウル、東国文化社、一九五九年七月）参照）。〔補〕蔡印幻「新羅僧官制의設置意義」（『仏教学報』第十九輯、一九八二年九月）、洪再善「金石文에 보이는（に見える）新羅僧官」（『素軒南都泳博士華甲紀念史学論叢』太学社、一九八四年五月）、李銖勳「新羅僧官制의 성립과 기능（の成立と機能）」（『釜大史学』第十四輯、一九九〇年六月）、朴南守「新羅僧官制에 관한（に関する）再検討」（『伽山学報』第四号、一九九五年六月）、蔡尚植「慈蔵의 교단정비와（の教壇整備と）僧官制」（『仏教文化研究』第四輯、一九九五年六月）、정병삼「통일신라 금석문을 통해 본（統一新羅の金石文を通して見た）僧官制度」（『国史館論叢』第六十二輯、一九九五年八月）参照。

（2）鐘銘の全文は、今日まで十数件の文献に紹介されてきたが、それらの異同をも併せて紹介した本書第二部第一章「聖徳大王神鐘と中代の王室」参照。

（3）「刹柱本記」は一九六四年に寺址から盗掘され、六六年には国立博物館に回収され、黄壽永氏の手で判読されたが、その全文は以下のものに発表されている。「新羅・皇龍寺九層木塔刹柱本記」（『月刊文化財』十一月号、一九七二年十一月）、黄壽永「新羅皇龍寺刹社本記―九層木塔、金銅塔誌―」（『美術資料』第十六号、国立中央博物館、一九七三年十二月）、同「新羅皇竜寺九層塔の刹柱本記」（『仏教芸術』九十八、毎日新聞社、昭和四十九年九月）、同『韓国金石遺文』（ソウル、一志社、一九七六年四月）等に収録されている。〔補〕尚、「刹柱本記」は黄壽永氏により解説を付して、一九八三年に複製されている。また、『蔵書閣所蔵拓本資料集Ⅰ』（韓国精神文化研究院、一九九七年五月）にも収載される。

（4）洪思俊「奉徳寺梵鍾考」（『然斎考古論集』考古美術資料十二輯、韓国考古美術同人会、一九六七年二月）及び、本書第二部第一章「聖徳大王神鍾と中代の王室」参照。

（5）この大鐘の構造については、洪思俊「奉徳寺梵鍾小考」（『考古美術』第三巻第二・三号、考古美術同人会、一九六二年三月）と坪井良平『朝鮮鐘』（角川書店、一九七四年七月）参照。〔補〕この鐘の総合的調査報告書は国立慶州博物館編『聖徳大王神鍾』（一九九九年五月）と廉永夏『韓国의鍾』（ソウル大学校出版部、一九九一年九月。同『（増補版）韓国鍾研究』〈韓国精神文化研究院、一九八八年十二月〉）参照。

（6）斎藤忠「新羅聖徳王神鐘の鋳成伝説に就いて」（『読書』第二巻第二号、朝鮮読書連盟、一九三八年三月。後に、同著作撰集2『古代朝鮮文化と日本』〈雄山閣、一九九七年三月〉に所収）と拙稿「新羅の聖徳大王神鍾と中代の王室「付」エミルレ鐘の小児犠牲伝説」（『呴沫集』2、学習院史学会、一九八一年十二月）の「付」参照。

（7）邊善雄「皇龍寺九層塔誌의研究―成典과政法典問題를 中心으로―」（『国会図書館報』第十巻第十号、ソウル、一九七三年十二月）

（8）前掲の邊論文では〔史料Ⅰ〕の四天王寺成典の構成にみえる「省一人」の「省」を青位に次ぐものであり、「刹柱本記」にみえた黄位のこととみたが、これは「一人を省く」と読むべきであって、「省」は成典の構成員を意味するものではない。

（9）武田幸男「新羅の骨品体制社会」（『歴史学研究』第二九九号、一九六五年四月）及び、〔補〕同「新羅骨品制の再検討」（『東洋文化研究所紀要』第六十七号、東京大学、一九七五年三月）、井上秀雄「『三国史記』にあらわれた新羅の中央行政官制について」（『新羅史基礎研究』東出版、一九七四年二月）参照。

(10) 鈴木靖民「金順貞・金邕論―新羅政治史の一考察―」(『朝鮮学報』第四十五輯、一九六七年十月、後に『古代の朝鮮』学生社〈一九七四年五月〉と同『日本古代対外関係史研究』〈吉川弘文館、一九八五年十二月〉に所収)、李昊栄「聖徳大王神鍾銘의 解釈에 関한 몇 가지(するいくつかの)問題」(『考古美術』一二五号、韓国美術史学会、一九七五年三月)及び、本書第二部第一章「聖徳大王神鍾と中代の王室」参照。

(11) 木下礼仁「新羅始祖系譜の形成過程」(『甲南大学文学会論集』三十一号、一九六六年三月)及び、同「新羅始祖系譜の構成―金氏始祖を中心として―」(『朝鮮史研究会論文集』第二集、朝鮮史研究会、一九六六年十一月)。

(12) 藤島亥治郎「朝鮮建築史論 其I」(『建築雑誌』第四十四輯第五三〇号、一九三〇年二月)と『新羅의廃寺I』(韓国仏教研究院、一志社、一九七四年八月)参照。また皇龍寺の発掘については、秦弘燮「皇龍寺址発掘調査予報」(『考古美術』一〇三号、韓国美術史学会、一九六九年九月)、同「皇龍寺塔址舎利孔의 調査」(『美術資料』十一号、国立博物館、一九六六年十二月)、金正基「皇龍寺址発掘과 三国遺事의 記録」(『新羅文化祭学術発表会論文集』創刊号〈三国遺事의 新研究〉慶州市、一九八〇年八月)。本論文の邦訳は『アジア公論』〈一九八〇年十一月号〉に掲載)〈補〉発掘の報告は『皇龍寺』(韓国文化財管理局、一九八四年四月)に編集されている。また、金東賢「三国遺事와 皇龍寺址」(『三国遺事의総合的検討』〈韓国精神文化研究院、一九八七年十一月〉)参照。

(13) 斎藤忠『朝鮮古代文化の研究』の内の「新羅統一時代の文化」(地人書館、一九四三年十二月。後に、同『新羅文化論攷』〈吉川弘文館、一九七三年八月〉に再録)

(14) 『新増東国輿地勝覧』巻二十一・慶州府・古跡条「〔奉徳寺鍾〕新羅恵恭王鋳鍾銅重十二万斤、撞之声聞百余里、後寺淪於北川、天順四年庚辰移懸于霊妙寺」

(15) 斎藤前掲書。〈補〉武田幸男「創寺縁起からみた新羅人の国際観」(『東洋史論叢』中村治平衛先生古稀記念会編、刀水書房、一九八六年三月)及び、東潮・田中俊明『韓国の古代遺跡I〈新羅編〈慶州〉〉』(中央公論社、一九八八年七月)参照。

(16) 「第三十一神文大王、諱政明、金氏、開耀元年辛巳七月七日即位。為聖考文武大王、創感恩寺於東海辺〈寺中記云、文武王欲鎮倭兵、故始創此寺未畢而崩為海龍、其子神文王立、開耀二年畢、排金堂砌下、東向開一穴、乃龍之入寺施繞之備、蓋遺詔之蔵骨処、名大王岩、寺名感恩寺、後見龍現形処名利見台」及び、国立博物館特別調査報告第二冊『感恩寺』(乙酉文化社、一九六一年五月)参照。

(17) 黄浿江『新羅仏教説話研究』（Ⅳ護国仏教思想과説話〔ソウル、一志社、一九七五年十二月〕）

(18)『三国遺事』巻二・「聖徳王」条「王為太宗大王剏奉徳寺」

(19)『三国遺事』巻三・「皇龍寺鐘・芬皇寺薬師・奉徳寺鍾」条「(奉徳)寺乃孝成王開元二十六年戊寅、為先考聖徳大王奉福所創也」

(20) 李昊栄「新羅中代王室과 奉徳寺」（『史学志』第八輯、檀国大学校、一九七四年十一月）。〔補〕本書第二部第一章「聖徳大王神鍾と中代の王室」参照。

(21) 今西龍「聖徳大王神鐘之銘」（『新羅史研究』一九三三年初版、近沢書店。一九七〇年九月、国書刊行会復刻）。〔補〕李泳鎬①「新羅中代王室寺院의 成典과 願堂典」（『全国大学生学術研究発表論文集（人文分野）』五輯、高麗大学校学徒護国団、一九八〇年十二月）、同②「新羅中代王室寺院의 官寺的機能」（『韓国史研究』No.四十三、一九八三年十二月）、また、同氏の博士論文③『新羅中代의 政治와 権力構造』（慶北大学校、一九九五年十二月）。李①論文では『三国史記』職官志の奉恩寺成典に「副使一人、恵恭王始置」とあり、唐名の「副使」は恵恭王十二年に旧号の上堂に復するから、奉恩寺成典は恵恭王十一年までには置かれたと説いた。しかし、②③論文では、崔致遠の「新羅国初月山大崇福寺碑銘」の写本（李氏はソウル大学校図書館蔵本を使用したが、天理大学図書館蔵の今西文庫本の『四山碑銘』も同じくする）では「一依奉恩故事」の割注に「奉恩寺乃烈祖大王奉為真智大王追福所建故以為則也」とあることから、奉恩寺は真智王を追福する寺院であり、はじめ真智大王寺と呼ばれたと理解された。また、氏は割注の「烈祖大王」を元聖王とみたが、『孤雲先生文集』（成均館大学校大東文化研究院、一九七二年七月発行の『崔文昌侯全集』に所収）の碑銘では、かの割注は「武烈王為真智王追福所建」となっている。奉恩寺の成典組織が恵恭王代に始まり、検校真智大王寺使が大暦六年（七七一年・恵恭王七年）の鍾銘に見えたことは、奉恩寺の旧名が真智大王寺であり、恵恭王代には建立されていたのであろう。すると、崔致遠が奉恩寺（真智大王寺）の建立は、武烈王或いは元聖王によるとする説は検討を要することになる。『三国遺事』巻二・「元聖王」条では王は「報恩寺」を建立したとある。本書第二部第一章の〔補4〕及び、同第二部第三章「下代初期における王権の確立過程とその性格」の注（19）参照。

(22)「新羅国初月山大崇福寺碑銘」のうち「…有伽藍号崇福者乃先朝嗣位之初載奉為烈祖元聖大王園陵追福之所修建也」（『朝鮮金石総覧』一九一九年三月初版。一九七一年十一月、国書刊行会復刻）。〔補〕朴南守「統一新羅寺院成典과 仏事의 造営

体系」（『東国史学』第二十八輯、一九九四年十二月）は、これら七寺院のほかに崇福寺を始め新羅末までの造塔等を含む仏事の造営をも検討している。尚、かの「崇福寺碑銘」の「先朝」には前掲（21）の写本と『孤雲先生文集』では「景文王也」の割注があって、崇福寺が景文王代の建立であることが知られる。本書第一部第一章「神宮と百座講会と宗廟」の〔補12〕参照。

(23) 李基白「景徳王과 断俗寺・怨歌」（『韓国思想』五、一九六二年十二月。後に、同『新羅政治社会史研究』〔ソウル、一潮閣、一九七四年二月〕に所収、同名の邦訳は武田幸男監訳〔学生社、一九八二年十月〕）

(24) 末松保和「新羅三代考」（『史学雑誌』第五十七編五・六号、一九四九年五月。後に、東洋文庫論叢三十六『新羅史の諸問題』〔一九五四年十一月〕及び、私家版『青丘史草』第三〔一九七二年六月〕として再刊）、また、末松保和朝鮮史著作集1『新羅の政治と社会』上〔吉川弘文館、一九九五年十月〕に所収）

(25) 『三国史記』巻九・新羅本紀、景徳王十三年「秋七月、王命官修葺永興、元延二寺」

(26) 『三国遺事』巻三・「皇龍寺鐘・芬皇寺薬師・奉徳寺鐘」条「新羅第三十五景徳大王、以天宝十三年甲午、鋳皇龍寺鐘、長一丈三寸、厚九寸、入重四十九万七千五百八十一斤、施主孝貞伊王三毛夫人、匠人里上宅下典、粛宗朝重成新鐘、長六尺八寸、又明年乙未、鋳芬皇寺薬師銅像、重三十万六千七百斤、匠人本彼部強古乃末。又捨黄銅一十二万斤、為先考聖徳王欲鋳巨鐘一口、未就而崩、其子恵恭大王乾運、以大暦庚戌十二月、命有司鳩工徒、乃克成之、安於奉徳寺」

(27) 『三国遺事』巻三・「霊妙寺丈六」条「善徳王創寺塑型因縁、具載良志法師伝、景徳王即位二十三年、丈六改金、租二万三千七百碩（良志伝、作像之初成之費、今両存之）」

(28) 本書第二部第一章の「第三節　中代の王室と外戚」参照。

(29) 『三国遺事』巻三・「鍪蔵寺弥陁殿」条「京城之東北二十許里、暗谷村之北有鍪蔵寺、第三十八元聖大王之考、大阿干孝譲追封明徳大王之為叔父波珍飡追崇所創也」

(30) 末松保和「昌林寺無垢浄塔願記」（東洋文庫論叢三十六『新羅史の諸問題』〔一九五四年十一月〕。後に、私家版『青丘史草』第三〔一九七二年六月〕として再刊。原載『青丘学叢』第十五号〔一九三四年二月、青丘学会〕。また、末松保和朝鮮史著作集2『新羅の政治と社会』下〔吉川弘文館、一九八五年十二月〕に所収）

(31) 『三国史記』巻第四・真興王十四年春二月「王命所司、築新宮於月城東、黄龍見其地、王疑之、改為仏寺、賜号日皇龍」

『三国遺事』巻三・「皇龍寺丈六」条「新羅第二十四真興王即位十四年癸酉二月、将築紫宮於竜宮南、有黄龍現其地、乃改置為仏寺、号黄龍寺、至己丑年、周囲墻宇、至十七年方事」

(32)『三国史記』巻第四・真興王五年「春二月、興輪寺成。三月、許人出家為僧尼奉仏」

(33) 李基白『新羅時代의 国家仏教와 儒教』(「皇龍寺와 그 創建」〔ソウル、韓国研究院、一九七八年八月〕。後に、同『新羅思想史研究』〔一潮閣、一九八六年十一月〕に再録)

(34)『三国史記』巻四十四・居柒夫伝「居柒夫(或云荒宗)姓金氏、奈勿王五世孫、祖仍宿角干、父勿力伊飡、居柒夫少跡弛有遠志、祝髪為僧、遊観四方、便欲覘高句麗、入其境聞法師恵亮開堂説経、遂詣聴講経…中略…(真興大王)十二年辛未、王命居柒夫(中略)等八将軍、与百済侵高句麗、百済人先攻破平壌、居柒夫等乗勝取竹嶺以外高峴以内十郡、至是恵亮法師領其徒出路上、居柒夫下馬、以軍礼揖拝、進曰、昔遊学之日、蒙法師之恩、得保性命、今邂逅相遇、不知何以為報、対曰、今我国政乱、滅亡無日、願致之貴域、於是居柒夫同載以帰、見之於王、王以為僧統、始置百座講会及八関之法」。

(35)『三国遺事』巻二、「聖徳王」条には、「第三十三聖徳王、神竜二年丙午歳禾不登、人民飢甚、丁未正月初一日至七月三十日、救民給租、一口一日三升為式、終事而計、三十万五百碩也。王為太宗大王刱奉徳寺、設仁王道場七日、大赦」とある。この仁王道場は百座講会のことであるが、この時はまだ奉徳寺は完成しておらず、この法会は農耕不順を祓う目的で開催され、その道場はおそらく皇龍寺であったであろう。

(36) 本書第一部第一章「神宮と百座講会と宗廟」参照。

(37)『三国史記』巻第十二・景明王五年(九二一)条

(38)『三国遺事』巻三・「皇龍寺丈六」条「以大建六年甲午三月寺中記云、癸巳十月十七日鋳成丈六尊像、一鼓而就重三万五千七斤、入黄金一万一百九十八分、二菩薩入鉄一万二千斤、黄金一万一百三十六分、安於皇龍寺、明年像涙流至踵、沃地一尺、大王升遐之兆」。

(39)『三国史記』巻第十二・景明王五年条、『三国遺事』巻一・天賜玉帯条。東伏見邦英「可無流知(十二)」(『宝雲』第二十六冊、一九四一年七月)

(40) 東伏見邦英「新羅の皇龍寺九層塔に関する一考察」(『宝雲』第三十一冊、一九四三年十月)、同「可無流知(十五~十八)」(『宝雲』第三十・三十二冊、一九四三年四月・四四年七月)では、慈蔵が皇龍寺に九層塔の建立を要請した起源には、唐留

学中に得た北魏の永寧寺九層塔に関する知識が働いたと説いている。皇龍寺とその九層塔を考えるとき、北魏の国家と永寧寺九層塔との関連の類似性は熟考に値する示唆であろう。〔補〕李成市「新羅僧・慈蔵の政治外交上の役割」（『朝鮮文化研究』第二号、東京大学文学部、一九九五年三月。後に、同『古代東アジアの民族と国家』〔岩波書店、一九九八年三月〕に所収）は、慈蔵が要請した九層木塔とその建立は仏国土に見たてた新羅に威容を誇って立ち、新羅王を中心とした国内外の秩序のシンボルであったと説いて、注目される。また、金相鉉「慈蔵의 政治外交的役割」（『仏教文化研究』第四輯〔霊鷲仏教文化研究院、一九九五年六月〕後に、同『신라의 사상과 문화（新羅の思想と文化）』〔一志社、一九九九年六月〕に所収）も善徳女王代の対外的危機を九層木塔を建立することで克服せんとしたとする慈蔵の思想とその行動を説く。

（41）東伏見邦英「可無流知（十三〜十七）」（『宝雲』第二八・二九・三十・三十二・三十六冊、一九四一年十二月〜四六年四月）と前掲注（40）論文。〔補〕秦弘燮「三国遺事에 나타난（に現われた）塔像—皇龍寺塔像을 중심으로（を中心に）—」（『三国遺事의総合的検討』韓国精神文化研究院、一九八七年十一月）、金相鉉「皇龍寺九層塔考」（『中齋張忠植博士華甲紀念論叢・歴史学篇』檀国大学校、一九九二年七月。後に、同『신라의 사상과 문화（新羅の思想と文化）』一志社、一九九九年六月に所収）参照。

（42）前間恭作「新羅王の世次と其の名につきて」（『東洋学報』第十五巻第二号、一九二五年十一月。後に『前間恭作著作集』下巻〔一九七四年六月、京都大学国文学会〕に所収）。末松保和「高麗文献小録（二）三国遺事」（『青丘学叢』第八号、一九三二年五月。後に加筆・修正を加えて『青丘史草』第二〔一九六六年七月〕に再録。また、末松保和朝鮮史著作集6『朝鮮史と史料』〔吉川弘文館、一九九七年一月〕に所収）

（43）『高麗史』巻九十二・崔凝伝「…他日、太祖謂凝曰、昔新羅造九層塔遂成一統之業、今欲開京建七層塔西京建九層塔、冀借玄功除群醜、合三韓為一家、卿為我作発願疏、凝遂製進」

補注

〔補1〕蔡尚植「新羅統一期의 成典寺院의 구조와 기능（の構造と機能）」（『釜山史学』第八輯、一九八四年一月）

〔補2〕尹善泰「新羅의 寺院成典과 衿荷臣」（『韓国史研究』第一〇八号、二〇〇〇年三月）

〔補3〕四天王寺、感恩寺等の新羅の王京内外の寺院の歴史的、考古学的調査の概要については、田中俊明「慶州新羅廃寺考—

新羅王都研究の予備的考察Ⅰ（1）（2）」（『堺女子短期大学紀要』第二十三、四号、一九八八年二月、一九八九年三月）、東潮・田中俊明『韓国の古代遺跡・1新羅篇（慶州）』（中央公論社、一九八八年七月）参照。

〔補4〕　本書第一部第一章参照。

〔補5〕　金相鉉『신라의 사상과 문화（新羅の思想と文化）』（一志社、一九九九年六月）の第一部「신라 정치사상의 추이（新羅の政治思想の推移）」の「Ⅲ・新羅三宝의 불교사상적 의미（の仏教思想的意味）」参照。

第三章　下代初期における王権の確立過程とその性格

はじめに

新羅史は基本文献の『三国史記』では上・中・下の三代に区分されるが、三十七代の宣徳王から五十六代の敬順王が高麗へ降伏するまでの二十代の王にわたる百五十六年間が下代と区分される。

この下代は宣徳王が病死した後に、奈勿王の十二世孫という元聖王が七八五年に即位し、金氏の新たな王統が継続することになる。

さて、先行する中代は百済・高句麗を滅亡させ、新羅の国家的発展に多大な功績がある武烈王に始まるが、この王統は恵恭王が七八〇年に金志貞らの反乱兵によって殺害され、宰相の金良相（宣徳王）が王位に登ることによって断絶した。

この金良相は王族・金氏の中興の祖と観念される奈勿王の十世孫とされる。一方、中代、即ち、武烈王系の最後の王の恵恭王も奈勿王から数えると十一世孫となるが、宣徳王は奈勿王に連なりながらも、この武烈王系とは早くに分かれた別系の金氏である。

ところが、宣徳王を母系から見れば、その母は恵恭王の祖である聖徳王の娘の四召夫人であったから、宣徳王は母方を通して武烈王系に連なり、その即位は武烈王の系譜から見れば、聖徳王の嫡孫の恵恭王の在位のあとに、聖徳王の外孫が即位したことになって、別系の王位継承の違和感は強くはなかったであろう。

かく始まった下代も、宣徳王の短い在位の後には元聖王が即位し、その後には元聖王の子孫が王位を継承する。この過程は新しい王統の成立を確固とする政治的な装置が強化され、また新しく構築されたに違いない。

本論はこの展望のもとに、下代の元聖王統が成立して行く過程で採用されたであろう王権確立の施策を考察するものである。

第一節　即位と冊封

1　宣徳王と元聖王の場合

『三国史記』年表・下には「建中元年（七八〇）」に「恵恭王薨、宣徳王良相即位元年」とある。『三国史記』新羅本紀も恵恭王在位十六年二月に王が「壮に及んで声色に淫」れ、「人心が反側」した政情を利とした金志貞らが宮殿を襲い、四月には宰相の金良相や金敬信らが志貞を誅した混乱の中で、恵恭王と王妃は乱軍の手に殺害されたとある。この混乱のあとに宰相の金良相が王位を継いだのである。

『三国史記』の典拠となる中国史料では、『旧唐書』新羅国伝には「建中四年（七八三）、乾運卒、無子、国人立其上相金良相為王」とあるのを始め、『新唐書』新羅伝と『唐会要』新羅にも建中四年に乾運（恵恭王）の卒去と金良相の王位推戴をあげている。

この中国史料が建中四年（七八三）に恵恭王の薨去と金良相の王位推戴とを懸けているのであらば、『三国史記』が七八〇年に恵恭王の被殺と宣徳王の即位を一年の中に連続して記録していることは年が一致しない。(1)

後述するように、恵恭王を冊封する帰崇敬が七六八年正月と二月にそれぞれ「冊新羅王金乾運文」と「冊新羅王太妃文」とを携えて、やがて新羅に至ったが、その折りには『新唐書』新羅伝に「会其宰相争権相攻、国大乱、三歳乃定」とあって、恵恭王即位時に王廷の混乱があったように、前述の恵恭王の被殺から宣徳王の即位に至るまでにも三年近くの間があったのかも知れない。こう考えると、『三国史記』新羅本紀と中国史料にみる恵恭王と宣徳王の王位交替の年差は矛盾がなくなる。

さて、『冊府元亀』巻九七二・朝貢五には建中三年（七八二）閏正月に新羅の遣唐使を記録するが、また『祖堂集』巻十七・海東陳田には「雪岳陳田寺の無寂禅師」が「出家し、法号は明寂、建中五年歳次甲子に、使いの韓粲の号（官位第五位の大阿飡か）をもった金譲恭に随い入唐し、直に台山に往く」とあって、建中五年（七八四）に金譲恭の遣唐使があったことが知られる。これらの遣使が恵恭王から宣徳王への王位交替時の内政の混乱が取りあえず収拾した後に宣徳王の冊封を求請した使命であったかも知れない。

さて、宣徳王の即位のことが唐に告げられると、『旧唐書』巻十二・徳宗・上には貞元元年（七八五）二月丙戌（二十一日）に宣徳王を「検校太尉使持節大都督鶏林州刺史寧海軍使新羅王」に冊封することとなり、『旧唐書』新羅国伝と『新唐書』新羅伝、『唐会要』新羅では月を明記しないが、戸部郎中の蓋塤が持節して冊命使となり、また、『冊府元亀』封冊三では正月に秘書丞の孟昌源が国子司業兼御史中丞を兼ね、かの恵恭王を弔祭し、宣徳王を冊立する使者に任ぜられたとある。

このように、蓋塤と孟昌源が新羅に使いしたが、史料では正月と二月とで懸けた月も異なるが、これは正使と副使を個別に任命したか、あるいは孟昌源を弔祭使に、蓋塤は冊立使に任命したか、または、弔祭文と冊書の降った月日等の差による記録の差異であるかも知れない。

ところが、どの史料も「是年（其年）」に宣徳王が「卒」したから、金敬信を王に立て宣徳王の冊封を継承させたと記録する。『三国史記』新羅本紀では宣徳王の六年（七八五）正月条に冊封記事を懸け、「是月、王寝疾彌留…中略…至十三日薨」とある。

これより先の恵恭王の冊封は『唐大詔令集』巻百二十九・蕃夷・冊文によれば、大暦三年（七六八）正月二十八日に「冊新羅王金乾運文」が下され、翌二月十日に恵恭王の母を太妃に冊立する「冊新羅王太妃文」が下されて帰崇敬が使いしたが、先述の恵恭王を弔祭し宣徳王を冊立する七八五年の正月と二月にかけた使節の記録は、その弔祭文と冊書の降った月に懸けたのであろうから、宣徳王が『三国史記』新羅本紀に記録したように七八五年正月十三日に薨去したのであれば、宣徳王は冊書を得るはずのところが、得ぬままに薨去したことになる。

ともかく、この冊封の年（七八五年）に宣徳王は卒去したから、『冊府元亀』や『旧唐書』、『唐会要』では唐の徳宗は詔して、宣徳王の官爵を「従兄弟」の金敬信（元聖王）に継がせたとある。

さて、宣徳王の冊立使が新羅の王都に至った際には既に宣徳王は薨去していたから、その官爵がどのような経緯で金敬信に継襲されたかは不明であるが、敬信は「検校太尉都督鶏林州刺史寧海軍使新羅国王」と冊封された。

ただ、中国史料は金敬信を宣徳王の「従兄弟」（『新唐書』新羅伝では「従父弟」）とするが、『三国史記』では宣徳王は奈勿王の十世孫、敬信はその十二世孫の関係であるとするから、「従兄弟」や「従父弟」とはならない。まして、『三国史記』新羅本紀には「今上大等敬信、前王之弟」との説も記録しているが、父を異にするからやはり兄「弟」の関係でもない。

元聖王が宣徳王の「従兄弟」や「従父弟」とする中国史料は、唐に元聖王の冊封を求めるに際して、おそらく元聖王即位にいたる混乱や王統の変化の真相を押さえて唐に冊封を求めたことに遠因しよう。『三国史記』が兄「弟」の関係とする記録はこの中国史料から二次的に派生したものと思われる。

さて、『三国史記』新羅本紀には、元聖王の二年（七八六）に新羅が金元全を入唐させ方物を進奉させたが、この折りの徳宗の詔書に「勅新羅王金敬信、金元全至、省表及所進奉具悉、卿俗敦信義、志秉貞純、夙奉邦家、克遵声教、撫茲藩服…中略…卿宜保安封内、勤恤蒼生、永作藩臣、以寧海裔」とある。この文面から判断すると、金元全は元聖王の冊封に対する謝恩使であったと推測される。

2　昭聖王の場合

『三国史記』年表では元聖王は貞元十四年（七九八）に「薨」じたと記録し、翌貞元十五年（七九九）を「昭聖王俊邕即位元年」とする。また『三国遺事』王暦では昭聖王は「己卯立而崩」、即ち七九九年に即位して、また「崩」じたとする。

一方、『三国史記』新羅本紀では元聖王十四年（七九八）「冬十二月二十九日、王薨、謚曰元聖」と記録し、また翌年（七九九）を昭聖王の元年とする。

この元聖王の薨去から昭聖王の即位については『旧唐書』新羅国伝は「敬信卒、其子先敬信亡、国人立敬信嫡孫俊邕為王」と記録するほかに、『新唐書』新羅伝と『唐会要』新羅にも貞元十四年（七九八）に敬信（元聖王）が卒去し、元聖王の嫡孫の俊邕を王に立てたと記録する。

このように嫡孫が即位したことは『三国史記』新羅本紀が元聖王の王太子の仁謙が元聖王の七年（七九一）に卒去

し、太子を継いだ義英も同十年（七九四）に卒去していた記録と符合する。

ところで、『旧唐書』巻十三の徳宗本紀・下では貞元十六年（八〇〇）四月己丑（二十一日）に「権知国事」の金俊邕に「祖」たる元聖王の「開府検校太尉鶏林州都督新羅国王」を襲わせたとある。

この八〇〇年の金俊邕への冊封のことは『旧唐書』新羅国伝には、貞元「十六年（八〇〇）、授俊邕開府儀同三司・検校太尉・新羅王。令司封郎中・兼御史中丞韋丹持節冊命、丹至鄆州、聞俊邕卒、其子重興立、詔丹還」とあって、俊邕の冊封と韋丹の使行並びに俊邕薨去と重興（『資治通鑑』と『三国史記』新羅本紀、『三国遺事』王暦では「重熙」とする次代の哀荘王）の即位の報を得て、冊封使の韋丹が詔を受け中路に帰京するに至った一連の経緯を「貞元十六年」に懸けている。

また、『冊府元亀』巻九六五・封冊三もこの一連の経緯を「貞元十六年」に懸けるが、それも『旧唐書』・徳宗本紀の冊封記事と同じく貞元十六年の「四月」とする。

一方、『新唐書』新羅伝は前述したように「（貞元）十四年、死、無子、立嫡孫俊邕」とあって、七九八年に元聖王の薨去と俊邕の即位を記録し、「明年（七九九）、遣司封郎中韋丹持冊、未至、俊邕死、丹還、子重興立」と続けて、『旧唐書』新羅国伝が八〇〇年に懸けた一連の経緯を七九八年と七九九年の二ヵ年に分ける。

また、『唐会要』新羅では貞元十六年に俊邕の冊封と韋丹への使行の命を懸け、「明年」（八〇一）に韋丹が鄆州に至ったところで俊邕の卒去と重興の即位の報を得て、詔によった韋丹の帰京のことを懸ける。

すると、かの王位継承の一連の経緯は八〇〇年の一ヵ年や二ヵ年（七九八、七九九と八〇〇、八〇一）とに懸けた三種の記録があることになる。

さらに、『資治通鑑』巻二三五では貞元十六年（八〇〇）四月に「新羅王敬信卒、庚寅（二十二日）、冊命其嫡孫俊邕為新羅王」と懸け、六月の記事の最後に「新羅王俊邕卒、国人立其子重熙」と懸ける。

これらの記事を総合して考えるに、『旧唐書』徳宗本紀と『資治通鑑』では、前者が八〇〇年四月己丑（二十一日）に、また後者が八〇〇年四月の庚寅（二十二日）に懸けて、俊邕に「祖」の官爵を継襲させたとする記録は実録等の確かな記録に由来するであろうから、この四月に唐の朝廷において俊邕に対する冊封の一連の行事が行われたと、理解される。

また、『資治通鑑』のみが貞元十六年（八〇〇）六月に俊邕の卒去と重熙の即位を記録しているのは、その報を唐の朝廷が得たことを意味していよう。

ただ、『三国史記』では昭聖王二年（八〇〇）の六月に「王薨、謚曰昭聖」とあって、やはり昭聖王が六月に薨去したとするが、これは『資治通鑑』に依拠したのではないかと思われてくる。

さて、七九八年の元聖王の薨去、『三国史記』新羅本紀では「十二月二十九日」の薨去のあと、翌七九九年に俊邕は即位したのであって、この報を受けた唐では八〇〇年四月に俊邕の冊封が始まったのであるが、「六月」に俊邕の薨去の報を得たから、間もなく冊封使の韋丹は鄆州から帰京したのであった。

なお、『新唐書』新羅伝が貞元十四年（七九八）に元聖王の卒去と俊邕の即位を記録したのはともかく、「明年」に韋丹の冊封行と重興の即位を懸けたのは何らかの錯誤であろうし、また『唐会要』新羅が貞元十六年（八〇〇）に唐の朝廷における俊邕の冊封と韋丹の冊封行を懸け、「明年」に俊邕の薨去の報による韋丹の帰還を懸けたのも、ともに一連の経緯を連続する二ヵ年のなかに盛り込む編纂から避けざるを得ない錯誤であろう。

また、『旧唐書』新羅国伝では貞元「十四年」（七九八）に元聖王の卒去と俊邕の即位を、また同「十六年」（八〇〇）に韋丹による俊邕の冊封を懸けて、俊邕の即位と冊封に一ヵ年をあけて記録している。

ところで、『三国史記』新羅本紀では元聖王の十四年（七九八）の「冬十二月二十九日」に王の薨去を記録し、ここに割注して「唐書云、貞元十四年敬信死。通鑑云、貞元十六年敬信死、以本史考之、通鑑誤」とする。しかし、割注の「通鑑誤」とは即断であって、『資治通鑑』は「貞元十六年夏四月」の「庚寅（二十二日）」に「冊命其嫡孫俊邕為新羅王」と懸けることが主眼であって、この冊封の前提として、この記事の直前に「新羅王敬信則卒」と置いたに過ぎないのであって、この年夏四月に敬信（元聖王）が薨去したと言っているのではない。

さて、元聖王が七九八年の「冬十二月二十九日」に薨去したとする『三国史記』新羅本紀の明白な記録は信頼され得るのであろうか。

薨去の明白な記録の例では、『三国遺事』年表では哀荘王の薨去を「元和四年己丑（八〇九）七月十九日」とし、閔哀王では「己未（八三九）正月二十二日」、神武王でも「己未（八三九）十一月二十三日」と薨去の月日まで記録した例がある。

一方、『三国史記』でも宣徳王が「正月十三日」、神武王が「七月二十三日」、憲安王が「正月二十九日」に薨去したとする記事の例があるから、元聖王の薨去が「十二月二十九日」であったとの記録には何らかの史料的根拠があったのであろう。

すると、俊邕（昭聖王）の即位は七九九年の春のことになるが、『三国史記』新羅本紀と年表は昭聖王の在位を二ヵ年とする。これは前述の『旧唐書』新羅国伝とほぼ一致するが、『三国遺事』王暦では「己卯（七九九）立而崩」とあって、俊邕の即位と薨去を一ヵ年中のこととするから大いに相違する。

なお、韋丹の冊封行は、韓愈が著したその墓誌の「江西観察使韋公墓誌銘」（『全唐文』巻五六六）に「新羅国君死、公以司封郎中兼御史中丞紫衣金魚往弔、立其嗣、故事、使外国者、常賜州県官十員、使以名上、以便其私、号私覿官、公将行曰、吾天子吏、使海外国、不足於資、宜上請、安有賣官以受銭耶、即具疏所以、上以為賢、命有司、與其費、至鄆州、會新羅告、所當立君死、還、拜容州刺史」とある。これによれば、確かに韋丹の冊封行は鄆州に至ったところで、新羅から「まさに立つべきところの君、死す」（昭聖王の薨去）との報告があって、帰京したことが確認される。尚、『文苑英華』巻二九七・行邁九には権徳輿が東海の彼方に奉使する韋丹を送り、帰京を期した「送韋中丞奉使新羅」の詩が収められている。

3　哀荘王の場合

哀荘王の即位は『三国史記』年表には「徳宗・貞元十六年（八〇〇）庚辰」条に「昭聖王薨、哀荘王重熙即位元年」とある。

また、『三国史記』新羅本紀では昭聖王の二年（八〇〇）六月の「王薨」の記事に続いて、哀荘王の「即位前記」を述べ、「立、諱清明、昭聖王太子也、母金氏、桂花夫人、即位時十三歳、阿飡兵部令彦昇摂政。初元聖之薨也、唐徳宗遣司封郎中兼御史中丞韋丹持節弔慰、且冊命王俊邕為開府儀同三司検校太尉新羅王、丹至鄆州、聞王薨乃還」とある。恐らく前掲の『旧唐書』新羅国伝に由来して、哀荘王の即位に先行する昭聖王の冊封とその薨去の報による冊封使・韋丹の帰京とを挙げたのであろう。

この昭聖王の短期の在位と薨去のあとに太子の清明、即ち、哀荘王が即位し、その元年（八〇〇）秋七月には名を「重熙」と改めたと『三国史記』新羅本紀にある。

哀荘王の即位のことは、『三国遺事』王暦には「第四十、哀荘王。金氏、名重熙、一云、清明、父昭聖王、母桂花王后、辛卯（八一一）立、理十年。元和四年己丑（八〇九）七月十九日。王之叔父憲徳、興徳両伊干所害而崩」とあるが、「辛卯（八一一）」年に即位し、十年の治世のあとに「元和四年己丑（八〇九）」に殺害されたとあっては年に矛盾がある。「辛卯立」は誤りであって、「理十年」を重視すれば、「庚辰（八〇〇）立」とすべきである。

さて、哀荘王の冊封は即位からやや時間を置くことになる。『三国史記』新羅本紀には、王の在位六年（八〇五）に「是年、唐徳宗崩、順宗遣兵部郎中兼御史大夫元季方告哀、且冊王為開府儀同三司検校大尉使持節大都督鶏林州諸軍事鶏林州刺史兼持節充寧海軍使上柱国新羅王、其母叔氏為大妃王母父叔明、奈勿十三世孫、則母姓金氏、以父名為叔氏、誤也」とあって、哀荘王の冊封を中国史料に基づいて懸けており、王は即位の後に遅くも六年を経て冊封されたことになる。

哀荘王の冊封に関する中国史料では、『昌黎先生集』七・外集に引かれた『順宗実録』（『全唐文』巻五四七・韓愈にも『順宗実録』は引かれる）が基本史料となる。そこには貞元二十一年（八〇五）の「二月乙丑（二十五日）」に「命右金吾将軍兼中丞田景度、持節告哀於吐蕃、以庫部員外熊執易為副、兵部郎中兼中丞元季方告哀於新羅且冊立新羅嗣王、主客員外郎兼殿中監馬干為副」とある。

また、『旧唐書』巻十四の「順宗・憲宗（上）本紀」にも「貞元二十一年二月戊辰（二十八日）」に哀荘王を「開府儀同三司、検校太尉使持節大都督鶏林州諸軍事鶏林州刺史上柱国新羅王」と冊し、「寧海軍使」を兼ねさせたことが記録され、また、冊封と同時に「以重熙母和氏為太妃、妻朴氏為妃」とあって、哀荘王の母和氏を太妃に、妻朴氏を妃に冊立することを記録し、哀荘王の冊立については『順宗実録』と年月を同じくする。

ただ、『順宗実録』が二月「乙丑」に懸けた事柄は順宗の崩去を新羅王廷に告哀することと、哀荘王を冊封することに比重を置き、『旧唐書』が二月「戊辰」に懸けたのは哀荘王と王母、王妃の冊立に比重を置いているから、同年月ながら「日」において差が生じたのであろう。

また、『冊府元亀』巻九六五・外臣部・封冊三はこの三者の冊立を順宗の即位（徳宗の貞元二十一年、即ち永貞元年

（八〇五））の「三月」に掲げ、また同巻九七六・外臣部・褒異三では「順宗以貞元二十一年正月丙申即位、二月戊辰以新羅王金重熙母和氏為太妃妻朴氏為妃」とあるが、その「貞元二十二年」は「貞元二十一年」の誤りとしても、三者の冊立をやはり「二月」に懸ける。

さて、金重熙（哀荘王）の母、即ち『三国史記』によれば「金氏桂花夫人」は、父・昭聖王の妃であったが、また「大阿飡叔明」の娘であった。この王母の姓は前掲の中国史料では和氏とされた。

一方、前掲した『三国史記』新羅本紀に「其母叔氏為大妃」とあるのは、『旧唐書』新羅国伝と『新唐書』新羅伝に、八〇八年に哀荘王が冊封に応えた謝恩使の金力奇を派遣した際に、前述のように使者韋丹が中路での帰京によって、新羅王廷に届かなかった故王の昭聖王とその母の「申」氏を「太妃」に、妻の「叔」氏を「妃」とする三者の冊書をあらためて請求したが、そこでは昭聖王の妻、即ち、哀荘王の母を「叔」氏としていた。

また、哀荘王の母を「和」氏とする記録は前掲のように、『旧唐書』の「順宗・憲宗（上）本紀」と『冊府元亀』の封冊三と褒異三であるが、これを「叔」氏とするのは『旧唐書』新羅国伝と『新唐書』新羅国伝それに『唐会要』「新羅」条であった。

哀荘王の母を「叔氏」とする記録について、『三国史記』新羅本紀では前掲のように冊封記事を引用したなかで割注を夾み、「王母父叔明、奈勿王十三世孫。則母姓金氏、以父名為叔氏。誤也」と述べ、王母の父たる金叔明の名の第一音をもってその子たる哀荘王の母の姓となしたと解釈し、これは「誤」との判断を提示していた。

さて、哀荘王の母の「金氏桂花夫人」がその父は金叔明であったから、父の名の筆頭字に由来して姓が「叔」氏と記録されたであろうとの父名に由来するとする割注の判断は他の例に照らして一般的ではない。

と言うのも、王母や妻の冊立は続く憲徳王にも見える。即ち、『三国史記』新羅本紀には「元年（八〇九）秋八月大赦、遣伊湌金昌南等入唐告哀、憲宗遣職方員外郎、摂御史中丞崔廷、以其質子金士信副之、持節弔祭、冊立王為開府儀同三司検校大尉持節大都督鶏林州諸軍事兼持節充寧海軍使上柱国新羅王。冊妻貞氏為妃、賜大宰相金崇斌等三人門戟按、王妃禮英角干女也、今云貞氏、未詳」とあって、憲徳王の「妻貞氏」が王の冊封とともに妃に冊立されたのである。

この記事は『旧唐書』新羅国伝に「元和七年（八一二）重興卒、立其相金彦昇為王、遣使金昌南等来告哀。其年七月、授彦昇開府儀同三司検校太尉持節大都督鶏林州諸軍事兼持節充寧海軍使上柱国新羅国王。彦昇妻貞氏冊為妃、仍賜其宰相金崇斌等三人戟、亦令本国準例給。兼命職方員外郎、摂御史中丞崔廷持節弔祭冊立、以其質子金士信副之」や『旧唐書』憲宗（下）本紀の記事を典拠とする。

この憲徳王（彦昇）の冊封は前掲の史料にも見えるように、また『冊府元亀』巻九七二・朝貢五に「元和七年四月、新羅賀正兼告哀金昌男等五十四人朝見」とあり、また『新唐書』新羅伝にも「（元和）七年死、彦昇立、来告哀、命職方員外郎、崔廷弔、且命新王、以妻貞為妃」とあるように、新羅から金昌南（「南」は同音の「男」とも記録される）が哀荘王の薨去を唐廷に告哀したことに始まる。恐らく告哀とともに新王の憲徳王の即位を告げ、冊封を求請したに違いない。

さて、憲徳王の妃を『三国史記』新羅本紀では「妃貴勝夫人、禮英角干女也」とするが、『三国遺事』王暦では憲徳王の妃を「貴勝娘、諡皇娥王后、忠恭角干之女」とあって、「父」に関しては両書は一致しないが、ともに父の官位を第一位の角干としており、その姓は金氏と見なしてよかろう。

ところが、前掲の中国史料では憲徳王の「妻貞氏」と姓を言うが、『三国史記』新羅本紀では「貞氏」に割注して「按、王妃禮英角干女也。今云貞氏、未詳」と述べる。王の「妻」の姓を「貞氏」とする中国史料の根拠を前代の哀荘王の「母叔氏」の例で示したように金姓の父の名に由来を求めることも出来ないから、それ故に『三国史記』新羅本紀は「不詳」としたのであろう。

では、中国史料に見る王母や王妃の姓氏の由来はどこにあるのであろうか。それは、遣唐使の金力奇にせよ、告哀使の金昌南ら新羅側から冊封を求請しており、また、この昭聖王、哀荘王、憲徳王の三王は同姓の金氏の女性を妃としていたが、同姓不婚の中国の習慣を鑑み、新羅王廷が冊封を求請するに当たって、「和」「叔」「貞」等の好字を採用して唐朝に仮に告げた王母や妃の姓であったかと、推量される。(2)

この推測は前述したように、八〇八年に金力奇が故・昭聖王の冊書を唐に求めた上言のなかで、先の八〇〇年の昭聖王の冊封記事には見えない王母と王妃の姓は金氏であったが、ふたりが「母申氏、妻叔氏」として現れたことは王姓の金氏と同姓であることを避けるかのように金力奇が唐に報知したものと推測される。

それはともかく、下代の新羅王廷は国王は勿論であろうが、王母や王妃の冊立が盛んに唐に求請されたことは下代の王権の安定にはこの三者の冊立が不可欠である構造であったものと推測される。

そもそも、王母の冊立は恵恭王の冊封時に始まる。恵恭王は『三国史記』新羅本紀では「王、即位年八歳、太后摂政」とあり、このことは『新唐書』新羅伝に「大暦初、憲英（景徳王）死、子乾運（恵恭王）立、甫丱」とあることと符合する。

恵恭王と王母は前述のように「冊新羅王金乾運文」と「冊新羅王太妃文」にみたように大暦三年（七六八）正月と二月にそれぞれ冊立されたが、その使者の帰崇敬や陸珽と顧愔が新羅に入国した折りには『新唐書』新羅伝にみるように「会其宰相争権相攻、国大乱、三歳乃定」とあって、また『三国史記』新羅本紀にも恵恭王の四年（七六八）に冊封記事を掲げ、「秋七月」に大恭と大廉の兄弟を首謀者として、王宮を三十三日間包囲する反乱があり、六年には金融の、また十一年には金隠居が、また廉相と正門が反乱を起こしたという政乱が記録されている。

さて、恵恭王の冊封は幼王と王母の摂政との政治過程のなかで、『旧唐書』新羅国伝によれば大臣の金隠居が「奉表入朝、貢方物」し「冊命」を求請したことによって行われた。その「冊新羅王太妃文」によれば、唐の代宗が恵恭王の母を「新羅王太妃」に冊立し、「其嗣君を撫で、永く前人を懐ひ、其道を改むること無く、欽んで典冊を承け、慎まざるべけんや」と教え諭したように、王母の冊立は幼王の不安定な王権を補強する手段となり得た。

ところで、主題とする哀荘王の冊封はまず求請から始まる。昭聖王の冊封使の韋丹が鄆州から長安にもどったから、昭聖王の後には太子の重熙、即ち、哀荘王の即位したことが唐の知るところとならなければならない。

『劉禹錫集』巻十七の「為淮南杜相公論新羅請廣利方状」には新羅賀正使の朴如言が「廣利方」を求請したことが見えるが、「董本」では「題下に注」して、「貞元十九（八〇三）年九月十七日」とある、という。(3) また、『冊府元亀』巻九七二・朝貢五には「(貞元)二十年（八〇四）十一月、渤海新羅遣使来朝」とあるから、翌年にも遣唐使があったが、特に後者が冊封求請使であった可能性がある。

かくて、哀荘王の冊封は『旧唐書』巻十四・「順宗・憲宗（上）」本紀では、貞元二十一年（八〇五）二月戊辰（二十八日）に懸けて「以開府儀同三司検校太尉使持節大都督鶏林州諸軍事鶏林州刺史上柱国新羅王金重熙兼寧海軍使、以重熙母和氏為太妃、妻朴氏為妃」とあるが、それは前述した『順宗実録』の「二月乙丑（二十五日）」にある「兵部郎中兼中丞元季方告哀於新羅、且冊立新羅嗣王、主客員外郎兼殿中監馬于為副」とある記録にも通底する。

この告哀・冊立使の元季方の遣使のことは、『新唐書』巻二百一・文芸上に「以兵部郎中使新羅、新羅聞中国喪、不時遣、供饋乏、季方正色責之、閉戸絶食待死、夷人悔謝、結驩乃還」と伝えられ、元季方が新羅の王都に至った後の交渉が伝えられる。

また、『国史補』巻下にも、元季方の兄の元義方が新羅に使し、その帰国の海路で海島に登り水を得たという異聞が記録されているが、恐らく兄の元義方も元李方とともに新羅に使行したのであろう。

以上、下代初期では昭聖王と哀荘王、『旧唐書』新羅国伝や『新唐書』新羅伝からは哀荘王を継ぐ昭聖王の弟たる憲徳王代にも、また『旧唐書』新羅国伝では憲徳王を継ぐ子の興徳王代にも王の冊封とともに王母が「太妃」に、妻が「妃」に冊立されたことが知られた。

この王権の中枢たる王、それに王母と王妃の三者が新羅側からの求請によって唐朝から冊立されたことは、新たな元聖王系の確立過程として注目される。王母と王妃の冊立を媒介ともして、嫡子・嫡孫への王位継承が正統化され、ひいては王権の強化に向かう施策であった、と考えられる。

ここで、『新唐書』渤海伝には王家の親族呼称として「母太妃、妻貴妃、長子曰副王、諸子曰王子」と記録していることが注目される。この「母太妃、妻貴妃」の呼称は九世紀前半の渤海王廷がそれまでの大祚栄の王統から転じてその弟の大野勃に系譜が連なる大仁秀が即位したことを契機として、唐に王のほかに王母と王妃の冊立を求請したであろうことを背景としていよう。

冊封の規制と効力が王に留まらず、王母と王妃にも及んで王廷の権力構造に波及することになる。これを新羅や渤海側が自ら引き込んだ側面があって、新羅と渤海の王権の新局面として注目される。(4)

第二節　宗廟・社稷と神宮

1　宣徳王の場合

下代の王権は中代の王権に引き続いて唐の冊封を受け、その強化がはかられたことは前述したが、また内政では下代の王統が中代の礼制に照らしても連続性を含み、それ故に正統であることを制度として定立することが王権強化の重要な装置として進められた。このことを宗廟と神宮の礼制の運用に照らして検証したい(5)。

まず、宣徳王が七八〇年、『三国史記』新羅本紀ではその「夏四月」に恵恭王が殺害された後に即位するや、父を追封して開聖大王となし、母に貞懿太后の尊号をささげたとある。このことは宗廟制と直結した礼の施行であると考えられる。

そもそも、前代の恵恭王代の宗廟制は『三国史記』雑志・祭祀では「至第三十六代恵恭王、始定五廟、以味鄒王為金姓始祖、以太宗大王、文武大王平百済高句麗有大功徳、並為世世不毀之宗、兼親廟二為五廟」とあるように、始祖大王と考と祖の大王、即ち二つの親廟に、百済・高句麗を平定した大功のある太宗大王と文武大王を「世世不毀」の二廟として五廟を構成する配位であった。

礼の基本たる『礼記』王制編の規定にしたがって、新羅が「諸侯は五廟」の宗廟制を遵守すれば、恵恭王代の五廟では太宗大王の神主は排除されることになる世代である。即ち、恵恭王の考は景徳王、祖は聖徳王、曾祖は神文王、高祖が文武王であって、百済と高句麗の平定に「功徳」の偉大な太宗（武烈）大王が除かれることになるのである。

この「太宗大王、文武大王平百済高句麗有大功徳」という中代の国家意識と五廟の礼制との不整合を避けるために恵恭王代に考案されたのが、「大功徳」の太宗大王と文武大王の二神主を「世世不毀之宗」として宗廟に固定し、始祖大王のほか考と祖の二親廟で五廟を構成する配位である。

そこで、恵恭王代の五廟は不変の始祖と太宗、文武の二廟と考の景徳大王と祖の聖徳大王の二親廟で構成された。

さて、宣徳王はこの恵恭王とは別系の金氏の系譜に属することは前章で述べたが、両者は奈勿王の代まで遡れば同一の金氏であった。宣徳王は即位後に父を「開聖大王」と追封したが、王の祖は『三国遺事』王暦には「元訓角干」と記録するが、この祖を追封した記録はない。となれば、宣徳王の宗廟は前代の恵恭王代に定立した「親廟二」に従わなかったことになる。

ここで考えられることは、宣徳王は父系では恵恭王までの金氏の系譜とは別系であるが、貞懿太后と尊号を奉った王母の父は聖徳大王である。この聖徳大王が先の恵恭王代の宗廟では王の祖として宗廟に配位されていたことは、後述するように、宣徳王の後の元聖王が宗廟を定立するに先立って、「聖徳大王、開聖大王」の二廟が壊され、元聖王の二親廟が配位されたことから合点される。

すると、宣徳王代の宗廟においても、王は祖の元訓を配位するかわりに、恵恭王代の宗廟で祖として配位されていた聖徳大王の神主を宣徳王の外祖として宗廟に残したことが知られる。宣徳王は恵恭王までの武烈王系とは広くは同じ金氏ではあったが、この武烈王系の外祖を二親廟に配位することによって、別系から即位した王廷の政乱のなかで、宗廟の礼制において武烈王系に連なることを表現して即位の正統性を提示したのであろう。(6)

この宣徳王の王位の正統性の表現は、中代の諸王が継続してきたように、即位の翌年春二月に神宮を親祀したことにも読み取れるが、また、『三国史記』雑志・祭祀には「至第三十七代宣徳王、立社稷壇」とあるように初めて社稷壇を設けたことにも見られる。

しかも、『東国通鑑』では宣徳王の四年（七八三）「立社稷壇、又修祀典」とあって、これを四年に懸け、「祀典」の修成がなされたとするが、この紀年の史料的根拠は見当たらないが。しかし、社稷壇を設けたからには、『礼記』王制編に規定する「天子祭天地、諸侯祭社稷、大夫祭五祀」という「諸侯」の礼制をもとにして、儒教的祭祀と神宮等の新羅の伝統的な祭祀とをめぐって「祀典」が大きく整ったことは間違いなかろう。(7)

2　元聖王の場合

宣徳王の死後、奈勿王の十二世孫の元聖王が七八五年に即位するや、『三国史記』新羅本紀では二月に、王は高祖の法宣を玄聖大王、曾祖の義寛を神英大王、祖の魏文を興平大王、考の孝譲を明徳大王と追封し、母の朴継烏に昭文太后の尊号を贈り、子の仁謙を王太子としたとある。

王が四代祖をそれぞれに大王と追封したことは、元聖王が奈勿王の十二世孫として金氏王系の始祖大王と自らの四代祖の四親廟を配位した五廟の宗廟を構成したかのようにひとまずは見られる。それは、前代の宣徳王が考の開聖大王のほかに祖に代えた外祖の聖徳大王を宗廟に祭祀し、始祖と「世世不毀之宗」の武烈大王と文武大王とで構成した五廟の宗廟の配位とは異なるもののように思われる。

しかし、『三国史記』新羅本紀は引き続いて、元聖王は宣徳王代の二親廟たる外祖の聖徳大王と考の開聖大王の二神主を毀し、これに替えて祖の興平大王と考の明徳大王の二親廟を配位て、始祖大王と恵恭王代に定められた「世世不毀之宗」たる太宗大王と文武大王とで五廟の宗廟を構成したことを記録している。

この宗廟の五神主の配位は恵恭王代の制を遵守しながらも、元聖王は考の明徳大王と祖の興平大王を介しても武烈・

文武大王には連ならない。また、宣徳王は外祖を介して武烈王系に連なったが、元聖王の母は朴氏であったから、外祖を通しても連ならない。宣徳王よりも武烈王系からは離れた新しい王系の登場である。

しかし、元聖王は下代の最初の宣徳王の即位時の王権とは異なり、宣徳王代の宰相たる上大等の重責を経験し、その即位時の王権は宣徳王時に比較すれば安定度は高かったであろうし、また奈勿王の十二世孫の系譜も即位を承認する方向で作用したであろう。

『三国史記』新羅本紀には元聖王の即位事情として、宣徳王の薨去の後に、その「族子の周元」が王廷から王位に推されたが、「天命」はその即位を望まないとする衆議に推されて金敬信（元聖王）が即位したとあることは、元聖王即位時の王権の一定の安定を暗示する。(8)

とは言え、元聖王は中代の武烈王の王統からは逸れるから、やはり宗廟の空間において始祖大王はさておいても武烈・文武大王の神主は毀つことは出来ないのであって、この「世世不毀之宗」を宗廟に祭祀することによって、新羅の国家的立場において王位の正統化を図ったのであろう。

さて、前述した元聖王の冊封とこの宗廟の構成のどちらが先行した王権の正統性の表現であったか、その検討は困難であるが、即位年の七八五年に相前後して行われたのであろう。〔補1〕

3　昭聖王と哀荘王の場合

元聖王の嫡孫の昭聖王が即位すると、その宗廟の構成は『三国史記』新羅本紀には元聖王の例のようには直接的には見ない。しかし、その元年（七九九）五月に「追封考恵忠太子為恵忠大王」と記録するから、前代の元聖王代の宗廟から昭聖王の曾祖と高祖に当たる明徳大王と興平大王の神主を毀し、追封した考の恵忠大王と祖の元聖大王とで二親廟を構成し、これに始祖大王と「世世不毀之宗」の二廟とを加えて五廟を編成したのであろう。と言うのも、前述したように宣徳王代では「追封父為開聖大王」とのみあったが、この追封は宗廟の祭祀を前提にしていたからである。(9)また、後述するように、昭聖王の太子である次代の哀荘王代の宗廟構成では、「皇考」の昭聖大王と「皇祖」の恵忠大王のほかに「曾祖」として元聖大王が宗廟に置かれており、この元聖大王の神主は前代の昭聖王の宗廟でも祖として配位されていたであろう。

すると、昭聖王代の宗廟は始祖大王と「世世不毀之宗」たる武烈・文武大王と二親廟たる祖の元聖大王と考の恵忠大王で構成され、前代の元聖王の宗廟からはその考と祖の興平大王と明徳大王の二神主が廃されたことが確認される。

さて、次の哀荘王代の宗廟は新羅の第三次の宗廟として三つの方向から注目される。まず、恵恭王代に定立した第二次の宗廟構成法を遵守して五廟を構成するならば、始祖大王と「世世不毀之宗」たる太宗大王と文武大王のほかに加えることの出来る二親廟の神主は、哀荘王の考たる昭聖王と祖の恵忠大王となるはずである。すると、前代の昭聖王代の宗廟に配位された哀荘王の曾祖である元聖大王が宗廟から毀されることになる。

元聖王の新しい王統は、第二代の昭聖王の短い王代を挟みながらも未だ三代が始まったばかりである。この時、王統の初代たる元聖王の神主を宗廟に祭祀することは欠かせず、ましてこれを宗廟から毀すことは出来ないことであろう。哀荘王の後の憲徳王の十四年(八二二)には宣徳王後の王位を元聖王と争った金周元の子である熊川州都督の金憲昌が分国の反乱を起こしたほどであるから、新王統の祖たる元聖王の神主は宗廟の祭祀の対象からは未だ毀せない王権の性格であったであろう。

そこで、哀荘王の二年(八〇一)に、これまで「世世不毀之宗」とされた太宗大王と文武大王の廟を別に立て、「始祖大王及び王の高祖明徳大王、曾祖元聖大王、皇祖恵忠大王、皇考昭聖大王を以て五廟を為す」とする第三次の宗廟の祭祀が定立したのである。即ち、「世世不毀之宗」とされる太宗大王と文武大王を別廟に祭祀することによって五廟に二神主の余裕が生まれたのである。

これによりひとまずは、新王統の中祖たる奈勿王の十二世孫たる元聖大王の神主を宗廟に祭祀することは保守されたことが第一の注目点である。

ただ、この宗廟の配位では、前代の昭聖王の宗廟から廃位されたと考えられた昭聖王の曾祖の明徳大王の神主が哀荘王の四親廟の高祖として宗廟に復活することになった(10)。

さて、哀荘王の後にはその父の昭聖王の同母弟、即ち、哀荘王の叔父であり、また、元聖王の嫡孫である彦昇(憲徳王)と、また、次にもこの憲徳王の同母弟の秀宗(改名して景徽。興徳王)が続いて即位したから、この二代の宗廟では考、祖、曾祖、高祖の四親廟を立てるから、哀荘王代に考であった昭聖王は除かれ、高祖の興平大王が復活したが、元聖大王は祖として奉祀されたことになる。

しかし、王代がさらに降ると元聖大王は王の高祖たる配位からも世代が上がってついには宗廟から除かれる危機がおとずれ、元聖王系の宗廟の礼は変容を生むことになる。

それは元聖王から五代後世の景文王の代にあらわれることになる。崔致遠の撰になる『有唐新羅国初月山大崇福寺碑銘』には、景文王がその「嗣位之初載」に「奉為烈祖元聖大王園陵追福之所修建也」として崇福寺を創建したことを記録しているが、これは下代の王権が「烈祖」と追尊した元聖王を奉祀する祭祀が欠かせないことの明証である。

景文王が六年(八六六)に「王考」を「懿恭大王」と封じたのは、元聖大王を追福した礼と関連しようが、元聖王系のこの後の諸王代の宗廟祭祀については、『三国史記』に記録が十分ではない。このことは宗廟から元聖大王が除かれるという礼の変容に一因があるのかも知れない。

第二には、中代の神文王代に開始された宗廟以来、また恵恭王代以降も「世世不毀之宗」として宗廟に固守されてきた太宗大王と文武大王の二神主の祭祀が別廟ながら宗廟の祭祀として継続されたることになったことが注目される。このことによって、宗廟の親廟は考と祖の二神主のみでしか構成できなかった宗廟をここに至って始祖大王と四親廟とで構成する諸侯の宗廟が再定立したことである。

また第三には、考と祖が「皇考」「皇祖」と尊称されたことである。このことは、ここに至って新羅の王権がそれまでの王権に比較して、権威を大きく高めてきたことの表現であり、それは宗廟にとどまらず後述するように外交はもとより国制全般にも現出することになろう。

下代初期の各王代では、宣徳王は即位の二年春二月に、元聖王は宗廟を構成した後の在位三年春二月にそれぞれに神宮を親祀し、元聖王はその後に大赦を行った。また哀荘王も宗廟を定立した翌年、在位三年の春正月に神宮を親祀していた。恐らく、宣徳王の神宮の親祀も宗廟の祭祀の後のことであろう。(11)

さらに、宣徳王代には前述のように「社稷壇」を立て新たな天地の祭祀を挙行した。宗廟の祭祀に社稷壇の祭祀が加わることによって、新羅の王廷には『礼記』王制編に規定する「諸侯」の国家祭祀が整ったのである。

かくて、下代の王権は宗廟と社稷という儒教的な礼と神宮の民族的な祭祀を挙行する次元において、王権の正統性を中代の王権との連続性を強調することで主張するばかりでなく、また「諸侯」の祭祀を定立したことで国際的にもこれを表現し、あわせて王権の確立と強化を図ったといえるが、「諸侯」の自己規定は次に検討する国際関係に顕著である。

第三節　国際関係の再定立

宣徳王は前述のように中代の武烈王系に直系的には連ならない金氏として即位したが、また恵恭王が反乱勢力によって殺害された王廷の混乱のなかに即位したから、王都や地方の離反や外寇の危険を未然に塞ぐことが求められた。即位の二年（七八一）七月には「浿江の南の州郡」に使者を送ってここを安撫したことにつづいて、翌年二月には王は「漢山州」に巡幸し、「民戸を浿江鎮」に移し、浿江鎮の充実を図ったばかりでなく、七月には「始林之原」で大閲の軍事訓練を展開している。

翌年にも春正月に、阿飡の金体信を「大谷鎮軍主」に任じて浿江鎮の軍事を充実させた。浿江鎮に対する一連の充実策は、王廷における王統の転換の混乱の間隙をついて生じかねない辺境地帯の離反や混乱を防ぐ狙いであったが、また北の渤海国に備えた施策であった面も考慮される(12)。

こうした北辺の慰撫と警備策に平行して、前述のように宣徳王の冊封を唐に求請する外交が採られたのである。ところが、対渤海国関係は元聖王代に注目すべき進展がみられる。まず、元聖王は宣徳王が外祖を介して武烈王系に連なっていたことに比して、それに連なる系譜関係は一段と弱かったが、唐との冊封関係が整うと、そのもとで、六年（七九〇）三月に官位七位の一吉飡を帯びた伯魚を「北国」に遣使したと『三国史記』新羅本紀に記録される。この「北国」とは当時の新羅における渤海に対する呼称であると考えるよりも、ここでは『三国史記』の編纂時に高麗が事大の礼をとった「北朝」たる遼や金を意識して、新羅とは臣属の関係のなかった渤海国を水平の関係と捉えてこれを「北国」と表記したものと考えるが、元聖王はこの渤海国に遣使したのである。それは渤海の建国から九十余年を経て、記録の上では新羅の初の遣渤海使であった。

この新羅の渤海国への遣使は、この頃渤海国が東京龍原府に遷都していたから、渤海国が内陸の上京から新羅の東北境により接近した東京に遷都したその政情を探り、かつ唐を中心とした中華世界のなかで諸侯たる位置に自らの礼制を定めた新羅が、渤海に交隣の外交関係を定立せんと図った遣使であったであろう。(13)

新羅が官位七位の使者を渤海国に派遣する外交は、八世紀に日本へ派遣した大使の官位と大差はない。新羅の遣日本使はそれ故に新羅をあくまで朝貢の外交体制に置かんとする日本とは摩擦を生んでいた。(14)

遣日本使の外交姿勢に鑑みても、新羅は北接する渤海国に対しても交隣の外交関係の定立を図っていたのであり、その根底には唐との冊封関係があったものと考えられる。

下代の新しい王統の王権を確立強化するこれまで述べた一連の施策に、この渤海国との外交関係の定立も含まれる。と言うのも、先の武烈王系の王統では聖徳王以来、新羅は渤海国を警戒する諸施策を北辺に敷いていたが、ここで渤海との外交関係を定立することによって渤海国との交通がより開かれたことになるからである。

このことは、哀荘王代の次の憲徳王の四年（八一二）秋九月にも官位は九位の級湌を帯びた崇正を「北国」に遣使した外交に現れているが、渤海国から新羅へ遣使した事例は記録に見ない。(15)

さて、元聖王代に定立の方向に進んだ新羅の外交体制は、短期の昭聖王につづく哀荘王代にはより広く整理されてくる。

哀荘王の在位の二年（八〇一）冬十月には、新羅は「耽羅国」からの「朝貢」の使者を迎えた。小国からとは言え、十月の朝貢使の受け入れは翌春の朝賀の儀に及んで礼制を準備させるが、また対外関係の定立を促進する。

その方向は、対日本関係に反映する。元聖王の代では『三国遺事』巻二・「元聖王」条に貞元二年（七八六）十月十一日と翌年にかけて「日本王文慶」が挙兵して新羅に圧力をかけ、外敵をその音色で鎮める霊力を持つという新羅王室に伝来する「万波息笛」を二度求め、新羅がこれを拒んだことが記録されている。しかし、この外交は外に傍証する関係史料がない。

また、これに続いて『三国遺事』同条では、七九五年に唐使が入国し、護国の霊力をもつと信仰される「龍」を魚に変えたが、これを王の知恵で元に戻したとの譚や僧・妙正が唐の皇帝に「珠」を捧げる譚を記録しているが、これらも下代の王権の外交体制の確立に通底する異譚であろう。

さて、新羅は耽羅国の朝貢使を迎えると、翌年十二月には均貞に官位第五位の「大阿飡」を与え「仮王子」となし、「倭国」に入質させる外交を計画したが、均貞はこれを辞退した。日本への派遣期間のみは「王子」であるとする時限的な「仮王子」の創出は、八世紀半ば以降「王子」の派遣を求める日本に応えて、外交の再開を図った一策であったが、当事者の均貞が辞退したことによって実現しなかった。[16] 均貞が辞退した真意は何処にあったか、憶測するほかに判断材料はないが、「質」となること、しかも「仮王子」、即ち滞日中は紛れもなく新羅の「王子」として振る舞うことの危険、この二重の負担を金均貞は忌避し、また、そもそも日本へ「質」を送るという外交方針に反対の姿勢であったものかと推測される。

ところが、翌四年（八〇三）秋七月、新羅は日本と「交聘結好」したと『三国史記』新羅本紀は記録し、翌五年（八〇四）夏五月には「日本国」が遣使して「黄金三百両」を「進」めたとある。

この耽羅国からの朝貢使の応接と日本国からの交聘使の応接の儀礼は、新羅における応接制度の整備や王都の景観の整備を促進することになる。日本国使を迎えた夏五月の後には、秋七月に「重修臨海殿」をおこなったが、このことは迎接施設の整備と考えられる。

また、この方向から、哀荘王の六年（八〇五）は王と王母、王妃が冊封を得た年であるが、この秋八月に「公式二十余条」を頒示したと『三国史記』にあるのは、新羅国家の内外の諸般にわたる格式に補正と整備を加えたことの現れであって、それは下代の王権が大きく確立した明証であったと考えられる。

さて、哀荘王七年（八〇六）春三月にも「日本国使」の入国があり、この使者を「朝元殿」で引見し、九年（八〇八）春二月にも「日本国使」を迎えて、王は「厚礼」をもって使節に「待」したことが『三国史記』新羅本紀に見える。『三国史記』にはこのように、哀荘王代に新羅の立場からする対日本関係が定立したことを暗示させる記録が目立つ。これに正面から対応する日本側の史料は見ないが、七九九年四月（昭聖王の元年に相当）に日本では大伴峰麻呂を遣新羅使に、林真継をその録事に任命したが、翌五月にはこれを停止したことが、『日本後紀』に記録されている。また、八〇三年（哀荘王四年）の新羅と日本との「交聘結好」の記録に関しては、宮内庁書陵部蔵の『古語拾遺』の識語に「延暦二十二年（八〇三）三月」「己巳、遣正六位上民部少丞斎部宿禰浜成等於新羅国、大唐消息」とあることから、八〇三年三月に日本が新羅に斎部宿禰浜成等を派遣したことが知られる。(17)

この遣新羅使が、哀荘王四年（八〇三）秋七月の日本と新羅との「交聘結交」の外交と対応するのかどうか。この「交聘」は新羅が日本へ遣使したものとする理解もあるが、むしろ、「大唐消息」を得ようと新羅に派遣されて来た斎部宿禰浜成を迎えて、新羅はこれを好機として優勢な外交の立場から「交聘結好」の関係を定立したのではなかろうか。八〇三年三月の日本の遣新羅使の派遣記事と同七月の新羅における日本との「交聘結交」記事は対応すると考えても外交の経緯としては時間的に問題はなかろう。

ただ、この「交聘結交」関係の定立は新羅においてなされた外交であって、新羅を朝貢国と固定的に見なす日本の対新羅外交の姿勢を改正させたかは疑問である。

また、翌八〇四年九月にも新羅は日本から大伴岑万里を迎えて、太政官の牒が送られている。この牒によって新羅は日本の遣唐使が着岸したかどうかを問われ、また唐にも遣唐使の消息を問い合わせるよう依頼を受けたことが『日本後紀』に記録されている。

このように、日本から「大唐消息」や遣唐使の安否の情報を得ようと使節が新羅に入国したことがあったが、それらは『三国史記』新羅本紀の日本関係記録とは完全には一致しない。しかし、新羅ではこの日本の対新羅外交の機会を捉え、日本使の迎接を媒介に日本も「交聘」の関係を定立したものと考えられる。おそらく、『三国史記』新羅本紀に記録された哀荘王代の日本との外交関係の記録の実際的な背景がここにあろう。

第四節　王都の景観

ここまで検討を進めてきたように、下代初期の憲徳王を含む五代の各王が宗廟と神宮の祭祀を定立し、また唐から冊封を受けることによって王権が安定に向かうと、その下で耽羅を朝貢国に、また渤海と日本とは「交聘」国とする国際関係を新羅が確立したことはこれに平行して王都の構成にも反映していよう。すなわち、王都の景観が下代の元聖王系の王権の確立とその安定を広く認知させることになるのである。

さて、下代の王権は王と王母と王妃に対する唐の冊封を媒介に王都の金城は唐の文化圏のなかでは個性をもちながらも、唐都の長安の一モデルである様相を帯びてくる。

このことを元聖王代にみれば、王の四年（七八八）に読書三品科の官吏登用法が定められたが、これは中央集権的な王権の強化を進める施策であった。十五歳から三十歳までの青年が九年を限度に王都の国学に儒学と史学の各教科を学ぶが、その修了後の官吏登用の法が成立したことは、国学と学生が王都において王権に直結するひとつの景観を放ったであろう。(18)

さらには、王の十年（七九四）七月に宮殿の西に望恩楼を築いたが、その位置と名称から判断すれば、この楼閣は唐の皇帝、ここでは徳宗の恩徳を慕う王廷の意識が王宮の景観表現に加わったものと解釈される。

また、元聖王代と哀荘王代では仏教政策が注目される。まず、元聖王の十年（七九四）秋七月に「奉恩寺」を創建したと、『三国史記』新羅本紀にはある。この創建のあとに前述の望恩楼を王宮の西部に建てたのだが、その「恩」とは唐の皇帝から賜わる「恩」のことであろうから、この「恩」は奉恩寺の「恩」にも連なるのであれば、ともに慕華思想の具現でもある。(19)

そうであるならば、唐の皇帝の「徳」を慕うことを表現する寺院では既に王都には「望徳寺」が存在していた。この望徳寺については、『三国遺事』巻二・「文虎王法敏」条には「新羅刱天王寺、祝皇壽於新寺而已、因唐使之言、因名望徳寺」とあって、新羅が唐の高宗の長寿を祝う寺院を創建したということから、これを望徳寺と命名したこと、また同書巻五・「真身受供」条にも望徳寺は新羅が唐室の福を祈って建てた、との伝承が記録されている。(20)

ただ、『三国史記』巻三十八・雑志・職官上では「奉恩寺成典」の長官職の衿荷臣が「恵恭王始置」とあり、前述の奉恩寺が元聖王の十年に創建されたとする記録とは矛盾する。『三国遺事』巻二・「元聖王」条に「又、刱報恩寺又望徳楼」とあるから、元聖王十年に創建した「奉恩寺」とは「報恩寺」のことであったと理解すると、その「恩」とは前記の解釈と異ならない。(補2)

つづく、哀荘王代では三年（八〇二）八月に「加耶山海印寺」を創建したとある。仏教の奨励策であるが、一方、七年（八〇六）三月には「下教禁新創仏寺、唯許修葺、又禁以錦繍為仏事、金銀為器用、宜令所司普告施行」とあって、仏教儀礼の華美を抑制しているが、これは信仰を禁じたことではない。

哀荘王代の仏教政策では四天王寺成典、奉聖寺成典、感恩寺成典、奉徳寺成典、奉恩寺成典と永昌宮成典の長官職の衿荷臣や上堂が景徳王代に検校使や卿と改称され、次の恵恭王代に復故したから、これら古官職を再び令や卿に改めている。(21)

哀荘王が景徳王代の改名に倣って固有官名から唐風の官名に改めたことは、永昌宮成典の例などでは哀荘王六年（八〇五）のこととなる。

この寺院成典の長官職に代表されるばかりでなく、哀荘王代にはその副官等のほか広く中央官職が恵恭王代の復故の名称から卿などと広く唐風に復称されている。

この八〇五年は哀荘王が冊封を受けた年であり、また八月には「公式二十余条」を頒示していたから、こうした一連の制度改革は国際関係における新羅王権の位置が国内制度に波及した改正であったと考えられる。

こうした寺院成典の整備は他の官制にも及んだはずであり、位和府の長官も哀荘王六年（八〇五）に「令」と改称されたが、それら唐風の官制は官庁の扁額の改正等にも可視的に表現されたであろう。

また、哀荘王五年（八〇四）には前述のように臨海殿を「重修」し、同八年には王が崇礼殿にて観楽した礼、並びに、憲徳王が即位三年（八一一）四月に平議殿にて「聴政」し、同六年（八一四）三月に崇礼殿にて官僚と饗宴した儀礼などは王京人に王権の性格とその安定を感知させたことであろう。

おわりに ――賑恤と瑞祥――

元聖王と哀荘王代には下代の王権が対内的、体外的に大いに確立したが、これに平行して賑恤策が施された。元聖王二年の秋七月に旱魃が発生すると、王都の民に粟三万三千二百四十石と三万三千石とを九月と十月の二回にわたって賑恤し民生の安定をはかった。

この量は聖徳王五年（七〇六）は凶作であったから、翌年正月一日から七月三〇日まで「一口につき一日三升を式と為」し賑恤したことがあったが、その総計が三十万五百碩であった例に対照すると、租と粟の、また王都に限定するとしないとの差があって単純には比較できないが、聖徳王代の賑恤を一月単位にすれば租が約四万三千碩となる。

王都での賑恤は元聖王十二年（七九六）にも行われた。また王都ばかりでなく、同王五年（七八九）には漢山州に粟を出して民を賑わし、翌六年（七九〇）三月の旱魃のあとの五月にも漢山州と熊川州の飢民にも粟を出して賑わした。

この年春には、全州など七州の民を徴発して碧骨堤を増築して広大な用水池を得たことも民生の安定を図る施策であり、翻って王権の安定を導くことになる。

こうした一連の賑恤とともに、元聖王と哀荘王代には『三国史記』新羅本紀には瑞祥発生の記事が比較的多く記録されている。

瑞祥は元聖王の元年（七九五）には浿江鎮が赤烏を、また六年（七九〇）にも熊川州から赤烏が、九年（七九三）には奈末の金悩が白雉を献上し、十年には漢山州が白烏を進上した。

また、昭聖王の元年（七九九）にも漢山州が白烏を献上した。哀荘王の二年（八〇一）秋九月には武珍州が赤烏を、牛頭州が白雉を進上した。翌年八月にも歃良州が赤烏を、また同州は五年（八〇四）秋七月に白鵲を進上した〔補3〕。

こうした瑞鳥の出現は憲徳王の即位二年（八一〇）の河西州の赤烏と西原京の白雉にも見られるように、赤や白など五行思想と関連した理解が必要であるが、この背景には下代の王権が宗廟、社稷と神宮の祭祀を通してその正統性を中華世界の礼と固有の礼とで表現し、また対外的には唐に向かってはその外臣として、また渤海と日本に向かっては「交聘」の隣国関係とする国際的な位置を定立したことがある。この王権の内外の安定のもとで、下代初期の王廷の善政の表現として瑞祥が準備されたと考えられる。

こうした瑞祥の発生はその史実性は疑う余地があるものの、瑞祥を仕掛ける程に王権の統治は形式的な面がなお濃いとは言え、ここに王権が確立した意識が王廷とその周辺に存在したからこそ瑞祥の仕掛けも生まれよう。

このように論じてくると、下代初期、即ち宣徳王から憲徳王の在位の前半までの政治過程は、中代の王権を再定立する方向に進んだと言える。その意味では、たとえ、王統が武烈王系から元聖王系に転換したとは言え、中代と下代の王権は連続性をもっている。否、転換したからこそ連続性を強調する王権確立の装置が追求されたと言える。

注

（1）下代の初期四代の王の即位年が前王の薨去の年に重なって、中・朝の史料が齟齬することについての指摘と疑問はすでに、末松保和「新羅下古諸王薨年存疑」（『青丘学叢』第十四号、一九三三年十一月。後に『新羅史の諸問題』〔東洋文庫、一九五四年十一月〕。後に、私家版『青丘史草』第三（一九七二年六月）また、末松保和朝鮮史著作集2『新羅の政治と社会』下〔吉川弘文館、一九九五年十二月〕）にある。本章は末松先生の疑問に答えるものである。

（2）金富軾・井上秀雄訳注『三国史記』一（平凡社、一九八〇年二月、三五四頁の注三十四）では、王母と王妃の姓が王姓と同じ金氏あることを唐側が嫌らい、「冊命にあたって架空の姓を造作した」と理解する。

（3）卞孝萱校訂『劉禹錫集』上（中国古典文学基本叢書、中華書局、一九九〇年三月）。〔補〕医学書の『広利方』の性格とこれを請求する新羅の社会的動揺については李賢淑「신라 애장왕대 唐 의학서『廣利方』의 도입과 그 의의（一）（二）—劉禹錫의「對淮南杜相公論新羅請廣利方」을 중심으로—」（『東洋古典研究』第十三、十四輯、二〇〇〇年六月、十二月）参照。

（4）拙稿「渤海国王位の継承と副王」（『年報朝鮮学』第七号、一九九九年九月）。

（5）本章の宗廟と神宮の祭祀については、本書第一部第一章「神宮と百座講会と宗廟」と米田雄介「三国史記に見える新羅の五廟制」（『日本書紀研究』第十五冊、塙書房、一九八七年六月）を参照。

（6）前掲の米田論文もこの点は理解を同じくする。

（7）祀典の運用と性格については、本書第一部第二章「祀典と名山大川の祭祀」と辛鍾遠「三国史記祭祀志研究—新羅祀典의沿革・内容・意義를 중심으로（を中心に）—」（『史学研究』第三十八号、一九八四年十二月。後に、同『新羅初期仏教史研究』〔民族社、一九九二年十月〕に「新羅祀典의 成立과 意義」として所収）を参照。

（8）下代初期の王位王位継承時の王権をめぐる勢力の対立関係を論じた論文には次ぎの諸論考がある。しかし、政治勢力の対立の動向については推測を多く含んだ論に成りがちである。

・木村誠「新羅の宰相制度」（『人文学報』第一一八号、東京都立大学、一九七七年二月）
・李基東「新羅下代의王位継承과政治過程」（『歴史学報』第十八五輯、一九八〇年三月。後に、『新羅骨品制社会와花郎徒』〔韓国研究院、一九八〇年十一月〕〔同書は一潮閣からも一九八四年四月に出版〕所収）
・金壽泰「新羅宣徳王・元聖王의王位継承—元聖王系의成立과 관련하여（と関連して）—」（『東亜研究』第六輯、西江大学校東亜研究所、一九八五年十月。後に、同『新羅中代政治史研究』〔一潮閣、一九九六年六月〕に所収）
・李基東「新羅興徳王代의政治와社会」（『国史館論叢』第二十一輯、一九九一年六月。後に、同『新羅社会史研究』〔一潮閣、一九九七年九月〕に所収）
・李明植「新羅元聖王系의分枝化와王権崩壊」（『中斎張忠植博士華甲紀念論叢・歴史学篇』一九九二年七月）
・金昌謙「新羅下代王位簒奪型에 대한 一考察」（『韓国上古史学報』第十七号、一九九四年十二月）
・金昌謙「新羅元聖王의即位와金周元의動向」（『阜村申延徹教授停年退任紀念史学論叢』一九九五年八月）

(9) 前掲の米田論文では、昭聖王の考の恵忠大王の神主は宗廟に配位されず、また、二親廟は祖の元聖大王と曾祖の明徳大王であったとするが、これには従えない。考の恵忠大王は王位に登らなかったが、宣徳王の考の開聖大王も王位に登らなかったが宗廟に配位された前例があり、やはり昭聖王の考の恵忠大王の神主は宗廟に配位されたと考えられる。

(10) 前掲の米田論文では、昭聖王代の宗廟に配位されなかった考の恵忠大王がこの哀荘王代の宗廟では「皇祖」として配位されたことになる。

(11) 神宮の祭神と祭祀の性格については本書第一部第一章「神宮と百座講会と宗廟」と崔光植「新羅 의 神宮에 대한（に対する）新考察」（『韓国史研究』第四十三号、一九八三年十二月。後に、同『고대한국의 국가와 제사（古代韓国の国家と祭祀）』〔한길사（ハンギル社）、一九九四年十二月〕に所収）を参照。

(12) 李成市「新羅兵制における浿江鎮典」（『文学研究科紀要』別冊・第七集、早稲田大学、一九八一年三月。後に、同『古代東アジアの民族と国家』〔岩波書店、一九九八年三月〕に所収）

(13) 拙稿「渤海国の京府州郡県制の整備と首領の動向」（『白山学報』第五十二号、白山学会、一九九九年三月、ソウル）〔補〕九世紀末の崔致遠の撰になる「謝不許北国居上表」には、渤海国の建国者の大祚栄に新羅は大阿飡の官位を授けた、と七世紀末を回顧して表現しているが、この渤海国王を新羅国王の臣下とする認識は、この上表文の文脈における政治外交的な効果をもっており、官位の授与と渤海国王臣属観が七世紀末より新羅王廷に存在したとは考慮されない。渤海臣属観は崔致遠に独自のものであろう。本書第三部第四章「唐朝における渤海と新羅の争長事件」参照。

(14) 本書第三部第二章「中・下代の内政と対日本外交―外交形式と交易をめぐって―」参照。

(15) 拙稿「留唐学僧戒融の日本帰国をめぐる渤海と新羅」（佐伯有清先生古稀記念会編『日本古代の伝承と東アジア』〔吉川弘文館、一九九五年三月〕）参照。

(16) 前掲注（14）の拙稿参照。

(17) 石井正敏「『古語拾遺』の識語について」（『日本歴史』第四六二号、一九八六年十一月）及び、同「八・九世紀の日羅関係」（田中健夫編『日本前近代の国家と対外関係』〔吉川弘文館、一九八七年四月〕）、田島公「日本、中国・朝鮮対外交流史年表―大宝元年〜文治元年―」（橿原考古学研究所附属博物館編『貿易陶磁―奈良・平安の中国陶磁―』〔臨川書店、平成五年六月〕）

(18) 国学の設置の意義と運営については、本書第一部第三章「国学と遣唐留学生」のほか、金羲満「新羅国学의成立과運営」(『素軒南都泳博士古稀紀念歴史学論叢』〔民族文化社、一九九三年十月〕)と、朴淳教「진덕왕대 정치개혁과 김춘추의 집권과정〔真徳王代の政治改革と金春秋の集権過程〕(Ⅰ)—新羅国学의設置와性格를中心으로—」(『清渓史学』No.十三、韓国精神文化研究院、一九九七年二月)と、新川登亀男「新羅における立太子—新羅の調と別献物(二)」(黛弘道編『古代国家の歴史と伝承』〔一九九二年三月、吉川弘文館〕)があるが、新川論文は国学の運用が王権を強化する側面を礼制を軸にして示唆する。

(19) 奉恩寺の性格については、李泳鎬『新羅中代의政治와権力構造』(慶北大学校大学院、博士論文、一九九五年十二月)の「第3章第3節、成典寺院의成立과機能」では、崔致遠撰の『有唐新羅国初月山大崇福寺碑銘』に「奉恩故事〔奉恩乃烈祖大王為真智大王追福所建故以為則也〕」とある句から、奉恩寺の旧名が「真智大王寺」であったと理解し、奉恩寺は恵恭王代に始まった真智王追福の願堂を元聖王が完成させた、と説く。しかし、『碑銘』には異本(『崔文昌侯全集』巻三・碑)があって、同句を「奉恩故事〔武烈王為真智王追福所建〕」として、奉恩寺は武烈王が祖の真智王を追福して創建したとする。李氏の理解では、下代の元聖王がはるか遠い中代の真智王を奉祀する意味が説明されない。奉恩寺は『三国史記』巻三十八・職官上にはその成典が恵恭王代に創始されているから、同寺は恵恭王代か、或はその遠くない以前に創建されていたことになる。やはり武烈王が祖の真智王を追福して奉恩寺を創建したとする『碑銘』の異本の認識は再検討されなければならない。「奉恩寺」を元聖王の建立とする説は『三国遺事』巻二・「元聖王」条に建立したと伝わる「報恩寺」との取り違えであろう。本書第二部第二章「寺院成典と皇龍寺の歴史」の注(21)参照。

(20) 武田幸男「創寺縁起からみた新羅人の国際観」(中村治平衛先生古稀記念会編『東洋史論叢』〔刀水書房、一九八六年三月〕)参照。

(21) 寺院成典の構成と運営については、本書第二部第二章「寺院成典と皇龍寺の歴史」、蔡尚植「新羅統一期의 寺院成典의 구조와 기능(の構造と機能)」(『釜山史学』第八輯、一九八四年一月)を参照。

補注

〔補1〕『三国遺事』巻二・「元聖王」条には、王が即位して、王父の孝譲から祖宗の萬波息笛を受けたとある(「王之考大角干孝譲、伝祖宗萬波息笛、乃伝於王、王得之、故厚荷天恩、其徳遠輝」)。及び、本書第一部第一章「神宮と百座講会と宗廟」

の〔補10〕参照。
〔補2〕 本書第二部第二章「寺院成典と皇龍寺の歴史」の注(21)参照。
〔補3〕 新羅の瑞祥については、本書第三部第一章「新羅人の渡日動向―七世紀の事例―」の注(17)に芝草を唐に贈った例を指摘している。また、日本には珍鳥類を贈っているが、『延喜式』巻二十一・治部省(祥瑞)では「赤烏」は「上瑞」に、「白烏」「白雉」は「中瑞」に区分されている。

第四章　王権と海上勢力 ——特に張保皐の清海鎮と海賊に関連して——

はじめに ——新羅と黄海——

新羅王権は、四世紀半ば、朝鮮半島の東南部に辰韓十二国を統合して興隆したが、この古代国家は海とどのように関わったのだろうか。五二一年、新羅は百済使節に随伴して南朝の梁へ海路使節を送ったことがある。しかし、それは自前の海船による派遣ではなかったであろう。

新羅が国家として船と海に積極的に対応する契機は、五三二年に金官伽耶国を併合し、日本との遣使往来の外交を始める糸口を得たこと、また、五五二年には百済から漢江下流一帯を獲得して、漢江の水系と河口を得たこと、さらには白村江の戦いの勝利に至る過程で、唐船の構造とその規模を直視したこと等にあろう。この歴史を経て、新羅は黄海と南海の海路を開発する道が開かれたのである。

さて、そもそも船の管理には軍事の側面がある。『三国史記』によれば、新羅では真平王五年（五八三）正月に、中央の官制に船府を設けた。『三国史記』巻三十八・職官志では、この船府の官には兵部の大監と弟監が当てられ、「船楫の事」を掌ったという。文武王十八年（六七八）には、船府は兵部から離れて独立し強化されて、王族の身分をもつ者が長官職の令となった。

百済、高句麗を滅ぼした文武王代から次の神文王代には、船の管理はより重視されている。また、景徳王十八年（七五九）正月には官制の改称が広くおこなわれたが、船府は利済府と改称された。船は外交と軍事を進める船であることに加えて、賦税を輸送する手段として、管理される側面が強くなったのであろう。

この新羅の船府や利済府の盛衰が、九世紀を通して西日本に現れた「新羅海賊」の跳梁と無縁ではなかろう。国家による船の管理は海上の管理にも連なるからである。

この見通しの下で、本章では、「海上の覇者」と称揚される張保皐の登場とその活動を新羅王権との対抗関係を軸に考察する。

第一節　新羅人の海外移住

『三国史記』には、九世紀初め以来、新羅の殊に西部において、社会変動の続いたことを記録している。憲徳王六年（八一四）五月、国の西部に洪水が発生すると、政府は被災地に撫問使を派遣して、租調を一年に限り免除した。しかし、この被害の規模は甚大であったらしく、翌年八月には、西部の広い範囲で飢饉を発生させた。その為に、盗賊が跋扈するまでに至っている。政府からみれば盗賊であるが、その多くは生命を守ろうとする飢民の蜂起であろう。飢饉は収まることなく、同九年（八一七）にも餓死者が多発した。新羅政府は州郡の穀倉を開いて人々に施したが、根本的な解決にはならず、同十一年（八一九）には各地に草賊が発生して、政府は討伐に追われることになった。

一方、『日本後紀』には、弘仁六年（八一五）に、「今年、免大宰府管内諸国三箇年田租、以頻年下登」とも、「是歳、自五月及九月霖雨、諸国多被其害焉」ともある。また、弘仁十三年（八二二）三月二十六日の太政官符には「大宰管内、比年下登、百姓屡飢、或至死者在」とも、「管九国三嶋、疫病気方発、或挙家病臥、無人看養、或合門死絶、無葬斂者」（『類聚三代格』巻十七）ともある。北九州や西日本一帯も新羅の西部と同様に、長雨と不作に続いて、飢饉と疫病の流行という悲惨な社会状態に見舞われていたのである。

この日本と新羅に及ぶ天候不順に起因した不作と飢饉の発生は、律令体制の末期の政府がこの事態に適切に施政出来ない段階であったことを示している。

さて、新羅ではこれらの飢民が草賊となって国家に抵抗する反面では、国家から離反する動きが現れている。『旧唐書』新羅国伝には、元和十一年（八一六）に、新羅の飢民百七十人が食を求めて唐の浙東（浙江地方の東部）地方に漂着したことが記録されている。

八二一年には、飢民が子孫を売って自活する事態まで発生した。翌八二二年には、熊川州（忠清南道・公州）の長官であった金憲昌が新羅から自立しようとする反乱を西部で展開した。また、その子の梵文は、八二五年、平壌に都を建てんとする自立の反乱を北部で起こした。飢民の反乱は新しい体制を築かんとするまでに抵抗の質を高めている。

このように新羅の内陸部で草賊が発生し、さらには反国家運動が頻繁に起こった一方、『日本後紀』や『日本紀略』等には、新羅の海賊が出没したことを記録している。

八一〇年、新羅人の金巴ら三人は、穀物を運搬中に海上で賊の襲撃を被り、大宰府に漂着するや帰郷すべく配慮を求めた。金巴らは、おそらく賦税を運搬する途中に海賊に襲われたのであろう。

翌八一一年六月、対馬島の西の海上には二十余艘の船が浮かび、また、島民は新羅の南岸に夜毎火の手が上がるのを遠望して海賊の横行を不安がったと言う。

これらの海賊は、九世紀末に西日本に出没する新羅海賊と比較すれば、海賊行為の主体や活動の範囲と規模、その被害の程度から見て総体的に小さい。新羅海賊の前期とみなされる。

さて、内陸に草賊、海上に海賊を発生させた九世紀初に始まる新羅の社会変動は、民衆の海外流出を盛んに発生させた。この民衆の海外流出は不幸へ転落することも少なくなかった。到着地の政府や住民と対立したり、奴婢として売却されることがあったからである。前者は主に日本において、後者は唐においてみられた。

八一三年三月、肥前の国司は、新羅人百十人が乗った五艘の船が小近島に着岸して島民と戦い九人が撲殺され、百一人が捕らわれたことを大宰府に報告した。言語不通が衝突と殺害の原因であったと報告されると、大宰府では新羅訳語一人の設置を太政官に求めている。

翌八一四年には新羅人が六人、また二十六人と筑前等へ漂着した。また、同年には新羅商人の三十一人が長門に漂着した。このほかにも記録に残らぬ漂着が当然にもあったであろう。それらの新羅人は東国に安置されたはずである。八二〇年には、遠江・駿河に定着した新羅人七百人が反乱を起こし、伊豆の税米を襲って海上に逃亡する事件が発生した。この事件は平定されたが、以後、新羅人には口分田を与え、また陸奥などのフロンティアに送られることになった。(1)

一方、唐では八一六年、唐の朝廷に宿衛する新羅王子の金長廉は、憲宗に陳情して、唐の社会で新羅人を生口として使役することを禁止させた。また、八二一年三月には、平盧軍節度使の薛平は、新羅の良民が海賊に略奪され、管下の山東半島の一帯で奴婢として売買されていることを哀れみ、その禁止を穆宗に要請して、禁止の勅を得ている。平盧軍節度使には、「押渤海新羅使」という、東アジアの二国の動勢を統括する任務があったが、在唐新羅人の動向を把握することもそれに属したのであろう。

さらに、八二三年には、新羅の使者の金柱弼は、先の穆宗の恩勅によって奴婢への転落を免れた新羅の良民が無事に帰国できるよう、やはり穆宗に配慮を要請して許されてもいる(2)。

このように唐において新羅人奴婢の解放が進められたにもかかわらず、八三八年七月には、新羅王の金祐徴（神武王）が淄青節度使に「奴婢」を送っている。これを聞き知った文宗は、奴婢の遠方から来たことを憐れみ、新羅に帰国させている。この奴婢は新羅における身分としての奴婢であって、上述したような新羅の良民が売却されて奴婢に転落した者ではなかろうから、新羅政府が唐の皇帝に新羅良民の略奪と奴婢への売買を禁止するよう要請した姿勢とは矛盾しない。新羅は、あくまで略奪による良民の奴婢への転落を防止すべく要請したのであって、本来の奴婢の身分解放を図ったのではなかった。

こうした唐における新羅人を奴婢として売買することの禁止とその解放の要請の背景には、新羅において飢饉に遭った民衆が唐に渡ったり、その子孫を売り払うことに起因して、それらの新羅人が略奪され、生口や奴婢として売買された事例があろう。その売買を行った者こそ唐と新羅の海上を跨ぐ商人であり、ときに暴力行為におよんだ海賊である。

そのなかには、八一九年に新羅船に乗って日本に来たった唐の越州の周光翰と言升則や、また八二〇年に出羽に漂着した唐人と目された李少貞ら二十人もふくまれる。新羅人と唐人が同船していたことも予測される。

さて、新羅を離れて唐の山東地方に定着した人々、また売買されながらも奴婢や生口から解放された新羅人たちは、山東半島や江蘇地方の海浜地帯を中心に新羅坊と呼ばれる居留地を形成して、緩やかながらも自律の生活を送っていたことが円仁の「入唐求法巡礼行記」(3)（以下、『行記』と略す）の記録から窺われる。

こうした九世紀前期の新羅の社会変動のなかから発生した新羅人の海外移住を背景に台頭した人物が、やはり自身も海外に流出した一人であった張保皐である。

第二節　張保皐の政治活動

張保皐は、『三国史記』『三国遺事』には弓福や弓巴と書かれる。しかし、その同時代史料である杜牧の『樊川文集』巻三・「張保皐鄭年伝」（以下、『文集』と略す）には張保皐とあり、円仁の『行記』と『続日本後紀』には張宝高とある。

名前に「弓」字をもつ人物では、九世紀末に新羅の北部に自立した弓裔がいる。弓巴の「弓」は姓であるとは思えないが、また「巴」字は先の金巴のように新羅人の名の語尾に見かける表記である。

氏族的な身分制度である骨品制度の規制力が緩んだ九世紀初であっても、弓福・弓巴の名前からは、張保皐が高い身分の出身であったとは思われない。張保皐や張宝高とは唐において頭角を顕した以後の改名であろう。(4)

さて、張保皐、若き日の弓福（弓巴）が唐に渡った年齢と年月は不明であるが、『文集』には唐に活躍した頃は三十歳とあるが、やはり確かなことは不明である。おそらく渡唐は九世紀初のことではあろう。

弓福は唐に渡って、徐州（江蘇省）の武寧軍節度使の配下に入り、やがて軍中小将にのぼった。ここで、新羅の身分制度に憤り唐に渡って軍功を挙げようと、高宗の高句麗遠征に加わって戦死した薛罽頭の姿が想起されるが、弓福も薛罽頭のように渡唐を梃子として身分の上昇を願った新羅人青年であったと思われる。

張保皐は山東半島から江蘇地方にかけて、略奪された新羅人の良民が奴婢に転落して使役される事例を数多く見聞したに違いない。

八二一年、唐では節度使の兵力を削減することが始まると、やがて張保皐は唐を離れた。(5)その確かな年月も不明である。『行記』には八四五年九月二十二日の日記に、「張大使」が天長元年（八二四）に日本へ往来したと記録されている。しかし、この「張大使」とは、後述するように、張保皐が亡くなった八四一年より後の人であるから、「平盧軍節度同十将兼登州諸軍事押衙」である新羅人の「張詠」のことと見るべきであって(6)、この「張大使」を張保皐であるとみなして、張保皐が八二四年に唐を離れていたことの確かな史料とはならない。

さて、『文集』では、張保皐は新羅に帰国するや時の王に要請して清海鎮を開いた、と伝記を叙述する。しかし、唐を離れた張保皐は、武寧軍節度使の配下にいた時代に築いた唐と新羅を結ぶ人脈、とりわけ山東半島から博多津までを結んで海域を往来する通商貿易集団の人脈を活用しないはずはなかったであろう(7)。

張保皐はこれらの人脈を背景として、東アジアの動向を読んで新羅の王廷に接近した。唐における自身の経歴と新羅人が奴婢に転落した事例を新羅王に訴えたのである。この訴えがを奏功して、新羅王をして西南海上の莞島〔補1〕一帯に清海鎮を開設させ、ここを張保皐に守備させるに至るには、東アジアの国際関係の中の新羅王の位置が左右している。

新羅の国王は聖徳王が七三三年に唐の玄宗から寧海軍使の軍号を授与されて以来、この軍号を与えられて来た。この授与の背景には、渤海国がその北に在る靺鞨を懐柔する策に絡んで唐と対立したが、七三二年九月、渤海王の大武芸が軍を海路に山東半島の登州に派遣してここを攻撃させ、その刺史まで殺害した事件がある(8)。『旧唐書』渤海靺鞨伝と『新唐書』渤海伝には渤海の将軍が「海賊」を率いて登州を攻めたと、記録している。そこで、唐の朝廷は新羅の軍をして南から渤海を攻めるべく、新たに聖徳王に「寧海軍使（『新唐書』新羅伝では、寧海軍大使）」の軍号を追加して冊した。聖徳王はこの時、陸路に派兵して渤海の南境を攻めさせたが、天候と地理に恵まれず戦果なく兵を帰還させている。

こうして始まった「寧海軍使」の軍号は、聖徳王が黄海上の「海賊」を鎮め、渤海を牽制し唐が受けた登州の屈辱を避け、海上の安寧をはかるべき任務を唐の皇帝から潜在的に負わされたことを意味する。事実、この寧海軍使の冊封は聖徳王の後にも、景徳王（七四四年の冊封）、宣徳王（七八五年の冊封）、憲徳王（八一二年の冊封）、興徳王（八三一年の冊封）の代にも行われたが、景徳王二十三年（七六四）には、唐の擾乱による海賊の跳梁に備えて、新羅では海浜を警備したことがある。〔補2〕

こう見てくると、張保皐が新羅王廷から清海鎮の開設を得たことには、新羅王が数代に渡って唐の皇帝から与えられたこの軍号が意味する職責と無関係ではなかろう。

翻って考えれば、張保皐は武寧軍節度使のもとで小将であったが、唐における新羅人の奴婢への転落が、黄海の海賊による新羅人の略奪に因るものであったならば、海賊の禁止と取り締りが寧海軍使たる新羅王の職責に連なることを張保皐や前述の平盧軍節度使の薛平らは熟知していたのではなかろうか。ここに「寧海軍使新羅国王」のもとで「清海鎮大使張保皐」が登場する国際関係のメカニズムがある。

ところで、『三国史記』は張保皐による清海鎮の設置を興徳王三年（八二八）夏四月と紀年するが、これは確かな史料に基づく紀年であるのか検討を要する。

即ち、『三国史記』新羅本紀がこの年四月に懸けた「清海大使弓福、姓張氏一名保皐入唐徐州為軍中小将。後帰国謁王。以卒萬人鎮清海青海今之莞島」の記述は、『三国史記』の編纂者が杜牧の『文集』にある「新羅人張保皐鄭年者自其国来徐州為軍中小将…中略…後保皐帰新羅、謁其王曰遍中国以新羅人為奴婢、願得鎮清海新羅海路之要使賊不敢掠人西去。其王與萬人如其請。自大和後海上無鬻新羅人者」の文を下敷きとしたことは明らかであり、また、『三国史記』巻四十四・「張保皐鄭年」伝が『文集』からの全くの引用であることからもこのことは首肯される。

ここにおいて、『三国史記』新羅本紀に見る張保皐の紀年には、編纂過程で次のような整理がなされたと思われる。

即ち、八二八年に清海鎮が設置されたとは、『文集』と『新唐書』新羅伝に清海を鎮めるや、「自大和（八二七～八三五）より後」には海賊による新羅人の略奪とその売買は無くなったと叙述するが、『三国史記』の編纂者はこの「大和」の時代表記を捉えて、張保皐の清海鎮の設置を八二八年に相当する興徳王三年と紀年したのではなかろうか。この『三国史記』の紀年の手法は、後述する張保皐の死去の年の紀年にも通ずると見られる。

さて、張保皐の清海鎮の開始が八二八年であるとする紀年には、上述のような史料整理があったとしても、鎮の開始が八二〇年代の末から八三〇年代の初までのことであろうことは無理ではなかろう。

即ち、前述したように、八二〇年代の新羅の草賊の発生とその拡散、さらには良民の飢民化とその海外移住等に始まる深刻な体制の危機の中で、新羅の王廷では海賊の略奪による新羅良民の奴婢への転落の防止とその解放を唐の皇帝に要請していたからである。

さて、新羅王廷が張保皐に与えた兵数「萬人」は実数ではなく、杜牧の筆の勢いがなせる文飾であろうが、張保皐の管下には、全羅南道の莞島を中心とした多島海の海民が多く含まれ、また対岸の全羅道の陸地をもその影響下においたものと思われる。

かくて、張保皐の清海鎮大使は、「寧海軍使」たる新羅国王が東アジアの国際関係の中で期待された職責を実行するものであったが、国内的には新羅の兵制や官制から自立した存在であった。このことはやがて清海鎮が新羅王権と対立するに至る潜在的な矛盾を拡大することになる。

新羅王権に対する清海鎮のこの位置を見れば、この鎮は新羅的な「藩鎮」であると見る蒲生京子氏の示唆(9)は貴重である。新羅王権はこの海上の「藩鎮」に対抗し、且つこれを牽制する関係から、清海鎮の海域の北部に一つの鎮を開設した。八二九年に設置したと『三国史記』新羅本紀にある唐城鎮である。ここは京畿道の牙山湾に突き出た南陽半島の唐恩郡を改編した鎮である。

唐城鎮の浦は新羅人が唐に渡航する出航地であったが、ここにも兵事に重点を置いた鎮の体制を敷いたのである。この鎮には中央から官位八位の沙飡を帯びた金極正を派遣して守備させたが、これは新羅の官制と兵制に位置づけられた鎮である。

その地理的条件から、この唐城鎮は唐に通う航路を中心とした黄海の海上を統制すること[10]は勿論であるが、また新羅の対唐外交の遂行にも大きく関与すると見られるから、唐城鎮はこの二つの意味において、西南海上の清海鎮を牽制する性格を潜在的にもった鎮でもあった。

このように新羅が、その西南と西の海浜にそれぞれ鎮を置いて黄海の海上を統制することは、ここを往来する唐船と新羅船を海賊行為から守るのみならず、貿易商船の統制をも狙ったのであり、この二つの鎮は寧海軍使たる新羅王の職責を具現するものと言える。

しかし、この二つの鎮は、前述のように新羅の王権との関係では異なる性格を含んでいた。また、その統制する海域が二分されれば、両者間の矛盾が顕在化することは鈍くなろう。だが、清海鎮が西日本に連なる海域にあって、ここは唐城鎮の統制の及び難い海域であるが、一方の唐城鎮の面する黄海は唐に通う航路である。在唐経験が豊富にあり、山東半島から江蘇地方に節度使をはじめとする広い人脈を形成していたであろう張保皐の勢力圏に、この唐城鎮は割り込んでいるのである。

このように、清海鎮は政治的関係においてのみならず、経済的にも新羅王権と対立する要因を孕んでいたと思われる。[11]実際、張保皐は航行する唐船や新羅船の貿易活動を保障する代償に財貨を得たであろうが、また、自らも配下の鎮人をして山東半島の新羅人居留地の新羅坊から新羅の沿海を経て大宰府を結ぶ貿易活動を展開したことが円仁の

『行記』から知られている。[12]

この貿易活動は、新羅王権からは政治的に半ば自立した海上の「藩鎮」の経済的基盤であったが、また、後述するように、張保皐は「藩鎮」の枠をこえて外交を試みてもいるのである。

こうした性格の清海鎮は、中央の政争に破れた者が逃げ入る所ともなった。八三八年、閔哀王の王位簒奪に義憤を抱いた金陽らは、先に張保皐のもとに投入していた金祐徴とともに張保皐の兵力を頼みとして、閔哀王の廃位を図った。八三九年春、張保皐が派遣した「五千」の兵力が内陸の大丘まで至ると王軍は敗走し、窮した閔哀王は臣下に殺害され、替わって神武王（金祐徴）が即位したと、『三国史記』にはある。

この王位継承紛争における張保皐の関与は、杜牧の『文集』では「其国使至、大臣殺其王、国乱無主、保皐遂分兵五千人与（鄭）年、持年泣曰、非子不能平禍難」とある紛争に相当するが、この「五千」という兵数は前述した『文集』の「萬人」を承けた数であってやはり実数ではなかろう。

ところで、杜牧の『文集』は「王遂徴保皐為相、以年代保皐」と伝を結んで、張保皐が新羅王に功を認められて都に召され宰相となり、鄭年が張保皐に代わって清海鎮を治めたと述べるが、『三国史記』と『三国遺事』では、張保皐の宰相となったことも、鄭年が張保皐に代わって鎮を治めたことも伝えていない。

『文集』のこの特異な結びの叙述は、後述するように、張保皐のその後の活動を見れば、張保皐が上京して宰相となったとは考えられない。杜牧が得た張保皐に関する少ない情報をもとにして張保皐と鄭年の交わりを郭汾陽と李臨淮の旧交に対比して二人の伝記を叙述する文脈の上で導き出された伝記特有の結びであろう。

さて、『三国史記』には、神武王は即位した八三九年に張保皐の功に応えて感義軍使の名誉を与えたとある。王は間もなく薨去し、太子が同年八月に即位して文聖王の世となるが、この王も張保皐に鎮海将軍の号を与えたとある。

文聖王は八四五年三月、張保皐の娘を次妃に迎えようとしたが、これには王廷に慎重論が強く、「海島人」たる張保皐の娘を王室に入れてはならないという差別論が圧倒した。これに怒った張保皐は八四六年春、反乱を起こした。ところが、閻長なる人物が王廷の反逆者を装って張保皐のもとに逃げ込んできたが、張保皐は閻長の偽装を覚ることが出来ずに歓待した隙を突かれて、閻長に殺されてしまったと言う。これらのことは『三国史記』新羅本紀の記録である。

一方の『三国遺事』には、張保皐の娘の納妃問題と張保皐の暗殺は文聖王の父であり、また前王である短期の神武王（金祐徵）代のことであって、しかも、納妃のことは神武王が即位前に清海鎮の張保皐の元に逃避していた時の張保皐との約束であったと叙述しており、『三国史記』とは異なる伝である。

さらに、『三国史記』は張保皐の死亡の年を文聖王の八年（八四六）としていたが、それは『三国遺事』が神武王代（八三九年）のこととする伝とは一致しない。

しかし、張保皐の死亡年については、より確かな記録がある。即ち、『続日本後紀』巻十一の承和九年（八四二）正月乙巳（十日）の記録である。

ここには、「新羅人」の李少貞が張保皐の死去を伝え、また同じく「新羅人」の於呂系は「己等張宝高所摂島民也、宝高去年十一月中死去」と報告して、張保皐が前年の八四一年十一月に死去した、と明言している。

張保皐の死亡は八四六年とするよりも、この八四一年十一月のことであることは円仁の『行記』からも合点が得られよう。(13)

即ち、『行記』には、円仁が八四五年七月九日に漣水県において、新羅の「国難」を避けて亡命していた「清海鎮兵馬使」の崔暈に再会したことを記している。崔暈の言う新羅の「国難」とは、張保皐の死去後に激化した清海鎮と新羅王権との激しい衝突と見られる。その衝突の具体相の伝聞は『行記』には記されていないが、『三国史記』と『三国遺事』が伝える張保皐の納妃の遺恨にのみ始まったものではなかろう。前述した鎮と王権との政治と経済の、また後述する外交権に及ぶ潜在的な矛盾が顕になったからであろう。(14)

すると、『三国史記』が張保皐の娘の納妃が拒否されたことに端を発したとする反乱の年、即ち、文聖王八年（八四六）に張保皐の死去を編年した誤りは、どこに由来するのであろうか。単純な誤りと見るよりも、『新唐書』新羅伝が杜牧の『文集』を引いて、張保皐の伝を置いたその編年上の位置に注目すべきであろう。

『新唐書』新羅伝は新羅と唐との朝貢と冊封の関係をよく編年するが、このなかに張保皐の伝を挿入するに当たって、『文集』に唯一見える「自大和（八二七〜八三五）後」の年代を捉えて、新羅伝に「大和五年」、「開成初」、同「五年（八四〇）」と続いた新羅・唐関係記事の後に、そして新羅伝に「会昌（八四一〜八四六）後、朝貢不復至」と両国関係を結ぶ前に『文集』から引いた張保皐の伝を置いて、新羅伝を完結させている。

『三国史記』新羅本紀の編者は、『新唐書』新羅伝の各記事を本紀に活用するが、張保皐の伝がこの「会昌後」の前で終わっていることを拠り所として、張保皐の死亡の顛末を「会昌」の末年である同六年（八四六）に、即ち、新羅では『三国史記』の文聖王八年条に編年したのではなかろうか。

さて、張保皐は、八四一年十一月に死亡したが、『三国史記』と『三国遺事』は前述のように娘の納妃が拒否されたことの遺恨に起因するとする張保皐の反乱の中で、張保皐は刺客に殺害されたと述べるが、張保皐の死亡の年月を伝えた「新羅人」の李少貞や於呂系らが張保皐の死亡に至る詳細を伝えたかどうか、『続日本後紀』にその記録はない。ただ、李少貞は張保皐の死後、副将の李昌珍等が反乱を試みたが、武珍州の別駕であった閻丈に平定されたとも伝えていることから考えても、張保皐の死去の後はただならぬものがあったに違いない。

張保皐が八四一年十一月に死去したことと李昌珍の反乱の平定とが、翌年の正月には大宰府に伝えられたことから判断すると、その反乱は短期の内に平定されていよう。

ところで、李昌珍の反乱を平定した武珍州別駕の閻丈は、『三国史記』と『三国遺事』が共通して張保皐を暗殺した人物として伝える「武州人」の「閻長」と同じ土地の人であって、また同一人であろう。「閻丈」と「閻長」とは同音の異表記である。(15) ここに、『三国史記』新羅本紀と『三国遺事』が張保皐の生涯を修飾を駆使しつつ叙述しながらも、相通ずる情報源を基調としていることの一つの証を見ることができる。

さて、張保皐の死去とその後の反乱の平定の後、清海鎮はどのように治められたか明らかではない。ただ、『三国史記』新羅本紀には八五一年二月に清海鎮を廃止し、鎮の民を碧骨郡（全羅北道）に移したとある。ここは、早く百済の時代に開削されたとされる碧骨堤の水利をうける平野である。莞島を中心とした多島海の鎮の民をここに配置して農につけたのである。

このことは西南海の海上貿易を組織的に展開した清海鎮の発展の途を新羅王権が閉鎖したことを意味するが、さらには海上、殊に西南海に対する王権の適応能力をこれまで以上に衰退させることになった。

ただ、これより先の八四四年八月、新羅は江華島に穴口鎮を設置して官位六位の阿飡を帯びた金啓弘を鎮頭として派遣して、ここを治めさせている。かの唐城鎮のやや北に位置するこの穴口鎮は北の渤海国に備えるのみならず、張保皐の死去とその部下の反乱に続く、清海鎮の民が唐へ亡命と移住を行う事態の中で、西海の北部の管理を狙った鎮の体制の強化でもあろう。

第三節　張保皐の国際交易

張保皐は八三〇年頃から八四一年十一月の間、興徳王から文聖王に至る王権との間で政治的、経済的に緊張関係をもちながら清海鎮を強化していった。その存在を支えたのが唐、日本と新羅を結ぶ貿易活動であった(16)。

この間、八三九年七月、大宰府は風波に強い「新羅船」を建造している。八四〇年にはその六艘のうちの一艘を対馬に配置してもいる。また、遣唐使が帰国する際に乗船した新羅船の構造を調べてもいる。それらのモデルとなった新羅船とは張保皐の支配下にあった船に違いない。

円仁は八三九年六月二十八日に張保皐の下で対唐貿易に従事していた崔暈と赤山院で会っていた。また、翌年二月十七日には、円仁は崔暈の貿易船が揚州から廻航して乳山浦に停泊していることを聞き、求法の後に清海鎮を経て日本に帰国する便宜を張保皐に請う書を崔暈に託してもいた。

次いで、円仁は八四五年七月九日に漣水県の新羅坊に至ると、前述したように亡命中の崔暈に再会している。先に帰国の便宜を与えると円仁に約束したものの、崔暈が新羅の「国難」に遭遇してここに亡命中であることを円仁は知ったのである。

円仁はこの崔暈を「大唐売物使」や「清海鎮兵馬使」であると『行記』に記録している。崔暈は張保皐の死去とその副将の李昌珍の反乱に難を脱して唐に移住したのである。

さて、これより先、張保皐は八四〇年十二月に大宰府に使者を送ってきた。大宰府では「人臣とは外交せず」との中央政府の固定した外交方針に従ってこの使節を返却した。政府と大宰府がこの使者を返却した外交判断を翻って考えれば、この使者は貿易商人の次元に留まらず、張保皐が新羅の王権外交を越えて日本政府と外交を開かんとする性格を帯びていたのではなかろうか。(17)

このことは新羅王権の外交権と対立するのであって、やがて王権と張保皐の鎮とが激しく衝突するひとつの矛盾の露呈である。

時代は下るが、九二九年五月、後百済の甄萱が送った張彦澄ら二十人が対馬島に来着したが、張彦澄らは対馬島から返却させられた。甄萱は「全州王」、即ち、後百済王として新羅から独立した地方政権を樹立していたが、太政官は新羅王権を外交の相手とする固定した外交姿勢から甄萱を新羅王の臣下たる「人臣」とみなすほかなく、「人臣に私無く何ぞ境を逾ゆる好あらんや」との方針で、「全州王」の外交を拒絶したのである。(補3)

この姿勢の根底には、新羅王権をあくまで朝貢国として日本へ遣使して来るべき外交の対象とみなした律令国家の官僚の対外意識の根強いがある。

こう見てくると、張保皐の対日外交は、後百済王甄萱が貿易とともに新たに対日外交権を樹立せんとした姿勢の先例であると見られる。ただ、甄萱が「全州王」として新羅王権から自立の方向にあったことに反して、張保皐は娘の納妃の顚末に見られるように、新羅王権に参画しようとする保守的な傾向を帯びていたと言えよう。

さて、張保皐の日本遣使は、また貿易が目的であって、この円滑な進展を保障する外交関係は開けなかったが、舶載された「随身物」は民間で貿易することが許されている。

ここで注目される新事情は、前筑前国守の文室宮田麻呂が張保皐の使者に絁を与えて、「唐国貨物」の購入を依頼していたように、大宰府側にも張保皐の貿易活動に応対して貿易の利益をはかる者が現れたことである。(18)

しかし、八四一年十一月の張保皐の死去とその後の清海鎮の廃止は組織的な新羅人による西南の海上貿易が衰退し、唐人と唐船がこれに取って替わる変化を生むことになる。

第四節　新羅の海賊

張保皐が八四一年十一月に死去して、やがて、また清海鎮が廃止されたとされる八五一年二月以後、西日本には新羅人の漂着が再び頻発し、やがて海上に不安を喚ぶことになる。この不安は新羅国や新羅人に内通する者が生まれることを警戒することにもなる。

八四三年八月には対馬島の防人より正月から八月六日までの間、新羅国からは毎日鼓声が響き渡って来た、と報告された。このことは、八四一年十一月の張保皐の死去とこれに続く李昌珍の反乱とその平定、その後の清海鎮の勢力の動揺に対応する新羅の海上対策に由来するものであろう。

ついで、八六六年七月、肥前の基肄郡の大領山春永は新羅国に渡海して、兵器の技術を学んで仲間と対馬島を奪取しようとした、と誣告された。また、同年、隠岐の前国守の越智貞原は新羅人とともに反逆を謀ったと密告された。

このため、八六六年十一月には能登から大宰府に至る日本海側の海防を強化し、神仏に護国を祈願している。不安は現実化した。八六九年五月二十二日夜、新羅の海賊船の二艘が博多湾に現れた。賊船は豊前から貢納された絹綿を略奪して逃亡したから、この事件は国威を恥辱したものとして日本側に永く記憶されることになった。

この新羅海賊は大宰府の海港である博多津にまで来たって貢納物を襲い逃亡したという行為から見ると、これは漂着などではなく、前期の新羅海賊とも質を異にすると見るべきであって、後期の新羅海賊の初例である。

大宰府では大鳥が庁舎に集まるという異変にも新羅の侵攻を危惧するなど、いよいよ神仏への祈願は高まり、博多湾の警備を強くした。

翌八七〇年二月には、新羅に捕らわれたという対馬の乙屎麻呂が逃げ戻るや、新羅国では材木を切り出して大船を建造しており、また、兵士の訓練を行っていたが、それは対馬島を討ち取るためであるとの新羅人の風聞を伝えた。

これが為に、新羅への警戒心はいよいよ高まって、ついには新羅の貿易商人の潤清ら三十人は、先の豊前の絹綿を略奪した海賊の仲間であると疑われ、また大宰府管内に寄寓する新羅人も新羅の侵入が起こればこれに内通するであろうと疑われ、ともに拘束され、九月には武蔵、上総、陸奥国に配置された。また、この年十一月、大宰少弐の藤原元利万呂が新羅国王と内通しているとの報告もあった。

さらに、八七三年三月には、正体不明の二艘の船が薩摩の甑島郡に漂着した。大宰府の報告によれば、乗船する六十人の「頭首」は崔宗佐と大陳潤であったという。二人は渤海国人であり、徐州平定の祝賀の為に唐に派遣されたのだが、海難に遭って漂着したと言う。しかし、薩摩の国司は二人が「公験」を持参せず、また「年紀」を正しく書かぬことから、渤海国の使者であると言う自称に不審を抱き、渤海人を偽称する新羅人が日本の海浜を探るものと疑われた。

この船は博多湾等の北部九州の海浜が新羅の海賊を警戒していたことを避けて、貿易船の寄港地を西南九州に求めた新しいタイプの貿易船かと考えられる。円仁の『行記』は八三九年八月十三日に渤海の貿易船が山東半島の先端の青山浦に停泊していたことを記録していたが、張保皐の死去の後、黄海を舞台とする貿易活動には出身国と公私を問わない現実的な集団が形成され始めていたのである。

このように、西日本において新羅国と新羅人への警戒心が高まる中で、八五五年四月、新羅は日本に使節を派遣した。しかし、使節のもたらした執事省の牒の文書形式が日本側の不満を買い、新羅使節は帰国させられている。

八九三年五月には、新羅の海賊は肥前の松浦郡を、翌閏五月には肥後の飽田郡を襲って逃亡した。翌八九四年には新羅海賊が二・三・四・九月と頻繁に対馬島等を襲っている。この内、九月の新羅海賊は四十五艘で対馬島を襲撃したが、文室善友らが善戦して賊の三百二人を殺害し、多数の兵器を獲得した(19)。

この戦いで捕虜となった新羅人の賢春は、不作と飢饉が発生したため、国家財政を補充するために、王の命令を受けて対馬島を襲ったと告白したが〔補4〕、その規模は実に船は百艘、二千五百人であったとも言う。

これより先の八八九年、新羅では慢性的に窮乏する国家財政の補充のために賦税の取り立てを厳しくしたから、各地に反乱の起ったことが、『三国史記』新羅本紀に記録されている。新羅の王命による海賊行為であったと言う賢春の告白は、捕虜の命乞いのために発した虚言ではないように思われる(20)。

おわりに

新羅では、八九二年に西南部に甄萱が後百済の地方政権を樹立した。前述のように日本史料では「全州王」と伝えられ、対日本の外交権を樹立せんとしていた〔補5〕。

また、八九四年十月には、北部に弓裔が将軍を称して自立の運動を進めていた。所謂後三国時代の到来である。

朝鮮半島の東南部に偏在した新羅王権は、九世紀半ばに清海鎮を廃止して以来、東アジアの社会経済の発展の上に活発化する西南海上の国際貿易の利を国家財政の基盤に十分には組み入れることができなかった。身分制たる骨品制を基盤とした新羅の政治・社会体制の保守に終始する新羅王権が後三国時代の中で衰退を加速し、ついに九三五年に新興の高麗王権に降った原因の一つがここにある。

注

（1）佐伯有清「九世紀の日本と朝鮮」（『歴史学研究』二八七号、一九六四年四月。後に、同『日本古代の政治と社会』〔吉川弘文館、昭和四十五年五月〕に所収）

（2）玉井是博「唐時代の外国奴―特に新羅奴に就いて―」（『小田先生頌寿記念朝鮮論集』、一九三四年十一月）

（3）小野勝年『入唐求法巡礼行記の研究』第一〜四巻（鈴木学術財団、一九六四年三月〜六九年三月）

（4）今西龍「慈覚大師入唐求法巡礼行記を読みて」（『新羅史研究』、〔近沢書店、一九三三年六月〕後に、国書刊行会復刻〔一九七〇年九月〕）

（5）蒲生京子「新羅末期の張保皐の抬頭と反乱」（『朝鮮史研究会論文集』第十六集、一九七九年三月）、呉洙政「張保皐在唐活動의 背景」（『淑明韓国史論』二、一九九六年二月）、金文経「唐・日에 비친（映った）張保皐」（『東洋史学研究』第五十輯、東洋史学会、一九九五年四月）

（6）佐伯有清『慈覚大師伝の研究』（吉川弘文館、一九八五年五月）

（7）김주성「張保皐 세력의 흥망과 그 배경（勢力の興亡とその背景）」（『韓国上古史学報』第二十四号、韓国上古史学会、一九九七年五月）は、張保皐の集団は血縁を中心とするよりも、張保皐との個人的関係の結合であったと推察し、そのことが張保皐の死後に鎮の弱体を早めたと説く。

（8）古畑徹「唐渤紛争の展開と国際情勢」（『集刊東洋学』第五十五号、一九八六年五月）

（9）蒲生前掲論文。また、李基東「張保皐와 그의 海上王国」（社団法人・莞島文化院編『張保皐의 新研究』、〔一九八五年十月〕。後に、同『新羅社会史研究』〔一潮閣、一九九七年九月〕に所収。邦訳は近藤浩一訳で『アジア遊学』第二十六号〔勉誠出版、二〇〇一年四月〕・同第二十七号〔二〇〇一年五月〕に所収）は清海鎮を「海上王国」と捉えて、清海鎮の貿易活動と新羅王権との政治的対立を強調する。

（10）日野開三郎「羅末三国の鼎立と対大陸海上交通貿易」（『朝鮮学報』第十六・十七・十九・二十輯、一九六〇年七・十月、六一年四・七月。後に、日野開三郎東洋史学論集第九巻『東北アジア国際交流史の研究』〈上〉〔三一書房、一九八四年三月〕に所収）、배종도「新羅下代의 地方制度 개편에 대한 고찰（改編に対する考察）」（『学林』第十一輯、延世大学校史学研究会、一九八九年三月）〔補〕鄭泰憲「清海鎮과 他軍鎮 과의 비교적（との比較的）考察」（『張保皐의 新研究』〔（社）莞島文

化院」一九八五年十月）

（11）徐侖希「清海鎮大使張保皐에 관한 연구（に関する研究）」（一九九六年、西江大学校、碩士論文）は、興徳王九年（八三四）に下された器用等の生活用品を規制する教書は、張保皐の貿易に甚大な打撃を与えたと説いて注目されるが、尚論証が必要である。

（12）内藤雋輔「新羅人の海上活動について」（『大谷学報』第九巻第一号、一九二八年二月）、及び、同「唐代中国における朝鮮人の活動について」（『岡山史学』第一号、一九五五年三月。ともに後に、同『朝鮮史研究』〔一九六一年十一月、東洋史研究会〕所収）、森克己「慈覚大師と新羅人」（天台学会『慈覚大師研究』〔一九六四年四月〕後に、『続日宋貿易の研究』〔国書刊行会、一九七五年十月〕所収）、E・O・ライシャワー著・田村完誓訳『世界史上の円仁―唐代中国への旅―』（実業之日本社、一九六三年六月）、坂上早魚「九世紀の日唐交通と新羅人」（『文明のクロスロード・Museum Kyushu』二十八号、一九八八年八月）

（13）岡田正之「慈覚大師の入唐紀行に就いて」（『東洋学報』第十一巻四号、十二巻二・三号、十三巻一号、一九二一年十一月、二二年六月、九月、二三年四月）。尚、『新訂増補国史大系・續日本後紀』は張宝高死去を伝えた人名を「呂系」と読む。

（14）日野前掲論文のほか次の論文は、清海鎮と新羅王権との海上貿易の主導権をめぐる対立を推測する。李永澤「張保皐海上勢力에 관한 考察」（『韓国海洋大学論文集』十四、一九七九年三月）、生田滋「新羅の海賊」（『日本海と出雲世界』〔海と列島文化〕二、小学館、一九九一年七月）

（15）今西前掲論文や藤間生大『東アジア世界の形成』（春秋社、一九六六年六月）では、「閻丈」を「閻文」と書いているが、『続日本後紀』（新訂増補・普及版、吉川弘文館）では「閻丈」に異同の注も校訂も頭注に特には提示されていない。「閻丈」とは誤記であろう。

（16）金庠基「古代의 貿易形態와 羅末의 海上発展에 対하여」（『震檀学報』一・二、一九三四・三五年。後に、同『東方文化交流史論攷』〔乙酉文化社、一九四八年六月〕に所収）、盧徳浩「羅末新羅人의 海上貿易에 관한 研究」（『史叢』二十七輯、高大史学会、一九八三年十月）、南漢鎬「九世紀後半新羅商人의 動向」（『青藍史学』創刊号、韓国教員大学史学会、一九九七年十二月）、〔補〕임종관『장보고 해상활동의 재조명과 21세기 해양사상 고취방향（張保皐の海上活動の再照明と21世紀海上思想の鼓吹方向）』（한국해양수산개발원（韓国海洋水産開発院）、一九九八年十二月。後に、邦訳は六反田豊編

『韓国史上における海上交通・交易の研究』（韓国国際交流財団研究助成・一九九九年度韓国研究プロジェクト研究成果報告書、二〇〇〇年三月）に所収）、許逸・姜祥澤他「八世紀―九世紀韓・中간의 海上活動과 貿易에 관한 研究―張保皐의 海上活動을 中心으로―」（『韓国航海学会誌』通巻第六十八号、二〇〇〇年六月、後に、『張保皐와 황해 해상무역（と黄海海上貿易）』（国学資料院、二〇〇一年七月）として刊行）、姜祥澤「張保皐의 清海鎮進出에 관한 考察」（『釜山史学』第三十八輯、二〇〇〇年六月）参照。

(17) 金徳洙「張保皐의 海上貿易에 관한 一考察」（『韓国海運学会誌』七号、一九八四年七月）

(18) 石井正敏「九世紀の日本・唐・新羅三国間貿易について」（『歴史と地理』三九四号、山川出版社、一九八八年六月）、李成市『東アジアの王権と交易』（青木書店、一九九七年七月）

(19) 関幸彦「平安期、二つの海防問題―寛平期新羅戦と寛仁期刀伊戦の検討」（『古代文化』四十一巻十号、一九八九年十月）

(20) 徐栄教「九世紀중반 新羅朝廷의 海上勢力統制」（『慶州史学』第十三輯、一九九四年十二月）。尚、前掲注（14）の生田滋「新羅の海賊」は、後期の新羅海賊の出没を捉えて、九世紀後半の新羅を「海賊国家」と性格付けるが、これはさらなる検討を要しよう。

尚、韓国からシンポジウムの報告書をもとに、金文経・金成勲・金井昊『張保皐―해양경영사 연구（海洋経営史研究）―』（図書出版・李鎮、一九九三年三月）と孫宝基編『장보고와 청해진（張保皐と清海鎮）』（図書出版・혜안、一九九六年六月）が刊行されている。いずれも航路や遺跡と遺物に関する報告は貴重である。また、張保皐の人物論として、朴斗圭「清海鎮大使弓福論考」（『創作과 批評』一九七九年夏号）と金文経「東亜史上의 장보고와 그（の張保皐とその）海上王国의 사람들（の人々）」（『崇実大学校論文集』人文科学編、第二十三輯、一九九三年十二月）がある。張保皐を〝海上王〟や〝貿易商の覇者〟として描いた人物論である。

補注

〔補1〕『三国史記』巻三十二・雑志・祭祀の「中祀」には中祀の挙行場所二十三個所のひとつに「清海鎮〔助音島〕」を掲げている。助音島は莞島との位置関係等は不明だが、恐らく今日にも城壁・建物址等が残り清海鎮に比定される莞島に付属する将島の古名であろう。この将島の遺跡調査については、趙由典・金聖範「莞島清海鎮遺跡에 관한 一考」（金文経・金成勲・

金井昊『張保皐―해양경영사연구（海洋経営史研究）―』図書出版・李鎮〔一九九三年三月〕）。及び、前掲注（9）の李基東論文の邦訳補注参照。

〔補2〕『続日本紀』巻二十五・淳仁天皇・天平宝字八年（七六四）七月「甲寅、新羅使大奈麻金才伯等九十一人到着大宰博多津…中略…問曰比来彼国投化百姓言、本国発兵警備。是疑、日本国之来問罪也。其事虚実如何。対曰。唐国擾乱、海賊寔繁、是以徴発甲兵、防守縁辺。乃是国家之設、事既不虚」

〔補3〕『扶桑略記』第二十四・醍醐天皇・延長七年五月十七日条

〔補4〕石井正敏「寛平六年の遣唐使計画と新羅の海賊」（『アジア遊学』No.二十六、一九九九年十月）では、新羅国内の不作にも拘ず王が穀物・絹の徴発を命じたから、賢春らは苛斂誅求に堪えられずに日本を襲ったものと解釈して、王命による襲撃ではないとの理解を示して注目される。

〔補5〕張保皐を含む新羅末期の海上活動の実態とその方向性については、前掲注（10）の日野開三郎論文のほか、金庠基「羅末地方群雄의対中通交―特히 王逢規를 主로―」（『黄義敦先生古稀記念史学論叢』一九六〇年十二月）、及び、拙稿「新羅末期の海上の覇者―張保皐・王逢規・甄萱・王建の海上活動―」（前掲注〔16〕の六反田豊編『韓国史上における海上交通・交易の研究』（韓国国際交流財団研究助成・一九九九年度韓国研究プロジェクト研究成果報告書）参照。

第三部　外交の諸相

――対日本・渤海関係を中心に――

第一章　新羅人の渡日動向 ——七世紀の事例——

はじめに

新羅人は古代東アジア世界において、殊に日本に向けてはどのような交流をなしたのであろうか。国家の次元において、八世紀では「朝貢」か「隣好」かの外交形式をめぐって日本と相互に軋轢を継続していた。こうした国家間の交流は六世紀には「任那」との歴史的関係を背景として現れるが、また、「民」の次元の交流の事例も史料に記録される。これらを七世紀に限定して文献により総覧し、新羅人が海峡を往来した情景を考察し、新羅史の史料整理と新羅史復元の材料としたい。

ただ、新羅の遣日本使は「任那」を背景とするばかりでなく、高句麗や百済との対抗と連携の変動する関係をも背景として渡日したことは疑うべくもないが、背景となる新羅の主要事件は【　】内に、日本の関連事項は〔　〕内に記し、ここでは、新羅史史料の集成の目的から新羅人の渡日に限定して、その実態把握に努めたい。

ところで、八世紀の事例については鈴木靖民氏の『古代対外関係史研究』（吉川弘文館、一九八二年十二月）に収録された諸論文のほかにも、殊に、所謂「新羅征討計画」の遂行前後の国際関係をめぐって日本側に視点を置いた論考が多くあり、つづく九世紀の事例については、はやく佐伯有清氏に「九世紀の日本と朝鮮―来日新羅人の動向をめぐって―」（『歴史学研究』第二八七号、一九六四年四月。後に、同『日本古代の政治と社会』〔吉川弘文館、一九七〇年五月〕に所収）の記念的な論文がある。

本論は八、九世紀の事例に先行する七世紀の事例を総覧し、この課題に関する予測される豊富な実態にもかかわらず史料が極めて不足するが、個々の事例を個別的に論ずるのではなく、また、そのことによって新羅の対日本姿勢を論ずるものでもなく、来日新羅人の動向を使節にせよ民にせよ新羅人に視点を置いて、これを総体として把握しようとするものである。(1)

第一節　七世紀の新羅人の渡日史料

七世紀における新羅人の渡日の史料を『日本書紀』と『続日本紀』、また『三国史記』等により、次に年表として掲げ考察の材料とする。(2)『日本書紀』『続日本紀』は新羅人を客体として漢文体で叙述するが、年表では新羅人を主語に読み替えて要点を史料の表現を活かして書きだすが、○囲み数字は新羅の使者派遣記事、○は派遣後の新羅使の動向、●は新羅人の漂着と来日、◎は新羅人及び在日新羅人の動向、▲は日本の遣新羅使とその帰国記事、△は日本の対新羅策事項、◇はその他の羅日関係の事項、ゴチック体は新羅人名（再出は囲み表示）を表している。

①推古天皇九年（六〇一）九月八日新羅の間諜の**迦摩多**、対馬に至り、捕らわれ上野に流さる。△十一月五日新羅を攻めんことを議す。

△推古天皇十年（六〇二）二月来目皇子を新羅を撃つ将軍とす。四月将軍来目皇子、筑紫に到り、嶋郡に屯す。

△推古天皇十一年（六〇三）二月新羅を征つ大将軍の来目皇子、筑紫に薨す。四月当摩皇子を新羅を征つ将軍とす。七月当摩皇子、播磨に到る。妻の舎人姫王、赤石に死し、皇子は返り、遂に征討せず。
◎推古天皇十六年（六〇八）是歳、新羅人、多く化来す。
〔推古天皇十七年（六〇九）四月四日この頃、筑紫大宰設置される〕
②推古天皇十八年（六一〇）七月新羅の使人・沙喙部奈末**竹世士**、任那の使人の喙部大舎**首智買**と筑紫に至る。○九月新羅・任那の使人召さる。○九日使人ら朝庭に拝す。○十月八日新羅・任那の使人、入京す。額田部連比羅夫が新羅客を迎ふる荘馬の長となる。○九日使人ら朝庭に拝す。新羅の導者は秦造河勝と土部連菟。使人ら南門より入庭、使いの旨を奏し、禄を賜る。○十七日使人ら、饗を賜る。共食者は河内漢直生贄。○二十三日使人ら帰る。
③推古天皇十九年（六一一）八月新羅、沙喙部奈末**北叱智**を遣し、任那は習部大舎**親智周智**を遣し、朝貢す。
④推古天皇二十四年（六一六）七月新羅、再び奈末竹世士を遣し、仏像を貢る（『太子伝暦』『扶桑略記』には高さ二尺、峰岡寺〔広隆寺〕に安置とある）
⑤推古天皇二十九年（六二一）是歳、新羅、奈末**伊彌買**を遣して朝貢す。書により使旨を奏す（上表の初例）
【是年、新羅の倭典を領客典と改む（『三国史記』職官志）】
⑥推古天皇三十一年（六二三）七月新羅、奈末**智洗爾**を遣し、任那は達率**奈末智**を遣して、仏像一具、金塔及び舎利、観頂の大幡一具、小幡十二条を貢ぐ（仏像は葛野の秦寺〔広隆寺〕に、他は四天王寺に納む）。大唐学問僧の恵斉・恵光及び医恵日・福因ら智洗爾に従い帰国す。恵日は「唐国に留まる学者、皆学びて業を成しつ、喚すべし。且つ其れ大唐国は、法式備り定れる珍の国也、常に達ふべし」と言う。（◇是歳、新羅、任那を伐つ。任那、新羅に付く。△新羅を征たんとして大臣に謀るも、征たず。▲吉士磐金を新羅に遣し、吉士倉下を任那に遣し、任那の事を問う。

新羅国主（真平王）、八大夫を遣して新羅国の事を磐金に啓し、任那国の事を倉下に啓す。奈末智洗遅を遣して、吉士磐金に副へ、任那人の達率奈末遅を倉下に副へ、両国の調を貢ぐ。ここに、新羅を征討せんとする船師、新羅に至り、両国の使者、愕然として還り、堪遅大舎に代えて任那の調を貢ぐ）

▲十一月遣新羅使の磐金・倉下ら帰国し、両国の朝貢使が還り、調のみ貢上のことを報ず。（新羅が任那に擬せし船と併せて二艘の荘船で遣新羅使の船を迎えることここに始まる）

【六三一年、真平王薨じ、善徳王即位す（『旧唐書』新羅国伝、『新唐書』新羅伝。「古記」では六三二年）】

⑦舒明天皇四年（六三二）八月唐の高表仁、遣唐使の犬上三田鍬の帰国を送る。この時、新羅の送使随い、学問僧霊雲・僧旻と勝鳥養を送る。

⑧舒明天皇十年（六三八）是歳、百済・新羅・任那並に朝貢す。

⑨舒明天皇十一年（六三九）九月新羅の送使、大唐学問僧の恵隠・恵雲を送る。○十一月一日新羅客、饗と冠位一級を受く。

⑩舒明天皇十二年（六四〇）十月十一日大唐学問僧清安・学生高向玄理、新羅を経て帰国す。この時、百済と新羅の朝貢使、ともに来たりて爵一級を受く。

⑪皇極天皇元年（六四二）▲二月二十二日草壁吉士真跡を遣新羅使とす。三月六日新羅、皇極天皇の賀騰極使と舒明天皇を弔う使とを遣す。○十五日新羅の使人、罷り帰る。○八月二十六日新羅の使人、罷り帰る。○十月十五日新羅の弔使の船と賀騰極使の船、壱岐島に泊まる。【冬。新羅、伊飡**金春秋**を高句麗に遣わし、師を請う（『三国史記』新羅本紀）】

⑫大化元年（六四五）七月十日高麗・百済・新羅並に進調す（百済の調使は任那の調使を兼ね、任那の調を進調）（十二月

九日難波長柄豊碕に遷都す〕

⑬大化二年（六四六）〔正月賀正の礼畢りて、「改新の詔」を宣す（賀正礼の初見）〕二月十五日高麗・百済・任那・新羅、使を遣し調賦を貢献す。▲九月小徳の高向博士黒麻呂、新羅に使いし「質」を求む。「任那の調」を停止す。

⑭大化三年（六四七）正月十五日高麗・新羅並に遣使して調賦を貢献す。是歳、新羅、上臣・大阿飡の金春秋らを遣して、遣新羅使の高向黒麻呂・小山中の中臣押熊を送り、孔雀一隻・鸚鵡一隻を献ず（春秋は「質」となる。姿顔美く善く談笑す）

【是年、善徳王薨じ真徳王即位す（『旧唐書』新羅国伝、『新唐書』新羅伝）】

⑮大化四年（六四八）▲二月一日三韓（高麗・百済・新羅）に学問僧を遣わす。是歳、新羅、遣使して貢調す。

【閏十二月新羅、伊賛干の春秋を唐に遣し、章服を改めんことを請う（『新唐書』新羅伝）】

⑯大化五年（六四九）【正月新羅、始めて中朝の衣冠を服す（『三国史記』新羅本紀）二月金春秋、唐より帰国す（『冊府元亀』巻一〇九、宴享一）】是歳、新羅王（真徳王）、沙喙部の沙飡**金多遂**を遣して「質」とす。従者は三十七人（僧一人、侍郎二人、丞一人、達官郎一人、中客五人、才伎十人、訳語一人、雑の傔人十六人）

⑰白雉元年（六五〇）〔穴戸の国司、白雉を献ず。◎二月十五日白雉を園に放つに、隊仗に新羅の侍学士ら中庭に在り〕四月新羅、遣使して貢調す（或る本に「孝徳天皇の世に高麗・百済・新羅、年毎に遣使して貢献す」と云う）

⑱白雉二年（六五一）【正月新羅真徳王、朝元殿に御し、百官の正賀を受く。賀正の礼、此より始まる（『三国史記』新羅本紀）】六月百済・新羅、遣使して貢調す。○是歳、新羅の貢調使の**知萬**沙飡ら唐国の服を着て筑紫に泊るに、服俗を変更せしを責められ追放さる。（△巨勢大臣、新羅を伐たんとする策を奏話す）【◇是歳、新羅、倭典に令（官位は五～一位）二人を置く（『三国史記』職官志）】

⑲白雉三年（六五二）四月新羅・百済、遣使して貢調す。
⑳白雉四年（六五三）六月百済・新羅、遣使して貢調す。（△処処の大道を修治す）
㉑白雉五年（六五四）二月遣唐使（押使は大錦上の高向玄理）の二船、新羅道を取り莱州に泊る。七月二十四日百済・新羅の送使、西海使（六五三年の遣唐大使の吉士長丹ら）を筑紫に送り泊る。〔十月孝徳天皇崩ず〕▲巨勢稲持を新羅に遣し、孝徳天皇の喪を告ぐるに、翳飡の金春秋がこれを受く（㊻参照）。是歳、高麗・百済・新羅、遣使して孝徳天皇を弔祭す。
【是年、真徳王薨じ武烈王即位す（『新唐書』新羅伝。〔『旧唐書』新羅国伝は六五二年とする〕）】
㉒斉明天皇元年（六五五）是歳、高麗・百済・新羅、遣使して調を進む。新羅は及飡彌武を「質」とし、十二人を才技者とす。彌武、病死す。
㉓斉明天皇二年（六五六）是歳、高麗・百済・新羅、遣使して調を進め、後飛鳥岡本宮に饗を受く。
▲斉明天皇三年（六五七）是歳、新羅に遣使して沙門智達・間人御厩・依網椎子らの入唐の便宜を依頼するも、新羅受けず。智達ら還帰す。
◇斉明天皇四年（六五八）七月是月、沙門智通・智達、新羅船に乗り大唐国に往きて、玄奘法師に無性衆生義（法相宗）を受く。
△六六〇年【冬。百済、滅亡す】是歳、百済の為に新羅を伐たんとし駿河に船造るも、艫舳、反り返る。
【六六一年、武烈王薨じ、文武王即位す（『新唐書』新羅伝、『旧唐書』新羅国伝）】
△天智天皇二年（六六三）三月将軍上毛野稚子ら、二万七千人を率い新羅を伐つ。六月上毛野稚子ら新羅の沙鼻岐奴江の二城を取る【八月新羅、唐軍とともに白村江に百済・日本軍を敗る】

△天智天皇三年（六六四）〔是歳、対馬・壱岐・筑紫に防と烽を置き、筑紫に水城を築く〕

◎天智天皇六年（六六七）二月二十七日天智天皇の大田皇女を小市岡上陵の前に墓葬するに、高麗・百済・新羅が御路に哀奉す〔十一月この頃、筑紫都督府設置さる〕

㉔天智天皇七年（六六八）九月十二日新羅、沙喙級飡**金東厳**らを遣して進調す。○二十六日中臣内臣（藤原鎌足）、沙門法弁と秦筆を使として東厳に、新羅の上臣大角干**庾信**に宛つ船一隻を与う。○二十九日東厳、新羅王が調を輸送する船一隻を受く。○十一月一日東厳、新羅王に宛つ絹五十匹、綿五百斤、韋百枚を受く。また、東厳らも物を受く。▲五日小山下道守麻呂・吉士小鮪を新羅に遣す。○是日、金東厳ら罷り帰る。◎今歳、沙門道行、草薙剣を盗みて新羅へ逃向す【是歳。高句麗、滅亡す】

㉕天智天皇八年（六六九）九月十一日新羅、沙飡**督儒**らを遣して進調す。

▲天智天皇九年（六七〇）【八月高句麗の嗣子安勝を国西の金馬渚（全羅北道益山郡）に高句麗王と封ず（『三国史記』新羅本紀）】九月一日安曇頬垂を新羅に遣す。

㉖天智天皇十年（六七一）六月是月、新羅、遣使して進調す。別に水牛一頭、山鶏一隻を献ず〔十一月この頃、筑紫大宰府設置さる〕

㉗同年十月七日新羅、沙飡**金萬物**らを遣し進調す（是月、袈裟・金鉢・象牙・沈水香・栴檀香及び諸珍財を法興寺に奉ず。〔―金萬物らの進調の品か―〕）○十一月二十九日金萬物、新羅王に宛つ絹五十匹、絁五十匹、綿一千斤、韋百枚を受く。○十二月十七日金萬物ら罷り帰る。

㉘天武天皇元年（六七二）〔六月壬申の乱起こる。八月乱終息す〕十一月二十四日新羅の客**金押実**ら筑紫に至り、饗と禄を受く。○十二月十五日金押実ら船一隻を受く。○二十六日金押実ら罷り帰る。

㉙天武天皇二年（六七三）閏六月十五日新羅、韓阿飡**金承元**・阿飡**金祇山**・大舎**霜雪**らを遣して天武天皇の即位を賀す。また一吉飡**金薩儒**・韓奈末**金池山**らを遣して天智天皇の喪を弔う。送使の貴干**宝真毛**は金承元と金薩儒を筑紫に送る。○二十四日貴干宝ら、筑紫に饗と禄を受け国に返る。

㉚同年八月二十日新羅、韓奈末**金利益**を遣して、高麗の上部位頭大兄邯子・前部大兄碩干らの「朝貢」使を筑紫に送る。○二十五日賀騰極使金承元ら中客以上の二十七人、京に喚さる。○九月二十八日金承元ら難波に饗と物を受け、種種の楽を聴く。○十一月一日金承元、罷り帰る。○二十一日金薩儒と高句麗の邯子ら、筑紫の大郡に宴と禄を受く。

【六七四年九月高句麗王の安勝を報徳王と封ず（『三国史記』新羅本紀）】

◎天武天皇四年（六七五）正月一日新羅の仕丁、大学寮の諸学生等と、薬及び珍異物を捧進す。

㉛同年二月是月、新羅、王子**忠元**［六八三年には神文王代の宰相（『三国遺事』巻三・「霊鷲寺」）］・大監級飡**金比蘇**・大監奈末**金天沖**・第監大麻**朴武摩**・第監大舎**金洛水**らを遣し、進調す。送使の奈末**金風那**・奈末**金孝福**、王子忠元を筑紫に送る。○三月十四日金風那ら、筑紫に饗を受け帰る。【今歳、新羅、百済・高句麗滅亡後の対唐関係修復す（『三国史記』新羅本紀、『新唐書』新羅伝）】

㉜同年三月新羅、級飡**朴勤修**・大奈末**金美賀**、進調す。○四月是月、新羅の王子忠元、難波に至る。▲七月七日、小錦上大伴国麻呂を大使、小錦下三宅入石を副使として新羅に遣す。○八月二十五日忠元、礼畢わり難波より乗船して帰る。○二十八日朴勤修・金美賀ら、筑紫に宴と禄を受く。【◇倭典の卿（官位は九〜六位）を一人増す（『三国史記』職官志）】

㉝天武天皇五年（六七六）▲二月是月、大伴国麻呂ら、新羅より至る。▲十月十日大乙上物部摩呂を大使、大乙中山

背百足を小使として新羅に遣す。十一月三日新羅、沙飡**金清平**を遣して請政す。また、汲飡**金好儒**・弟監大舎**金欽吉**らを遣して進調す。その送使の奈末**被珍那**・副使奈末**好福**は金清平らを筑紫に送る。◇是月、粛慎の七人、清平に従い来日す。

㉞同年十一月二十三日新羅、大奈末**金楊原**を遣して、高麗の使人の大使後部主簿阿于・副使前部大兄徳富を筑紫に送る。

▲天武天皇六年（六七七）二月一日物部摩呂、新羅より帰国す。○三月十九日新羅の使人の金清平と客十三人、京に召さる。○四月十四日送使の珍那ら、筑紫に饗を受け帰る。●五月七日新羅人阿飡**朴刺破**・従人三口・僧三人、血鹿嶋（五島列島）に漂着す。○◎八月二十七日金清平、漂着の朴刺破らを従え帰国す。

㉟天武天皇七年（六七八）是年、新羅王（文武王）、汲飡**金消勿**・大奈末**金世世**らを遣し「当年の調」を貢せんとするに、送使の奈末**加良井山**と奈末**金紅世**は筑紫に至るも、消勿らは遭難す。

○天武天皇八年（六七九）正月五日新羅の送使の加良井山・金紅世ら京に向かう。

㊱同年二月一日新羅、奈末**甘勿那**を遣して、高麗の上部大相桓父・下部大相師需婁らを筑紫に送る。

㊲同年▲九月十六日遣新羅使、帰国す。十月十七日新羅、阿飡**金項那**・沙飡**薩蒜生**を遣して朝貢す。調物は金・銀・鉄・鼎・錦・絹・布・皮・馬・狗・騾・駱駝の十余種。別献は天皇・皇后・太子に各金・銀・刀・旗。

○天武天皇九年（六八〇）二月二十七日新羅の仕丁（六七五年正月に渡日か）八人、禄を受く。○四月二十五日新羅の使人金項那ら、筑紫に饗と禄を受く。

㊳同年五月十三日新羅、大奈末**考那**を遣して、高句麗の使人の南部大使卯問・西部大兄俊徳らを筑紫に送る。○六月五日金項那ら、国に帰る。

㊴同年十一月二十四日新羅、沙飡**金若弼**・大奈末**金原升**を遣して進調す。習言者三人、若弼に従い渡日す。

○天武天皇十年（六八一）六月五日新羅の客の若弼、筑紫に饗と禄を受く。▲七月一日小錦下の采女竹羅を大使、当摩公盾を小使として新羅国に遣る。○八月二〇日若弼、帰国す。▲九月三日遣新羅使、帰国し拝朝す。

【是年、文武王薨じ神文王即位す（『旧唐書』新羅国伝、『新唐書』新羅伝）】

㊵同年十月二十日新羅、沙喙一吉飡**金忠平**・大奈麻**金壱世**を遣して、進調す。金・銀・銅・鉄・錦・絹・鹿皮・細布の類。別貢は（天皇・皇后・太子に）金・銀・霞錦・幡・皮。○是月、新羅の使者「国王（文武王）の薨去」を告ぐ。

○十二月十日新羅の客金忠平、筑紫に遣られし小錦下の河辺子首より饗を受く。

○天武天皇十一年（六八二）正月十一日金忠平、筑紫に饗を受く。○二月十二日金忠平、帰国す。

㊶同年六月一日新羅、大那末**金釈起**を遣して、高句麗の下部助有卦婁毛切・大古昂加を筑紫に送る。

㊷天武天皇十二年（六八三）〔正月十八日小墾田儛及び高句麗・百済・新羅三国の楽を庭に奏す〕十一月十三日新羅、沙飡**金主山**・大奈末**金長志**を遣して進調す。

○天武天皇十三年（六八四）二月二十四日金主山、筑紫に饗を受く。○三月二十三日金主山、帰国す。▲四月二十日小錦下の高向麻呂を大使、小山下の都努牛甘を小使として新羅に遣す。【十一月、報徳王安勝の族子ら金馬渚に叛するも敗北す。高句麗遺民は南部に移っされ、金馬渚は金馬郡となる（『三国史記』新羅本紀）】

㊸同年十二月六日新羅、大奈末**金物儒**を遣して、大唐学生土師甥・白猪宝然及び百済役時の没大唐者の猪使子首・筑紫三宅得許を筑紫に送る。

○天武天皇十四年（六八五）三月十四日金物儒、筑紫に饗を受け、流着の新羅人七人を伴い帰国す。○四月十七日新羅使の金主山、帰国す。［六八四年三月二十三日の記事と重複］▲五月二十六日高向麻呂・都努牛飼ら、新羅より学問僧観常、霊観を従え帰国す。新羅王の献物は馬二匹・犬三頭・鸚鵡二隻・鵲二隻及び種種物。

㊹同年十一月二十七日新羅、波珍飡**金智祥**・大阿飡**金健勲**を遣して、請政、進調す。

○朱雀元年四月（六八六）正月是月、金智祥に饗する浄広肆川内王、直広参大伴安麻呂、直大肆藤原大嶋、直広肆境部鯽魚、直広肆穂積蟲麻呂を筑紫に遣す。○四月十三日新羅客（金智祥）を饗する川原寺の伎楽を筑紫に送る。

○四月十九日新羅の進調せし細馬一匹・騾一頭・犬二狗・鏤金器・金・銀・霞錦・綾羅・虎豹皮・薬物等百余種及び智祥・健勲らが別貢せし金・銀・霞錦・綾羅・金器・屏風・鞍皮・絹布・薬物等併せて六十余種、また別に皇后・皇太子・諸親王に献ずる物を筑紫より京に送る。○五月二十九日金智祥ら、筑紫に饗と禄を受け、筑紫より退く。

◎十月二日大津皇子の謀反露見し、新羅沙門**行心**ら三十余人捕わる。◎十月二十九日持統天皇の詔により、新羅沙門行心、飛驒の伽藍に徙る。◎閏十二月筑紫大宰、高麗・百済・新羅の百姓男女と僧尼の六十二人を献ず。

▲持統元年三月（六八七）正月十九日直広肆田中法麻呂と追大貳守苅田らを新羅に遣し、天武天皇の喪を赴がしむ。（出発は翌年か）◎三月二十二日投化せる新羅十四人、下毛野に田と稟とを受け生業に安んず。◎四月十日筑紫大宰、投化せる新羅の僧尼及び百姓男女二十二人を献ず。新羅人、武蔵に田と稟を受け生業に安んず。

㊺同年九月二十三日新羅、王子**金霜林**・級飡**金薩慕**・級飡**金仁述**・大舎**蘇陽信**らを遣し、国政を請政し、調賦を献ず。学問僧（留新羅学問僧）智隆、従い帰国す。霜林ら、筑紫大宰より天武天皇の崩去を知り、喪服を着し東向して三拝三哭す。○十二月十日直広参迹見、新羅を饗する勅使となる。

○持統二年（六八八）正月二十三日新羅の金霜林ら、天武天皇の崩御を奉宣せられ三哭す。○二月二日大宰、新羅の調賦の金・銀・絹・布・皮・銅・鉄等十余物と別貢の仏像・種種の彩絹・鳥・馬の十余種、及び霜林の献ずる金・銀・彩色・種々の珍異の物併せて八十余物を献ず。○十日霜林ら筑紫館［筑紫館の初出］に饗と物を受く。

○二十九日霜林ら罷り帰る。

▲持統三年（六八九）正月八日遣新羅使の田中法麻呂ら、新羅より帰国す。◎四月八日投化せる新羅人、下毛野に移居す。

㊻同年四月二十日新羅、級飡金道那らを遣して、天武天皇の喪を弔い、并せて学問僧（留新羅学問僧）明聡、観智らを送る。別に金銅阿弥陀仏・金銅観世音菩薩像（左脇侍）・大勢至菩薩像（右脇侍）の各一軀・綵帛・錦・綾を献ず。

○五月二十二日、新羅の弔使の級飡金道那ら、土師根麻呂より「六八八年の遣新羅使の田中法麻呂、新羅に天武天皇の喪を告ぐるに、勅使奉るひとは元来蘇判（三位）によるとて、今回もこれに従うとのことに、法麻呂は喪を宣さず。また、先に、巨勢稲持らを遣して孝徳天皇の喪を告ぐるに翳飡（二位）の金春秋が勅を奉ぜしに、蘇判が勅を奉ずるとは前例に違い、また、天智天皇の崩御には一吉飡金薩儒らを遣し弔を奉ぜしに、今、級飡（の金道那）を遣し弔を奉ずるも前例に違う」との詔を伝えらる。また、新羅は〝舳を並べて檝を干さず奉仕する国〟ながら、今一艘のみも故典に乖う、と咎められ、調賦と別献とを還さる。○六月二十日筑紫大宰の栗田朝臣ら、学問僧明聡・観智らが新羅の師友に送る綿一四〇斤を受く。○二十四日新羅の弔使金道那ら、筑紫の小郡に饗と物を受く。○七月一日弔使金道那ら罷り帰る。

◎持統四年（六九〇）二月十一日新羅の沙門詮吉・級飡北助知ら五十人「帰化」す。◎二十五日帰化せる新羅の韓奈末許満ら十二人、武蔵に移居す。◎八月十一日帰化の新羅人ら、下毛野に居す。

㊼同年九月二十三日新羅の送使の大奈末金高訓ら、大唐学問僧智宗・義徳・浄願と（六六一年の百済救援軍に加わり唐の捕虜となる）軍丁の筑紫上陽咩郡の大伴博麻らとを送り筑紫に至る。○十月十五日筑紫大宰の河内王らに詔して、新羅の送使の大奈麻金高訓らの饗は大奈末金物儒（六八四年十二月の渡日）の例に准ぜしむ。○十一月七日送使の

金高訓ら賞賜さる。○十二月三日送使の金高訓ら罷り帰る。

㊽持統天皇六年（六九二）〔十月十一日沙門となりて新羅に学問せし山田御形は務広肆を受く〕十一月八日新羅、級飡**朴億徳・金深薩**らを遣して、進調す。▲遣新羅使の直広肆息長老と務大肆武川内連ら、禄を受く。○十一日新羅の朴億徳、難波館に饗を受く。○十二月二十四日新羅の調物は伊勢・住江・紀伊・大倭・菟名足の五社に奉納さる。

【是年、神文王薨じ、孝昭王即位す（『旧唐書』新羅国伝）】

㊾持統天皇七年（六九三）二月三日新羅、沙飡**金江南**・韓奈麻**金陽元**らを遣して、神文王の喪を赴ぐ。◎○三十日流来の新羅人**牟自毛礼**ら三十七人を朴億徳らに付く。▲三月十六日遣新羅使の直広肆息長老、勤大貳大伴子君ら及び学問僧弁通、神叡ら絁・綿・布を受け、また、新羅王（神文王）の賻物を受く。

㊿持統天皇九年（六九五）三月二日新羅、王子**金良琳**・補命薩飡**朴強国**ら、及び韓奈麻**金周漢**・**金忠仙**らを遣して、国政を奏請し進調す。▲七月二十六日遣新羅使の直広肆小野毛野、務大貳伊吉博徳ら、物を受く。▲九月六日小野毛野ら、新羅へ発つ。

《以上、『日本書紀』より》

(51)文武天皇元年（六九七）十月二十八日新羅使一吉飡の**金弼徳**・副使奈麻**金任想**ら来朝す。○十一月十一日新羅使、陸路には務広肆坂本鹿田、進大壱大倭五百足、海路には務広肆土師大麻呂、進広参習宜諸国らにより筑紫に迎えらる。

○文武天皇二年（六九八）正月一日〔文武天皇、大極殿に朝を受く〕新羅朝貢使、百寮と拝賀す。その儀は常の如し。○三日新羅使一吉飡金弼徳ら調物を貢ぐ。○十七日新羅の貢物は諸社に供せらる。○十九日直広参土師馬手、新羅の貢物を天武天皇陵に献ず。○二月三日金弼徳ら蕃に還る。【▲三月日本国使至る。孝昭王、崇礼殿に引見す。（『三国史記』孝昭王七年）】

◎文武天皇三年（六九九）正月二十六日藤原京の林坊に住む新羅の**子牟久賣**、一産に二男二女を産み、絁五疋、綿五屯、布十端、稲五百束、乳母一人を受く。

52文武天皇四年（七〇〇）▲五月十三日直広肆佐伯麻呂を遣新羅大使、勤大肆佐味賀佐麻呂を小使となし、大少位各一人、大少史は各一人とす。▲十月十九日佐伯麻呂ら新羅より至り、孔雀と珍物を献ず。十一月八日新羅使の薩飡**金所毛**、来たりて母王の喪（孝昭王の母・神穆王后、七〇〇年六月一日に逝く〔『慶州皇福寺石塔金銅舎利函』〕）を赴ぐ。

○大宝元年（七〇一）正月一日天皇、大極殿に朝を受く。（蕃夷の使者、左右に陳列す。文物の儀、備わる）

《以上、『続日本紀』より》

第二節　渡日新羅人の性格

新羅人の渡日の事例を一団ごとに分類すれば、七世紀では間諜が一人の一例を含めて、国家の使節が五十二例、また官人と僧の渡海漂着の事例では一件（六七七年）が記録されているが、新羅人の漂着や渡日では六〇八年の「新羅人、化来」のほか、六八五年三月には「漂着新羅人七人」の新羅への帰国、六八六年閏十二月には「高麗・百済・新羅の百姓男女と僧尼六十二人」や翌年の「投化新羅人十四人」や「投化新羅僧尼及び百姓男女二十二人」が下毛野と武蔵に安着したこと、また六八九年にも「投化新羅人」を下毛野に、六九〇年には新羅僧と官人ら五十人の「帰化」と「帰化新羅人」が武蔵と下毛野に安着する記録があり、六九三年にも姓を持たない「新羅人牟自毛礼」ら「流来新羅人三十七人」を遣日本使の帰国に添え、また六九九年にも藤原京に住む無姓の「新羅子牟久賣」らのいたことから推測して、新羅の民の漂着や渡日はこれらの記録のほかにも多数あったことを考えなければならない(3)。

さて、使節の五十二例の渡海は、この百年間ではほぼ二年に一度のこととなるが、渡海の準備と渡海、滞日と帰国の時間を考慮すると、新羅は毎年の如く対日本外交を遂行したことになり、それだけに七世紀では日本側に新羅の使節を呼ぶ吸引力があったことになる。それは、七世紀では新羅を取り巻く国際関係が周知のように極めて緊張した時代であり、新羅の遣日本使が任那の遣日本使を仕立てて送り(4)（②③⑥⑧）、また高句麗遺民勢力の遣日本使を送った事例㉚㉞㊱㊳㊶(5)、に見るように、百済と高句麗に対抗する上から、七世紀では八世紀ほど新羅の遣唐使は頻繁ではないが、遣日本使はこれら遣唐使に劣らず重要な外交使節であった。

ただ、五十二回の遣日本使のなかでも、七回の使者（⑧⑫⑬⑮⑰⑲⑳）はその姓名や進物などの付随する記録はなく、「高句麗・百済・新羅、並びに朝貢す」等とあるのみであり、これらは定型的に編纂された記事かと疑う余地もある。これらを差し引いても四十五回の遣日本使はこの間に日本からの遣新羅使が十六回であり、八世紀では新羅の遣日本使の派遣が二十回、そして日本の遣新羅使を十六回迎えることを考慮する、やはりこの七世紀における新羅の遣日本使の外交の比重は大きいと言える。

この遣日本使の使命は隋・唐と高句麗をはじめ百済との相互に変転する国際関係のなかで派遣されたが、その基本は日本側からは「進調」の外交とみなされた「進調使」あるいは「貢調使」、「朝貢使」であって、この派遣例が最も多い。②では「朝貢」の記事は見えないが③と同じく朝貢使であり、④⑥も同様である。⑤⑧⑩には「朝貢」と記録されているが、また⑫㉒㉓㉔㉕㉖㉗㉛㉜㉝（㉝は請政使を兼ねる）、㉟㊲（㊲は「朝貢」・「調物」と記録する）、㊵㊾（㊾は告哀使を兼ねる）、㊷㊹（㊹は請政使を兼ねる）、㊽㊿（㊿は奏請使を兼ねる）、51（「朝貢使」・「調物」と記録する）は「進調」と記録され、同意として⑬⑭㊺（㊺は請政使と送使を兼ねる）には「調賦」、⑮⑰⑱⑲⑳には「貢調」とあり、いずれも貢調使の範疇であり、これらを集計すると三十四例である。

この「貢調使」よりも厳しい政治関係のなかで渡海した使節に「入質」がある。これには⑭（送遣新羅使を兼ねる）、⑯、㉒の三例がある。

ところで、遣日本使の使命では新羅国内の王の薨去やその喪を告げる告哀使・告喪使は、六八一年に文武王の薨去㊵を、六九三年には神文王の喪㊾や七〇〇年には孝昭王の王母（神穆王后）の喪㊾を告げた三例がある。この告哀と告喪の遣日本使は、六五四年に巨勢稲持が新羅に孝徳天皇の、また、六八八年に田中法麻呂が天武天皇の喪を告げた日本からの告喪使の礼に対応する。

さらに、六四二年に皇極天皇の即位を祝賀する賀騰極使と舒明天皇を弔う弔使とを同行派遣し⑪、六五四年には孝徳天皇の弔使㉑を、六七三年には天武天皇の賀騰極使と天智天皇の弔使とをやはり並んで派遣し㉙、また六八九年にも天武天皇の弔使を派遣した㊻が、この二度の賀騰極使と四度の弔使（二度は賀騰極使と同行）に比して、日本から新羅国王の喪を弔する使節は六九三年に神文王を弔う息長老を派遣した一例だけである。

こうした告喪使と弔使の派遣と応接には外交礼の問題が潜んでいた。即ち、六八九年に顕在化したように、前年に田中法麻呂は新羅に天武天皇の喪を告げたが、それを承けて日本に派遣した弔使は級飡の金道那であったが、この時、金道那は日本側から外交形式を責められた。即ち、前年の田中法麻呂による天武天皇の喪の通知に、新羅側では官位三位の蘇判が応対したが、これより先に六五四年に孝徳天皇の喪を告げた巨勢稲持には官位二位の翳飡の金春秋が応対していた先例と、さらには六七三年には天智天皇を弔う使命で日本へ派遣された使節は官位七位の一吉飡の金薩儒であった先例㉙を指摘され、今回の弔使の金道那が官位九位の級飡であることは先立つ告喪使の田中法麻呂への応接官の例と同じく先例に照らして官位の低下であると責められたのである。

さて、この告喪使の外交は、新羅国内の動向を形式的にせよ告げてその対策を求めた四度の「請（奏）政」の外交

（六七六年、六八五年、六八七年、六九五年）に通じて、新羅王廷の事情を告げた外交とみることができる。

ところで、日本に派遣した使節の性格には、これらの各種の使節を送る送使がある。まず、六七三年の賀騰極使の金承元と弔使の金薩儒を送った貴干宝ら㉙、また六七五年に進調使の王子忠元を送った金風那ら㉛、六七六年の請政使と進調使を送った被珍那ら㉝、また同じく送進調使は六七八年の加良井山ら㉟の四例である。

また、新羅を経由する唐使を日本へ送る送唐使では、六三二年に日本の遣唐使の犬上三田鍬と大唐学問僧の霊雲らの帰国を送る唐の高表仁らをともに送った一例⑦がある。このほか、六五四年には日本の遣唐使の吉士長丹らを筑紫に送っている㉑。また、大唐学問僧や学生の日本への帰国を送った例では、六二三年に智洗爾が帰国する僧の恵斉や医師の恵日を伴った例⑥、また、六三九年には恵隠らの帰国を送り⑨、六四〇年には僧の清安や学生の高向玄理らを朝貢使が日本へ送っており⑩、六八四年と六九〇年には大唐学生とともに白村江の敗戦時に唐に没入した軍丁をも新羅は日本へ送っている㊸㊼。

また、日本の遣新羅使の帰国を送る送使の例では、六四七年に「入質」する金春秋が高向黒麻呂ら⑭を、また、留新羅学問僧の帰国を送る送使では、六八七年の請政兼進調使が智隆らを伴い㊺、また、六八九年に弔天武天皇使が明聡らを伴った例㊻がある。(6)

一方、新羅西部（益山地方）に安置された高句麗遺民勢力を背景として高句麗の朝貢使を仕立てて日本へ送った例（六七三年㉚）やその使者を送った例（六七六年㉞、六八〇年㊳）、また高句麗人を送った例（六七九年㊱、六八二年㊶）は、任那使と並んで朝貢した遣日本使の外交と同様に、新羅が滅亡した任那や高句麗の対日本外交を代行して遣使することであり、この外交はあるいはそれらの残存勢力の使者を伴うことによって、朝鮮半島において新羅が〝付庸国〟の上に立つ高いレベルの王権であることを表現する外交手法である。この各様の送使の外交は八世紀では七五二年に

「王子金泰廉」と貢朝使を派遣した際の送王子使の金弼言の事例と、七七九年に唐客の高鶴林を送って貢調した金蘭孫のほかに記録を見ないが、この使者等の派遣に替わって、唐の情報と在唐日本人の書を送る外交が現われることになる。(7)

第三節　姓氏と官位

七世紀に玄界灘を渡海した五十二例の新羅の遣日本使は、「貢調使」「入質使」「請政使」「告哀（喪）使」「賀騰極使」「弔使」「送使」の使命を単独にあるいは兼ねていたが、それぞれの構成は大使と副使以下の人数などの記録は詳細ではない。六四九年に日本へ「質」として派遣された金多遂には従者三十七人がいたが、その内の訳語一人は主として金多遂の通訳であったであろうが、僧一人と才伎十人は日本に留まったに違いない。日本仏教界に活躍する新羅僧が渡日する一事例である。また才伎十人は各種の技能者であるが、六五五年にも十二人が才伎となってやはり「質」の彌武に従って渡海している。

さて、遣日本使の身分や官位を統計すれば、属性としての六部では、沙喙部の大使では六一〇年の竹世士、六一一年の北叱智、六六八年の金東厳、六八一年の金忠平の四人の貢調使と、六四九年に「入質」した金多遂の計五人が記録される。また、喙部では任那の貢調使を代行した首智買（六一〇年）の一人、習部では同じく任那の貢調使を代行した親智習智（六一一年）の一人（或は、これは二人か）がおり、六部の内のこの三部の使者が記録される。

使者の身分では、まず王子の例は「王子忠元」（六七五年）、「王子金霜林」（六八七年）、「王子金良琳」（六九五年）がおり、この三人は文武王・神文王・孝昭王の三代の王子である。この三人が果たして新羅の王廷における「王子」であったか、八世紀に見られる渡日の期間に限定された「仮王子[8]」であったと見る余地もある。王子に次ぐ高位の使節には宰相たる「上臣」の金春秋（六四七年）が「入質」の渡日を行った例があり、その官位は五位の大阿飡であった。

ところで、大使の官位は前述の各様の使命の軽重に密接に関連して、使節の性格に相応することが次のことから見られるが、その相関性が日本と新羅の各々の立場から齟齬すると判断された場合に、前述の告喪と弔祭の使節の例㊻に見たように外交摩擦が生まれることになる。

まず、貢調使の官位では記録のある大使に限定するが、十一位の奈麻は②③④⑤⑥の五例、九位の級飡は㉜㉝㉟㊽の四例、八位の沙飡は㉔㉕㉗㊴㊷の五例、七位の一吉飡は㊵(51)の二例、六位の阿飡は㊲の一例である。このなかで、十一位の低い官位の貢調使は七世紀の四半世紀以降現れないが、これは新羅の外交機関の倭典を領客典に改編した外交制度の整備の反映であろうと予測される。[9]

入質使の官位は、五位の大阿飡の金春秋⑭、八位の沙飡の金多遂⑯、九位の級飡の彌武㉒の三例である。このなかで金春秋は一年余りで帰国しており、金春秋を〝質となす〟とは前年に新羅に質の派遣を求めた日本側の判断であって、その実は複雑な新羅の国際環境から派遣された外交使であった。[10]

請政使は八位の沙飡㉝、四位の波珍飡㊹と王子の金霜林㊺とやはり王子の金良琳㊿の四例があり、官位と地位は高い使者であり、この請政外交の背景は個別にも考察するに値する。[11] また、二回の賀騰極使の官位では五位の大（＝韓）阿飡の金承元㉙の一例のみ記録に残り、その官位は高い。

次に、両国間で官位の齟齬を引き起こした弔使や告喪使では、六七三年の天智天皇の弔使㉙が七位の金薩儒であり、また、六八一年の文武王の喪を告げた告喪使㊵も七位の金忠平であったが、六八九年の天武天皇を弔う使は九位の金道那㊻であって、官位は金薩儒より二位下がり、六九三年に神文王の喪を告げた金江南㊾も先例の金忠平の七位からひとつ下がって八位の沙飡である。この告喪使が八位となったことは七〇〇年に母王の喪を告げた金所毛の派遣㊿にも現れており、弔使・告喪使の官位は遣日本使のなかでは低くはないとは言え、使者の官位の低下は先例に違うことであって、そのことは外交摩擦を惹起する。この背景には新羅における告哀と弔祭にかかわる礼制の整備がその間に生まれたものと予測される。(12)

また、送使の官位では、「任那使」を伴った貢調使である②③⑥が十一位の奈麻であり、「高句麗使」や高句麗人を送った使者の官位では十位の大(韓)奈麻が㉚㉞㊳㊶の四例、十一位の奈麻は㊱の一例であって、送任那使使より一位高いと言えるが、このことは実体の既になくなった任那と遺民勢力であるとは言え高句麗の使者を代替する使節の送使であることとの位置づけの差に起因するとも考えられるが、送「任那」使が七世紀初の派遣であり、送「高句麗」使が七世紀の後半であること、即ち、前述の倭典の改編に象徴される外交礼の整備と関係するか、と考えられる。

賀騰極使と弔使を送る送使では、外位の四位である貴干の一例㉙が見えることは特異であり注目される。その大使が韓阿飡、副使が阿飡と高い官位をもち、また一吉飡の弔使をも送っていたから、船団や方物の支度に係わった者が外位の貴干を帯びた宝真毛であったかも知れない。

次に、送貢調使使では王子忠元を送った金風那㉛が十一位の奈麻と低く、級飡の貢調使を送った奈末の被珍那㉝は請政使をも送ったが、また、同じく貢調使を送った加良井山と金紅世㉟も奈末であった。また、大唐学問僧らの唐からの帰国を送る送使の官位も⑥では十一位の奈麻、また十位の大奈麻では㊸㊼の二例がある。このように、使命の重要度に従って大使副使には官位の高い使者が充てられるが、送使は七世紀を通して十位の大奈麻か十一位の奈麻であった。

最後に、渡日した新羅人の姓氏を大使に限定せず集計すれば、姓と名とが記録されたのは六四七年の金春秋が最初であるが、大使では金氏が二十五人、朴氏が二人、甘氏が一人である。また、副使以下では金氏が二十五人、朴氏が三人、蘇氏が二人、被氏が一人、無姓は十五人である。

第四節　渡海と離日とその間隔

新羅の使者は対馬を経て筑紫に至り、大使はやがて上京するが、送使は大使の上京を見送った後には、筑紫で禄や宴を受けるなどの儀礼を終えて新羅に帰国する。(13)

遣日本使の筑紫到着の月をみれば、七世紀では正月は一回、以下二月四回、三月三回、四月三回、五月一回、六月四回、閏六月一回、七月五回、八月三回、九月六回、十月五回、十一月七回、十二月一回の集計となる。十一月が七回と多いが、年間を通して渡日している。元日朝賀の礼は大化二年（六四六）に初見記事があるが、新羅では真徳王五年（六五一）正月に始まったとされる。(14)だが、遣日本貢調使がこの礼を意識して渡日した形跡は筑紫到着から離日の間に窺うことは出来ない。㉔では十一月に帰国するが、そこには賀正の礼を踏む意図は見えない。

また、㉗の金萬物は十二月十七日に帰国するが、それは十二月三日に天智天皇が崩去したから翌春の賀正の礼は挙行されないからでもあった。㊺の金霜林は九月に渡日するが、筑紫で天武天皇の崩去を知らされ、翌年正月にも筑紫に留まっており、筑紫館にて饗と物を受けて二月に帰国している。また、㊵の金忠平は十月に渡日したが、入京はせず翌年正月に筑紫において饗をうけて帰国している。同様の例は㊷の金主山も十一月に渡日し、翌年二月に筑紫で饗を受けて三月に帰国する。㊲の金項那も十月に渡日したが、入京や正月の節会等の儀に参席したとの記事もなく、翌年四月に筑紫で禄と饗を受けて六月に帰国している。㊽の朴億徳は十一月八日の渡日につづいて十一月十一日には難波館に饗と禄を受けており、十二月二十四日にはその「調」は五社に奉納されているが、その後の動向は記録に見えない。翌春の賀正の礼の挙行も記録にみえない。㊹の金智祥は六八五年十一月に渡日し、翌年五月に帰国している。この間、筑紫に居り続けたのは天武天皇の病いの為である。㊿の金弼徳に至って、六九七年十月に渡日して、翌年に元日朝賀の儀に参列拝賀するが、52の金所毛も七〇〇年十一月に渡日し、翌春の朝賀の儀に参列する。この儀を『続日本紀』は「蕃夷使者、陳列左右、文物之儀、於是備矣」と評するのである。

このように、賀正の儀は大化二年に初見するが、七世紀では新羅の遣日本使はこの儀に参席しようと意識して渡日しておらず、九・十・十一月に渡日しても年内に帰国するか、春まで筑紫に留まって離日している。賀正の儀への参列の外交はつづく八世紀の初期に三度行われるだけであり、八世紀の渤海の遣日本使が盛んに参列した外交とは対照的である。

さて、遣日本使の離日は記録の限りでは、正月〇回、二月三回、三月二回、四月一回、五月一回、六月一回、七月二回、八月三回、九月と十月は〇回、十一月二回、十二月二回となるが、遣日本使一行の渡日から離日までの期間では、離日の月日が必ずしも記録されてはいない。

また使命の軽重の差にも由るが、遣日本使の滞日期間は、六四二年三月六日に渡日して皇極天皇の即位を祝賀し、また舒明天皇を弔祭した使節⑪は八月二十六日に離日し、十月十五日に壱岐島に停泊したから、その間は七ヵ月余と長く、同じく六七三年閏六月十五日に渡日して天武天皇の即位を祝賀した金承元㉙は、十一月一日に離日したから四ヵ月半、また同じく渡日して天智天皇を弔祭した金薩儒㉙は、十一月二十一日を過ぎて離日したから五ヵ月余の滞在である。また、六七五年二月に渡日した王子の金忠元㉛㉜は、八月二十五日に難波から離日したから六ヵ月余の滞日であり、六七六年十一月三日に渡日した請政使の金清平㉝は、翌年八月二十七日に離日したから九ヵ月余であり、七世紀においては最長の滞日であった。

一方、短い遣日本使では、六七一年十月七日に渡日した金萬物㉗は十二月十七日に離日したから二ヵ月余の滞日であり、壬申の乱（六七二）後の金押実㉘は一ヵ月余である。この金押実がはたして正使であったかは疑わしいところではあるが、短期の滞日で帰国する使節の例には送使が顕著である。六七三年の送使の貴干宝㉙は九日の筑紫滞在であり、六七五年の送使の金風那㉛は一ヵ月程であり、六八〇年の「高句麗使」を送った考那㊳は一ヵ月にも満たない。また、六八四年の金物儒㊸は三ヵ月余である。六九〇年の送使の金高訓㊼は二ヵ月余であったように、使命の軽重により滞日期間には長短があったと認められる。

第五節　進献物

遣日本使が日本の王廷に進献した物品にはまず仏教文物がある。「仏像」（六一六年、六八八年）、「仏像一具、金塔及び舎利、観頂幡一具、小幡十二条」（六二三年）、「金銅阿弥陀仏・金堂観世音菩薩像（左脇侍）・大勢至菩薩像（右脇侍）の各一軀」（六八九年）である。仏具とともに入唐学問僧（六二三、六三二、六三九、六四〇、六九〇の各年）と入新羅学問僧（六八五〈遣新羅使とともに帰国〉、六八七、六八九の各年）を日本に送っており、このほかに六四九年、六七七年、六八六年、六八七年、六九〇年には新羅人僧が渡日している。仏教は七世紀の新羅と日本において信仰の興隆期にあり、普遍的な信仰となってきていたが、交流のなかでも六八八年には新羅が天武天皇の喪を告げられると、翌年には弔使が仏像三体と綵帛等の儀礼具を献じたことは注目すべきである。薨去の天皇を弔祭し慰霊する儀器として新羅の仏教文物が日本へ渡海した実情の一例と見られる。

また、六八〇年には習言者も渡日しているが、こうした人物とともに金銀等の宝物や禽獣が日本の王廷に進献された。鳥類では「孔雀一隻・鸚鵡一隻」（六四七年）と「水牛一頭、山鶏一隻」（六七一年）や「鳥」（六八八年）の献上が記録に残るが、鸚鵡は林邑などの東南アジアから唐に献上されたが、六三一年には唐の太宗は林邑から献上された五色の鸚鵡が「苦寒」を言い、帰郷を願うと判断して、林邑の使者とともに帰国させたこともあった[15]。

「調物」が個別によく記録されたのは、六七九年に官位六位の阿飡をもつ金項那㊲が「金・銀・鉄・鼎・綿・絹・布・皮・馬・狗・騾・駱駝」の十余種と別献の品として天皇・皇后・太子に「金・銀・刀・旗」を、また六八一年には官位は遣日本使としては決して低くない七位の一吉飡の金忠平㊵が「金・銀・銅・鉄・綿・絹・鹿皮・細布」の類と天皇・皇后・太子にも別貢として「金・銀・霞錦・幡・皮」を進献している。六八五年には遣新羅使の高向麻呂が新羅の神文王から「馬二匹・犬三頭・鸚鵡二隻・鵲二隻及び種種物」を得て帰国し、翌六八六年には遣日本使としては高い四位の波珍飡を持つ金智祥が「細馬一匹・騾一頭・犬二狗・鏤金器・金・銀・霞錦・綾羅・虎豹皮・薬物等百余種」の「調物」を献上し、また皇后・皇太子・諸親王への別貢と、「調物」とは別に金智祥らが「金・銀・霞錦・綾羅・金器・屏風・鞍皮・絹布・薬物等併せて六十余種」を、また六八八年にも遣日本使としては破格の王子金霜林らは「金・銀・絹・布・皮・銅・鉄等十余物」と別貢の「仏像・種々の彩絹・鳥・馬の十余種」を、また、金霜林は「金・銀・彩色・種々の珍異の物併せて八十余物」を進献している[16]。

この特異な進献の事例が記録に残ったが、そこからは高位の遣日本使がやはり豊富な進献物をもたらしており、また、弔使のように使命が特異であればその使命に副う品々を進献したことが知られる。

新羅が唐に進献した品々が、殊に七世紀では個別には記録に残ることが乏しいだけに、日本へ送った品々から新羅の文化と経済の質とその高さを窺うことができる。そこにこれらを朝貢国の貢納とみるのは記録する側の視点からであるが、新羅は礼節をもって、例えば、弔祭にはその儀礼にふさわしく仏具を贈っており、珍鳥を贈ったのも天皇の長寿を祈り、または国家の安泰を祈る姿勢からではなかったかと予測される。(17)

さて、新羅の進献に対して遣日本使が日本側から給付された品は、新羅王宛に船一隻（六六八、六七二年）、「絹五十四、綿五百斤、韋百枚」（六六八年）と「絹五十四、絁五十四、綿一千斤、韋百枚」（六七一年）であり、また漂着した新羅人を遣日本使が引き受けて離日した（六七七、六八五、六九三年）ことが注目される。

おわりに――移住・定着と賜姓――

新羅からは遣日本使のほかに新羅人が日本へ渡海し、また漂着した事例（六〇八、六七七、六八六、六八七、六八九年）が記録に僅かに残っている。この記録の外にも多数の新羅人が渡海と漂着につづいて東国に移住したであろう。日本の中央政府に把握された渡日と漂着が記録に残ったのであるが、そうした新羅人は東国に農耕定住する（六八七、六八九、六九〇年）が、八世紀に見られる渡日新羅人への賜姓の事例はまだ現れない。先に検討したように、七世紀では遣日本使が朝賀の儀への参加を意図しては渡日していなかったが、新羅人の渡海定住者に対する賜姓の事例は、新羅の使者を「蕃夷」と位置づけて元日朝賀の儀に参列させる礼の施行からは後れて顕著となる。七〜八世紀にかかるこうした渡日新羅人に対する日本の対応の変化は、大宝律令の制定に現れる律令体制の一定の完成と平行していると考えられる。

注

（1）七世紀の新羅の対日本外交を通観したものに、新日本古典文学大系十二『続日本紀一』補注・四十一「神亀年間までの対新羅外交」（岩波書店、一九八九年三月）、山尾幸久『古代の日朝関係』第二章・ヤマト国家の展開と東アジア（塙書房、一九八九年四月）、田村圓澄『大宰府探求』（吉川弘文館、一九九〇年一月）、鈴木英夫『古代の倭国と朝鮮諸国』第十一章・七世紀中葉における新羅の対倭外交（青木書店、一九九六年二月）等がある。

（2）七世紀の新羅の対日本関係を展望する年表には次がある。

・「那津・博多大陸交流史関係年表」（『ふるさとの自然と歴史』第二二二号、社団法人・歴史と自然をまもる会、一九九〇年十月）

・黛弘道『年表日本歴史』第一巻原始▼飛鳥・奈良（筑摩書房、一九八〇年五月）

・田島公「日本、中国・朝鮮対外交流史年表」（『貿易陶磁―奈良・平安の中国陶磁―』橿原考古学研究所付属博物館、一九九三年六月）

・『対外関係史総合年表』（吉川弘文館、一九九九年九月）

（3）水城寅雄「内地に於ける新羅帰化族の分布」（『朝鮮』第二五六号）、また、佐伯有清『新撰姓氏録の研究』考證篇第五・六（吉川弘文館、一九八三年五・八月）参照。

（4）末松保和『任那興亡史』（第八章・任那問題の結末）（一九四九年二月、吉川弘文館。後に、末松保和朝鮮史著作集4『古代の日本と朝鮮』（一九九六年七月、吉川弘文館）所収）また、金鉉球『大和政権の対外関係研究』（第三章・任那滅亡後における『日本書紀』任那関係記事に関する検討）（吉川弘文館、一九八五年四月）は『日本書紀』編纂の作為を強調するが、新羅が新羅人からなる任那使を立てたとする点では理解を同じくする。

（5）鈴木靖民「百済救援の役後の百済および高句麗の使について」（『日本歴史』第二四一号、一九六八年六月）、土橋誠「日本と報徳国との交渉について―高句麗人の渡来時期をめぐって―」（『史想』第一九号、一九八一年三月）

（6）田村圓澄「新羅送使考」（『朝鮮学報』第九〇輯、一九七九年一月）

（7）本書第三部第三章「対日本外交の終幕―日唐間の情報と人物の中継をめぐって」参照。

（8）本書第三部第二章「中・下代の内政と対日本外交―外交形式と交易をめぐって―」参照。

（9）本書第一部第四章「聖徳王代の政治と外交―通文博士と倭典をめぐって―」及び、李成市『古代東アジアの民族と国家』〔第十二章・正倉院所蔵新羅氈貼布記の研究―新羅・日本間交易の性格をめぐって―〕（岩波書店、一九九八年三月）参照。

（10）石母田正『日本の古代国家』〔第一章・第三節・二つの方式　大化改新〕（岩波書店、一九七一年一月。後に、石母田正著作集第三巻『日本の古代国家』〔岩波書店、一九八九年二月〕に所収）〔補〕渡辺康一「新羅王族金承元・忠元の来朝記事―天武持統朝の新羅王族来朝の意義―」（『龍谷史壇』第一〇六号、一九九六年三月）は、「質」や新羅王族の渡日を新羅の対外（唐）関係の緊迫度の強弱に由ると推定する。

（11）鈴木靖民「七世紀末における日羅関係の一斑―新羅使の〝請政〟について―」（『朝鮮史研究会会報』第一〇号、一九六六年三月）は「この請政は、新羅が日本の朝廷に過去のある期間の政治を報告し、さらに将来の政治の指針をきくもの」と理解する。〔補〕古畑徹「七世紀末から八世紀初にかけての新羅・唐関係―新羅外交史の一試論―」（『朝鮮学報』第百七輯、一九八三年四月）は、この「請政使」は「対日交渉の特使のようなものではなかろうか」と推論している。また、『続日本紀一』（新日本古典文学大系十二、岩波書店、一九八九年三月）の補注「巻第一―四一」の「神亀年間までの対新羅外交」では、「〝請〟政〟は本国の政治を日本天皇に報告することをいう」と理解している。

（12）宗廟が五廟の礼として定立したことに代表されるように、礼制の整備が大いに関係すると予測される。（本書第一部第一章「神宮と百座講会と宗廟」）また、新川登亀男氏は、宗廟制の定立の前提事情に「太子」制の定立を説く（同「新羅における立太子―新羅の調と別献物（二）―」〔黛弘道編『古代国家の歴史と伝承』吉川弘文館、一九九二年十月〕）参照。

（13）新羅の七世紀の外交儀礼、殊に対日本のそれは史料不足ながらも解明されるべき課題であるが、翻って八世紀の日本の対新羅を中心とした外交儀礼の解明には次の論考がある。田島公「日本の律令国家の〝賓礼〟―外交儀礼より見た天皇と太政官―」（『史林』第六十八巻第三号、一九八五年五月）、田島公「外交と儀礼」〔元日朝賀への参列〕（『古代の日本（まつりごとの展開）』七、中央公論社、一九八六年十二月）、鍋田一「六～八世紀の客館―儀式の周辺―」（牧健二郎博士米寿記念『日本法制史論集』思文閣出版、一九八〇年十一月）。尚、鍋田一「六・七世紀の賓礼に関する覚書―『日本書紀』の記載について―」（『律令制の諸問題』汲古書院、一九八四年五月）にも見られるように、律令制以前の賓礼も一段と解明されてよい。

（14）『三国史記』巻五・新羅本紀「（真徳王）五年春正月朔、王御朝元殿、受百官正賀、賀正之礼始於此」

(15)『旧唐書』新羅国伝、『新唐書』新羅伝、『冊府元亀』巻一六八・陀貢献、『資治通鑑』巻一九三（貞観五年）

(16) 新川登亀男「日羅間の調（物産）の意味」（『日本歴史』第四八一号、一九八八年六月）、同「新羅進調の思想像―〝諸珍財〟飛鳥大仏献納―」（『日本史研究』第三三三号、一九九〇年五月）、同「新羅の調と別献物（一）―天武八年のいわゆる進調によせて―」（『早稲田大学大学院文学研究科紀要（哲学・史学編）』第三十五輯、一九九〇年一月）参照。

(17) 新羅は七三二年に、新羅に生える「芝草」を描いた絵を唐に献じたことがあるが（『唐会要』巻九十五、新羅）、この「芝草」は「王者慈仁則生。食之令人度世」（『宋書』巻二十九・符瑞志・下）とあり、また『延喜式』巻二十一、治部省、「祥瑞」では「芝草」は「形似珊瑚。枝葉連結。或丹或紫。或黒或金色。或随四時変色。一云一年三華。食之令眉寿（長命のこと）」とある瑞草である。〔補〕新羅の下代初期（八世紀末～九世紀初）の瑞祥の出現については本書第二部第三章「下代初期における王権の確立過程とその性格」の「おわりに―賑恤と瑞祥―」と〔補3〕参照。

第二章　中代・下代の内政と対日本外交
——外交形式と交易をめぐって——

はじめに

新羅史研究の基本史料である『三国史記』「新羅本紀」の末尾には、新羅・高麗の王朝交替期の史論として「国人、始祖より此に至って分って三代となす。初めより真徳に至る二十八王これを上代と謂う。武烈より恵恭に至る八王これを中代と謂う。宣徳より敬順に至る二十王これを下代と謂う」とする、所謂、新羅史の三代区分法を載せている。この区分法は、故・末松保和氏が詳細に説かれたように、新羅王室の婚姻法の転換にもとづく王統の変化に則したものであって、また一方では、新羅の政治・社会の展開に則して理解してもよい区分法である(1)。

即ち、第二十九代の太宗武烈王（六五四年即位）から第三十六代の恵恭王（七八〇年薨去）に至る中代は、漸く新羅が百済と高句麗を併合し、次いで唐の制度・文物を学び大いに発展した時代に当る。続く第三十七代の宣徳王から末王の第五十六代の敬順王（九三五年に高麗に降る）に至る下代は、王都の金城（今の慶州市）では王族内部で王位継承の争いが屢々起り、地方においては新興勢力が台頭して新羅の支配体制が急速に崩れてゆく時代である。

本論ではこの中代から下代に至る、換言すれば、新羅の国家的な発展から衰退へ向かう時代の新羅の対日本外交の実態とその形式を内政との関連において理解し、あわせて従来説かれてきた両国間係史の一、二の問題点を検討するものである。

第一節　中代後半期の対日本外交

中代の後半期、即ち、八世紀の新羅と日本との外交形式については、既に数多く説かれてきたように、新羅が日本との外交の場において、朝貢の形式を改め対等な外交形式、即ち、亢礼の形式を採ったが為に、朝貢形式に固執する日本との間で、屢々摩擦を生んだことが注目される。

八世紀とは言っても、その四半紀までは、両国関係に外交形式をめぐる何らかの摩擦を生じた節は史料にはみえない。『続日本紀』によれば、新羅の遣日本使、即ち、新羅使は日本側ではこれを朝貢使とか貢調使とかとみなしているが、これに対する新羅使の反応を史料にみることはない。

さらに慶雲三年（七〇六）の遣新羅使の美努連浄麻呂が携えた新羅国王宛の勅書には「天皇、啓んで新羅国王に問う…中略…況んや王、世々国境に居りて人民を撫寧し、深く舟を並ぶるの至誠を乗りて長く朝貢の厚礼を脩む。…以下略…」と「朝貢」の文辞があっても、その後暫くは新羅はかわることなく使節を送り朝賀の儀にも参列している。

この点からみても、新羅使の一行は、八世紀の四半紀までは、ともかく日本側の設定した朝貢外交の形式に従って諸儀礼を踏んでいたものとみなければならない。

この新羅の日本に対する朝貢外交は、その起源をはや六世紀にも遡って説かれるが、起源の問題はさておいても、この朝貢外交は七世紀末にも盛んにみられる外交形式である。〔補1〕

ところが、この形式も天平四年（七三二）に来日した新羅使の金長孫が「来朝の年期」を、即ち、新羅が遣日本使を派遣する年期を日本側に奏請した件を前兆として、その後の新羅使は朝貢形式を踏んではおらず、来日の度に日本側との間で外交形式をめぐって摩擦を生じている。

このことは、七三二年までの新羅使にはみることのできない新しい事態なのであって、この新羅使の姿は、日本に対する新羅の政治的な自立を内包しているが、また、新羅の対外的な交易活動の高揚と国内の生産力の向上とが、朝貢外交に付随して開かれる対日本交易ではもはや満足できない段階にまで達していたことも看過できないことであろう。

そこで、今一度、八世紀における新羅の対日本外交を七三二年を境界にして、これを第一期と第二期に分かち、新羅使の対日関係での自立の姿勢のよってきたるところを考えたい。

1　第一期――朝貢形式――

第一期における新羅の対日本外交は、前述したように、ともかくも朝貢の形式を踏んで行なわれており、両国間に外交形式をめぐる摩擦は生じてはいないが、第二期の両国間係を考える前段階として、やがて第二期で問題化する外交形式の個々について、その第一期での在り方を検討しておきたい。

七三二年の新羅使が日本側に来日の年期を奏請した姿勢を両国間に摩擦を生む前兆とみるから、まずこの新羅使の来日の年期の問題から考察を進めたい。

新羅は八世紀を通して二十一度にわたり日本に使節を派遣しているが、その内、第一期の新羅使の来日とその外交形式を略年表に示したのが表10の〔I〕である。

第一期の遣日本使は文武天皇四年（七〇〇）十一月に来日した金所毛の一行以来、天平四年（七三二）正月に来日した金長孫の一行まで十度の来日をみるが、各々の年期をみれば、その最短は養老五年（七二一）十二月に来日した金乾安らの一行から同七年（七二三）八月の来日の金貞宿らまでの約一年八ヵ月である。また最長は和銅二年（七〇九）三月に来日した金信福らの一行から同七年（七一四）十一月の来日の金元静らまでと、神亀三年（七二六）五月に来日した金造近らの一行から天平四年（七三二）正月に来日の金長孫らまでのおよそ五年八ヵ月である。(2)

この来日の年期の長短をみても、第一期の十度の遣日本使の年期は一定していないが、その半数の五度はおよそ三年の年期で来日していることに注目しておきたい。

次に、遣日本使が帯びた官位の高低と使節一行の人員数をみれば、正使の官位は六位の重阿飡が一度、七位の一吉飡が二度、八位の薩飡が三度、九位の級飡は一度、十位の韓奈麻が二度、そして記録のないものが一度である。また、その人員構成は正使のほか副使、小使、水手以上などと記録されてはいるが、(3)その総数は記録の例が僅かに三度だけであって、最多人員は養老三年（七一九）に来日の金長言らの四十人（『日本紀略』では三十人）である。人員記録のないこの期の他の遣日本使の場合も、これを上まわるほどの人員数ではなかったものと思われる。

さらに、新羅が遣日本使を送る目的をみれば、文武天皇四年の金所毛は「母王之喪」、即ち、孝昭王の母の神穆王后の喪を告げ、大宝三年（七〇三）の金福護は「国王喪」、即ち、孝昭王の薨去を日本側に告げることを使旨としている。

また神亀三年の金造近は宰相の金順貞の卒去を告げているが、こうした新羅の王族や要人の薨去のほか、国政の変動を日本に奏上する「請政」の例は七世紀後半にも既にあって、「朝貢し論事す」(補2)という朝貢外交の性格をよく表わす外交形式とされる。(4)その際、先の三例では国王の喪については上表文による表奏形式をとっており、母王と宰相の喪には上表文によらない口奏形式であったことにも注意しておきたい。

2　第二期――亢礼形式――

天平四年（七三二）の遣日本使が「来朝の年期」を日本側に奏請して以後、宝亀十年（七七九）の、即ち、最後の遣日本使の来日まで、この第二期の遣日本使は十一度の来日をみたが、これを第一期の略年表に倣ってその来日と外交形式を表示すれば表10の〔Ⅱ〕となる。

この第二期の遣日本使は、外交形式をめぐって日本との間に摩擦を生んだあげく放還の処分をうけた例が五度もあり、放還されないまでも外交形式をめぐって日本側から執拗に注文をつけられている。

このように第二期の両国間係は外交形式をめぐる摩擦が頻発し、問題が解決されないままに遣日本使の来日は絶え、両国の正式な外交関係は疎遠になるのである。そこで、ここでは両国間の外交形式をめぐる摩擦をとりあげ、これを新羅の史的発展に則して理解する道を考えたい。

先に天平四年（七三二）の遣日本使が「来朝の年期」を奏請した件を外交形式をめぐる両国間係の摩擦の前兆とみたが、まず、この両国関係における「来朝の年期」を考えたい。

遣日本使の来日は『日本書紀』では七世紀を通してほとんど連年のごとくみられる。〔補3〕それは推古天皇の八年（六〇〇）の是年条に、日本が任那を守って新羅を討つや両国の使が「今より以後、相攻むること有らじ、且つ船柁を乾さず、歳毎に必ず朝む」と上奏したとする記事に相応するほどである。

ところが、新羅が唐と連合して朝鮮半島の統合を達成し、つづいて政治・文化の面で交渉を密接に進めるや、八世紀に至っては前述したように遣日本使の歳毎の来日はなくなり、およそ三年か、四～五年の年期で来日しているのである。このような遣日本使の来日が疎くなる傾向のなかで、ついに天平四年（七三二）に遣日本使の側から「来朝の年期」が奏請されたのである。

既に、この時に、遣日本使は「三年一度」の案をもって「来朝の年期」を奏請したとする理解がある〔補4〕が、それは八世紀の初期の新羅使の来日の年期からみて肯かれはするが、奏請を受けた日本側は、遣日本使の来日の現状を追認して「三年一度」をもって回答したものとみられる。

ここで、新羅は対日本外交に消極的な方針に転じたようにみられるが、それは後述するように外交形式上においてであって、他面、新羅が対日本外交をより積極的に展開せんとする要因も見逃がせない。というのも後述するが、新羅が日本に向ける交易拡大の要求は、その外交形式を考える時に、これと不可分の関係にあって無視できないからである。

統一後の新羅は盛んに唐に通交するなかで交易商人が成長し、唐の豊富な物資を得るやこれが国内の手工芸技術を刺激して生産力は飛躍的に上昇していたが、この唐から得た西域・南海産をも含む物資と国内の金属工芸品に代表される物資とを国家的な管理のもとで日本に輸出・転売しようとする交易策がそれである。

さて、「来朝の年期」の回答があって以後、遣日本使は天平六年(七三四)十二月とつづく同十年(七三八)正月のごとく三年に一度の年期を守って来日しているが、この二度の遣日本使は日本側から放還されている。

即ち、天平六年の金相貞らは、後述するが、「王城国」の名称をめぐって応接使の多治比真人県守と紛糾したあげく返却され、また、同十年の金想純らは前年に帰国した遣新羅使の一行が、新羅が常礼を失ない使旨を受けなかったことを復命するや、日本では俄に新羅征討論が起こったなかで放還の処分をうけたのである。

この二度つづいた放還の後にも新羅使は来日したが、放還されないまでも度々外交形式をめぐって紛糾しており、それらの使節は天平宝字七年(七六三)二月の金体信ら一行がその前回以来およそ二年五ヵ月の年期をおいて来日した例を除いて、前使の新羅帰国の翌年に来日する例もあれば、五年、八年、九年の年期で来日した例もあって、「三年一度」の来日ではない。

そこに対日本外交の形式をめぐる新羅の躊躇を推測できるが、その一方では、遣日本使一行の人員数が第一期を上まわり、七百余人にも達した場合さえあって、対日本外交に積極的な姿勢をも窺える。その積極性を支えるのは、やはり日本に向けた交易の要求であることは無視できない。

さて、視点をかえて第二期の遣日本使の官位についてみておきたい。この期の正使の官位は八位の薩飡が四度、九位の級飡が五度、十位の大奈麻が一度、記録なしが一度であって、六位、七位の官位をもつ遣日本使を多く迎えた第一期に比べ、この第二期の正使は一体にやや低い官位である。

ただ、天平勝宝四年（七五二）の遣日本使の外交形式は特異であって、官位五位の韓阿飡をもつ王子の金泰廉が官位の記録のない遣日本使の金暄らの一行に加わっており、日本側はこの王子の来日に喜び、これを諸天皇陵に奉告したほどである。

しかし、ここで問題として残る点は、この金泰廉がはたして日本側の喜んだとおりに新羅の王子であったかどうか、という疑問である。後述するように、金泰廉は新羅では「仮王子」であって、来日したその時点からは新羅の「王子」を称して外交儀礼を踏んだのではなかったか、ということである。

この金泰廉は仮王子ではなかったかとする疑問は、はやく和田軍一氏が示唆されているが[(5)]、本論ではこの疑問をさらに進めて仮王子の意味を考えるが、日本側はこれを王子の来日と受けとめ、ここに新羅の厚い対日外交の形式をみて、この機会をとらえて「今より以後、国王親から来たりて宜く辞を以て奏すべし。如し余人をして入朝せしめば、必ず表文を賚しむべし」と、一段と厚い外交形式を求めている。

正使の官位にも、また「来朝の年期」にも表われているように疎くなりつつある新羅の外交形式をここで第一期のそれをも越える厚い形式に一気に回復せんとしたのである。

この日本側の外交形式回復策は、つづく天平宝字四年（七六〇）九月来日の新羅使の金貞巻らに対しては、前回の注文にもかかわらずその官位の低いことをとらえて、「使人の軽微ならば賓待するに足らず」との基本方針を述べ、「専対の人、忠信の礼、仍旧の調、明験の言」の四つの形式を備えた遣日本使を求めている。

また、次の遣日本使、即ち、同七年（七六三）二月来日の金体信らにも「今より以後、王子に非ずんば執政大夫らをして入朝せしめよ」と、新羅使の外交形式に三たびの注文をつけているのである。

ところが、新羅にはこの注文に応えたふしはさらさら見えない。天平宝字八年（七六四）から宝亀十年（七七九）、即ち、最後の遣日本使までの四度の使は「入朝の由」を問われていたが、その返答をみれば唐使の命をうけて入唐求法僧の戒融が無事に日本に帰還したか否かを尋ねる使旨であるとか、入唐大使の藤原河清や朝衡、即ち、阿倍仲麻呂らの書を日本に伝えるためであるとかと答えており、いわば新羅と日本との外交関係の外にある契機に事寄せて日本に使節を送っているのである。そこには日本の求めた外交形式に応える姿勢はみえないのであって、それが為に日本側は、最後の遣日本使となった金蘭蓀らの帰国に際しては「後の使は必ず須く表函をもたらし、礼を以て進退せしむべし」と諭告し、筑紫府と対馬などの戍に対しても「表をもたざる使は境に入らしむなかれ」と勅したほどである。

この八世紀の第二期にあって、新羅には日本の求めに応えて朝貢形式の外交を行なう姿勢はないにもかかわらず、使節を送りつづけ、その度に外交形式に注文をつけられ、ついには帰国した入唐求法僧の安否を尋ね、また、入唐大使らの書を届けることを使命に、換言すれば、唐朝の意志等を背景として日羅の外交形式の摩擦に触れぬ契機を得て使節を送ったのである。〔補5〕

そうした新羅の対日本外交の背景には、七五二年の遣日本使が大規模に交易を行なったように、日本との交易の道を閉すことができない程に、交易活動と国内生産が高い段階に達していたことを重視すべきであり、また関門城の築城に現われたように「日本の賊」の侵入に対する警備や、唐における大伴宿弥古麻呂の争長事件のごとき対日本関係の悪化を避けるためでもあることも勿論である。

第二節　国制の整備と自尊の意識

前述した如く、新羅は第二期を通して日本側からその外交形式をめぐって執拗に注文をうけていたが、それに一向に応えてはいなかった。ただ、後述する仮王子の入質策と関連するが、七五二年に来日した王子金泰廉と最後の遣日本使、即ち、宝亀十年（七七九）十月に来日の金蘭蓀らの一行には、日本側の求める外交形式に半ば答えんとする姿勢を僅かに見せているだけである。

こうした第二期の遣日本使の姿勢には、対日本外交における新羅の強固な方針、あるいは自信さえも窺わせている。そこで、この節では八世紀の二、三十年代、則ち、新羅の対日本外交が朝貢形式から亢礼形式に移行する時期に視点をおいて、その移行を進めたところの新羅の国内事情を検討したい。

1　国制の礼的側面

新羅の国家形成史のなかで、支配体側が確立する五世紀末から六世紀初めにかけての時期を第一の画期とみれば、統一後の七世紀末から八世紀初めにかけては第二の画期とみることができる。この第二の画期は、新羅の固有の国制を唐の制度を参酌して整備してゆくことを特徴とするが、それは「大唐国は法式備り定れる珍の国なり。常に達ふべし」〔補6〕との句が伝える日本の姿勢と大いに共通するところである。

また、この第二の画期は前述したように、新羅が対日本外交の形式を朝貢から亢礼へと転換していった時期の直前でもある。そこで、今少しく、新羅が国制を整備するその礼的な側面を展望して、外交形式が転換する背景を考えたい。

新羅が唐制に倣って国制を整備するには、遣唐留学生の貢献が大きい。『新唐書』巻四十四・選挙志上には、太宗の貞観十三年（六三九）に、高句麗、高昌、吐蕃など四夷の諸国の留学生のなかで、崇文館に経学を学ぶ者の数が八千余人にも達したと記録されているが、この中には勿論、新羅人学生も含まれている。(6)

新羅の留学生はその滅亡まで例年のごとく派遣されたが、開成五年（八四〇）には学期を満して帰国を許された学生が百人を越えていた。(7)この遣唐留学生が学んだ経学は勿論のこと、彼らが見聞した唐の礼制に関する知識は、否応なしに新羅の国制に反映しよう。

金春秋（後の太宗武烈王）は真徳女王二年、即ち貞観二十二年（六四八）に入唐して、国学で催された釈奠の礼と講論を見学したが、その折、「（新羅の）章服を改め、中国の制に従わん」と述べ、唐制への傾斜をみせている。(8)金春秋の帰国後、真徳女王三年（六四九）と四年には初めて中国の衣冠の制を導入し、真骨の身分の者だけに牙笏を認めたことや、中国の年号を初めて採用した例等は唐制を参酌し導入する具体的な一過程である。

金春秋が即位するや（六五四年）、さっそくにも理方府令の良首らに命じて律令を詳酌せしめ、理方府格六十余条を脩定させている。

新羅の律令については、未だ明らかでない点が多いが、これは唐の律令を参酌して国制の基本的法典を改編したものだが、その方向は後に金春秋（武烈王）の子の文武王が律令格式の不便なるところは改めよ、とも遺言している（六八〇年）ことに見られるように、この唐の「律令格式」の参酌には新羅の実情に合致しない面があったものとみられる。[9]

さて、唐制なかんずくその礼制への傾斜は、遣唐留学生の帰国によるばかりでなく、神文王二年（六八二）に設立された新羅の国学がもたらしたところも大きい。[10]新羅に限らず四夷の諸国は、唐の礼制のあり方に強い関心をもつが、新羅では神文王六年（六八六）に唐へ使節を送って『礼記』と文章を求め、則天武后から「吉凶要礼」と『文館詞林』のなかから規誡に関するところを抄出してまとめた五十巻の書を賜わったことがよい例である。[11]この時に得た二書は、国学で教授されたにちがいないが、その翌年、即ち、神文王七年、宗廟に奉じた祭文に「太祖大王、真智大王、文興大王、太宗大王、文武大王」と五つの神主がみえている。この祭文はその前年に唐より得た「吉凶要礼」に則って、新羅伝来の宗廟を「天子七廟、諸侯五廟」の礼の規定に従って改編したことを明示していよう。[12]

この宗廟制を始めとして、新羅では礼の規定が各方面で採られたものと推定される。聖徳十二年（七一三）には典祀署が設けられたが、ここでは新羅固有の神宮の祭祀と宗廟との二大祭祀のほか国家的な祭祀を管掌するが、この祭祀の運用には礼の規定が大きく作用したと思われる。その翌年には詳文司を通文博士と改め「書表の事」を管掌させたが、この外交機関の改編の背景にも礼の規制がある。[13]「書表の事」と言えば、推古天皇三十年（六二二）に遣日本使の伊弥買が表奏形式の礼を日本に対してとったが、[14]これが新羅が日本に上表文をもたらした初めとされる。しかし、八世紀の第二期では、前述のごとく新羅は表奏形式の外交礼を廃しており、その復活を日本側から執拗に求められていたのである。

その一方で、唐には厚く表奏形式をつづけたのは、この通文博士であって、それは新羅王が自己を唐の天子に対して諸侯の位置においた礼制のしからしむるところであろう。

八世紀初期の新羅にあって、こうした礼制にもとづく国制の整備とともに注目されるのは護国仏教の隆盛である。新羅の仏教は五世紀末に高句麗から伝来し、法興王十五年（五二八）に公認されたが、八世紀に至って王権が安定するや、一段と護国仏教の性格が強まっている。即ち、護国仏教の中心的伽藍たる皇龍寺は真興王十四年（五五三）の建立以来、国家と王室に深く結びつき、これに加えて、文武王十九年（六七九）には四天王寺が護国の寺院として建立されたが、また、この中代の王室はその先王を追善する寺院を盛んに建立している。(補7) 即ち、神文王は父王の文武王を追善し、倭兵の侵入を防がんとする感恩寺を建てたが、ついで孝昭王と聖徳王の二代では武烈王の追善の為に奉徳寺を建立している。

この中代の王室の崇仏は殊に厚く、八世紀後半の景徳王と恵恭王代に至っても聖徳大王神鍾を鋳造したごとく仏教保護の姿勢はつづいている。(15)

礼制にもとづく国制の整備は、官衙の構えとその規模にも反映し、皇龍寺の九層木塔に代表される護国寺院とともに、王都の金城の景観を華やかならしめていたにちがいない。

こうした金城の景観を支える新羅の国制は、王都の官人の自負心を高めずにはおかないが、その客観的な判断はともかく、対外的には自尊の意識として発露することもありえよう。そのことが外交問題化した二つの例を次に検討したい。

2 「王城国」と「君子国」

天平六年（七三四）十二月に来日した遣日本使の金相貞らの一行が翌年の春に入京して入朝の旨を問われて「たち

まち本号を改めて王城国と曰」ったが為に、日本の地から返却されてしまった事件があるが、この「王城国」の名称こそ日本で発露した新羅官人の自尊意識であるように思われる。

『続日本紀』は、この件の経緯を次のように手短かに記録する。

◎天平六年（七三四）十二月。癸巳、大宰府奏、新羅貢調使級伐飡金相貞等来泊。

◎天平七年二月。癸卯、新羅使金相貞等入京。癸丑、遣中納言正三位多治比真人県守於兵部曹司、問新羅使人朝之旨而新羅国輒改本號曰王城国、因茲返却其使。

この記録によるかぎり新羅は国名を「王城国」と改称したものと一応は読まれる。既にそう解釈した上での論が通行している。故・石母田正氏はこの件を朝貢関係論のなかで説かれ、「朝貢関係にある国家間において、朝貢国の国号の変更は、被朝貢国にとって簡単に承認される性質の問題ではなかった。新羅がその国号を王城国と改めて来朝したとき、日本がそれを責めて使を返した事実を想起すべきである」と説いていることがその一例である。[16]

氏は朝貢国の新羅が日本の承認のないままに国号を改称していたことが、遣日本使返却の大きな理由と理解されているが、はたして遣日本使返却に至る実際のところはどうであろうか。

まず、新羅の国号はこの八世紀以前では「徐那伐」や「鶏林」と称したという記録はあるが、『三国史記』巻四の智証麻立干十四年（五〇三）条には「新羅」の国号を採用したとあるが、この時以前にも『広開土王碑』（四一三年建立）に早く「新羅」は刻記されており、国号を民族的伝統に依らない上に、固有性にも欠けるこの「王城国」と改称したことも、また他の何らかの名称に改めたことも中国、朝鮮の文献には見いだせないばかりでなく、考えられないことである。[17]

ただ、憲徳王十四年（八二二）に熊川州都督の金憲昌が父の周元が王位に即けなかったことを怨んで乱をおこしたが、その勢力がいわば地方政権の国号を「長安」と名のった例はあっても、新羅は滅亡まで国号を改めたことはない。[18]

また『扶桑略記』には、寛平六年（八九四）のこと、日本に生捕られた新羅の賊の賢春が「彼国、年穀みのらず、人民飢え苦しみ、倉庫ことごとく空しく、王城安からず」と新羅の国情を申し立てたと記録しているが、[19]この「王城安からず」は前文を承けた句であって、新羅の王都を指してはいても新羅にかわる国名ではありえず、これも「王城国」の改称の可否の理解には有効ではない。

そこで、今少しく「王城国」の記録の周辺を考えておく必要があろう。前掲の『続日本紀』によれば、天平六年（七三四）十二月に遣日本使の金相貞らの一行が筑紫に到着し、翌年の二月十七日に入京している。同月二十七日、兵部曹司において多治比真人県守が金相貞に「入朝の旨」を問うことになったが、来日した新羅使にわざわざ「入朝の旨」を問うのはこの時が初めてであって、これ以後、屢々こうした問いが行なわれており、その挙句には遣日本使の外交形式に不満を覚えた日本はこれを返却するが、また朝貢形式の回復を執拗に求めるのである。

前述したごとく、この金相貞らに先行する前回の遣日本使が「来朝の年期」を問うていた事情を考えると、この度の金相貞らの一行には朝貢形式をとる姿勢は来日の当初からなかったものと考えられる。その為に朝貢形式を求める多治比真人県守と遣日本使の金相貞との「入朝の旨」をめぐる問答は何かと対立した事態が推測されるのだが、問答の展開は記録に欠落しているから、そこは慎重に推測するほかないのである。

まず、「王城国」の名は金相貞が外交儀礼に則って日本側に表奏ないしは口奏した国名なのではなく、あくまでも多治比真人県守との問答の展開のなかで突如として現われたという点を押さえておきたい。即ち、この僅かな記録にも、「輙」に「その本号」を「王城国」と改む、とあって「茲」に由って返却したというから、両者の問答が昂揚し険悪化したところでこの「王城国」の名が金相貞の口をついて出たものと思われ、この「王城国」の意味するところが県守をして不快にさせたのではないかと推測されるが、ここではその点を考えなければならない。

さて、金相貞をして「王城国」の名が現われた事情には今二点を考えることができる。その一点は、「来朝の旨」から始まった両者の問答が新羅の国情に進んだ時に、『旧唐書』新羅国伝にいう「王の居るところは金城」、あるいは『三国史記』新羅本紀では「王京は金城」とある王都の金城、即ち、新羅語にいう「ソボル」（『三国史記』では「蘇伐」と漢字を借用する）[20]を金相貞が「王城」と漢訳したのではないかということである。ただ、この場合には「王城」が「ソボル」の漢訳としては可能ではあっても、「王城国」と「国」字が付けられていることについては説明の余地が残る。

また、一つの案は、和田軍一氏が「王城国」と称したことは「独立国としての自尊の意味を表示したものと云うべきであろう」とする説である。[21]本論においてこの説をもう少し展開して考えたい。

新羅より唐から遠く離れた日本に渡った金相貞にしてみれば、「来朝の旨」に始まり新羅の国情まで問われた時に、前述したような八世紀初期の国制の礼的な整備と仏教文化の興隆とを背景として多治比真人県守に母国を誇り、新羅は「王城の国」であるとか「王城のごとき国」とかの語句で誇示を締めくくったのではなかろうか。

新羅を朝貢国とみる伝統的な意識に捉われた県守は、そこに新羅の自尊の意識を感知し、金相貞らの遣日本使一行を返却に処したのではなかったかということである。

この第二の案を考える時、この「王城国」と同じ頃、唐の玄宗皇帝にも聞こえ知られた新羅の自尊の事例が大いに参考となろう。即ち、新羅が自らを「君子の国」と誇示していたことが新旧の唐書の新羅伝に記録されている。

『旧唐書』巻一百九十九上、新羅国伝

〔開元〕二十五年、興光卒、詔贈太子太保。仍遣左賛善大夫邢璹鴻臚少卿、往新羅弔祭、并冊立其子承慶、襲父開府儀同三司新羅王、璹将進発、上製詩序、太子以下及百僚咸賦詩以送之、上謂璹曰、新羅号為君子之国、頗知書記、有類中華、以卿学術、善与講論、故選使充此、到彼宣闡揚経典、使知大国儒教之盛、又聞其人多善奕碁、因令善碁人率府兵曹楊季鷹為璹之副、璹等至彼、大為蕃人所敬、其国碁者皆在季鷹之下、於是厚賂璹等金寶及薬物等。(22)

この記録によれば、唐の玄宗皇帝にも新羅が蕃国ながら書記のことをよく知り、中華に類しており、その上「君子の国」とさえ称していたことが聞えている。そこで開元二十五年(七三七)、玄宗皇帝は新羅の聖徳王(金興光)を弔祭し、子の承慶(孝成王)を冊立する機会を捕えて、新羅の自尊を諭そうとしている。(補8)

即ち、新羅に送る使には学術と講論をよくする左賛善大夫の邢璹を選任して鴻臚少卿を兼ねさせ、新羅に到着したならば経典を明らかにし、大唐における儒教の盛んなさまを知らしめるようにと命じたのである。

この邢璹を迎えた新羅の対応と、経典をはじめ「君子の国」をめぐる邢璹との問答が記録にないのは残念だが、「璹ら大いに蕃人(新羅人)の敬うところとなる」というから、新羅の自尊意識を諭そうとした玄宗皇帝の命は達せられたのであろう。

さて、この「君子の国」という新羅の自尊意識は、先の「王城国」の理解にも大いに有効であろう。即ち、玄宗皇帝にまで聞え及んだ新羅の「君子の国」という自尊意識は開元二十五年には「大国」の礼の力で押えられてしまったが、その二年前にあたる天平七年の日本における「王城国」の誇示は、この「君子の国」と時を同じくする同質の自尊意識であるとみなければならない。(23)

新羅では八世紀に至って唐制を参酌した国制の整備が進展するにつれ自尊の意識が伸長したが、これが七三〇年代に至って、日本と唐との間で外交摩擦を引き起したのである。

新羅を朝貢国とみる日本は、この新羅の自尊意識と衝突して遣日本使を返却してしまったが、一方の唐はこの自尊意識が礼に根ざしているだけに、経典の講釈でこれを諭したのである。その対応の差は興味あるところであるが、前述したように日本側が求める朝貢外交の回復に新羅は一向に応えなかった背景には、この礼に根ざした新羅の自尊の意識があるが、それは唐には諭されるものではあっても、日本に対しては根づよさをもつ性質のものと言えよう。

ここに、新羅が前述の第二期にあって、日本の求める外交形式に一向に応えなかった理由の一つがあると考える。

第三節　仮王子の派遣策

前章で検討したように、新羅では八世紀の初めに礼制に根ざした自尊の意識が生まれ、それが故に七三〇年代以降、朝貢形式の外交に固執する日本側と外交形式をめぐる紛糾を惹起し、新羅の遣日本使は返却さえ被ったのである。

しかし、新羅は前にも増して大規模な使節団を日本に送っている。そこには外交形式の枠外で交易を拡大しようとする新羅の新しい外交姿勢があるが、宝亀十年（七七九）の金蘭蓀らの一行を最後にして遣日本使の来日は絶えている。その事情は、朝貢形式の外交を執拗に求める日本と紛糾をつづけながらも使節を送ることに新羅では限界があったものとも考えられようが、むしろ八世紀後半の恵恭王・宣徳王二代の、即ち中・下代の転換期の新羅の政治的混乱こそ対日本外交が停止した最大の事情であろうと考える。

即ち、恵恭王四年（七六八）には大恭の反乱が三十三日間王宮を包囲し、王都及び全国の合わせて九十六人の角干が争った混乱を始めとして、恵恭王代に貴族の謀反は続発し、恵恭王はついに即位十六年（七八〇）に伊飡金志貞の反乱の直中で殺害されたのである。(24)

この乱を鎮めて即位した宣徳王の短い在位を継いで元聖王が即位したが、王は奈勿王の十二世孫とは言え、恵恭王代までの奈勿王—武烈王に系譜された中代の王統には属さない、いわば新しい元聖王系の始まりであって、その即位も宣徳王の一族でかつ宰相であった金周元と争ってのことであった。(25)

それ故に、元聖王は金周元派という不安定な要因を内包しながらも、読書三品科の官吏登用法を採用し、政務に努め、その孫の昭聖王をへて哀荘王に続く元聖王系という新しい王統、即ち、下代の王統が確立したのである。〔補9〕

こうした中代から下代へ王統が転換する政治的混乱こそ、宝亀十年（七七九）以後に遣日本使の来日をみない事情であろうが、この下代の王権が安定期に至るや、新羅の交易商人の東アジアにおける活動は中代にも増して高い段階に達しており、対日本外交の再開を求めずにはおかない。

ところが、新羅が対日本外交を再開するには調整しなければならない一つの課題を残していた。即ち、日本側から執拗に注文づけられていた遣日本使の外交形式についてである。その正使についても「国王親から来て宜く辞を以て奏すべし。もし余人をして入朝せしめば必ず須く表文を賚しむべし」（天平勝宝四年〔七五二〕の遣日本使の金喧への詔）とか、「使人の軽微ならば賓待するに足らず」（天平宝字四年〔七六〇〕の遣日本使の金貞巻に対して）またつづいて「王子に非ずんば執政大夫らをして入朝せしめよ」（同七年〔七六三〕の遣日本使の金体信に対して）という具合にであった。

新羅が対日本外交を再開するに当っては、かの第二期で保守した亢礼の姿勢を崩さぬ範囲で、日本の求めるこうした外交形式に応える道を開かなければならないが、その具体的な外交策がここに検討する「仮王子金均貞」の入質策である。

『三国史記』・「新羅本紀」には哀荘王三年（八〇二）十二月に、均貞に官位五位の大阿飡を授けて「仮王子」となし、倭国に入質させることにしたが、均貞はこれを辞退した、と記録しているのがそれである。(26)

この外交策は当の均貞が辞退してしまったから実行はされなかったが、新羅の対日本外交を考える時、特別な意味をもつ策として検討しておく必要があろう。

まず第一に「仮王子」という点である。哀荘王は十三歳で即位したから叔父であり兵部令の彦昇（後の憲徳王）の摂政をうけていたが、この対日本外交の再開を企ったその即位三年には、王は十五歳であって、四月に金宙碧の娘を後宮に迎えてはいるが(27)、均貞を「仮王子」としたこの年の十二月には未だ王子は誕生してはいない。

それ故に、日本の求める外交形式に応えて王子を派遣しようにも哀荘王には未だ王子はいないのである(補10)。この時点で王子がいた記録がないばかりか、摂政の彦昇が哀荘王の即位十年に哀荘王と王弟とを殺害して即位していることをみると(28)、哀荘王には王位継承者たる太子はもとより王子にも恵まれなかったのではなかろうか。王子がいないことを得て均貞を「仮王子」となして日本に送る案が考えられたのであろうが、この「仮王子」は外交の場では特別な意味をもつことになる。

即ち、新羅では「仮王子」であっても日本に渡るや、「新羅の王子」と称して王子の外交礼を踏むはずではなかったかということである。

と言うのも、そうした「仮王子」が「王子」として現れたと思われる前例があるからである。即ち、かの天平勝宝四年（七五二）に、日本では韓（＝大）阿飡の官位をもつ新羅の「王子」金泰廉の来日を歓迎したことがあったが、この金泰廉は前述のように新羅では「王子」ではなく、「仮王子」ではなかったかと疑われる。

天平勝宝四年（七五二）は新羅では景徳王の即位十一年に当るが、景徳王は王子の誕生にはなかなか恵まれなかった。『三国遺事』巻二・「景徳王・忠談師・表訓大徳」条には、景徳王は先妃に王子が生まれなかったからこれを廃妃となし後妃を迎えたが、それでも王子は誕生しない。そこで、景徳王は天帝に祈って王子の誕生を待ち望み、ようやく願いがかなえられたという伝承が記録されている。

『三国史記』では、後妃を迎えて十五年目の景徳王の十七年に王子が誕生したとある。(29) 即ち、恵恭王の誕生である。金泰廉が来日した天平勝宝四年（七五二）は景徳王の十一年であったから、この時にはまだ新羅王室には王子は生まれていないことになる。にもかかわらず『続日本紀』には「王子」金泰廉が来日したと記録してある。

この両史料の間にある矛盾は、どちらか一方を誤りとしてしまう材料はないが、金泰廉は新羅を発つまでは「仮王子」なのであって、来日するや「新羅の王子」を称して王子の礼で外交を行ったとみることでこの矛盾は解消するのではなかろうか。即ち、金泰廉は金均貞に先立つ仮王子の例なのではあるまいか。〔補11〕

この二人の仮王子は、ともにその官位は第五位の大阿飡である。金泰廉も日本への派遣に先立って大阿飡の官位に引き上げられたのではあろうが、元聖王五年（七八九）に哀荘王の父の俊邕（後の昭聖王）が、またその翌年には俊邕の弟の彦昇（後の憲徳王）が唐に使するに先立って大阿飡の官位に引き上げられた例がある。(30)

金泰廉と均貞の二人の仮王子の大阿飡も、日本に到着した後に称する「王子」にふさわしい官位へ引き上げたものとみられる。

この二例にみる仮王子の日本派遣とまたその計画は日本が執拗に求めた外交形式に半面では応え、また新羅の亢礼の姿勢をも守る巧みな外交策と言える。金泰廉の場合では、日本側が新羅の「仮王子」とは取り立てて見抜いた風はなく、これを「王子」の来日とみて諸陵に奉告したほどに成功したが、後の均貞の場合では、当の均貞がこの「仮王子」の外交策を辞退してしまったからひとつの策にとどまってしまった。

そこで、均貞が辞退した理由を考えなければならないが、それは「仮王子」という対日本外交の妥協策に反対したからとも考えられるが、むしろ入質することで王都における自己の勢力地盤が低下することを恐れたからではなかろうか。

倭国への入質では、古くは実聖王の元年（四〇二）に倭国の求めに応えて前王の奈勿王の子の未斯欣を人質させたが、その兄の訥祇王が即位するや王は弟の未斯欣の奪還に苦心した伝承が知られているが、(31)均貞がこの未斯欣の二の舞を恐れたかどうかは確めようはないが、均貞は入質の恐れよりもその間に生ずる自己の勢力の低下を恐れてこの外交策を辞退したものとみたい。

均貞の入質策には当然にも哀荘王を摂政する王の叔父の彦昇が大きく働いていたとみられる。というのも、この後のことであるが、彦昇は哀荘王とその弟を殺害して自ら王位に即いたことをみると、彦昇は従兄弟に当る均貞を疎んで日本に入質させることによって、自己の勢力拡大を企ったとも考えられよう。

さて、新羅の王子の来日は、金泰廉の前にも『日本書紀』には七世紀では三度（六七五年の王子忠元、六八七年の王子金霜林、六九五年の王子金良琳）の事例が記録されている。その中に果してここに言う仮王子がいたのかどうか、また唐にも多くの王子を入質させたが、その中にも仮王子がいなかったかどうか、検討してみる必要があろう。〔補12〕

しかし、本論の課題では先の二例にとどめるが、この二例だけでも「仮王子」の外交は、新羅と日本との外交形式をめぐる約一世紀にもわたる摩擦の過程を経て、新羅が案出した形式であって、それは日本の求める外交形式に一面では応え、また反面では新羅が亢礼の姿勢を国内的に保守する外交策である。

第四節　交易と外交形式

ここまで八世紀を中心に新羅の対日本外交の外交形式をめぐって論じてきた。新羅は唐に厚く朝貢外交をつづけながらも、八世紀の三十年代からは対日本外交の場面では朝貢形式をやめ対等な亢礼の形式を採用するようになった。その背景に礼制を中心とした新羅の国制の整備が進み、これに根ざした自尊意識とその姿勢の醸成をみた。それが為に日本は新羅に朝貢形式の回復を執拗に求め、遣日本使の来日の度毎に外交形式について注文をつけていた。また一方では、日本の遣新羅使は新羅に至って迎接形式に不満を覚えて帰国したことさえあった。

こうした両国の外交摩擦にもかかわらず、新羅は最後の遣日本使となる宝亀十年（七七九）まで使節を送りつづけた。そこには、対日本関係を極度に悪化させて日本の侵寇を招きかねない不安な事態を避けるという政治的な配慮もあるが、また日本との交易を停滞させないという経済的な要請も見逃せない。

ここでは、交易の発展に視点をおいて、新羅の対日本外交を再度検討しておきたい。

まず、新羅が天平四年（七三二）に「来朝の年期」を奏請して「三年一度」を許されたが、この奏請の背景には新羅がこれまでの朝貢外交を改めて、政治的に日本に対して自立する姿勢を窺うことができ、この件を外交形式をめぐる摩擦がつづく八世紀の第二期の前兆とみたが、この第二期では外交に円滑を欠いたにもかかわらず、第一期の遣日本使の構成に比べ、それをはるかに凌ぐ大規模な一行が来日しているのである。

第一期にあっては、使節一行は四十或いは三十人という記録を最多数としたが、第二期では新羅使一行は、毎度百人を越え、天平勝宝四年（七五二）の新羅使一行は七艘の船に七百余人もの一団であったという。

この大規模化した遣日本使一行のなかには、既に屢々説かれるように、遣日本使の一行に随行した多数の交易商人がいたとみなければならない。天平勝宝四年（七五二）度の「七百余人、乗船七艘」については、仮王子とみられる金泰廉の奏言によれば、新羅王は「使下三百七十余人」を日本に派遣したというから、「仮王子」及び送「王子」使からなる使節一行の三百七十余人のほかに、これと同数に近い新羅の王都の商人、あるいは途中から一行に随行した海浜の交易商人が多数いたものと推測される。

さて、この天平勝宝四年の遣日本使一行が「仮王子」の派遣に加えて、かくも多数の交易商人が随行した事情は次のように理解される。

即ち、三年一度の来日を許された天平四年（七三二）以来、ここに至る二十年間に、新羅は四度の使節を日本に派遣したが、そのうち三度は外交形式をめぐって、また一度は「新京草創にして宮室いまだ成らず」という日本側の事情を理由に放還させられてしまったが、その放還も大宰府の地から放還されたこと三度であり、入京したものの放還させられたことが一度という事態であった。

こうした外交関係の悪化は、対日本外交の形式の問題をかかえる新羅にとっては深刻であり、また日本における交易の停滞は使節に随行した交易商人にも一層のこと深刻であったにちがいない。

この両国関係の悪化と交易の停滞とを打開せんとした新羅の対日本外交策が、天平勝宝四年の「仮王子」金泰廉の派遣である。新羅はこの「仮王子」の派遣によって外交形式に固執する日本側をひとまず満足させ、遣日本使が放還させられる処置を避け、ここ二十年間の滞った対日本交易を盛大に行なわんとしたのであろう。使節一行と交易商人の数の多さがそのことを物語っていよう。

この「仮王子」の金泰廉の派遣策は大いに成功したとみえて、日本ではこれを王子入朝と認めて歓迎し、諸陵に奉告したほどであり、この折の交易の賑わいは『買新羅物解』の文書や正倉院蔵の新羅物を通して知られている。〔補13〕

この金泰廉の来日によって両国の外交関係は好転したかにみえたが、その後の新羅使の外交形式はやはり日本側を満足させるものではなかったから、新羅使に随行した交易商人の活動も何かと支障をきたしたと思われる。

やがて、宝亀十年（七七九）を最後に、新羅は内政の混乱から遣日本使の派遣は不可能であったから対日本交易も再び停滞している。

ところが新羅の内政が安定すると、宝亀十年以来停滞した対日本外交と交易の再開が企られる。その再開策として「仮王子」金泰廉の先例が想起されたのであろう。時の哀荘王には未だ王子が誕生していなかった事情から、その即位三年に「仮王子」の派遣策が企られ、均貞が「仮王子」に指名されたのだが、均貞は内政の動向を睨んでこの策を辞退してしまったから、対日本外交と交易の道も閉ざされつづけたのである。

ここに新羅の遣日本使の外交策はひとまずは終り、使節に随行した商人によって繰り開げられた公的な公易の道も閉ざされたのである。

ところが『三国史記』には、金均貞の「仮王子」策の翌年、即ち、哀荘王四年（八〇三）に新羅は「日本国と交聘して好みを結ぶ」とあって、この翌年（八〇四）から隔年に三度、日本国使が至ったという記事を載せている。これらの件は日本側に対応する史料はみえないが、これを大宰府の官人や西日本の商人の私的な通交とみる見解もある。[補14]

新羅と日本の交易の停滞は、日本側にとってもその影響は大きいとしなければならないが、新羅の交易商人にとっても深刻である。九世紀の前半期に、新羅人が西日本に漂着する例や新羅商人の来着することが顕著となるが、こうした新しい事態は、公的な両国の公易の道が閉ざされた後に、新羅の公易商人や日本の官人が小集団を形成して対外交易を自立的に行なわんとしたものだが、新羅にあってそれらの公易小集団を結束して対日本公易に当たった勢力が張宝高（張保皐）である。

張宝高は承和七年（八四〇）に大宰府に使を送って方物を献じているが、大宰府ではこれを「人臣、境外の交りなき為」を理由に追却したが、この張宝高の私献は新羅の対日本外交が停滞する事態のなかで、国家に替わって対日本外交と交易を新たに展開させようとした新しい事態である。[32]

おわりに

本論では新羅の中・下代の内政に注目しながら、対日本外交の展開を通観してきた。そこでは新羅の対日本外交を規定する要因に礼制に基づく国制の整備に根ざす自尊の意識や亢礼の姿勢と、国内における金属工芸に代表される生産の発展を背景とした対日本交易の要求とをみてきた。

そこで残る問題として、次の二点を掲げておきたい。まず第一は、新羅の対日本交易が外交使節に随行する交易商人によって行なわれていた中代から、下代に至っては対日外交の停滞と、また、新羅王都の混乱による交易商人の統制が弱まるや、交易商人が私的に交易を拡大しようとする。例えば、張宝高が大宰府に私献した新事態にみるように、唐、新羅、日本の三国間を往来する新羅商人が各々の国家にどう接近して交易の利を得たか、新羅商人の国際意識の問題である。

このことと合わせて、九世紀後半以降より顕著となる西日本の土豪や商人が私的に新羅と通交したり、新羅の豪族と連携する動きである。彼らは天平時代の官人が固執した所謂、小中華意識とは無縁であって、後に高麗に盛んに通交する商人層の萌芽的な存在であるが、彼らに見る古代から中世に至る国際意識の移行の問題である。〔補15〕

第二の問題は、新羅における交易商人と交易品の管理と統制、及び金属工芸に代表される手工業者の統制のことである。かの張宝高は新羅の王権に深く結びつき、ついには王都の貴族層の手によって殺害されてしまうが、張宝高に代表される新羅の交易商人の成長は新羅の社会発展の一つの結果でもある。

唐に往来する交易商人のもたらす物資が新羅の手工芸技術を高め手工業者を成長させるが、この対外交易と国内の

生産の発展とをやはり新羅史に位置づけることが必要であろう。〔補16〕

注

（1）末松保和「新羅三代考―新羅王朝史の時代区分―」（『史学雑誌』第五十七巻第五・六合併号、一九四九年五月。後に、『新羅史の諸問題』〈東洋文庫、一九五四年十一月〉。また後に、私家版『青丘史草』第三〈一九七二年六月〉に所収。また、末松保和朝鮮史著作集1『新羅の政治と社会』上〈吉川弘文館、一九九五年十月〉所収）

（2）金信福は新羅使とされるが、この一行の誰にも官位の記録がないことは異例である。

（3）『延喜式』巻三十の「大蔵省・賜蕃客例」条には「新羅王、大使、副使、大通事、録事、医師、船頭、通事、小通事、大海師、学語生、傔人、海師、水手」や「王子入朝賜王子、大監、第監、大通事、大唐通事、少監、録事、詳文師、卜師、医師、渤海通事、百済通事、船頭通事、小通事、治馬師、大海師、傔人、海師、神典及水手」とあり、新羅王の来日の場合と王子来日の場合とに分けて、その使節団に賜う綿、絁、布の数量を規定している。

（4）鈴木靖民「奈良朝初期の日羅関係」（『続日本紀研究』一三四号、一九六七年四月。後に、同『古代対外関係史の研究』〈吉川弘文館、一九八五年十二月〉所収）

（5）和田軍一「淳仁朝に於ける新羅征討計画について（第一回）」（『史学雑誌』第三五編第一〇号、一九二四年）の注（14）。

（6）「…前略…太宗即位、益崇儒術、乃於門下別置弘文館、又増置書、律学、進士加読経史一部。十三年、東宮置崇文館。自天下初定、増築学舎至千二百区、雖七営飛騎、亦置生、遣博士為授経。四夷若高麗、百済、新羅、高昌、吐蕃、相継遣子弟入学、遂至八千餘人」

（7）『旧唐書』巻一百九十九上・新羅国伝「〈開成〉五年四月、鴻臚寺奏、新羅国告哀、質子及年満合帰国学生等共一百五人、並放還」。

（8）『三国史記』巻第五・新羅本紀・真徳王二年条「遣伊飡金春秋及其子文王朝唐、太宗遣光禄卿柳享郊労之。既至、見春秋儀表英偉、厚待之、春秋請詣国学、観釈尊及講論。太宗許之…中略…春秋又請改其章服、以従中華制、於是内出珍服、賜春秋及其従者、詔授春秋為特進、文王為左武衛将軍還国」

(9)『三国史記』巻第五・新羅本紀・真徳王三年条「春正月、始服中朝衣冠」
同四年条「夏四月、下教、以真骨在位者執牙笏…中略…是歳始行中国永徽年号」
太宗武烈王元年条「五月、命理方府令良首等、詳酌律令、脩定理方府格六十餘條」
『三国史記』巻第七・新羅本紀・文武王二十一年条「秋七月一日、王薨…中略…遺詔曰…中略…律令格式有不便者、即便改張、布告遠近、令知此意、主者施行」
(10) 新羅の国学の制度については、本書第一部第三章「国学と遣唐留学生」、及び木村誠「統一新羅の官僚制」(『東アジア世界における日本古代史講座』第六巻、学生社、一九八二年九月)参照。
(11)『旧唐書』巻一百九十九上・新羅国伝「垂拱二年、政明遣使来朝、因上表請唐礼一部并雑文章、則天令所司写吉凶要礼、并於文館詞林採其詞渉規誡者、勒成五十巻以賜之」〔補〕石井正敏氏は「第二次渤海遣日使に関する諸問題」(『朝鮮歴史論集』上巻、龍渓書舎、一九七九年三月、後に、同『日本渤海関係史の研究』〈二〇〇一年四月、吉川弘文館〉所収)で、新羅による礼典の求請と唐がこれを賜与することは唐と周辺諸国との対立が終息した後の「秩序維持の象徴」としての外交の一例であると指摘され、坂上康俊「書禁・禁書と法典の将来」(『九州史学』第一二九号、二〇〇一年九月)はこれを指示する。この「秩序維持の象徴」としての礼書の求請とその賜与を契機に唐の周辺諸国では国制とその文化が礼制に適って進められることになる。尚、この礼書の求請については本書第一部第一章「神宮と百座講会と宗廟」注(36)参照。
(12) 本書第一部第一章「神宮と百座講会と宗廟」参照。
(13)『三国史記』巻第八・新羅本紀・聖徳王十三年条「二月、改詳文司為通文博士、以掌書表事」
本書第一部第四章「聖徳王代の政治と外交—通文博士と倭典をめぐって—」参照。
(14)『日本書紀』巻第二十二・推古天皇紀
「二十九年、是歳、新羅遣奈末伊弥買朝貢、仍以表書奏使旨、凡新羅上表、蓋始起于此時歟」
(15) ○『三国史記』巻第四・新羅本紀
法興王十五年、肇行仏法。

真興王十四年春二月、王命所司、築新宮於月城東、黄龍見其地、王疑之、改為仏寺、賜号日皇龍。
○『三国史記』巻第七・新羅本紀・文武王

十九年秋八月、創造東宮、始定内外諸門額号、四天王寺成、増築南山城。
本書第二部第二章「寺院成典と皇龍寺の歴史」参照。
(16) 石母田正『日本古代国家論』第一部(岩波書店、一九七三年五月)所収の「天皇と『諸蕃』」三五〇頁(後に、同著作集第四巻『古代国家論』〔岩波書店、一九八九年四月。三二頁〕に所収)
(17) 『三国史記』巻第一・新羅本紀
○始祖姓朴氏、諱赫居世、前漢孝宣帝五鳳元年甲子、四月丙辰即位、号居西干、時年十三、国号徐那伐。
○脱解尼師今九年春三月…中略…改始林名鶏林、因以為国号。
(18) 『三国史記』巻第十・新羅本紀・憲徳王
十四年三月、熊川州都督憲昌以父周元不得為王、反叛。国号長安、建元慶雲元年。
(19) 『扶桑略記』巻第二十二・宇多天皇・寛平六年条
九月五日、対馬島司言、新羅賊徒船四十五艘到着之由…中略…僅生獲賊一人、其名賢春、即申云、彼国年穀不登、人民飢苦、倉庫悉空、王城不安、然王仰為取穀絹、飛帆参来。
(20) 『旧唐書』巻一百九十九上・新羅国伝
王之所居曰金城、周七八里、衛兵三千人、設獅子隊。
『三国史記』巻第一・新羅本紀・始祖赫居世居西干条
二十一年、築京城、号號金城。
(21) 和田軍一前掲注(5)論文、五三頁。
(22) 『新唐書』巻二百二十・新羅伝には「君子国」の件は「詔璹曰、新羅號君子国知詩書、以卿惇儒、故持節往、宜演経誼、使知大国之盛」とある。
(23) 『新唐書』巻二百一十九・渤海伝に「初、其王数遣諸生詣京師太学習識古今制度、至是遂為海東盛国、地有五京、十五府、六十二州」とある。渤海が盛んに唐に通交し、礼制を基本とした国制の整備が進展したことをうけて、「海東盛国」と表現している。
(24) 『三国史記』巻第九・恵恭王

四年秋七月、一吉飡大恭與弟阿飡大廉叛、集衆圍王宮三十三日、王軍討平之、誅九族。

『三国遺事』巻第二・紀異第二・恵恭王

（大暦之初…至二年丁未…又是年）七月三日、大恭角干賊起、王都及五道州郡并九十六角干相戦大乱、大恭角干家亡、輸其家資宝帛于王宮。

『三国史記』巻第九・新羅本紀・恵恭王

十六年二月、雨土、王幼少即位、及壮淫于声色、巡遊不度、綱紀紊乱、災異屢見、人心反側、社稷杌隉、伊飡志貞叛、聚衆囲犯宮闕。夏四月、上大等金良相與伊飡敬信挙兵、誅志貞等、王與后妃為乱兵所害。

(25)『三国史記』巻第十・新羅本紀・元聖王即位紀

…前略…及宣徳薨、無子。群臣議後、欲立王之族子周元、周元宅於京北二十里、会倉大雨、閼川水漲、周元不得渡、或曰、即人君大位、固非人謀、今日暴雨、天其或者不欲立周元乎。今上大等敬信、前王之弟、徳望素高、有人君之体。於是衆議翕然、立之継位、既而雨止、国人皆呼萬歳」（但し、敬信、即ち、元聖王が前王の弟というのは誤り）

(26)『三国史記』巻第十・新羅本紀・哀荘王

三年、冬十二月、授均貞大阿飡、為仮王子、欲以質倭国、均貞辞之。

(27)『三国史記』巻第十・新羅本紀・哀荘王、即位紀

諱清明、昭聖王太子也、母金氏桂花夫人、即位時十三歳、阿飡兵部令彦昇摂政。

三年、夏四月、以阿飡金宙碧女入後宮。

(28)『三国史記』巻第十・新羅本紀・哀荘王

十年、秋七月、大旱、王叔父彦昇與弟伊飡悌邕将兵入内、作乱弑王、王弟体明侍衛王并害之、追謚王為哀荘。

(29)『三国遺事』巻二・紀異第二「景徳王・忠談師・表訓大徳」条

王玉茎長八寸、無子廃之。封沙梁夫人、後妃満月夫人、謚景垂太后、依忠角干之女也、王一日詔表訓大徳曰、朕無祐、不獲其嗣、願大徳請於上帝而有之、訓上告於天帝…中略…王曰、国雖殆、得男而為嗣足矣、於是満月王后生太子、王喜甚、至八歳王崩、太子即位、是為恵恭大王。

『三国史記』巻第九・新羅本紀・景徳王

十七年、秋七月二十三日、王子生、大雷電、震佛寺十六所。
（30）『三国史記』巻第十・新羅本紀・昭聖王即位紀
（元聖王）五年、奉使大唐、受位大阿飡。
○同憲徳王即位紀
昭聖王同母弟也、元聖王六年、奉使大唐、受位大阿飡。
（31）『三国史記』巻第三・新羅本紀・実聖尼師今
元年三月、與倭国通好、以奈勿王子未斯欣為質。
『三国遺事』巻第一・紀異第一「奈勿王・金堤上」条
第十七那密王即位三十六年庚寅、倭王遣使来朝曰、寡君聞大王之神聖、使臣等以告百済之罪於大王也、願大王遣一王子、表誠心於寡君也、於是王使第三子美海一作吐喜以聘於倭、美海年十歳、言辞動止猶未備具、故以内臣朴娑覧副使而遣之、倭王留而不送三十年。
（32）金庠基「古代의貿易形態와 羅末의 海上発展에 대하여（について）」（『東方文化交流史論攷』乙酉文化社、ソウル、一九四八年六月）。蒲生京子「新羅末期の張保皐の抬頭と反乱」（『朝鮮史研究会論文集』第十六集、一九七九年三月）。〔補〕本書第二部第四章「王権と海上勢力―特に張保皐の清海鎮と海賊に関連して―」参照。

補注

〔補1〕本書第三部第一章「新羅人の渡日動向―七世紀の事例―」参照。

〔補2〕四一四年建立の高句麗広開土王陵碑にも三九八年に王が粛慎に派兵するや、粛慎はこの時以来「朝貢論事」した、と記録する。

〔補3〕前掲〔補1〕参照。

〔補4〕鈴木靖民「天平初期の日羅関係」（『国学院雑誌』第六九編第六号、一九六八年六月。後に、同『古代対外関係史の研究』吉川弘文館、一九八五年十二月に所収）

〔補5〕本書第三部第三章「対日本外交の終幕―日唐間の情報と人物の中継をめぐって」参照。

〔補6〕『日本書紀』巻二十二・推古天皇三十一年（六二三）「大唐学問者僧恵齊・恵光・及医恵日福因等、並従智洗爾等来之。於是、恵日等共奏聞曰、留于唐国学者、皆学以成業、応喚、且其大唐国者、法式備定之珍国也、常須達」

〔補7〕本書第二部第二章「寺院成典と皇龍寺の歴史」参照。

〔補8〕古畑徹「渤海使文化使節的側面の再検討―渤海後期の中華意識・対日意識と関連させて―」（『東洋史論集』第六輯、一九九五年一月）では、玄宗は新羅の「君子国」意識を容認して新羅の文化傾向をさらに昂揚させる使節として邢璹を派遣したとの理解をしめされた。ただ本稿を批判しつつ、「玄宗は新羅を〝中華に類する〟とは評したが、〝凌ごう〟としたとはいっていない」と述べ、本稿において新羅が中華を「凌ごう」としたとの理解があるかのような氏の理解の取り方であるが、本稿には「凌ごう」との字句もまたその理解も示していない。恐らく、古畑氏は拙稿「唐朝における渤海と新羅の争朝事件」（『古代東アジア史論集』下巻、吉川弘文館、一九七八年三月。本書第三部第四章に所収）において、唐朝の儀礼の場面で渤海国使が新羅国使と序列を争った行動に関して、「凌いで」「凌ごうとする外交」との記述を本稿の文脈として取り違えた誤解であろう。ここは玄宗が儒学に精通した邢璹を派遣して「大国儒教之盛」を知らしめたという外交の一側面があることから、玄宗は新羅の「君子国」意識を「窘める」とした旧稿の文意をより鮮明にするために「諭す」と改めた。尚、古畑氏は新羅の「君子国」との呼称の背景に『山海経』巻九・海外東経に「君子国在其北、衣冠帯劔食獣、使二大虎在旁、其人好譲不争」とあること、また、『後漢書』巻八十五・東夷伝に「王制云、東方曰夷、夷者柢也、言仁而好生、萬物柢地而生、故天性柔順、易以道御、至有君子不死之国焉」とあることに関連して、「東方に君子国ありとする伝説」が「文化」を修得しつつある新羅の実情と重なって「君子国」の呼称を生んだと指摘する。また、『諸蕃志』巻上・「新羅国」にも「開耀中遣使乞唐禮及他文従之、屋宇器用服飾官属略倣中国、其治峻法以縄下故少犯、道不拾遺、婚娶不用幣、人知書喜学、斷役之家亦相矜勉、里有庠扁曰局堂、處子弟之未婚者習書射於其中、三歳一試挙人、有進士算学諸科、故號君子国」とあり、『冊府元亀』巻九七五・外臣部・褒異二にも、開元十九年（七三一）に玄宗が新羅国使の金志貞に降書した文に「三韓善隣、時称仁義之郷、代著勳賢之業、文章礼楽、闡君子之風、納款輸忠、效勤王之節、固藩維之鎮衞、諒忠義之儀表」とあって、中国の礼楽、制度を導入した新羅を「君子国」と表している。また、『続日本紀』巻三・慶雲元年（七〇四）七月一日条に遣唐使の粟田真人の帰朝報告があるが、その中で唐人の言として「亟聞、海東有大倭国、謂之君子国、人民豊楽、礼義敦行、今看使人、儀容大浄、豈不信乎」ともあって、日本に向けても中国に伝わる「東方君子国」伝承と君子国観が発露している。ま

た、思託撰『延暦僧録』（『東大寺要録』所収）にも遣唐使の藤原河清らについて「又発使入唐、使至長安、拝朝、不払塵、唐主開元天地大寶聖武應道皇帝云、彼國有賢主君、観其使臣、趍揖有異、即加號日本為有義禮儀君子之國」とあり、日本にも向けた「君子国」観を表している。尚、李基東「新羅聖徳王代의 政治와 社会―〝君子国〟의 内部事情―」（『歴史学報』第一六〇輯、一九九八年十二月）は「君子国」たる新羅の国制の儀礼的側面を説く。

〔補9〕本書第二部第三章「下代初期における王権の確立過程とその性格」参照。

〔補10〕石井正敏「八・九世紀の日羅関係」（田中健夫編『日本前近代の国家と対外関係』吉川弘文館、一九八七年四月）の注（36）で「王子金泰廉」は景徳王代の正妃の出生になる王子でなくても庶子の王子である可能性を考慮すべきことを示唆された。『新唐書』渤海伝に「諸子曰王子」とあることがこの示唆を肯かせもする。しかし、「新羅本紀」に均貞を「仮王子」となすとある「仮王子」を準備する新羅の外交手法は注目してよい。

〔補11〕金泰廉一行の使命とその背景については田村圓澄「東大寺大仏参拝団の来日」（『日本歴史』第四八三号、一九八八年八月）では開眼間もない東大寺大仏を参拝することを推定し、李成市『東アジアの王権と交易―正倉院の宝物が来たもうひとつの道―』（青木書店、一九九七年七月）では交易の側面を重視する。

〔補12〕本書第三部第一章「新羅人の渡日動向―七世紀の事例―」参照。また、この「王子忠元」は六七五年二月に渡日したが、六八三年には神文王の宰相となっている（『三国遺事』巻三・「霊鷲寺」条）

〔補13〕東野治之『正倉院文書からみた新羅文物』（『日本のなかの朝鮮文化』第四十七号、一九八〇年九月。後に、同『遣唐使と正倉院』岩波書店、一九九二年七月）、李成市「天寶後期の唐・羅・日關係をめぐって」（『春史卞麟錫教授還暦紀念唐史論叢』一九九五年五月）、李成市『古代東アジアの民族と国家』〔第一二章、正倉院所蔵新羅氈貼布記の研究―新羅・日本間交易の性格をめぐって―〕（岩波書店、一九九八年三月）参照。

〔補14〕森克己「慈覚大師と新羅人」（天台学会『慈覚大師研究』、一九六四年四月。後に森克己『続日宋貿易の研究』〔国書刊行会、一九七五年十月〕に所収）参照。また、石井前掲〔補注10〕論文の「六、新羅公使途絶後の日羅関係」では、『日本後紀』の記録によって、八〇四年に大伴宿祢岑万里が新羅に使して前年に派遣した遣唐使の新羅海岸への漂着の消息を求めたが、これに先だって新羅へ遣唐使派遣の案内を通知した遣新羅使とが『三国史記』の八〇三・八〇四年に見えた「日本国使」と関連すると推測されている。

〔補15〕　奥村周司「高麗における八関会的秩序と国際環境」（『朝鮮史研究会論文集』第十六集、一九七九年三月）参照。
〔補16〕　朴南守『新羅手工業史』（図書出版　新書苑、一九九六年一月）参照。

〔Ⅰ〕八世紀・第Ⅰ期の新羅・日本外交年表

※出典の内、表記のないものは全て『続日本紀』の当該年条。
※『三国史記』は新羅本紀の当該年条。
※外交形式欄の数字は月・日を示す。11・8は十一月八日。

西暦	新羅王・年	日本天皇・年	新羅使 大使	新羅使 官位名	新羅使 等位	新羅使 性格	新羅使 人員数	外交形式・その他	遣新羅使 大使	遣新羅使 官位名	外交形式・その他
七〇〇	孝昭王	文武・4年						11・8来りて母王の喪を赴ぐ。	佐伯宿弥麻呂	直広肆	5・13任命、小使は佐味朝臣賀佐麻呂（勤大肆）。10・19新羅より至り、孔雀及び珍物を献ず。
七〇一		大宝元年	金所毛 金順慶	薩飡 級飡	8 9	告喪使 小使		1・14金所毛卒す。絁150疋、綿932斤、布100段を賻り、小使及び水手以上に禄を賜う。			
七〇三	聖徳王・2年	3年	金福護 金孝元	薩飡 級飡	8 9	告喪使 小使		1・9来りて国王の喪を赴ぐ（表奏）。閏4・1新羅客を難波館に饗す。5・2金福護ら蕃に還る。5・3流来の新羅人を福護らに付けて本郷に還す。	波多朝臣広足	従五位下	7月、日本国使至る、摠204人。（三国史記）9・22任命、小使は額田人足。10・25大使、小使に衾一領、衣一襲を賜い、新羅王に錦一匹、絁40匹を賜う。
七〇四		慶雲元年							幡文通	正六位上	8・3新羅より至る。10・9任命。10・16幡文通に造姓を賜う。
七〇五		2年	金儒吉 金今古	一吉飡 薩飡	7 8	貢調使 小使		10・30来献す。11・13諸国の騎兵を徴発して新羅使を迎えんとす。12・27金儒吉ら入京。			5・24新羅より至る。
七〇六		3年						1・1天皇、大極殿に朝を受く。新羅使、列に在り。朝廷			

								の儀衛常より異る。1・4新羅使、調を貢ぐ。1・7金儒吉らを朝堂に饗す。諸方楽を庭に奏でて、位を叙し禄を賜う。1・12金儒吉ら蕃に還る。閏1・13新羅の調を伊勢神宮及び七道の諸社に奉ず。	美努連浄麻呂	従五位下	8・21任命、副使は対馬連堅石（従六位下）。11・13新羅国王に勅書を賜う。
七〇七		慶雲4年									5・28浄麻呂、学問僧の義法・義基、惣集、慈定、浄達らと新羅より至る。
七〇九		元明・和銅2年	金信福	記録なし				3・14海陸両道を取りて新羅使を喚ぶ。5・20新羅使、方物を貢ぐ。5・27金信福らを朝堂に宴し、蕃を賜う。新羅国王に絹20疋、美濃絁30疋、絲200絇、綿150屯を賜う。是の日、右大臣藤原朝臣不比等、新羅使を弁官庁内に引きて語る。6・1金信福ら国に還る。			
七一二		5年							道君首名	従五位下	9・19任命。10・28辞見。
七一三		6年									8・10新羅より至る。
七一四		7年	金元静	重阿飡	6		20余人	11・11朝貢す。畿内七道の騎兵990を差発し、入朝の儀衛を			

								擬さんとす。11・15使を遣わし、新羅使を筑紫に迎う。12・26新羅使、入京す。騎兵170、これを三崎に迎う。			
七一五		霊亀元年						1・16百寮の主典以上並びに金元静らを中門に宴す。諸方楽を奏でて禄を賜う。1・17大射を南闈に賜うに、新羅使射列にあり、綿を賜る。3・23金元静ら蕃に還る。大宰府に勅して綿5450斤、船一艘を賜う。			
七一八		元正・養老2年							小野朝臣馬養	正五位下	3・20任命。5・23辞見。
七一九		3年	金長言	級飡	9	貢調使	40(30)人	5・7来朝。閏7・7調物并びに騾馬の牡牝各1疋を献ず。閏7・11金長言らに宴を賜い、新羅国王及び長言らに禄を賜う。閏7・17金長言ら蕃に還る。	白猪史広成	従六位下	2・10来帰。閏7・11任命　8・8拝辞
七二一		5年	金乾安 金弼	一吉飡 薩飡	7 8	貢調使 副使		12月、是月、筑紫に来朝す。太上（元明）天皇の登避に縁り、大宰より放還す。			
七二二	21年	6年							津史主治麻呂	正七位下	5・10任命。5・29拝朝。10月、新羅、毛伐郡城を築き日本の賊路を遮つ。（三

											国史記・三国遺事の孝成王条） 12・23還帰。
七二三		養老7年	金貞宿 昔楊節	韓奈麻 〃	10 10	 副使	15人	8・8来貢す。8・9金貞宿らを朝堂に宴し、射を賜い、諸方楽を奏でる。8・25蕃に帰る。			
七二四		聖武・神亀元年							土師宿弥豊麻呂	従五位上	8・21任命。
七二五		2年									5・23還帰。
七二六		3年	金造近	薩飡	8	貢調使		5・24来朝。6・5調物を貢ぎ、金順貞の卒去を奏す。6・6金造近らを朝堂に饗し、禄を賜う。7・13金奏勲（造近）ら国に還る。璽書を賜い、故金順貞に黄絁100疋、綿100屯を贈る。			
七三一	30年										4月、日本国兵船300艘、海を越え新羅の東辺を襲う。新羅、兵を出して大いに破る。（三国史記）
七三二		天平4年	金長孫	韓奈麻	10		40人	1・22来朝。3・5大宰府より召す。5・11入京。5・19新羅使、朝を拝し種々の財物、幷びに鸚鵡一口、鴝鵒一口、蜀狗一口、猟狗一口、驢二頭、	角朝臣家主	従五位下	1・20任命。2・27拝朝。8・11還帰。

西暦	新羅王・年	日本天皇・年	新羅使 大使	新羅使 官位名	新羅使 等位	新羅使 性格	新羅使 人員数	外交形式・その他
								騾二頭を進め、来朝の年期を奏請す。5・21金長孫らを朝堂に饗し、詔して来朝の期は三年一度を以て許し、新羅王幷びに使人らに禄を賜う。6・26蕃に還る。

〔II〕八世紀・第II期の新羅・日本外交年表

西暦	新羅王・年	日本天皇・年	新羅使 大使	新羅使 官位名	新羅使 等位	新羅使 性格	新羅使 人員数	外交形式・その他	遣新羅使 大使	遣新羅使 官位名	外交形式・その他
七三四		聖武・天平6年	金相貞	級伐湌	9	貢調使		12・6来泊。			
七三五		7年						2・17入京。2・27多治比真人縣守を兵部曹司に遣わして新羅使の入朝の旨を問う。新羅国たちまち本号を改め王城国という。茲に因りて新羅使を返却す。			
七三六		8年							阿倍朝臣継麻呂	従五位下	2・28任命、副使は大伴宿弥三中（従六位下）、大判官は壬生使主宇太麻呂（従六位上）、少判官は大蔵忌寸麻呂（正七位上）。4・17拝朝。
七三七		9年									1・27大判官、少判官ら入京、大使は津島に泊り卒す。

										副使は病に染り、入京するを得ず。2・15新羅国の常礼を失い、使旨を受けざることを奏す。2・22諸司、意見表を奏して、或いは使を新羅に遣わしその由を問い、或いは征伐を加えんことをいう。3・28副使ら40人拝朝。4・1伊勢神宮、大神社、筑紫の住吉・八幡の二社及び香椎宮に新羅の礼なき状を奉告す。
七三八		天平10年	金想純	級飡	9		147人	1月、是月来朝。6・24大宰府に使を遣わし、新羅使に饗を賜い、即ち放還す。		
七四〇		12年							紀朝臣必登	外従五位下	3・15任命。4・2拝辞。9・21遣新羅使船、長門国に泊るという。10・15還帰。
七四二	景徳王元年	14年	金欽英	沙飡	8		187人	2・3来朝。2・5新京草創にして宮室いまだ成らざるを以て、金欽英らを大宰府に饗して放還す。			10月、日本国使至るも納れず。(三国史記)
七四三		15年	金序貞	薩飡	8			3・6来朝、多治比真人土作らを筑前に遣わして、供客の事を検校せしむ。4・25新羅使の調を土毛と改称し、書奥			

								に物数を注するは、旧例に稽して常礼を大いに失なうを以て、放却せしむ。			
七五二		孝謙・天平勝宝4年	金泰廉 金　暄 金弼言	韓阿飡 記録なし	5	王　子 貢調使 送王子使	700余人	閏3・22船七艘に乗りて来泊。閏3・28大内、山科、恵我、直山等の陵に新羅王子来朝の状を奉告す。6・14金泰廉ら拝朝して調を貢ぎ、奏して新羅王、王子金泰廉を首となし使下三七〇余人を入朝せしむ、という。6・17朝堂に金泰廉らを饗し、詔して今より以後、国王親から来たりて宜く辞を以て奏すべし。もし余人をして入朝せしめば必ず須く表文を賚しむべし、という。6・22金泰廉ら大安寺、東大寺に礼仏す。7・24泰廉ら難波館に在り、勅して絁布幷びに酒肴を賜う。	山口忌寸人麻呂	正七位下	1・25任命。
七五三	12年	5年							小野朝臣田守	従五位下	2・9任命。8月、日本国使至る、慢りて礼なし、新羅王まみえず。(三国史記)
七五四		6年						1・30遣唐副使の大伴宿弥古麻呂、唐国より至り、奏して天宝十二載（七五三）朝賀の			

								儀において新羅使と席を争うをいう。			
七五九		淳仁・天平宝字3年									6・18新羅を伐たんとして大宰府に行軍式を造らしむ。8・6香椎廟にまさに新羅を伐つべき状を奏す。9・4大宰府に勅して、新羅人の還るを願う者は粮を給して放却せしむ。9・19新羅を伐つ為に、北陸、山陰、山陽、南海道の諸国に船五〇〇艘を造らしむ。
七六〇		4年	金貞巻	級湌	9			9・16朝貢。藤原恵美朝臣朝獦らに来朝の由を問わしめ、新羅の礼を欠くるを責めて、使人の軽微ならば賓待するに足らず、専対の人、忠信の礼、仍旧の調、明験の言の四者を備具し来朝すべし、と金貞巻に告ぐ。			
七六一		5年									1・9新羅を伐たんとして、美濃、武蔵二国の少年各20人に新羅語を習わしむ。
七六二		6年									11・16新羅を伐つ軍旅を調習せんとして、香椎廟に奉幣す。

七六三		7年	金体信	級湌	9		211（311）人	2・10朝貢。大原真人今城ら、先に金貞巻に約束せる旨を問うに、金体信は唯、調を貢ぎ、余事に至っては知らず、と答う。今城、体信に今より以後、王子に非ずんば執政大夫らをして入朝せしめんことを新羅王に告げよ、という。			
七六四		8年	金才伯	奈麻	10		91人	7・19博多津に到着。紀朝臣牛養らその由緒を問うに、金才伯ら執事の牒を齎して日本国の僧・戒融の消息を求む、という。また、牛養ら問うに、新羅より投化せる百姓の言らく、本国が兵を発して警備す、これ疑うらくは日本国の来りて罪を問うならんかと、その事、虚実いかん、と。金才伯ら答えて、唐国擾乱して海賊繁し、これを以て甲兵を徴発し縁辺を防守せしむ、という。大宰府、新羅の執事に報牒して、僧・戒融の去年一〇月高麗国より還帰するをいう。			

七六八	恵恭王	称徳・神護景雲2年									10・24新羅の交関物を買わんが為に左右の大臣らに大宰の綿を賜う。
七六九		3年	金初正	級湌	9	導送者	187人 39人	11・12対馬嶋に到着。12・19大伴宿弥伯麻呂らを大宰に遣わして入朝の由を問うに、新羅使、在唐の藤原河清、学生朝衡らの書を送り、使次によりて土毛を貢ぐ、という。また、土毛と称する義を問うに、附貢するを以て調と称さず、と答う。			
七七〇		光仁・宝亀元年						3・4堅部使主人主、金初正らにこの度は賓礼に預らしめざるに唐国の消息、清河らの書を進むるを以て、大宰府に饗賜せしむ、という。新羅国王に禄絁25疋、絲一〇〇絇、綿二五〇屯を賜い、初正らにも賜う。			
七七四		5年	金三玄	沙湌	8	礼府卿	235人	3・4大宰府に到泊。紀朝臣広純ら来朝の由を問うに、旧好を修め、毎に相聘問せんことを請い、国信物及び藤原河清の書をもって来朝す、という。広純らに勅して、調を信物と称し、朝を修好となすは			5・17大宰府に勅して、今より以後、来着せる新羅蕃人は粮を給してみな放還せしめよ、という。

								殊に礼数なし、渡海料を給して早速に放還すべし、という。			
七七九		10年	金蘭蓀 金　巖 薩仲業 金貞楽 金蘇忠	薩　湌 級　湌 韓奈麻 奈　麻 韓奈麻	8 9 10 11 10	貢調使 副　使 大判官 少判官 大通事		10・9大宰府に勅して、来朝の由を研問し、表函を責めしむ。10・17大宰府に勅して、唐客高鶴林らと新羅の貢調使と共に入京せしむ。（三国史記・金庾信伝の庶孫巖条にも記録あり）。11・3内蔵忌寸全成を大宰府に遣わし、金蘭蓀の入朝の由を問わしむ。	下道朝臣長人	正六位上	2・13任命（遣唐判官の海上真人三狩らを新羅に迎えんが為なり。）7・10三狩らを率いて来帰す。
七八〇	宣徳王	11年						1・2高鶴林、金蘭蓀ら拝賀。1・5新羅使、方物を献じ、口奏して御調を貢ぎ海上三狩らを進む、という。唐及び新羅使を朝堂に宴して禄を賜う。1・6新羅使らに官位を授け当色幷びに履を賜う。1・7五位以上及び唐・新羅使らを朝堂に宴して禄を賜う。1・16唐・新羅使に射及び踏歌を賜う。2・15新羅使、蕃に還る。新羅使に璽書を賜いて、国王に問い、後の使は必ず須く表函を齎らし、礼を以て進退せしむべし、いま筑紫府及び対馬らの戍に勅して、表を			

								もたざる使は境に入らしむることなからしむ、という。			
七八六	元聖王	桓武・延暦5年									10・11日本王文慶、使を遣わし、金50両を以て万波息笛を請う。（三国遺事・元聖大王条）
七八七		6年									7・7日本王、金一〇〇〇両を以て、また万波息笛を請う。（三国遺事・同右）
七九九	昭聖王	18年							大伴宿祢峰麻呂	正六位上	4・16任命。録事は林忌寸真継（正六位上）。5・29遣新羅使を停む。
八〇二	哀荘王・3年							12月、均貞に大阿飡を授けて仮王子となし、倭国に質せんとするも均貞これを辞す。（三国史記）			
八〇三	4年							7月日本国と交聘して好を結ぶ。（三国史記）			
八〇四	5年	23年							大伴宿祢岑万里	正六位上	5月、日本国、使を遣わして黄金三〇〇両を進む。（三国史記）9・18新羅に遣唐使船の漂着を尋訪す。（日本後紀）
八〇六	7年										3月、日本国使至る。新羅王、朝元殿に引見す。（三

											国史記）
八〇八	9年										2月、日本国使至る。新羅王、礼を厚くしてこれを待す。（三国史記）
八一一	憲徳王	嵯峨・弘仁2年						8・12流来の新羅人、金巴兄、金乗弟、金小巴の三人を、願いにより新羅に還す。（日本後紀） **これより以後、新羅船の漂着、新羅人（商人）の来着頻繁となる。**			

第三章　対日本外交の終幕

——日唐間の情報と人物の中継をめぐって——

はじめに

八世紀以降の新羅は、国王の代替わりごとに唐の冊封をうけて、朝貢の関係を進展させた対唐外交に対応して、日本とは対等な隣国の関係を設定することになる。それゆえに、新羅にたいして執拗に朝貢の関係をもとめる日本からは、外交の形式をめぐってきびしい注文をうけることがつづいた。この新羅の対日本外交は、唐とのあいだでは外交と文化の交流がさかんであったこととは対照的であり、新羅は対日本外交に腐心を余儀なくされていた。

この腐心は、新羅国内においては、唐との隆盛な外交に保障されて拡大する貿易の物資と、これにも刺激されて生産される新羅の国産品等を日本に貿易する課題が難航することにも及ぶのである。この対日本外交において形式と実益との調整をもとめられていたのが八世紀なかばの景徳王と恵恭王の二代の新羅王廷であり、ひるがえって日本についても課題はおなじであろう。(1)

筆者は、さきに八世紀前半の両国の外交形式をめぐる摩擦の根底には、新羅が唐との冊封関係を回復し、これを推進することにともなって国制の整備が進展し、これらのことによって自尊の意識が成長したことがあることを論じた。(2)

また、そうした二国の関係のなかで、新羅が唐の勅使の命をうけて、留唐学僧の戒融の消息を日本に求めた外交の経

過とその意義を考察したことがある。(3)

これらの視点をふまえて、本稿では、新羅が唐朝の意志やその情報を背景として対日本外交をおこなった四度の事例をとりあげ、唐朝の存在を背景とした場合では、両国の外交関係がどのように展開し、また、いかなる意義をもつのか、という点について検討し考察を進めたい。(4)

第一節　日本僧の帰国消息を唐に伝達すること

○景徳王二十三年・天平宝字八年（七六四）の事例

七六四年七月、新羅の景徳王は官位第十位の大奈麻の位をもつ金才伯ら九十一人を日本に派遣した。大宰府の博多津に到着した使節は日本の労問使に使命を問われたが、その詳細はつぎのとおりである。

〈史料A〉『続日本紀』巻二十五、淳仁天皇

（天平宝字八年七月）○甲寅（十九日）。新羅使大奈麻金才伯等九十一人到着大宰博多津。遣右少弁従五位下紀朝臣牛養。授刀大尉外従五位下粟田朝臣道麻呂等。問其由緒。金才伯等言曰。唐国勅使韓朝彩自渤海来云。送日本国僧戒融。令達本郷已畢。若平安帰郷者。當有報信。而至于今日。寂無来音。宜差此使其消息欲奏天子。仍齎執事牒。参大宰府。其朝彩者。上道在於新羅西津。本国謝恩使蘇判金容為取大宰報牒寄附朝彩。在京未発。問曰。比来彼国投化百姓言。本国発兵警備。是疑日本国之来問罪也。共事虚実如何。対曰。唐国擾乱。海賊寔繁。是以徴発甲兵。防守縁辺。乃是国家之設。事既不虚。及其帰日。大宰府報牒新羅執事曰。検案内。被乾政官符祢。得

大宰府解称。得新羅国牒称依韓内常侍請欲知僧戒融達不。府具状申上者。以去年十月。従高麗国。還帰聖朝。府宜承知即令報知。

新羅使の金才伯の到着を報告する大宰府からの「解」をえた太政官では早速に労問使を派遣した。日本政府は前年二月の金体信ら百十一人の新羅使がその使命を「貢調」としながらも、先だつ七六〇年の新羅使の金貞巻にもとめた今後の使者たる要件としての「専対の人、忠信の礼、乃旧の調、明験の言」の四条件を今回は備えていない軽使であった点を責め、以後の使者には「王子にあらざれば執政大夫」を派遣するよう、新羅の使者の資格を強要していた。(5) それゆえに、この金体信の帰国から一年数ヵ月後の今回の金才伯には、その来日の早さからも使命の問いは急がれたのであろう。

金才伯の使命は、前二回の使者が外交形式をめぐる論議をくりかえし、使命を十分に果たしていないながらも、両国関係の一定の年期を経てのほぼ定例的な使節の派遣であったことに照らしてみれば異例であった。それは、唐の勅使の要請によって日本に使者を派遣したからである。

即ち、七六二年、唐は渤海の大欽茂を渤海郡王から渤海国王に冊封した。これをうけて、韓朝彩は、おそらくその冊書をたずさえて渤海国に使行したのだが、この使行には日本の留唐学僧の戒融をともなっていた。渤海と日本との外交ルートにのせて戒融を帰国させることも韓朝彩がになったまたひとつの使命であったと推定されるが、この戒融が無事に日本へ帰着したかどうか、その消息をえようと日本へは海路のより近いと思われた新羅に使者の派遣を要請して戒融の消息をもとめたのである。

新羅では、予期せぬ唐の勅使の来国である。勅使の要請にこたえて、すぐさま日本に使者を派遣するいっぽうでは、唐に通う新羅の西の港に待つ勅使のもとに、蘇判という第三位の高い官位をもつ金容を謝恩の使者として、やがて得るであろう戒融の消息を伝えるべく準備していた。

一方、金才伯を迎えた日本では、その使命の根源が唐の勅使にあり、そのことは、唐の皇帝にもつらなること、さらには使命の内容が、日本への帰国にあたって唐朝の厚い配慮をうけた留唐学僧の消息をたずねることであったから、金才伯の高くはない第十位の官位についてなどの外交形式を責めた形跡は認められない。

かくて、戒融が前年の十月に渤海国から日本に帰国していた情報は、金才伯から新羅政府にとどけられ、謝恩使の金容によって韓朝彩のもとへ、やがて唐朝にも報告されたにちがいない。

ところで、日本側は金才伯との問答の機会をとらえて新羅の軍事を問うている。それは、「近年、日本に来住する新羅人たちが〝新羅では兵を集めて警備しているが、これは日本が攻めてくるからではないか〟と言っているが、この真相はどうであろうか」という問いである。七五八年、渤海国に派遣された小野田守が帰国するや、渤海国で入手した唐国における安史の乱の情報を報告していたから、(6)この情報と関連して、新羅の軍事の風説は解明すべき問題であった。金才伯の回答は、来住の新羅人が案ずるようには、新羅の軍事が日本を警戒したものではなかったから、日本側の疑問の一端は晴れた。しかし、安史の乱による唐国の混乱は海上に及んで、新羅がこれに警戒しているという深刻な海外事情はあらたに対応すべき情報であろう。(7)

さて、今回の金才伯の外交は唐、渤海、新羅、日本につらなる情報の交換であったから、儀礼を重んずる外交形式とは次元を異にして、関係国の外交政策に新しい局面を開いたのではなかろうか。即ち、新羅では唐朝の命に由来して日本に遣使し、また唐の事情を日本に通知する外交は、それまでの外交形式をめぐる両国の論議とは異なる交渉の局面が生ずることを学んだのである。

他方、日本は新羅の外交形式を論難して使者を帰国させてしまっては、渤海と同じく新羅によっても唐国の情報を得る実益を失いかねないことを経験したのである。ここに、外交の場における形式と情報収集という、貿易とは異質ながらこれに密接する外交利益とをどのように調整するかが、日本側の対新羅外交のあらたな課題となってくるのである。さらに、唐朝では当然のことともいえるが、新羅を通じても日本と間接的ではあるが、情報を通じ得ることを確認できたことである。

第二節　在唐日本人の書簡を日本に伝送すること

○恵恭王五年・神護景雲三年（七六九）の事例

七六九年十一月、新羅は前回の使節から五年をおいて官位第九位の級飡の位をもつ金初正を大使とする使節団百八十七人と導送者三十九人の合計二百二十六人を日本に派遣した。導送者とは、これまでの新羅の使節団の記事にはその名称を見ないこと、また、大使ら百八十七人と区分され記録されていること、それに三十九人の規模であることから考えて、新羅船の航行と修理などを担当する水手、船工などであろうと推測されるが、また、外交にともなう交易に従事する民間人の随行も推定される(8)。

金初正ら一行は、十一月丙子（十二日）に対馬島に到着して、十二月癸丑（十九日）には大宰府にて「入朝の由」、即ち使命を問われている。その詳細はつぎの史料①のとおりである。

《史料B》①『続日本紀』巻三十、称徳天皇（神護景雲三年十一月）○丙子（十二日）。新羅使級飡金初正等一百八十七人。及導送者三十九人。到着対馬嶋。○

（十二月）癸丑（十九日）。遣員外右中弁従四位下大伴宿弥伯麻呂。摂津大進外従五位下津連真麻呂等於大宰。問新羅使入朝之由。

（宝亀元年〈七七〇〉三月）○丁卯（四日）。初問新羅使来由之日。金初正等言。在唐大使藤原河清。学生朝衡等。属宿衛王子金隠居帰郷。附書送於郷親。是以。国王差初正等。今送河清等書。又因使次。便貢土毛。又問。新羅貢調。其来久矣。改称土毛。其義安在。對言。便以附貢故不称調。至是。遣左大史外従五位下堅部使主人主。宣告初正等日。前使貞巻帰国之日。所仰之政。曾無申報。今亦徒持私事参来。所以。此度不預賓礼。自今以後。宜如前仰。令可申事人入朝者。待之如常。宜以此状。告汝国王知。但進唐国消息。并在唐我使藤原朝臣河清等書。嘉其勤労。仰大宰府安置饗賜。宜知之。賜国王祿絁二十五疋。絲一百鉤。綿二百五十屯。大使金初正已下各有差。

②『文苑英華』巻二九七、行邁九、銭起

「送陸珽侍御使新羅」

衣冠周柱史。才学我郷人。受命辞雲陛。傾城送使臣。去和滄海月。帰思上林春。始覚儒風遠。殊方礼楽新。

「重送陸侍御使日本」

萬里三韓国。行人満目愁。辞天使星遠連。臨水簡霜秋。雲帆迎仙島。虹旌過蜃楼。定知懐魏闕。廻首海西頭。

来日の使命を問われて、金初正は「唐の朝廷に宿衛していた新羅の王子と、また金隠居とが新羅に帰国する際に、唐にとどまる日本の遣唐大使の藤原河清と留唐学生の朝衡（阿倍仲麻呂）が日本の縁者にとどけるようにと彼らに書簡を託したから、新羅国王の命によって、この書簡を送ってきた」と答えている。このとき、金初正はこの使いのついでに「土毛」を献上するという外交形式を述べたから、「土毛」の外交用語をめぐって、この度も日本側から外交の形式を責められている。即ち、新羅は「調」を献上すべき臣属の国であるとみなす日本側は「土毛」の用語に不満をいだき、「土毛」と改称した意図を問うたのである。金初正の回答は、〃ただ今回は在唐の藤原河清と学生の朝衡の書簡を伝送する使いに添えて献上する国の産物であるから、「調」とは言わない〃、との外交姿勢を主張したのであった。

そこで、翌七七〇年三月、金初正は労問使の堅部使主人主から応援に関して宣告をうけている。即ち、先の七六〇年に来日した〃金貞巻に今後の使者には「専対の人、忠信の礼、乃旧の調、明験の言」の四条件をそなえた人物を派遣してくるよう伝えたのだが、そのことは満たされてこなかった。今回は、遣唐大使と留学生の書簡を伝送するとはいえ、届けさきは政府ではなく「郷親」である。このプライベートな「私事」に促がされた来日であるから賓待しない。今後、金貞巻に伝えたように、「調」を携えた責任ある使者を派遣してくれば、賓待すべきことを新羅国王に伝えよ〃との宣告である。

ただ、在唐の二人の日本人の書簡をとどけたばかりでなく、このことに付随して最新の「唐国消息」をも伝えたことは、日本側の外交形式に固執する姿勢をやわらげさせている。即ち、金初正らは平城京に入城は許されなかったものの、大宰府において供宴にあずかり、帰国にさいしては新羅国王をはじめ、金初正以下の使節団員にも絁などの物資を支給されたのである。大使らが日本から賜物をうけたのは、七五二年に派遣した「王子金泰廉」以来のことであり、しかも、新羅国王にも支給されたのは七三二年以来のことである。

今回の対日本外交において留唐学生と遣唐使の二人の書簡を伝送するとともに「唐国消息」を通知したことが日本側の外交形式の姿勢をいったんは軟化させる効果を現わしたといえるが、また、日本側では前年に新羅との交易にそなえて、「大宰の綿」を左右の大臣らに与えており、金初正が大宰府に滞在する間にも交易が展開したものと思われる。(9)

さて、在唐する二人の日本人の書簡を伝送する外交過程では、まず書簡を寄託された新羅の「宿衛王子金隠居」について考察しておきたい。周知のように、宿衛王子とは唐に派遣されて皇帝の近くにつとめる周辺諸国からの王子のことであるが、唐に長い年月の間滞在する者もいた。中瀅植氏の研究によっても新羅人の宿衛王子の存在は七三四年の金志廉のあと、八〇六年の金献忠までの間には記録には明確な名を見ない。しかし、宿衛王子のほかにも、宿衛した新羅人はこの頃では、後掲の《史料D》③の金巖のように新羅の名族の青年も多くいた。(10)

金隠居は『旧唐書』巻一百九十九上・新羅国伝に「大暦二年、憲英卒、国人立其子乾運為王、仍遣其大臣金隠居奉表入朝、貢方物、請加冊命」とあり、『新唐書』巻二百二十・新羅伝には「大暦初、憲英死、子乾運立、甫丱、遣金隠居入朝待命。詔倉部郎中帰崇敬往弔、監察御史陸珽、顧愔為副冊授之、并母金為太妃」ともある。景徳王（憲英）が死亡して恵恭王が即位したが、この時、新王の冊封を要請して金隠居が唐に派遣されたことは、このほかに、『冊府元亀』巻九六五・外臣部・封冊第三と『三国史記』新羅本紀の恵恭王三年（七六七）と同四年条などに見える。(11)

金隠居は恵恭王四年（七六八）に冊封使の帰崇敬らを案内して新羅に帰国し、〔補1〕その年の十月には侍中に任ぜられ、恵恭王六年（七七〇）には侍中を辞任して、同十一年（七七五）に謀反をおこし誅せられている。この金隠居の動向を考えると、前述の藤原河清らの書簡は金初正のいうように、冊封を要請して入唐した金隠居らが帰国するさいに寄託されたと読みとれはするが、その経緯は後述するように、新羅国王への冊封行に関わる唐朝の冊封使らの仲介も考慮されてよかろう。

記録には、この時、金隠居の官位は第二位の伊飡であり、「大臣」とも「臣」ともあり、帰国の年には執事部の長官の侍中に任ぜられているが、金隠居に関しては恵恭王の冊封を要請して入唐した以前にも、宿衛王子として入唐していたとの記録はない。また、そのことは推察されない。そこで、先の「宿衛王子金隠居」とは「宿衛王子と金隠居」

の二人のことと読みとることも可能であるが、(12)また、「宿衛王子」の四文字は朝衡らの書簡を寄託されたという金隠居をことさらに飾って対日本外交の効果を考えた造作の「宿衛王子」であったとも考える余地がなくもない。この「宿衛王子」が対日本外交の進行を図って日本に派遣される「仮王子」の策に通ずるからである。〔補2〕しかし、金隠居が新王の冊封を要請して入唐し、その帰国に当たってこの時まで宿衛にあった名を伝えぬ新羅の王子がともに帰国したことも考えられる。

さて、いま一歩考察を進めておきたいことは、藤原河清と朝衡の二人が新羅の政府ルートにのせて「郷親」への書簡を寄託した事情である。というのも、藤原河清は遣唐使として七五〇年に入唐する際には、新羅を警戒して遭難などの危険度の高い南島路によっていた。しかも、唐においては、七五三年正月の朝賀の儀において、副使の大伴古麻呂とともに新羅の使節と席位を争い、その上位を獲得していた。(13)この新羅との関係では非友好的ともいえる経過は二人が帰国する新羅の王子と金隠居に日本の「郷親」宛の書簡を寄託したと理解することには違和感を思わしめる。まして、藤原河清は先の七五九年に渤海国の官人に書簡を寄託して日本に送っていたことが(14)あるからでもある。

ところで、金隠居に導かれて新羅に使行する冊封使の帰崇敬は、この使行においては清廉かつ有徳の使者として名を残しているが、(15)その副使であった監察御使の陸珽がここでは注目される。

《史料B》②『文苑英華』にのる銭起の「送陸珽侍御使新羅」と「重送陸侍御使日本」の二篇の詩によれば、〝大暦の十才子〟と称され、送別詩の達人と称された銭起が陸珽に詩を贈っているのだが、(16)また、『文苑英華』の同巻には李益や吉中孚と耿緯らが帰崇敬に贈った「送帰中丞使新羅冊立弔祭」の詩と、さらに、副使の顧愔に従弟の顧充が贈った「送従兄使新羅」の送別の文がおさめられている。

こうした送別をうけて、冊封使の帰崇敬と行をともにする副使の陸珽は、新羅への使行ののちに日本へも使行することが、唐の長安を出立するに際して予定されていたのではなかろうか。新羅行を終えて唐に帰国したのちに、再度に日本に使行するものとは詩風をおなじくする銭起の先の二篇の詩からは思われない。

また、そうした関係史料もなく、さらには、陸珽は日本に使行してはいない。銭起には「送僧帰日本」の送別詩もあるが、先の二篇の送別詩からは、新羅へ、また唐にあっては海路はるかにと思われた日本へ使行することになった陸珽に、銭起がかさねて詩を贈ったものと理解される。

この陸珽の日本へ使行する予定は、朝衡と藤原河清の書簡が入唐の新羅官人の手をへて日本に伝送された経過のなかでは黙視できない。むしろ、陸珽の予定された日本行こそ二人の書簡を日本に送ることと深く関係していたのではなかろうか。七六七年、朝衡は安南都護の任を終え、長安へ帰京の途にあったから[17]、帰崇敬と陸珽の新羅への冊封行が準備された七六八年には長安にいたはずである。

また、藤原河清は七五三年、朝衡とともに日本へ帰国の船出をしたが、安南に漂着して唐にとどまっていた。この二人の交流に代宗の配慮が加わって陸珽の日本行が予定されたのではなかろうか。しかし、陸珽は新羅の都の金城にとどまり日本には至らなかった。このことが新羅王が金初正らに命じて書簡を日本に伝送させた背景であろうと推測される。

こう推測してくると、今回の金初正の日本派遣は、去る五年前に唐の勅使の韓朝彩の要請で金才伯を日本に派遣した例とおなじく、新羅の対日本外交の背景に冊封使すなわち勅使が帯びた唐朝の意志が介在した事例のまた一つを見ることができる。

○恵恭王十年・宝亀五年（七七四）年の事例

七七四年三月、新羅は前回、金初正に藤原河清と朝衡の書簡を日本に伝送させて以来四年をへて、礼府の次官であり、官位は第八位の沙湌をもつ金三玄を大使とする二百三十五人の使節団を派遣した。

金初正の一行が導送者三十九人を含んで二百二十九人であったことからみて、今回の二百三十五人は同規模の使節団であるが、金三玄の官位は日本へ派遣した大使のそれが多くは第九位の級湌であった点からみて高い官位であり、しかも礼府の次官である。そこに後述のように新羅の対日本外交の姿勢にひとつの画期を予知させるものがある。

さて、大宰府で金三玄らは紀朝臣広純に使命を問われたが、その詳細はつぎのとおりである。

《史料C》『続日本紀』巻三十三・光仁天皇

（宝亀五年三月癸卯（四日））○是日。新羅国使礼府卿沙湌金三玄已下二百三十五人。到泊大宰府。遣河内守従五位上紀朝臣広純。大外記外従五位下内蔵忌寸全成等。問其来朝之由。三玄言曰。奉本国王教。請修旧好毎相聘問。并将国信物及在唐大使藤原河清書来朝。問曰。夫請修旧好毎相聘問。乃似亢礼之隣。非是供職之国。且改貢調称為国信。変古改常。其義如何。対曰。本国上宰金順貞之時。舟楫相尋。常脩職貢。今其孫邕。継位執政。追尋家声。係心供奉。是以。請修旧好毎相聘問。又三玄本非貢調之使。本国使因使次。聊進土毛。故不称御調。敢陳便宜。自外不知。於是。勅問新羅入朝由使等曰。新羅元来称臣貢調。古今所知。而不率旧章。妄作新意。調称信物。朝為修好。以昔准今。殊無礼数。宜給渡海料。早速放還。

金三玄は使命を問われて、〝旧好を修復し互いに聘問の外交を開きたいこと、そのために国信物と藤原河清の書簡を持参した〟と、答えている。そこで、日本側からは〝聘問の外交とは対等な亢礼の隣国関係であり、また貢調を国信とあらためることは慣行をあらためるもの〟との不満をうけることになる。これにも金三玄は対応して、〝新羅では、宰相の金順貞の時代には、日本に職貢をかさねていたが、今、その孫の金邕が宰相となり政治に誠意をつくしております。そこで、日本とはたがいに聘問し合うことを願っています。私、金三玄は貢調使ではないが、新羅ではこのたびの使いのついでに「土毛」を献上するものですから、調とは曰わないのです〟との外交姿勢を答えている。

この回答は日本側の不満を解くことにはならず、外交形式を改らためるものとの反発をうけ、渡海料を支給されて早速に帰国させられたのであった。この渡海料の支給は、外交形式の問題をくりかえしたこの時代ではほかに例をみないが、藤原河清の書簡を再び伝送して来たことに応えたからであろう。

さて、新羅がこの度は藤原河清のみの書簡を伝送するにいたった経緯は前回に比較して理解は容易ではない。今回の書簡の伝送には新羅になんらかの「工作」があったかとの指摘もある。(18) 河清が書簡を新羅に託した事情が不明であること、『旧唐書』新羅国伝などに、大暦七、八年(七七二、三)に新羅が遣唐使を送ったことが記録されているが、その帰国にあたって書簡を託されたとみるには史料がなく、しかも、早く七七〇年には河清は死去しているという。(19) 死後の四年にして書簡は日本に届いたこととなり、新羅の「工作」が思われるのも故なしとしない。

ただ、今回の新羅の対日本外交で注目すべき点は、日本側がこれを察知して不満をあらわすことであったが、新羅が日本を「亢礼之隣」国として、これと「聘問」する対等な外交関係を行わんとする「新意」を鮮明にした点である。礼府の次官を派遣した意味もそこにあるものと思われる。

先の二度の使節派遣では、唐朝の意思が決定的に介在して新羅の対日本外交は進められた。その「放還」されはしなかったという点では、なかば成功した外交経験からも、今回「聘問」の外交姿勢を鮮明にするには、かりに新羅になんらかの「工作」があったとしても、在唐する日本の遣唐大使であり、唐に任官する藤原河清の書簡は「亢礼之隣」

にもとづく聘問の外交に欠かせぬ外交道具である。

ここに至って、新羅が唐の冊封をうけて朝貢の外交を進展させ、国制をととのえる国家のありかたは、対外関係の姿勢にも及ぶのである。日本は唐の冊封をうけないが、新羅とおなじく唐に使節を派遣して、新羅の使節と朝賀をともにしたこともある「化外慕礼」の国である。[20] この唐にたいする二国の関係は、新羅に視点をおけば二国は唐のもとでは「亢礼之隣」国として対等の外交形式が遂行されるべきとする対日本意識をこの金三玄の外交から読みとることができよう。

七七六年に鋳造された「聖徳大王神鍾」は、恵恭王が父王の景徳王の事業を継承して完成させた大鐘であるが、その銘文の一節に、「臨邦勤政、一無干戈驚擾百姓、所以四方隣国萬里帰賓」とあって、祖王の聖徳王の恩徳と治世を称賛している。この「四方の隣国」が遠く「賓客」として新羅に往来するとした国際意識は、選者の翰林郎の金弼奥が生きたこの恵恭王代の対日関係をもふくむ新羅の国際意識の表現とみなければならず、また、その意識は唐の存在を除外して成立するものではなく、むしろ唐を前提とした「亢礼の隣国」関係を称揚していると言えよう。[21]

第三節　遭難の遣唐使を日本へ護送すること

○恵恭王十五年・宝亀十年（七七九）の事例

七七九年、新羅は前回の金三玄と官位は同じ第八位の薩湌をもつ金蘭蓀を大使とする使節を大宰府に派遣した。その人員数は不明であるが、副使は官位の第九位の級湌をもつ金巖、大判官は官位は第十位の大奈麻をもつ薩仲業、少判官は官位は第十一位の奈麻をもつ金貞楽、大通事は官位は第十位の大奈麻をもつ金蘇忠であった構成が知られている。前回の使節が渡海科を支給されて帰国して以来、およそ五年後のことである。

やはり、使命と外交形式をめぐって外交は遂行されたが、その詳細はつぎのとおりである。

《史料D》①『続日本紀』巻三十五・光仁天皇

（宝亀十〔七七九〕年）○秋七月丁丑（十日）。大宰府言。遣新羅使下道朝臣長人等。率遣唐判官海上真人三狩等来帰。

○冬十月乙巳（九日）。勅大宰府。新羅使金蘭蓀等。遠渉滄波。賀正貢調。其諸蕃入朝。国有恒例。雖有通状。更宜反復。府宜承知研問来朝之由。并責表函。如有表者。准渤海蕃例。写案進上。其本者却付使人。凡所有消息。駅伝奏上。○癸丑（十七日）。勅大宰府。唐客高鶴林等五人。与新羅貢調使。共令入京。

○十一月己巳（三日）。遣勅旨少輔正五位下内蔵忌寸全成於大宰府。問新羅国使薩飡金蘭蓀入朝之由。

②『続日本紀』巻三十六、光仁天皇

（宝亀十一〔七八〇〕年春正月）○己巳（二日）。天皇御大極殿受朝。唐使判官高鶴林。新羅使薩飡金蘭蓀等。各依儀拝賀。○辛未（五日）。新羅使献方物。仍奏曰。新羅国王言。夫新羅者。開国以降。仰頼聖朝世々天皇恩化。不乾舟楫。貢奉御調年紀久矣。然近代以来。境内奸寇。不獲入朝。是以謹遣薩飡金蘭蓀。級飡金巖等。貢御調兼賀正。又訪得遣唐判官海上三狩等。随使進之。又依常例進学語生。参議左大弁正四位下大伴宿祢伯麻呂宣勅曰。夫新羅国。世連舟楫供奉国家。其来久矣。而泰康等還国之後。不修常貢。毎事无礼。所以頃年返却彼使。不加接遇。但今朕時。遣使修貢兼賀元正。又捜求海上三狩等。随来使送来。此之勤労。朕有嘉焉。自今以後。如是供奉。厚加恩遇。待以常礼。宜以茲状語汝国王。是日宴唐及新羅使於朝堂。賜禄有差。○壬申（六日）。授新羅使薩飡金蘭蓀正五品上。副使級飡金巖正五品下。大判官韓奈麻薩仲業。少判官奈麻金貞楽。大通事韓奈麻金蘇忠二人。各従五品下。自外六品已下各有差。並賜當色并履。○癸酉（七日）。宴五位已上。及唐新羅使於朝堂賜禄有差。○壬午（十六日）。賜唐及新羅使射及踏歌。○(二月)庚戌（十五日）新羅使還蕃。賜璽書曰。天皇敬問新羅国王。朕以寡薄。纂業承基。理育蒼生。寧隔中外。王自遠祖。恒守海服。上表貢調。其来尚矣。日者虧違蕃礼。積歳不朝。雖有軽使而無表奏。由是泰廉還日。已具約束。貞巻来時。更加論告。其後類使曾不承行。今此蘭蓀猶陳口奏。理須依例従境放還。但送三狩等来。事既不軽。故修賓礼以荅来意。王宜察之。後使必須令齎表函。以礼進退。今勅筑紫府及対馬等戍。不将表使莫令入境。宜知之。春景韶和。想王佳也。今因還使附荅信物。遺書指不多及。

③『三国史記』巻第四十三、列伝第三、金庾信下

金庾信孫允中…略…允中庶孫巖性聡敏、好習方術少壮為伊飡。入唐宿衛…略…大暦中。還国為司天大博士。歴良康漢三州太守。復為執事侍郎。浿江鎮頭上…略…大暦十四年己未。受命聘日本国。其国王知其賢。欲勒留之。會大唐使臣高鶴林来。相見甚懽。倭人認巖為大国所知。故不敢留。乃還。

④『三国史記』巻第四十六、列伝第六、薛聡

薛聡。字聡智。祖談捺奈麻。父元暁…略…世伝日本国真人贈新羅使薛判官詩序云。嘗覧元暁居士所著金剛三昧論。深恨不見其人。聞新羅国使薛即是居士之抱孫。雖不見其祖。而喜遇其孫。乃作詩贈之。其詩至今存焉。但不知其子孫名字耳。

⑤「新羅誓幢和上塔碑」

…略…大暦之春。大師之孫翰林字仲業。□使滄波□□日本。彼国上宰□口語諸人口□

金蘭蓀らが大宰府に到着した七月初旬から平城京への入京が進められた十月中旬までにはやや時間を費やしている。

その間、日本側では今回の使節を「賀正貢調」の使者とみなしており、それがために十月に至って、上表文の有無を調査し、かつ金蘭蓀らの賚らした消息の始終を伝えるよう大宰府に命じてもいる。

この年、平城京は渤海国と鉄利、それに唐の使者を迎えて迎接儀礼に忙しい年であった。正月には渤海使の張仙壽の朝賀があり、四月には前年に遣唐判官の小野滋野らを送ってきた唐の孫興進らが入京して、翌五月に帰国したのであった。

金蘭蓀らを入京させる大宰府への勅が遅い事情には、大宰府からの「通状」によって金蘭蓀らが「賀正貢調」の使節であると判断され、賀正に時を合わすべくしてか、大宰府に待機させてようやく十一月に労問使を派遣してあらためて使命を問うている。

さて、七七七年に入唐した遣唐副使の小野石根らが翌年、唐の送使の趙宝英らとともに四船に分乗して帰国するが、判官の海上三狩らは耽羅島に漂着したという報告が、同船しながらも耽羅島より脱出して帰国した録事の韓国源らによってもたらされた。そこで、七七九年二月には、この海上三狩らを迎えるべく下道朝臣長人を新羅に派遣していた。そして、同年七月に、下道朝臣長人は新羅政府の働きで海上三狩を迎え、新羅の使者の金蘭蓀らの日本行とともに帰国したのである。ただ、この一行には高鶴林ら五人の唐人がいた。彼らは、遣唐使を日本に送るべく帰国の四船に分乗したなかで、海上三狩らの第三船に乗ったのであろう(22)。

かくて、新羅使と唐使をともに迎えるにあたって、日本側はこの二国使に対して儀礼をどう進めるかなど、礼について難航はしていないようである。今回の高鶴林とともに唐を船出しながら、前年に来日していた前述の孫興進には審議の末にともかくも応接儀礼を済ませていたから(23)、唐人の高鶴林は主たる儀礼の対象ではなかったのであろうか、新羅使とともに、その儀礼に不満をあらわすこともなく順っている。高鶴林ら唐人よりも、むしろ新羅人の金蘭蓀を主賓に儀礼は進行しているといえる。

ところで、今回の外交は、日本と新羅側に対応する史料が残る点で希有な事例である。①②の日本史料と③④⑤の新羅史料とでは、おなじ外交を記録しながらもその評価はことなる。日本史料では、日本が新羅使の金蘭蓀が「賀正」して「調」を献上し、遭難した遣唐判官の海上三狩を護送してきたことをおおいに評価し、また、その新羅への帰国に当たっては外交形式に不満を表現している。即ち、金蘭蓀が上表文をもたず、ただ「口奏」によって新羅王の遣使の旨を伝えた形式を責め、今後は「表函」を賚たらすように伝え、「表函」がなければ対馬島からでも帰国させるとの強い方針を示したのである。

金蘭蓀が今回、「賀正貢調」した外交形式は、前回、日本側に示した日本を「亢礼之隣」国とみて聘問せんとした新羅の外交方針からは後退したかのようである。しかし、国書は賚らしておらず、金蘭蓀が「口奏」で済ませた点から、「賀正貢調」は外交過程における金蘭蓀の一時的な姿勢ともみられ、(24)新羅外交の基本姿勢の変更ではなかろう。

さて、新羅史料は日本国王が副使の金巖の高い学識と知性を評価し金巖の抑留を図ったが、「大唐」の高鶴林と金巖とは旧知の仲であることを知るに及んで抑留のことは思いとどまったと記録する。また、大判官の薛仲業は新羅の高僧の元暁の孫であったから、「日本国の真人」が薛仲業に元暁を追慕する詩を贈った、という。渤海国使との間では盛んに詩を交歓したが、新羅使に詩を贈った例は七二六年の金奏勲（金造近）らに長屋王らが詩を贈った例とともに記録は極めて少ない。〔補3〕

このように、新羅史料は今回の対日本外交を通して「東方君子国」たる新羅の使人のもつ文化の高さが対日本外交に現れた精華としてこれを伝えており、外交の形式に執着した日本の対応とは関心を大いに異にしている。

おわりに

以上、新羅の対日本外交のなかでその終末期の四度の使節派遣を考察してきた。日本へ帰国した留唐学僧の消息をもとめる外交の一例と日本の遣唐使と留唐学生の書簡を伝送することの二例、それに、耽羅島に漂着した遣唐使を日本の要請により探索して護送した外交である。いずれも、唐の勅使や唐の送使を媒介として唐朝の意志を背景とした新羅の対日本外交である。

この新羅の対日本外交は、唐の代宗が恵恭王を冊封したその冊書に「采章文物。久治華風。忠敬孝恭。率由純性。用蕃君子之国。能執外臣之礼…中略…纂其旧服。忠以奉上。恵以撫下。永修東藩之職[25]」とあるように、唐の「東藩」の外臣としての臣節を遵守する姿勢と無関係ではない。

ただ、この新羅の対唐、対日関係の相関のみならず、新羅に固有の要因も考えなければならない。外交形式を盛んに記録した『続日本紀』の文面にはあらわれないが、それは交易の継続のことである。この間、新羅は約五年の間隔をおいて使節を日本へ派遣している。その規模は二百数十人であるが、日本側が察知したように、新羅は唐に対する「外臣之礼」として東アジアに「亢礼之隣」国関係にもとづく聘問の外交姿勢を顕著にしていたが、この姿勢と交易の展開は対立するものではない。

しかし、唐を東アジア世界の中心においた場合には、日本はその「化外慕礼之国」であり、一方の新羅は冊封をうける朝貢国であって、唐朝の評価は総じて高かった[26]。この二国の根本的な差異を両者が互いに理解しなかったことが外交摩擦の根底にある。

日本が新羅に対して「貢調」の外交形式を頑固に求めたのも「化外」の国の所以であり、新羅は唐への「外臣の礼」は揺るがすことはできなかったのである。二国の根本的な差異を接合する外交形式が設定されなかったことに両者の公的な外交関係が終止した原因のひとつがある。(27)七七九年の金蘭蓀の派遣をもって日本への使節の派遣は停止となるが、ここに、九世紀に新羅の民間人が対日本貿易を自己展開させる道が開かれるのである。張宝高（張保皐）が日本に遣使して通交を求めたごとく、民間人が新羅政府の対日本外交に参入することが始まるのである。〔補4〕

その一方では、新羅は渤海国との間では、あらたに外交の道を探ることになる。『三国史記』には七九〇年と八一二年に「北国」たる渤海に使者を派遣したとの記録がある。渤海国との七三三年の武力対立以来の関係を修復し、日本との不慮の関係悪化に備えた外交であろうと、この渤海への遣使をみるよりも、むしろ渤海国との間にも「亢礼之隣」国の関係を築き、新羅国家の安定をはかろうとする外交策であろう。(28)

八〇三年には日本とも「交聘」したともある。唐の外臣として東方に「亢礼の隣国」関係を定立せんとした新羅の一連の外交政策である。〔補5〕

注

（1）石井正敏「八・九世紀の日羅関係」（田中健夫編『日本前近代の国家と対外関係』吉川弘文館、一九八七年四月）

（2）本書第三部第二章「中・下代の内政と対日本外交―外交形式と交易をめぐって―」参照。

（3）拙稿「留唐学僧戒融の日本帰国をめぐる渤海と新羅」（『日本古代の伝承と東アジア』吉川弘支館、一九九五年三月）

（4）金恩淑「八 세기의（世紀の）新羅와 日本의 關係」（『国史館論叢』第二九輯、韓国・国史編纂委員会、一九九一年十二月）

（5）『続日本紀』巻二十四・天平宝字七年二月癸未条。以下、本稿の日本内部の事項については特に明示しないかぎりは、『続日本紀』の当該年月の記事を参照。

(6)『続日本紀』巻二十一・天平宝字二年十二月戊辰申条

(7) 前掲注(3)の拙稿参照。

(8) 田村圓澄『大宰府探究』(吉川弘文館、一九九〇年一月)

(9) 保科富士男「古代日本の対外関係における贈進物の名称―古代日本の対外意識に関連して―」(『白山史学』第二十五号、白山史学会、一九八九年四月)では、新羅は書簡の伝送を口実として対日本外交に対等な姿勢を保持し、また貿易を達成したとの理解を注記している。しかし、この唐を背景する「中継的役割」を対日本外交の「籍口」と理解するのは少しく説明を要するであろう。本論はこの「中継的役割」の根源と実際を考察するものである。

(10) 申瀅植『三国史記研究』第三章、第三節・二「羅・唐交渉上에 나타난(に現われた)宿衛의 性格」(一潮閣、一九八一年二月)および、嚴耕望「新羅留唐学生与僧徒」(現代国民基本知識叢書第三輯『中韓文化論集』一、一九五五年十一月、台北。後に中央研究院歴史言語研究所集刊外編第四種『慶祝董作賓先生六十五歳論文集』下冊〔一九六一年六月、台北〕と嚴耕望『唐史研究叢稿』〔一九六九年、香港〕に所収)

(11)『三国史記』巻第九・新羅本紀第九・恵恭王の当該年月条。以下、新羅内部の事項については、とくに明示のないかぎりは『三国史記』の当該年条の記事を参照。

(12)『朝鮮史』第二編(朝鮮総督府、一九三二年三月)はここを「入唐宿衛ノ金隠居」と金隠居のひとりに読みとり、「王子」のことは捨てている。また、長野勲『阿倍仲麻呂と其時代』(建設社、一九三三年五月)は「新羅の王子金隠居」とやはりひとりに読みとって、金隠居を王子としている(同書の三〇六頁)。また、田村の前掲書は「唐朝宿衛の新羅王子・金隠居」と、さらに直木孝次郎ほか訳注『続日本紀』三(平凡社、一九九〇年十月)では「(唐朝に)宿衛する(わが国の)王子、金隠居」と読んで、ひとりとも二人とも読み取れて、曖昧である。〔補〕原載の拙稿では「〃宿衛王子と金隠居〃の二人のことと読みとるべきであろう」と理解していたが、日本に派遣される「仮王子」の外交上の意義とその二例のほぼ中間にこの「宿衛王子金隠居」があることを考慮してここでは断定を避けている。

(13) 石井正敏「大伴古麻呂奏言について―虚構説の紹介とその問題点―」(『法政史学』第三十五号、法政史学会、一九八三年四月)〔補〕卞麟錫「唐代外国使의 争長事例에서 본(から見た)古麻呂抗議의 再論―『続日本紀』関係史料의 批判을 中

心으로—」(『東洋史学研究』第二十六輯、東洋史学会〔ソウル〕、一九八七年十二月)

(14) 『続日本紀』巻二十二・天平宝字三年十月辛亥条、同四年正月丁卯条

(15) 『旧唐書』巻百四十九・帰崇敬伝「…略…大暦初、以新羅王卒、授崇敬倉部郎中、兼御史中丞、賜紫金魚袋、充弔祭、冊立新羅使。至海中流、波濤迅急、舟船壊漏、衆咸驚駭。舟人請以小艇載崇敬避禍、崇敬曰、舟中凡数十百人、我何独済、逡巡、波濤稍息、竟免為害。故事、使新羅者、至海東多有所求、或攜資帛而往、貿易貨物、規以為利、崇敬一皆絶之、東夷称重其徳」また、『新唐書』巻一六四・帰崇敬伝にも新羅行に関する帰崇敬の同様の清徳を伝えている。

(16) 明・銅活字本『銭考巧集』巻第五・「五言律詩」ではこの二首の送別詩を「送陸侍御使新羅二首」として編纂しているが、清の『全唐詩稿本』に至って、宋の『文苑英華』の詩題に戻っている。『文苑英華』の詩題に従いたい。なお、銭起の伝記については『旧唐書』巻一百六十八・銭徽伝や『唐才子伝』巻四などがあるが、陸珽らに送別詩を贈った交友のことはとくには記録されていない。

(17) 杉本直治郎『阿倍仲麻呂伝研究—朝衡伝考—』(育芳社、一九四〇年十二月)

(18) 増村宏『遣唐使の研究』(同朋舎出版、一九八八年十二月。「第二編、栗田真人と藤原清河」、二四六頁)

(19) 増村宏『遣唐使の研究』(「第二編・第四章・遣唐大使藤原清河の年齢」)

(20) 西嶋定生「六—八世紀の東アジア」(『岩波講座 日本歴史』二、一九六二年六月。後に、同『中国古代国家と東アジア世界』〔東京大学出版会、一九八三年八月〕及び、同『古代東アジア世界と日本』〔岩波現代文庫、二〇〇〇年九月〕所収)

(21) 酒寄雅志「華夷思想の諸相」(『アジアのなかの日本史』V、東京大学出版会、一九九三年一月)はこの一節を「まさに渤海や日本を〝蕃〟に位置づけた自信に裏づけられた表現であった」と読みとるが、ここに唐の冊封をうける新羅が対外関係において自己を中心に華夷の意識をもったとする点は過大な評価であり、むしろ、冊封関係の進展とともに醸成された渤海と日本にたいする「亢礼の隣国」観の発露とみるべきであろう。

(22) 森公章「古代日本における対唐観の研究—〝対等外交〟と国書問題を中心に—」(『国史研究』第八十四号、弘前大学、一九八八年三月)

(23) この唐使にたいする儀礼の策定とその行使の経過については、前掲注(22)の森論文参照。

(24) 前掲注(8)の田村著参照。

(25)『唐大詔令集』巻一二九・蕃夷、冊文の「冊新羅王金乾運文」と「冊新羅王太妃文」

(26) 山内晋次「唐よりみた八世紀の国際秩序と日本の地位の再検討」(『続日本紀研究』第二四五号、一九八六年七月)

(27) 酒寄雅志「日羅交渉終焉をめぐる事情」(『朝鮮史研究会会報』第七十四号、一九八四年三月)では、恵恭王を殺害して即位した宣徳王の王権が安定した内政の下で、対日本外交の必要性が減少したと報告している。外交と内政の連関の視点は本論も基調を同じくするが、王権が安定すれば、東アジア世界における新羅をとりまく「亢礼の隣国」関係の設定は追求されなければならない外交課題となろう。本書第二部第三章「下代初期における王権の確立過程とその性格」を参照。

(28) 韓圭哲『渤海의 対外関係史』第二章「渤海와 新羅 의 交渉関係」(新書苑、一九九四年三月)

補注

〔補1〕『続日本紀』四(新日本古典文学大系十五、岩波書店、一九九五年六月、二七五頁)では、金隠居と帰崇敬との同行の可能性を示唆する。なお、そこに引く史料は「旧唐書新羅伝」とするよりも「新唐書新羅伝」である。

〔補2〕本書第三部第二章「中代・下代の内政と対日本外交—外交形式と交易をめぐって—」の「第三節仮王子の派遣策」参照。

〔補3〕横田健一「八世紀末葉における日本・新羅・唐三国の外交交渉に関する一挿話」(『古代史の研究』第二号、関西大学古代史研究会、一九八〇年十一月)、李基東「薛仲業과 淡海三船의 交歓—統一期新羅와 日本과의 문화적 교섭의 (との文化的交渉の)一断面—」(『歴史学報』第一三四・一三五合輯、一九九二年九月。後に、同『新羅社会史研究』(一潮閣、一九九七年九月)に所収。また、邦訳は佐藤長門訳で『国史学』第一五一号(国学院大学史学科、一九九三年十二月)に所収)。尚、朝鮮史料が伝えるように「薩仲業」の姓は「薛」が正しく、『続日本紀』の記録は誤りとなる。また、村井章介「漢詩と外交」(荒野泰典他編『アジアのなかの日本史』VI「文化と技術」(東京大学出版会、一九九三年四月))参照。

〔補4〕本書第二部第四章「王権と海上勢力—特に張保皐の清海鎮と海賊に関連して—」の「第三節　張保皐の国際交易」参照。

〔補5〕本書第二部第三章「下代初期における王権の確立過程とその性格」参照。

第四章　唐朝における渤海と新羅の争長事件

はじめに

新羅と渤海国とは、八〜十世紀にかけて東アジア世界に存続した国家である。近年、朝鮮の南北の学界ではこの二国を「南北国時代」と位置づけて朝鮮史を構成しようとする観点が主流となっている。(1) この観点はさまざまな問題を孕んでいるが、その検討のためにはまず対象である新羅と渤海国との関係史を明らかにすることが前提となるようである。

ところで、この二国はともに唐と深い関係を持続し、唐の文化を吸収した国家であった。この間、日本とも盛んな交渉をもっていたのである。それにもかかわらず、二国間の直接交渉はほとんど文献に見あたらない。実際にも少なかったと思われる。それは後述するように、七三二年の渤海による登州の襲撃事件の終結以来、新羅が唐による初期の渤海国を牽制する策に組み込まれていたことに起因するのだが、(2) ただ『三国史記』巻十・新羅本紀には、次のように新羅が二回にわたって渤海国へ遣使したことが記録されているだけである。

(A) ①元聖王六年（七九〇）三月、以一吉湌伯魚使北国。

②憲徳王四年（八一二）秋九月、遣級湌崇正使北国。

ここにいう「北国」とは、渤海国を指すとみて誤りはないのだが、(3) このように新羅と渤海国との直接の交渉は史料に乏しい。

しかし、この二国がともに唐の冊封を受けていた関係から、この二国は唐を媒介とした交渉を生んでいる。そのはじめは、唐の開元二十年（七三二）に、渤海国は内紛が外交問題に転じて山東半島にある唐の登州を攻撃したが、〔補1〕この事件に端を発して、唐が新羅と連合して渤海国を挟撃したことがある。これは交戦という新羅と渤海国との交渉と言える。そして、次にはここに紹介する唐朝の朝賀の儀おける渤海国使と新羅国使との席次をめぐる交渉、即ち、争長事件をあげることができる。この争長事件の顛末から、唐帝国の臣藩国である新羅と渤海の国際秩序意識をみることができる。

第一節　「謝不許北国居上表」の伝来と争長事件の編年

安鼎福（一七一二～九一年）が撰述した綱目体の史書である『東史綱目』には、紀伝体の『三国史記』には見えないいくらかの注目すべき記述がある。次の記録がその好例である。

（B）①『東史綱目』第四下・武后久視元年庚子（新羅・孝昭王九年〔七〇〇〕）

○是歳。唐武曌撃契丹余党平之。靺鞨大祚栄逝去。

初契丹之乱。有乞乞仲象者。与高句麗別種靺鞨粟末部落。乞四比羽及高句麗余種。東走渡遼水。保太白山今白頭山東沮奥婁河在今寧古塔界。樹壁自固。武后封比羽為許国公。仲象為震国公。赦其罪。比羽不受命。詔李楷固撃斬之。時仲象已死。其子祚栄。驍勇善騎射。引残衆遁去。楷固窮躡度天門嶺。祚栄引高句麗靺鞨兵拒之。楷固敗還。

靺鞨酋大祚栄。遣使来附。時契丹附突厥。唐兵道絶不克討。祚栄即并比羽之衆。恃荒遠。乃建国自号震国王。欲憑隣援。遣使来附。授以第五品大阿飡之秩。

②『東史綱目』第五下、唐乾寧四年丁巳（新羅・孝恭王元年〔八九七〕）秋七月。

○時渤海国。自謂国大兵強。而入唐朝献。使臣坐於新羅使之下。至是。其賀正使王子大封裔。進状請許渤海居新羅之上。帝詔以為。国名先後。此不因強弱而称。朝制等威。今豈以盛衰而改。宜仍旧貫。准此宣示。当蕃宿衛院。奏其状于王。王因遣使。又附表以謝曰。臣謹按渤海之源流。句麗未滅之時。本為疣贅部落。靺鞨之属。寔繁有徒。是名粟末小蕃。嘗逐句麗内徙。其首領乞四比羽及大祚栄等。至武后之際。自営州作孽。始称振国。時有句麗遺燼勿吉雑類。梟音則嘯聚白山。鴟義則喧張黒水。始与契丹済悪。旋於突厥通謀。万里耨苗。屢拒渡遼之轍。十年食葚。晩陳降漢之旗。初建邑居。来憑隣援。其酋長大祚栄。始受臣蕃第五品大阿飡之秩。後至先天二年。方受大朝寵命。封為渤海郡王。爾来漸見幸思。遽聞抗礼臣藩。絳灌同列。所不忍言。廉藺用和。以為前戒。而渤海莫慎守中。唯図犯上。恥為牛後。覬作竜頭。妄有陳論。初無畏忌。向非陛下英襟独断。神筆横飛。則槿花郷廉譲自沈。楛矢国毒痡愈盛。（崔致遠集補）

（B）①は、西暦七〇〇年（孝昭王九年）に、新羅が渤海国の大祚栄に官位第五位の大阿飡を受けたことを伝えている。また（B）②では、八九七年に唐の朝廷で、渤海国使と新羅国使との間に争長事件が起ったこととその顚末を伝えているのである。

安鼎福はこの出典について、（B）②の末尾に「崔致遠集補」と付記しているが、（B）①についてはその出典を示す付記はない。

ところが、（B）①は（B）②のなかにある「初建邑居。来憑隣援。其酋長大祚栄。始受臣蕃第五品大阿飡之秩」

という事件を主・客を換えて編録したものである。それで、（B）①も（B）②と同じく、『崔致遠集』を出典とすると推定して間違いない。

案の定、安鼎福はこの（B）①の出典について、『東史綱目』附巻上・考異において次のように述べている。

（C）『東史綱目』附巻上、考異

大祚栄初附新羅孝昭王八年

此不見於三国史。而崔致遠集。唐乾寧四年。謝不許北国居上表有云。渤海初建邑居。来憑隣援。其酋長大祚栄。始受臣第五品大阿飡之秩。以此見之。則史闕文也。資鑑武后久視元年庚子唐中宗嗣聖十七年。遣李楷固討契丹餘黨平之。文献通考渤海伝。此時大祚栄。引残痍遁去。楷固追撃敗還。祚栄遂称號云。故今従崔集而附于嗣聖庚子年。以著其實事。

この考異によって、（B）①も確かに『崔致遠集』によったことが知られる。しかも、その出典は『崔致遠集』に収録されていた「謝不許北国居上表」であることまで知られる。そして、この考異に引かれた「初建邑居。来憑隣援。其酋長大祚栄。始受臣第五品大阿飡之秩」はその上表文の一部分であって、さらに（B）②にもこの一節がみえる。それ故に、（B）②の出典は『崔致遠集』であったが、より正確にはそこに収録された「謝不許北国居上表」となる。しかも、（B）②がその上表文の大半部である。

こうして、安鼎福は『崔致遠集』に収録された「謝不許北国居上表」によって、（B）①と②とを編録したことが知られた。

さて、この『崔致遠集』は今日に伝わっていない。『三国史記』巻第四十六・列伝第六・崔致遠には、「又有文集三十巻」とあり、また同巻第十一・真聖王即位紀に「崔致遠文集第二巻謝追贈表」と付記がある。そこで、これらの

「崔致遠文集」が安鼎福の引用した『崔致遠集』にあたるのかもしれない。

ところで、現在では崔致遠の詩文を知ろうとする場合には、『東文選』（朝鮮朝・成宗九年〔一四七八〕盧思愼・徐居正等纂集）に当たることが有効である。

すると、その巻三十三・表箋に、崔致遠の文が収録されており、そこには「謝不許北国居上表」もあり、その全文を知ることができる。

また、崔致遠の後孫の崔国述は一九二六年に『東文選』所取の崔致遠の詩文を集めて、『孤雲先生文集』を編集しているが、最近、これが成均館大学校大東文化研究院から『崔文昌侯全集』として復刊されており、ここにも「謝不許北国居上表」をみることができる。

さて、『東文選』巻三十三・表箋の「謝不許北国居上表」は、（B）②を含んで次のとおりである。

（D）［オ→］臣某言。臣得当蕃宿衛院状報。去乾寧四年七月内。渤海賀正王子大封裔進状。請許渤海居新羅之上。伏奉勅旨。国名先後。比不因強弱而称朝制等威。今豈以盛衰而改。宜仍旧貫。准此宜示者。［←オ］綸飛漢詔。縄挙周班。積薪之愁歎既銷。集木之憂兢転切。惟天照胆。何地容身。中謝臣聞礼貴不忘其本。是誡浮虚。書称克慎厥猷。唯防僭越。苟不循其涯分。乃自掇悔尤――→以下（B）②のイ部分←――豈拘儀於隔座。寔昧礼於降階。伏惟陛下。居高勣毖。視遠孔昭。念臣蕃之驥或羸而可称。牛雖瘠而非怯。察彼虜之鷹飽腹而高颺。鼠有体而恣貪。永許同事梯航。不令倒置冠履。聞魯府之仍旧。験周命之惟新。抑且名位不同。等衰斯在。臣国受秦官極品。彼蕃仮周礼夏卿。而乃近至先朝。驟霑優寵。戎狄不可厭也。堯舜其猶病諸。遂攀滕国之争。自取葛王之誚。――→以下（B）②のエ部分←――今者遠綏南越。漢文之深意融春。罷省東曹。魏祖之嘉言同曉。自此八裔絶躁求之望。万邦無妄動之徒。確守成規。静銷紛競。臣伏限統戎海徼。不獲奔詣天朝。

安鼎福はここに転載した「謝不許北国居上表」の冒頭部分（D）のオによって、唐・昭宗の乾寧四年（八九七）、すなわち新羅の孝恭王元年に、渤海国の賀正使であった王子の大封裔が新羅使との席次の上下を交替する要請を唐の皇帝へ進状した事件を知ったのである。そこで、安鼎福は（D）のオ部分を再構成して（B）②のア部分のように、この渤海国使が惹起した争長事件の顚末を載録したのである。

このように、安鼎福が「謝不許北国居上表」から争長事件を唐の乾寧四年（新羅・孝恭王元年）七月に編年したことは、その上表文のなかに「乾寧四年七月」とあることから妥当な処理である。

しかし、（B）①にみる新羅が渤海の大祚栄に大阿飡の官位を授けた件の編年については、その出典である「謝不許北国居上表」のなかに、本論の引用では（B）②のウ部分に、その事件の年時表記はない。にもかかわらず安鼎福はこの事件を唐の武后の久視元年、すなわち新羅の孝昭王九年（七〇〇）に編年している。

この処理については、安鼎福が自ら（C）において説明していた。それによると、『崔致遠集』と『資治通鑑』、それに『文献通考』の関係部分を組み合せて（B）①のように編年したというのである。

安鼎福が依拠した『資治通鑑』と『文献通考』の関係部分は次のとおりである。

（E）①『資治通鑑』巻二百六・唐紀二十二・則天后久視元年

…略…太后以楷固為左玉鈐衛将軍。務整為右武衛将軍。使将兵撃契丹余党。悉平之。

②『文献通考』巻三百二十六・四裔三

渤海

…略…唐万歳通天中。契丹尽忠殺営州郡督趙翽。反有舎利乞乞仲象者。与靺鞨酋乞四比羽及高麗余種東走度遼水。保太白山之東北阻奥婁河。樹壁自固。武后封乞四比羽為許国公。乞乞仲象為震国公。赦其罪。比羽不受命。后詔将軍李楷固等撃斬之。時仲象已死其子祚栄引残痍遁去。楷固窮躡度天門嶺。祚栄因高麗靺鞨兵拒楷固。楷固敗還。於是契丹附突厥王師。道絶不克討。祚栄節并比羽之衆。恃荒遠乃建国。自号震国王。

安鼎福はこの（E）史料によって、『崔致遠集』の「謝不許北国居上表」にある大祚栄が「初建邑居。来憑隣援」したことに続いて、新羅の大阿飡の官位を受けたという一件を（E）②の『文献通考』にいう大祚栄らが将軍李楷固の追撃をうけた事件の連続とみたのである。そして、この追撃の年時を（E）①の『資治通鑑』によって、則天后久視元年（新羅・孝昭王九年）と判断したのである。

こうして、安鼎福は「謝不許北国居上表」にいう大祚栄が新羅の大阿飡の官位を受けたという一件を『資治通鑑』及び『文献通考』によって補い、唐の武后久視元年に将軍李楷固に追われた大祚栄が新羅に来附した結果とみなし、（B）①を編年したのであった。

ところで、安鼎福のように新羅が大祚栄に大阿飡の官位を授けた件を史実と判断してよいのであろうか。

この件については、「謝不許北国居上表」のほかに関連する史料をもつことができない。しかも、この上表文は大祚栄の時代から二百年近くも後に作成されたものである。大祚栄が将軍李楷固に追撃され、高句麗の故地に渤海（震国）を建国するに至った事情を考えると、大祚栄が新羅となんらかの交渉をもったことを推定することはできるが、しかし、その交渉の結果、新羅が大祚栄に大阿飡の官位を授けたものかどうか、このことを確証する史料は伝わらない。

崔致遠はどのような史料によってこの事件を知り、上表文のなかで渤海国の来歴を述べる一節に加えたのであろうか。この点は不明としなければならない(4)。

朴時亨氏と李佑成氏は、新羅が大祚栄に大阿飡の官位を授けたということをひとつの根拠として、新羅と渤海を併せて朝鮮史上の「南北国時代」とみる史論を展開している。[5] しかし、この件を史実とみなすことは慎重でなければならない。

ただ、大祚栄が新羅の大阿飡を受けたということが、「謝不許北国居上表」に記されていることは否定できない。そして、そのことが上表文のなかでもつ効果については注目すべきであって、この点は次節の争長事件の分析によって自ずから明らかとなろう。

以上の調査のように、『崔致遠集』所収の「謝不許北国居上表」によって、新羅と渤海との二度の交渉を編年したのは安鼎福の『東史綱目』が最初の史書である。その（B）①と②の編年はその後まもなく李万運らによって補編された『東国文献備考』にも載録されている。（B）①は、『東国文献備考』巻之一百七・補朝聘考十・歴代交聘二に、また、（B）②は、同巻之九十八・補朝聘考一・歴代朝覲一にみることができる。[6]

さらに（B）①の大祚栄が新羅の大阿飡の官位を受けたということは、朝鮮朝の実学者の関心にとまったらしく、丁若鏞の『大韓彊域考』巻五、渤海続考と、韓致奫の『海東繹史』巻第十一・世紀十一・渤海にも載録されている。さらに、金毓黻は『渤海国志長編』巻二十・余録・渤海後志三・海東繹史において、『海東繹史』の関連する部分を転載して、「其云。祚栄保太白山。後又附新羅。受五品大阿飡之秩者必別有拠。大阿飡三国史記作大阿飡新羅官。此文有為他書所不載者。故附著於此」と述べる。

同書附録二・徴引書録には、『海東繹史』の名は挙っているが、『東史綱目』の書名はない。そこで、金毓黻は『東史綱目』を参照しなかったから、大祚栄が新羅の大阿飡の官位を受けたということの原出典である『崔致遠集』の「謝不許北国居上表」に接することができず、この上表文について考証することができなかった。

第二節　渤海と新羅の関係からみた争長事件の分析

唐朝における渤海国使と新羅国使との争長事件については、先の（D）に掲げた『東文選』所収の「謝不許北国居上表」のオ部分と、安鼎福がこれによって再構成した（B）②のア部分とにおいてその事件の顚末が知られる。

それによると、唐の昭宗の乾寧四年（八九七）七月に、渤海の賀正王子の大封裔[7]は渤海国使が新羅国使の上席に坐るように席次の上昇を願って、このことを唐朝に進状したのであった。ところが、皇帝は「国名先後。比不因強弱而称朝制等威、今豈以盛衰而改、宜仍旧貫。准此宣示」との勅旨を下したのである。これによって、渤海の要請は皇帝の許すところとはならず、新羅使が「旧貫」のままに渤海使より上席に坐ることを守りえたのである。

この渤海から進状された席次上昇の主張については、その論拠を直接には知ることができない。しかし、「謝不許北国居上表」に引かれた皇帝の勅旨から間接的にその論拠を知ることができる。それは、勅旨から推測して渤海の大封裔は、今や新羅の国勢は「衰」「弱」しており、これに比べると渤海は「盛」「強」であるから、新羅国使が渤海国使より上席に坐る「旧貫」を改め、渤海使を新羅使の上席にして欲しい旨を要請したようである。この渤海の席次上昇の論拠について、安鼎福は（B）②のアで「時渤海国。自謂国大兵強」と判断しているが、妥当な理解である。

このような渤海の要請にもかかわらず、これが許されず、新羅は「旧貫」のままに渤海使より上席に坐る地位を守り得たのである。そして、渤海の席次上昇の要請を許さなかった皇帝の勅旨に感謝して、かの「謝不許北国居上表」が、この事件の翌年、唐の昭宗の光化元年（新羅・孝恭王二年〈八九八〉）に準備されたのである。

さて、この九世紀末期の新羅の国勢は、地方に梁吉、弓裔と甄萱の勢力が台頭して、新羅の王権が著しく衰退していた時代である。(8)それは、渤海をして自国の国勢と対照的でさえあり、勅旨に「強弱」「盛衰」と対比されたように、渤海の国勢が新羅のそれを凌ぎさえしていたと思わしめたのである。

しかし、それにも拘わらず、渤海国使は唐の朝廷で新羅国使の上席に坐ることを許されなかった。それは、渤海の大封裔が新羅使の上に席次を求めたその要請に充分なだけの論拠がなかったからであると思われる。

この点は、他の争長事件における席次変更の論拠が参考となるが、それには、次に掲げる唐朝で起きた二例の争長事件が有効である。

(F)①『旧唐書』巻一百九十四下・列伝一百四十四下・突厥下〔( )内は補足〕

蘇禄者。突騎施別種也。…中略…(開元)十八年(七三〇)蘇禄使至京師。玄宗御丹鳳楼説宴。突厥先遣使入朝。是日亦来預宴与蘇禄使争長。突厥使曰。突騎施国本是突厥之臣。不宜居上。蘇禄使曰。今日此宴乃為我設。不合居下。於是中書門下及百寮議。遂於東西幕下両処分坐。突厥使在東。突騎施使在西。宴訖厚賚而遣之。

②『続日本紀』巻十九・孝謙天皇(新訂増補国史大系)

天平勝宝六年(七五四)春正月。○丙寅。副使大伴宿禰古麻呂自唐国至。古麻呂奏曰。大唐天宝十二載(七五三)歳在癸巳正月朔癸卯。百官諸蕃朝賀。天子於蓬莱宮含元殿受朝。是日。以我次西畔第二吐蕃下。以新羅使次東畔第一大食国上。古麻呂論曰。自古至今新羅之朝貢因日本国久矣。而今列東畔上。我反在其下。義不合得。時将軍呉懐実見知古麻呂不肯色。即引新羅使。次西畔第二吐蕃下。以日本使次東畔第一大食国上

この二例の争長事件では席次の変更を求めた国の要請が聞き入れられて席次の変更が達成されている。この点は先の渤海国の大封裔が要請した席次の上昇が許されなかったことと対照的である。それ故に、席次の変更が許可された突厥使や大伴宿禰古麻呂の主張が注目されてくる。

（F）①の場合は、突騎施の別種の首領である蘇禄の使者のために設けられた宴席で発生した争長である。はじめ、蘇禄の使者は突厥使の上席を占めていた。ところが、蘇禄の属する突騎施は小国であって、元より突厥の臣属国であるとみなす突厥の使者は、この蘇禄の使者が突厥使の上席を占めている宴の席次を承服することができなかったのである。

そして、（F）②の争長でも、大伴宿禰古麻呂にとって、「古くから日本へ朝貢している」と見なす新羅の使者が、唐の朝廷では日本の使者を凌いで上席を占めていることは、「義」にかなわぬことであり耐えがたいことであったのである。(9)

この二つの争長事件における席次変更の主張からは、次の二点を読みとることができよう。

まず、第一点は次のことである。突厥と突騎施の間には、かつて臣属関係があり、また新羅は「日本へ朝貢していた」と日本側は見ていた。この二組の国家間の関係を唐を中心に一元的にみれば、唐と各々の国とに君臣関係があり、さらに唐の臣藩国の間にも相互に臣属関係があった。あるいは一方の国はそう見なしていた。それゆえに、突厥は唐の大蕃であり、これに臣属した突騎施は小蕃、(10)また、日本は唐の大蕃、そして新羅は小蕃という関係になる。しかも、突厥・日本の大蕃側がこの関係を強く認識しているということである。

次に、第二点は、唐朝の儀式における席次の上下の争いは、この蕃国間の臣属・朝貢関係が反映されて、大蕃が上席に、そして一方の小蕃は下席となることが君臣間の「義」に適って争長事件は落着するのである。即ち、卜表文が主張するように、「朝制の等威（唐の朝廷の威儀）」が顕われて争長は鎮まるのである。

（F）の二例は、唐朝の儀式の席次で、小蕃が大蕃を凌いでその上席を占めた場合に、大蕃を自認する国が異議を唱えて席次変更を要請し、争長が発生したのである。そして、大蕃の要請が唐朝に聞き容れられ席次の変更が実行されたのである。これは争長の一つの型であり、成功例である。

そこで、先の渤海と新羅の争長事件の場合にもどって検討してみよう。この争長事件は、(F)の二例より約百五十年の後に発生し事件ではあるが、前述したように、渤海から出された席次上昇の要請はついに聞き容れられなかった。これは(F)の二例と根本的に異なり、争長の第二の型、即ち、失敗例である。〔補2〕

その原因は、渤海使が新羅使の上の席次を求めたその論拠が不十分であることに気づかれよう。先に渤海使の主張を検討したが、渤海の大封裔は、渤海が「盛」「強」であって、他方の新羅は「衰」「弱」していることを席次を新羅使の上へ昇させる要請の論拠としていた。そこには、渤海が新羅を臣属させたということを論拠にしていない。それは、渤海には新羅を臣属させたとする歴史がなかったから、他の争長にみるように、自国こそ唐の大蕃であるという、席次変更に有効な論拠をもちえなかったのである。

このように、席次を新羅使の上へ昇させようとした渤海使の要諸は、国勢の「強弱」「盛衰」でもって自国と新羅とを対比したところに論拠があって、渤海が新羅を臣属させたという蕃国間の大蕃―小蕃関係を論拠としてはいなかった。それゆえに、渤海の要請は、唐帝の「国名先後。比不因強弱而称朝制等威。今豈以盛衰而改。宜仍旧貫。准此宣示」とする勅旨によって退けられたのである。

この皇帝の勅旨に感謝して新羅が上った表が、かの「謝不許北国居上表」であったが、皇帝の勅旨が新羅使を渤海使の上の席次を占める「旧貫」を守ることにあったから、この上表文は皇帝の勅旨の正当性を称賛することになる。それ故、この上表文は渤海によって上位の席次を脅かされた新羅が、渤海使による席次変更の要請に反論したものとみてよい。

第三節　新羅と渤海の相互認識

新羅はこの上表文のなかで、渤海国が唐の諸蕃国では新羅に劣る地位であることを両国関係の歴史に基づいて説く。その主張は、渤海はその源流からして弱小な「粟末小蕃」に過ぎず、またその酋長であった大祚栄は新羅の「第五品大阿飡」の官位を受けたというのである。さらに、この渤海も新羅より後れて先天二年（七一三）に至って大朝（唐）の冊封を受け、この頃ようやくわが新羅と対等の礼を受けるようになった、とも説いている。

新羅は上表文のなかで、渤海の地位をこう論じたのである。この二点は、まさに唐を大朝として、新羅自身を唐の大蕃とみなし、一方の渤海国を小蕃であるとみなす新羅の国際秩序認識の支柱である。なかでも、新羅が渤海との関係を説くのは、新羅が渤海の酋長である大祚栄に、「第五品大阿飡」の官位を授けたという点である。

このことによって、新羅は渤海国の建国者を臣属させたのであるから、唐の蕃王国では新羅が大蕃であり、他方の渤海を小蕃だと主張することができたが、この主張は一方では、大蕃の新羅が小蕃の渤海より上の席次を占める「旧貫」を守ることにした皇帝の勅旨の正当性を讃えてもいるのである。

この上表文の主張は、（F）①でみた突厥使の主張と全く同じ論理であることに気づかれる。突厥使は突騎施を「小」といい、また自国の「臣」であるとも主張していた。それ故に、突騎施の一首領である蘇禄の使者が突厥使より上の席次を占めることは容認できなかったのである。このことは、新羅が先の上表文のなかで渤海を「粟末小蕃」と呼び、大祚栄が新羅の官位を受けたことを取り上げて、新羅使が渤海使より上位の席次を占めることの正当性を述べたことと同じ論理である。

渤海国と新羅との争長は他の二例の争長とは異なり、小蕃の渤海が大蕃の新羅より上位の席次を求めた事件であった。しかし、この場合でも新羅は他の二例の大蕃と同じ論理で、大蕃が小蕃より上位の席次にあるべきことを主張し、渤海の主張に反論したのであった。

さて、次にもう一例、この争長事件のように渤海使が唐の賓貢試における登第の序列をめぐって、新羅人との順位の変更を求めた、換言すれば国家の名誉を争った事件をあげることができる。

（G）①『高麗史』巻九十二、列伝巻第五、崔彦撝

崔彦撝。初名慎之。慶州人性寛厚。自少能文。新羅末年。十八游学入唐。礼部侍郎薛廷珪下及第。時渤海宰相烏炤度子光賛。同年及第。炤度朝唐。見其子名在彦撝下。表請曰。臣昔年入朝登第。名在李同之上。今臣子光賛宜升彦撝之上。以彦撝才学優贍。不許。年四十二。始還新羅。拝執事省侍郎瑞書院学士…中略…恵宗元年卒。年七十七。

②『渤海国志長編』巻十、諸臣列伝第二

烏炤度於王玄錫之世。入唐応賓貢試。与新羅賓貢李同同榜進士及第。名在其上。仕至国相。迨王瑋瑎十三年。其子光賛亦入唐。応賓貢試。礼部侍郎薛廷珪知貢挙。光賛与新羅賓貢崔彦撝同榜進士及第。而名在其下。値炤度奉使朝唐。表請曰。臣昔年入朝登第。名在李同之上。今臣子光賛宜升彦撝之上。昭宣帝不許。

（金毓黻氏は、烏炤度の再度の入朝について、同書「判誤」では瑋瑎の十二年と改めている。また、同書巻十九・叢考・唐会要では、烏炤度の入朝を唐・昭宣帝の天祐三年［九〇六］であるとしている）

（G）①がこの事件の基本史料である。（G）②は（G）①に依拠したものである。ところが、基本の（G）①には事件の年時表記をみることができない。そこを金毓黻は（G）②においてこの事件を渤海の第十四代国王の大瑋瑎の

十二年、唐の昭宣帝の天祐三年（九〇六）のこととしている。しかし、この金氏の年時の仮定にはすぐさま従うことができない。

基本史科である（G）①によれば、崔彦撝は十八歳で入唐し、四十二歳で帰国、七十七歳で死亡したという。その死亡年は高麗の恵宗元年（九四四）である。このときから逆算すると、崔彦撝の入唐は新羅の憲康王十一年、唐の僖宗の光啓元年（八八五）となる。安鼎福も『東史綱目』第五上で同年に崔慎之（崔彦撝の幼名）の入唐を編年している。また、崔彦撝の帰国は新羅の孝恭王十三年、後梁の太祖の開平三年（九〇九）となるのである。このことは『東史綱目』第五下にもその年に編年されている。

崔彦撝の進士及第にまつわるこの事件は、崔彦撝が在唐していた八八五年から九〇九年の間の出来事である。金毓黻はこの事件を九〇六年（天祐三）とみなしたが、それでは崔彦撝の及第は入唐時より二十年も後のこととなって、あまりに遅い入唐後の及第となる。この事件を九〇六年とするのはあくまで金毓黻の推定である。[11]

ともかく、この事件も九世紀末期に唐朝で起った渤海使による新羅を意識した順位の変更要請である。渤海の宰相の烏炤度の子光賛は貢試において新羅の崔彦撝より才学が劣っていたにもかかわらず、父の烏炤度は光賛の名を崔彦撝の上位におくように要請したのである。[12]

この例でも、渤海使は唐朝の序列で新羅人を凌ごうとした。このように九世紀末期に、渤海は唐朝における序列をめぐって新羅を凌ごうとする外交を行なったが、これには時代背景が大きく関係している。それは、当時の新羅はいわゆる「後三国時代」であり、王権が著しく衰退していた。しかるに、他方の渤海は唐と頻りに交通し「海東盛国」と称賛されたほどに唐の文化を受容して、国勢が盛んであったということである。[13]

このような渤海の唐への盛んな交通と国勢とが、渤海使をして唐の朝廷において新羅より上位の席次や序列を得んとする外交を行なわしめたのである。そこには、唐朝を中心とした東アジア世界の国際秩序のなかに、自己の位置を高めてゆこうとする渤海官僚の外交認識をみることができるが、渤海がいかに「海東盛国」と称賛されても、前述のように渤海は新羅より上位の序列を得ることは許されなかったのである。

それは、唐と新羅・渤海の三国の相互関係に大きな原因があった。この三国の関係は、先に検討していたように、新羅は唐を大朝とし、新羅自身をその大蕃、渤海を小蕃とする国際認識をもっていた。この認識を支えたものは、新羅が大祚栄に第五品の大阿飡の官位を授けたということに加えて、新羅は渤海より早くから唐と君臣関係にあったという点である(14)。

さらに、この二点に加えて、渤海が唐の開元二十年(七三二)に登州を攻撃し、唐が新羅とともに渤海を挟撃するや、新羅の聖徳王は唐より「寧海軍使」を追加して冊封されることになったが、新羅はこのことによって、唐の対渤海牽制策に組み込まれたのである。この「寧海軍使」の冊封号はこれより下代の諸王にも継襲されたのである。このことによって、新羅の代々の王は「寧海軍使」として浿江鎮の経営にあたり、渤海国を牽制し、また、海上を保安していたのである(15)。このように、新羅は対渤海関係では唐に与した臣藩国であったことが注視される。

以上の検討のような三ヵ国の相互関係から、渤海はついに唐の朝廷では新羅より上位の名誉を得ることはできなかった。しかし、唐の滅亡がこのような蕃国間の名誉を争う確執を消去させ、東アジア世界の新しい国際関係の形成へと移行するのである。実に渤海と新羅の争長は、唐朝を中心とした国際関係のなかで起きた事件であった。

おわりに

ここで、残る一、二の問題についてふれておきたい。

まず、新羅が渤海の建国者の大祚栄に大阿飡の官位を授けたという件についてである。このことは「謝不許北国居上表」を原史料としているが、前述したようにこの一件は史実であるのかどうか、その判定は慎重でなければならない。

ところが、朴時亨氏はこの件について、第二次史料である『海東繹史』によって、新羅が大祚栄を新羅王族に該当する真骨貴族として待遇したことを意味するものと説かれた(16)。また、李佑成氏は新羅が渤海の大祚栄に大阿飡の官位を授けたことは、新羅が渤海と協力して唐の圧迫に備える為の外交策であった、と説いている(17)。

しかし、この大祚栄が新羅の大阿飡の官位を受けたということが、かの上表文のなかでもつ意味については考慮しておくべきである。その意味とはこの件が上表文のなかで、新羅国使が「旧貫」のままに渤海国使より上位の席次を占めることの正当性を説いた新羅側の論拠とされていることである。それは、また、新羅が大蕃であり、渤海国は小蕃であることの大きな論拠としてこの授位の件が述べられているのである。

次に、かの上表文の表題にみるように、渤海を「北国」としている点についてである。この「北国」は（A）の①と②の『三国史記』にも二度みえていた。このように渤海を「北国」と記す用法は、かの上表文ではそれが『崔致遠集』に収録された時点のものであり、また（A）の①と②では、『三国史記』の編纂時のものである。それ故に、渤海を「北国」と記す用法の確かな出発は新羅時代にではなく、高麗時代としなければならない(18)。この用法は高麗が初め北方の契丹の正朔を奉じ、後には金に臣属したことと関連している。そして、前代の新羅は渤海と同じく、唐の臣藩国として唐を「大朝」と尊称していた。しかし、新羅が渤海に臣属したという歴史はないのである。このような歴史の背景を受けて、高麗時代の史官は「北朝」たる契丹と金の前代にあたる渤海を唐の蕃国としては新羅と同格であり、かつその北に位置した国であるとの理解から、「北国」と記したのではなかろうか。

以上、この小論で新たに提示した二例の新羅と渤海の交渉は、ともに唐の朝廷を舞台にした序列の争いである。この二例は唐が渤海の登州襲撃事件を契機として新羅を取り込んだ渤海牽制策の東方政策と無縁ではない。この二国を牽制させることで唐は東方の安寧を維持し得たともいえるのである。渤海と新羅の対日本関係もそのような唐の東方政策と密接に関連しており、八〜十紀の東アジア世界の国際関係が唐の東方政策を根源として構造的に理解される所以である。

注

（1）朴時亨「渤海史研究의 위하여（の為に）」（『歴史科学』一号、一九六二年。後に、『古代朝鮮の基本問題』〈学生社、一九七四年〉に翻訳収載）。李佑成「南北国時代와 崔致遠」（『創作과 批評』第一〇巻第四号、一九七五年冬。翻訳は拙訳が『朝鮮史研究会々報』〈第四十六号、一九七七年五月〉に、また、同論文は加筆されて『韓国의 歴史像』〈創作과 批評社、一九八二年八月〉に収載され、邦訳は鶴園裕・宮嶋博史訳『韓国の歴史像』〈平凡社、一九八七年七月〉に収載）。李氏はこの論文に先だって、第十三回全国歴史学大会（一九七〇年五月、高麗大学校）において「三国史記와 渤海問題」を報告された。そこにおいても「南北国」史を設定する理論的根拠を試みたようである。また、李氏には「三国史記의 構成와高麗王朝의 正統意識」（『震檀学報』第三十八号、一九七四年十月）の論もある。これらの「南北国時代」論は柳得恭の『渤海考』（一七八四年）を出発点としているとみてよい。詳細は拙稿「渤海史をめぐる朝鮮史学界の動向」（『朝鮮学報』第八十六輯、一九七八年一月）参照。〔補〕李成市「渤海史研究における国家と民族」（『朝鮮史研究会論文集』第二十五集、一九

八八年三月）は「南北国時代」論には国民国家の枠組みに囚われた視点の危うさを指摘する。

（2）唐と新羅・渤海との関係については、西嶋定生「六―八世紀の東アジア」（『岩波講座 日本歴史』二、一九六二年。後に、同『中国古代国家と東アジア世界』〈東京大学出版会、一九八三年八月〉及び、同『古代東アジア世界と日本』〈岩波現代文庫、二〇〇〇年九月〉に所収）と旗田巍「十―十二世紀の東アジアと日本」（『岩波講座　日本歴史』四、一九六二年）にその展開が述べられている。

（3）この「北国」が渤海を指すことについては後述しているが、黄維翰『渤海国記』下・「比鄰新羅」には（A）①・②を取り上げて、「北国猶北朝。謂渤海也」とある。

（4）大祚栄に関して、中国側史書に新羅の大阿飡の位階を受けたとの記録を見い出すことはできない。新羅側の史書では『三国遺事』巻一・「靺鞨一作勿吉・渤海」条に『新羅古記』が引かれている。そこには「高麗旧将祚栄姓大氏。聚残兵立国於大伯山南。国号渤海」とあって、この『新羅古記』にも大祚栄が新羅の官位を受けたとのことを記録していたとは思われない。

（5）朴時亨・李佑成、前掲注（1）論文参照。

（6）朴容大らによって大韓帝国の高宗の光武七年（一九〇三）から再び増補編纂され、同・隆熙二年（一九〇八）に出版された『増補文献備考』では、（B）①が巻一八〇・補交聘考十・歴代各国交聘に、（B）②は巻一七一・補交聘考一・歴代朝聘一に編纂されている。

（7）渤海王子の大封裔の名は、この史料のほかに見ることができない。

（8）『三国史記』新羅本紀第十一・十二、及び、藤間生大『東アジア世界の形成』（春秋社、一九六六年六月）の第二章第三節の「九世紀末から十世紀初めにかけての東アジアの動乱」の「三、甄萱の興起」参照。

（9）大伴古麻呂の争長を検討したものに次の論文がある。卞麟錫「唐代外国使争長의 研究―『続日本紀』所載의 所謂古麻呂抗議에 대하여（に対して）―」（『亜細亜研究』第二十八号、高麗大学校亜細亜問題研究所、一九六七年十二月）。この論文は事件の顛末の分析から事件の存否を疑問視している。一方、この争長事件については、日本古代史学界では、鈴木靖民「奈良時代における対外意識―『続日本紀』朝鮮関係記事の一検討―」（『日本史籍論集』上巻、吉川弘文館、一九六九年十月。後に、同『古代対外関係史の研究』〈吉川弘文館、一九八五年十二月〉に所収）に見られるように、日本古代の官僚が持つ対外意識の表出として理解され、この争長を疑問視する見解は少ない。〔補〕石井正敏「唐の〝将軍呉懐實〟について」

（『日本歴史』第四〇二号、一九八一年十一月）と同「大伴古麻呂奏言について—虚構説の紹介とその問題点—」（『法政史学』第三十五号、一九八三年四月）では、『続日本紀』が記録する古麻呂の報告に伝えられる争長を処理した唐の将軍の呉懐實の実在を実証し、また事件を虚構とする説を批判検討して、この争長の史実性を高めた。ところで、卞麟錫氏は早く「中国唐代與新羅的關係—兼論續日本紀所載的〝古麻呂抗議〟—」（『大陸雜誌』第三十二巻第九期、一九六六年五月）において、古麻呂による争長事件は古麻呂が功績を狙った虚構とする推測を提示していたが、さらに同「唐代外国使의 争長事例에서 본（から見た）古麻呂抗議의 再論—『続日本紀』関係史料의 批判을 中心으로—」（『東洋史学研究』第二十六輯、一九八七年十二月、東洋史学会〔ソウル大学〕）でもやはり唐側にこの争長の記録がないことを挙げて、この争長が古麻呂の虚言であるとの説を再論している。しかし、『続日本紀』の記録のほかに鑑真とともに来日した唐僧の思託が延暦七年（七八八）に撰した『延暦僧録』に「発使入唐、使至長安、拝朝不払塵、唐主開元天地大宝武応道皇帝云、彼国有賢主君、観其使臣、趍揖有異、即加号日本為有義礼儀君子之国、後元日拝朝賀正、勅命日本使可於新羅使之上」とあって、これがこの争長に言及した貴重な史料であることとその意義を池田温「天寶後期の唐・羅・日關係をめぐって」（『春史卞麟錫教授還暦紀念唐史論叢』一九九五年五月）が紹介し、かつ、この間の論点を整理され、古麻呂による争長の史実性を肯定する見解が提示されている。

(10) 護雅夫『古代トルコ民族史研究』I（山川出版社、一九六七年）第四章「突厥と隋・唐両王朝」（一八五頁）では、唐の冊立を先にうけ、先に臣従したものを大、後れて冊立をうけ、また後れて臣従したものを小とする例が説かれている。そこでは薛延陁が大、突厥が小なのである。〔補〕崔致遠も「謝不許北国居上表」で新羅が先に唐に臣従したことを述べており、新羅が大蕃であり、これに比べて渤海が小蕃であることを意識していた、と思われる。

(11) 崔致遠は入唐後、十二年に及第している（『三国史記』巻四十六・崔致遠伝）。新羅末期の宿衛学生については、申瀅植「宿衛学生考—羅末麗初의 知識人의 動向에 対한 一齣—」（『歴史教育』第十一・十二合輯、一九六九年。後に、補修して同『韓国古代史의 新研究』〔一潮閣、一九八四年六月〕に所収）がある。

(12) この事件に先立つ烏炤度自身が登第してその名が「上」にあったことについては、『東文選』巻四十七の「新羅王与唐江西高大夫湘状」と「与礼部裴尚書瓚状」にみえる。ともに崔致遠の文である。〔補〕『崔文昌侯全集』（成均館大学校大東文化研究院、一九七二年七月）に編纂された『孤雲先生文集』にも所収。

(13)『新唐書』巻二百十九・北狄列伝、同巻第一百四十四・渤海。
(14)『冊府元亀』巻九六三〜九六五（外臣部）封冊一〜三参照。
(15)末松保和「新羅の郡県制、特にその完成期の二、三の問題」（『学習院大学文学部研究年報』第二十一輯、一九七四年三月。後に、末松保和朝鮮史著作集2『新羅の政治と社会』下〔吉川弘文館、一九九五年十二月〕に所収）。
(16)前掲注（1）の朴時亨論文（翻訳書一六四頁）。〔補〕『海東繹史』巻第十一・世紀十一・渤海「東史大祚栄本高麗舊将唐滅高麗徙其人於隴右河南祚栄収逋残保太白山後又附新羅受五品大阿飡之秩」
(17)李佑成前掲注（1）論文の「南北国時代와 崔致遠」のなかの「3、南北国의 対立과 唐의 東方政策」参照。李氏は、この論文に先立って、『崔文昌侯全集』（成均館大学校大東文化研究院、一九七二年七月）を編纂されているから、新羅が大祚栄に大阿飡の官位を授けた件を原史料の「謝不許北国居上表」によって論じたのであろう。
(18)朴時亨前掲注（1）論文（翻訳書一〇二頁）おいて、新羅では渤海を呼称する場合に「北国」としたのが通例であったという。しかし、これは明らかではない。「南北国時代」論が新羅が渤海を同時代に「北国」と呼称したということを一つの論拠とする限りでは、この「南北国時代」論は再検討されなければならない。

補注

〔補1〕古畑徹「大門芸の亡命年時について—唐渤紛争に至る渤海の情勢—」（『集刊東洋学』第五十一号、一九八四年五月）参照。

〔補2〕争長事例はこの他にも以下の例がある。『続日本紀』巻三十五・宝亀十年（七七九）十一月丙子（十日）条に「検校渤海人使言、鉄利官人、争坐説昌之上、恒有凌侮之気者、太政官処分、渤海通事従五位下高説昌、遠渉滄波、数廻入朝、言思忠勤、授以高班、次彼鉄利之下、殊非優寵之意、宜異其列位以顕品秩」とある渤海使と鉄利人との間に起こった例である。ここでは日本の王廷の官位を既に受けていた渤海官人の高説昌が官位を受けていない鉄利人の上の列位を得たのである。これは争長する二国間の臣属関係に拠らず、外交を受ける王廷との臣属関係の有無による争長の処理であり、第三の型と言える。また、『旧唐書』巻一百九十五・廻紇伝には「乾元元年（七五八）五月壬申朔、廻紇使多亥阿波八十人、黒衣大食酋長閣文等六人並朝見、至閤門争長、通事舎人乃分左右、従東西門並入」（『冊府元亀』巻九七一・外臣部・朝貢四にも所載。また、『旧唐書』巻十・粛宗本紀では、この争長における廻紇と黒衣大食の使者は「左右門」より入ったとある）。これは坐位の上下を争う例ではなく、入門の前後の順を争い、両者を東西（左右）に分けて入門させることで争長を処理している。これは争長の第四の型と言えよう。また、『日本書紀』巻十九の欽明天皇二十二年（五六一）是歳条に「復遣奴氐大舎献前調賦、於難波大郡、次序諸蕃、掌客額田部連・葛城直等、使列于百済之下而引導、大舎怒還、不入館舎、乗船帰至穴門」とあって、新羅の使者が百済使の下位に並ぶ位置に不満を抱いて帰国してしまう例であり、争長の第五の型となろう。また、新羅使が唐朝の儀礼等の場において上位を得ていたとの記録は、『続高僧伝』巻二十四・唐新羅国大僧統釈慈蔵伝に「又以習俗服章、中華有革、蔵惟帰崇正朔、義豈貳心、以事商量、挙国咸遂、通改辺服、一准唐儀、所以毎年朝集、位在上番、任官遊践、並同華夏」とあり、また、これに同文脈では『三国遺事』巻四・「慈蔵定律」条に「乃以真徳王三年己酉（六四九）、始服中朝衣冠、明年庚戌又奉正朔、始行永徽号、自後毎有朝覲、列在上蕃、蔵之功也」とある。尚、席次の記録では、石井正敏「渤海と西方社会」（『アジア遊学』六、一九九九年七月。後に、同『日本渤海関係史の研究』〔吉川弘文館、二〇〇一年四月〕に所収）では『資治通鑑』巻二百四十七・唐紀・武宗会昌三年（八四三）二月条に「辛未（十二日）黠戛斯遣使者注吾合索献名馬二、詔太僕卿趙蕃飲労之」「甲戌（十五日）上引対、班在渤海使之上。上欲令趙蕃就黠戛斯求安西、北庭」とあり、『新唐書』巻二百十七下・回鶻伝（黠戛斯）にも「会昌中、阿熱以使者見殺、無以通于朝、復遣注吾号素上書言状、注吾、虜姓也、合、言猛、素者、左也、謂武猛善左射者、行三歳至京師、武宗大悦、班渤海使者上、以其處窮遠、能脩職貢、命太僕卿趙蕃持　節臨慰其国」とあることが紹介されるが、ここで渤海国使と黠戛斯使との間に争長が起きないのは唐がその西方策から「窮遠」の地にある黠戛斯の勢力に関心を持ち、この使者を優遇することが武宗の意に直に発するからである。また、石原道博「日本・朝鮮の班列に関する明史日本伝の記事について」（『朝鮮学報』第六輯、一九五四年八月）では、時代は降って、一五一〇年正月の大祀の宴で朝鮮使は「殿東第七班」に、日本使は「殿西第七班」に在った事例を検討する。

あとがき

筆者の古代史への関心の始まりを回顧すれば、幼年時代の発掘経験にある。九州の盆地にある実家の裏山の斜面から弥生土器を掘り出したことである。田畑には土器の破片が土に戻らんとするかのように無数に散在していた。次なる回顧は中学生時代に読んだ和歌森太郎の日本史の書とその土偶の図版であろうか。

古代史への接触に加え、少年時代に長らく続いた在日朝鮮人との「混沌とした」共生が重なり、大学時代に専攻決定を迫られるや「混沌」のなかの未整理を解明したいとの思いが日朝関係史の研究へ進ませたものと回顧される。

だが、この学問的関心は一九七三年に発表した高句麗の広開土王碑文の構文研究を初めとするように、古代の日朝関係史に始まり、中世から近世の日朝文化交流史についても関心はあり、梵鐘を素材に交流史を叙述しようと史料を集め短文をものしたこともあるとは言え、今なお古代史に止まっている。

関係史研究から自立して朝鮮古代史の研究へ進むには暫くの時間を要した。当時、北海道大学における武田幸男先生の東洋史特殊講義では新羅の骨品制の講義を聴講し、また「新羅村落文書」を読解する演習に、また、後には、佐伯有清先生の『日本書紀』講読の演習に参加していたが、本格的に朝鮮史の研究に身を置くことになったのは一九七四年度に学習院大学における末松保和先生の講義を聴講したことにある。この年度は先生の大学における最後の年であったが、先生はひと月の英国旅行から帰国された後、五月の連休明けから「教場」に立たれた。先生は東洋史特殊研究の「楽浪郡の消長」では楽浪郡の前史として燕国史と遼東史を講義された。また、東洋史特殊講義の「高麗時代前期の諸問題」は受講生が二人の日もあったが、この講義では県令のいない高麗の郡県制に触れ、新羅の郡県制に及んだ。その成果は先生の退職後の発表となったが、先生の新羅史研究では最後の論文ともなった「新羅の郡県制、特にその完成期の二、三の問題」である。翌年一月二十二日の講義は「妙清の乱」であったが、受講生は十名にも満たなかった。これが先生の最終講義であった。また、東洋史演習では『三国史記』の書誌の講義に続いて先生が読み下される「文武王本紀」の講読を受講した。

先生は学習院を定年退職されると、東伏見の御自宅内に「青丘書院」の額を懸け読書生活をおくられた。筆者はこの書院におよそ十年の間、毎月一度訪問して、先生から新羅史のほか朝鮮史全般の事など様々にお話しを伺うことができたが、書院の実績のひとつが先生蔵の『三国史記（鋳字本）』（学東叢書第十三）の刊行である。

さて、筆者はこれらと並んで、武田先生のもとで開会された新羅史研究会に参加した。請田正幸・木村誠・小名（蒲生）京子・李成市・大井剛氏らと毎週各人の研究報告を討論し合い、また李基白先生著の『新羅政治史研究』（一潮閣、一九七四年二月）に所収の諸論文を翻訳紹介し、これを批評したが、この過程が研究の方向を加速させたと言える。この会のなかで、日朝関係史研究の基礎には朝鮮史の研究が欠かせないことを学び、なかでも新羅史が朝鮮史上に持つ重要性、それは高句麗史に比して新羅史には独自の史料が多いばかりでなく、新羅が古代の日本と最も長い交渉があったことにも加えて、高麗、朝鮮王朝へ連なる国家の支配体制、外交体制、そして社会の諸相において朝鮮史の基礎を育んだ時代であると理解されたからである。この過程での研究成果は、学習院史学会内の、主に東洋史学専攻の大学院生を発行世話人とする『呴沫集』に発表してきた。本書に収めた三件の論考がそれである。

ところで、一九七六年五月、筆者は朝鮮近代史専攻の吉野誠氏と関釜フェリーに乗り初の韓国旅行を楽しんだ。慶州に溢れる新羅の遺跡と遺物を見学し、ソウルでは高麗大学に厚かましくも姜晋哲先生を訪ね、同大博物館では館長をされていた先生に民俗資料の案内を頂いたが、その夜に先生に勧められたチュジョンジャ（金属製のやかん形の酒器）

から注がれた韓国酒の旨さはいまだに忘れられない。この訪韓を経て、一九七八年五月から翌年三月末まで大邱の啓明大学校で日本史と日本語を講義し、また同大学院博士課程に在籍して、崔承熙先生のもとで開講された朝鮮王朝時代の古文書の整理と分類法の演習に出席した。当時も今も大邱には古代史研究者が多くおられるが、この一年間に培われた慶北大学校の文暻鉉・李基東先生、啓明大学校の盧泰敦・盧重國の各先生や慶北大学校大学院生の朱甫暾氏らとの交流は各々勤務地は移っても今に続く学的因縁となっている。大邱史学会が主催する研究会や史蹟踏査の行事にも参加し、独自には週末と休暇を利用して、始めは大邱周辺から後には慶尚道一帯の史蹟を踏査したが、なかでも慶州盆地にはコーロン高速バスを愛用して繁く足を運び、寺址、石塔、山城等を現地に訪ねた。帰国を控えた一九七九年三月十七日にはその間に構想していた「新羅時代의神宮과五廟」を暁星女子大学校を会場とした大邱史学会例会で口頭発表したが、これは本書の第一部第一章に掲げた論文の素形である。

この在韓経験は一段と新羅史への研究関心を高くした。古代の日本と新羅との関係史への関心は続いたとは言え、新羅史の側に視点を置くことによって古代の日朝関係史像を新たに構築することに研究の比重は移りつつあった。この視点はこれまで日本古代史研究の分野から日本外交の客体として新羅史研究が進められ、そこから新羅史像が形成されてきた面が強い、との反省である。一方、西嶋定生氏が説かれた古代中国の政治構造を核心においた東アジア世界論や石母田正氏の構想した日本の古代国家の体制と外交を規定した「小中華意識」から捉える新羅の使者の属性の理解によって作られた新羅史像では、「事大」的な歴史像に陥りがちである。こうした歴史像を克服する視点に、新羅史に内在する諸問題を考察する視点と研究の必要性を強く感じて今日に至っている。

今日まで新羅史に視点を据えて新羅の外交、殊にその対日本外交を論じた専論は多くはない、と言ってもよい。また、対唐関係の専論も同様である。そこには外交史や対外関係史研究を進める前提にまず新羅の政治、社会等の内在する諸問題の理解が不可欠とする研究の視点があろう。

今日、韓国の韓国史研究会、大邱史学会、韓国古代史研究会等の学界では『日本書紀』や『続日本紀』等の六国史を史料とした新羅の対日本関係史の研究が生まれている。日本古代史研究での関係史研究が蓄積してきた新羅史像の再検討は盛んとなりつつある。こうした新羅の内在問題と対外関係を結ぶ総合研究の視点と素材を本書から読みとることができれば、と筆者は願うものである。この問題意識から、まずはここまでの古代史研究の成果を集成しなければとの思いから、礼と外交に焦点を当てた論考を集め新羅国史を構成した。

今日、韓国各地からは陸続として出現する新羅史の新史料は遺跡の発掘調査は勿論のこと、石碑、木簡、銘文土器・磚銘等と多様である。それらの研究がより進展するに従って、既往の新羅史研究に新展開が確実に生まれるであろう。

新出史料の外にも、これまで十分に活用されたわけではない既知の石刻史料も少なくない。九世紀末の崔致遠らの撰述した長文の碑文も新羅史研究に今日以上に活用されてよい。中国史料にも歴史書のほかに詩文等に新羅史にかかわるものが少なくない。それらは『三国史記』の記録に信憑性を新たに付加することにもなる。

こうした近三十年の動向のなかで、新羅史研究会に参加した同学はそれぞれに研究成果を発表してきているが、やはり研究者と発表論文は数少ない。わが国における新羅史研究は継続的に、また韓国、中国等の研究者との共同研究によってさらに進展すべき真に国際的な研究分野である。本書が新羅史研究の活性化を喚起する諸課題を提供しているならば、と願う次第である。

二〇〇一年十一月

濱田耕策

初出一覧

第一部　国制の研究―礼制の内と外―

第一章　神宮と百座講会と宗廟　（『東アジア世界における日本古代史講座』第九巻、学生社、一九八二年十月）

第二章　祀典と名山大川の祭祀　（『呴沫集』四、一九八四年八月）

第三章　国学と遣唐留学生　（『呴沫集』二、一九八〇年七月）

第四章　聖徳王代の政治と外交―通文博士と倭典をめぐって―

（『朝鮮歴史論集』上巻、龍渓書舎、一九七九年三月）

第五章　迎賓機構―関門と領客府―　（『古代文化』第四十二巻第八号、一九九〇年八月）

第二部　王権の動向―中代と下代―

第一章　聖徳大王神鍾と中代の王室　（『呴沫集』三、一九八一年十二月）

第二章　寺院成典と皇龍寺の歴史　（『学習院大学文学部研究年報』第二十八輯、一九八二年三月）

第三章　下代初期における王権の確立過程とその性格　（『朝鮮学報』第百七十六・百七十七合輯、二〇〇〇年十二月）

第四章　王権と海上勢力―特に張保皐の清海鎮と海賊に関連して―

（『東アジア史における国家と地域』刀水書房、一九九九年七月）

第三部　外交の諸相―対日本・渤海関係を中心に―

第一章　新羅人の渡日動向―七世紀の事例―　（『史淵』第百三十八輯、二〇〇一年三月）

第二章　中代・下代の内政と対日本外交―外交形式と交易をめぐって―

（『学習院史学』第二十一号、一九八三年四月）

第三章　対日本外交の終幕―日唐間の情報と人物の中継をめぐって―

（『朝鮮社会の史的展開と東アジア』山川出版社、一九九七年四月）

第四章　唐朝における渤海と新羅の争長事件（『古代東アジア史論集』下巻、吉川弘文館、一九七八年三月）

（初出拙稿では、第三部の第一、四章を除き、第一部第四章と第二部第四章では論題に各々「新羅・」、「新羅」の二文字を冠し、その外は「新羅の」の三文字を冠する）

新羅国史の研究（オンデマンド版）
—東アジア史の視点から—

Digital Publishing

2019年9月1日　発行

著　者　濱田耕策《はまだこうさく》
発行者　吉川道郎
発行所　株式会社 吉川弘文館
〒113-0033 東京都文京区本郷7丁目2番8号
TEL 03(3813)9151(代表)
URL http://www.yoshikawa-k.co.jp/

印刷・製本　株式会社 デジタルパブリッシングサービス
URL http://www.d-pub.co.jp/

濱田耕策（1949～）
ISBN978-4-642-78143-5

著者略歴

一九四九年　大分県に生まれる
一九七二年　北海道大学文学部史学科卒業
一九八〇年　学習院大学大学院人文科学研究科博士課程単位取得修了
学習院大学助手を経て、現在、九州大学大学院教授

〔主要論著〕
『渤海国興亡史』（吉川弘文館、二〇〇〇年）
「渤海国王位の継承と〝副王〟」（『年報朝鮮学』第七号、一九九九年）

新羅国史の研究
―東アジア史の視点から―

二〇〇二年（平成十四）二月二十日　第一刷発行

著者　濱《はま》田《だ》耕《こう》策《さく》

発行者　林英男

発行所　株式会社　吉川弘文館
郵便番号一一三―〇〇三三
東京都文京区本郷七丁目二番八号
電話〇三―三八一三―九一五一〈代〉
振替口座〇〇一〇〇―五―二四四

印刷＝三秀舎　製本＝石毛製本

（装幀＝山崎　登）

索　引

事項・人名

あ　行

か　行

さ　行

た　行

な　行

は　行

ま　行

や　行

ら　行

わ　行

文献・資料名

研 究 者 名